全国高等教育自学考试指定教材
法律专业

外国法制史

(2009 年版)

(附：外国法制史自学考试大纲)

全国高等教育自学考试指导委员会 组编

主　编　曾尔恕
撰稿人　(以姓氏笔画为序)
　　　　王云霞　叶秋华　张彩凤
　　　　崔林林　曾尔恕
审稿人　由　嵘　皮继增　陈丽君

北京大学出版社
PEKING UNIVERSITY PRESS

图书在版编目(CIP)数据

外国法制史:附外国法制史自学考试大纲:2009年版/曾尔恕主编. —3版. —北京:北京大学出版社,2009.4
(全国高等教育自学考试指定教材·法律专业)
ISBN 978-7-301-14930-0

Ⅰ.外… Ⅱ.曾… Ⅲ.法制史-外国-高等教育-自学考试-教材 Ⅳ.D909.9

中国版本图书馆CIP数据核字(2009)第012475号

书　　　　名:外国法制史(2009年版)　附:外国法制史自学考试大纲
著作责任者:曾尔恕　主编
责　任　编　辑:孙战营
标　准　书　号:ISBN 978-7-301-14930-0/D·2244
出　版　发　行:北京大学出版社
地　　　　址:北京市海淀区成府路205号　100871
网　　　　址:http://www.pup.cn
电　　　　话:邮购部 62752015　发行部 62750672　编辑部 62752027
　　　　　　　出版部 62754962
电　子　邮　箱:law@pup.pku.edu.cn
印　刷　者:河北滦县鑫华书刊印刷厂
经　销　者:新华书店
　　　　　　880毫米×1230毫米　32开本　14.25印张　426千字
　　　　　　2009年4月第3版　2023年1月第13次印刷
定　　　　价:21.00元

未经许可,不得以任何方式复制或抄袭本书之部分或全部内容。
版权所有,侵权必究
举报电话:010-62752024　电子邮箱:fd@pup.pku.edu.cn

组编前言

21世纪是一个变幻莫测的世纪,是一个催人奋进的时代。科学技术飞速发展,知识更替日新月异。希望、困惑、机遇、挑战,随时随地都有可能出现在每一个社会成员的生活之中。抓住机遇,寻求发展,迎接挑战,适应变化的制胜法宝就是学习——依靠自己学习、终生学习。

作为我国高等教育组成部分的自学考试,其职责就是在高等教育这个水平上倡导自学、鼓励自学、帮助自学、推动自学,为每一个自学者铺就成才之路,组织编写供读者学习的教材就是履行这个职责的重要环节。毫无疑问,这种教材应当适合自学,应当有利于学习者掌握、了解新知识、新信息,有利于学习者增强创新意识、培养实践能力,形成自学能力,也有利于学习者学以致用、解决实际工作中所遇到的问题。具有如此特点的书,我们虽然沿用了"教材"这个概念,但它与那种仅供教师讲、学生听,教师不讲,学生不懂,以"教"为中心的教科书相比,已经在内容安排、形式体例、行文风格等方面都大不相同了。希望读者对此有所了解,以便从一开始就树立起依靠自己学习的坚定信念,不断探索适合自己的学习方法,充分利用自己已有的知识基础和实际工作经验,最大限度地发挥自己的潜能达到学习的目标。

欢迎读者提出意见和建议。

祝每一位读者自学成功。

全国高等教育自学考试指导委员会
2005年1月

目 录

导论 ·· (1)

第一章 楔形文字法 ··· (9)
    第一节 楔形文字法的产生与发展演变 ····························· (9)
    第二节 《汉穆拉比法典》·· (11)
    第三节 楔形文字法的基本特征和历史地位 ······················ (20)

第二章 古印度法 ··· (23)
    第一节 古印度法的产生和演变 ······································· (23)
    第二节 古印度法的基本制度 ·· (26)
    第三节 古印度法的特点和历史地位 ································ (32)

第三章 古希腊法 ··· (35)
    第一节 古希腊法的产生和演变 ······································· (35)
    第二节 雅典的法律制度 ··· (37)
    第三节 古希腊法的基本特征及其历史地位 ····················· (46)

第四章 罗马法 ··· (49)
    第一节 罗马法的产生与发展 ·· (49)
    第二节 罗马法的渊源和分类 ·· (56)
    第三节 罗马私法的体系及其基本内容 ···························· (59)
    第四节 罗马法的基本特征 ··· (72)
    第五节 中世纪罗马法的复兴及其对后世的影响 ··············· (74)

第五章 日耳曼法 ··· (79)
    第一节 日耳曼法的产生和演变 ······································· (79)
    第二节 日耳曼法的基本制度 ·· (83)
    第三节 日耳曼法的基本特点和历史地位 ························· (89)

第六章 教会法 ··· (93)
    第一节 教会法的产生和演变 ·· (93)
    第二节 教会法的基本渊源 ··· (96)

第三节 教会法的基本制度 ·············· (98)
第四节 教会法的基本特点及其历史地位 ········· (105)

第七章 中世纪西欧的城市法和商法 ············ (108)
第一节 中世纪西欧的城市法 ·············· (108)
第二节 中世纪西欧的商法 ··············· (113)
第三节 中世纪西欧城市法和商法的基本特点
及其影响 ···················· (118)

第八章 伊斯兰法 ······················ (120)
第一节 伊斯兰法的产生与演变 ············· (120)
第二节 伊斯兰法的基本渊源 ·············· (123)
第三节 伊斯兰法的基本内容 ·············· (127)
第四节 伊斯兰法的特点和历史地位 ··········· (132)

第九章 英国法 ······················· (136)
第一节 英国法的形成与演变 ·············· (136)
第二节 英国法的渊源 ················· (145)
第三节 宪法 ····················· (155)
第四节 财产法 ···················· (160)
第五节 契约法 ···················· (165)
第六节 侵权行为法 ·················· (169)
第七节 家庭法和继承法 ················ (173)
第八节 刑法 ····················· (177)
第九节 司法制度 ··················· (180)
第十节 英国法的历史地位和英美法系 ·········· (184)

第十章 美国法 ······················· (188)
第一节 美国法的形成和发展 ·············· (188)
第二节 美国法的渊源 ················· (193)
第三节 宪法 ····················· (195)
第四节 民商法 ···················· (202)
第五节 反托拉斯法 ·················· (207)
第六节 社会立法 ··················· (209)
第七节 刑法 ····················· (212)

第八节　司法制度 …………………………………………（215）
　　第九节　美国法的基本特点及其历史地位 …………………（221）
第十一章　法国法 …………………………………………………（225）
　　第一节　法国法的形成和演变 ………………………………（225）
　　第二节　宪法 …………………………………………………（231）
　　第三节　行政法 ………………………………………………（240）
　　第四节　民法 …………………………………………………（243）
　　第五节　商法 …………………………………………………（253）
　　第六节　刑法 …………………………………………………（255）
　　第七节　司法制度 ……………………………………………（261）
　　第八节　法国法的历史地位和大陆法系 ……………………（266）
第十二章　德国法 …………………………………………………（272）
　　第一节　德国法的形成和发展演变 …………………………（272）
　　第二节　宪法 …………………………………………………（278）
　　第三节　民商法 ………………………………………………（286）
　　第四节　经济法和社会立法 …………………………………（294）
　　第五节　刑法 …………………………………………………（301）
　　第六节　法院组织与诉讼法 …………………………………（305）
　　第七节　德国法的基本特点及其历史地位 …………………（307）
第十三章　日本法 …………………………………………………（310）
　　第一节　日本法的形成和演变 ………………………………（310）
　　第二节　宪法 …………………………………………………（316）
　　第三节　民商法 ………………………………………………（321）
　　第四节　经济和社会立法 ……………………………………（327）
　　第五节　刑法 …………………………………………………（331）
　　第六节　司法制度 ……………………………………………（335）
　　第七节　日本法的基本特点和历史地位 ……………………（339）
第十四章　俄罗斯法 ………………………………………………（342）
　　第一节　十月革命前的俄罗斯法律制度 ……………………（342）
　　第二节　苏联的法律制度 ……………………………………（345）
　　第三节　苏联解体后的俄罗斯联邦法律制度 ………………（362）

第四节 俄罗斯联邦法的特点和历史地位 …………… (371)
第十五章 欧洲联盟法 …………………………………… (374)
 第一节 欧洲联盟法概述 ………………………………… (374)
 第二节 欧洲联盟法的主要内容 ………………………… (379)
 第三节 欧洲联盟法的特点及其历史地位 ……………… (389)
后记 ………………………………………………………… (392)

外国法制史自学考试大纲
（含考核目标）

出版前言 ……………………………………………………… (395)
Ⅰ 课程性质与设置目的 ……………………………………… (397)
Ⅱ 课程内容与考核目标 ……………………………………… (398)
　第一章 楔形文字法 ……………………………………… (398)
　第二章 古印度法 ………………………………………… (400)
　第三章 古希腊法 ………………………………………… (402)
　第四章 罗马法 …………………………………………… (404)
　第五章 日耳曼法 ………………………………………… (407)
　第六章 教会法 …………………………………………… (409)
　第七章 中世纪西欧的城市法和商法 …………………… (412)
　第八章 伊斯兰法 ………………………………………… (414)
　第九章 英国法 …………………………………………… (416)
　第十章 美国法 …………………………………………… (420)
　第十一章 法国法 ………………………………………… (424)
　第十二章 德国法 ………………………………………… (428)
　第十三章 日本法 ………………………………………… (432)
　第十四章 俄罗斯法 ……………………………………… (436)
　第十五章 欧洲联盟法 …………………………………… (439)
Ⅲ 有关说明与实施要求 ……………………………………… (441)
Ⅳ 题型举例 …………………………………………………… (444)
Ⅴ 后记 ………………………………………………………… (446)

导 论

一、外国法制史研究的对象

外国法制史是法学体系中的一个基础学科,是研究世界上各种不同类型的、具有代表性的法律制度的产生、发展和演变的过程规律,阐述其内容、形式、本质、特点和相互关系的学科。它基本包括法律发展史和法律制度史两方面内容。

研究和学习外国法制史,必须注意它与其他相关学科,如外国经济史、外国政治史、政治制度史、法律思想史、法学基础理论、部门法史等的区别与联系,准确地掌握它的研究对象。作为法律专业的基础课程,外国法制史的研究对象包括四个方面:

第一,世界历史上有代表性的法律制度的产生、本质、主要内容、表现形式及其影响;

第二,世界历史上有代表性的国家的法律制度的实施以及司法活动;

第三,各种不同类型的法律制度在不同历史发展阶段上对经济发展、政治演变和文化进步所产生的作用;

第四,不同类型的法律制度发展演变的规律。

二、外国法制史学科的体系及其学科地位

外国法制史的研究对象决定了外国法制史学科的体系。外国法制史应当从总体上揭示各历史时期,各种类型的法律制度发生、发展、变化的一般规律;应当解释法律制度之间的联系与区别;应当说明法律制度与其他社会现象的相互关系。由于各国的法律制度有自己发生、发展、变化的历史,因此,外国法制史的学科体系既要考虑同一社会经济形态中不同国家的法律制度在基本和主要的方面属于同一类型,也要考虑即使是同一类型的国家的法律制度也有相当的

差异。

为了便于学生对世界各国法律制度的历史渊源、表现形式、发展规律、基本内容、主要特点及其在历史上的地位等在宏观上获得清晰的概念,综合了解世界各国法律制度的异同及相互关系,本教材以世界通史的历史分期为标准,以具有传承关系的"法系"为参照,除在导论中对世界各国法律制度的产生演变作出整体阐释外,按照国别或法系设15章介绍最具代表性的法律体系。15章依次为:楔形文字法、古印度法、古希腊法、罗马法、日耳曼法、教会法、中世纪西欧的城市法和商法、伊斯兰法、英国法、美国法、法国法、德国法、日本法、俄罗斯法、欧洲联盟法。各章具体阐述法律制度的历史沿革、基本内容和特点、历史地位,并且注意介绍其中部门法领域的突出成就。

外国法制史以历史唯物主义基本原理为指导,是研究外国法律制度的基本内容、基本特点和发展规律的重要的法学专业基础学科。学习外国法制史有助于从总体上了解各个法律领域法律制度发生发展的基本状况,为深入学习各部门法学奠定坚实的理论基础。外国法制史的研究和学习可以开阔视野,对于吸收和借鉴人类社会创造的法制文明成果、学习世界各国法制建设发展经验有重要促进作用。

三、世界各国法律制度的产生和演变

(一) 古代法律制度

古代法律制度的时间起讫,约从公元前4000年人类社会产生私有制、阶级、出现国家与法之时始,到5世纪西罗马帝国灭亡时止。

出现在非洲尼罗河流域的古埃及法是已知世界上最古老的奴隶制法律体系,古埃及的法律文明不仅对西亚、北非法律制度的发展产生重大影响,而且对希腊和罗马的法律制度和法律思想有深远影响。但是有关古埃及法律制度的资料保存流传下来的不多。比埃及稍晚,西亚两河流域的苏美尔地区约在公元前3000年左右出现了一些城邦国家,适用不发达的习惯法,后来使用楔形文字镌刻的法律被后人称作楔形文字法。因这种法律扩展到与其毗邻的周围地区和国家,并且在形式和内容上都有着共同的特征,故又称楔形文字法系。公元前18世纪古巴比伦王国第六代国王所制定的《汉穆拉比法典》

是楔形文字法律最集中、最典型的代表,是世界上保存比较完整的最早的成文法典。该法典不仅对后来古代西亚地区的法律制度有重要影响,而且通过希伯来法对西方法律文化产生影响。

古代印度法律是公元6世纪前整个南亚次大陆各奴隶制法的总称。约公元前7世纪,以崇拜自然为特征的原始宗教吠陀教逐渐演变为婆罗门教。受婆罗门教推崇及维护的种姓制度成为古印度社会的基本制度。除吠陀外,婆罗门教法的渊源还有"法经"和"法典"。公元前6世纪,古印度出现佛教,佛教法在古印度社会一度繁荣、发达,佛教僧侣编纂、整理的《律藏》、《经藏》和《论藏》是佛教法的重要典籍。编纂于公元前2世纪至公元2世纪的《摩奴法典》是印度孔雀帝国兴盛时期对婆罗门教法的继承和总结,是印度法制史上最古老的第一部正规的法律典籍,在南亚次大陆享有崇高地位,在历史上曾形成过以《摩奴法典》为基础的印度法系。

公元前11世纪左右,西亚的巴勒斯坦产生了希伯来奴隶制国家,出现了希伯来法。希伯来法的主要渊源是摩西律法,其基本原则体现在《摩西十诫》之中。希伯来法不仅与古东方的巴比伦法和埃及法有着密切关系,而且依附犹太的宗教文化,对西亚、欧洲各国以及中世纪基督教会都产生过一定影响。

古代希腊是欧洲最先进入阶级社会和产生奴隶制国家与法的地区。古希腊法不是一个统一的法律体系,而是存在于古代希腊各个城邦及希腊化时代所有法律的总称。在希腊的诸城邦中,雅典的法律最为典型。雅典城邦经过多次重大立法改革确立的奴隶制民主宪政制度,被视为近代西方民主宪政的历史基础。希腊的法律制度对西方法律传统有深远影响。罗马最早的成文法——《十二表法》是在考察了希腊法之后制定的。罗马法的理论基础源自希腊的自然法思想。

罗马奴隶制国家形成于公元前6世纪,起初仅是意大利半岛上的一个城市国家,经过几百年的对外扩张,至公元3世纪已成为版图扩及欧、亚、非洲的庞大帝国。罗马法适应罗马奴隶制商品经济的发展,从简单到复杂,最后演变为古代社会最发达、最完备的法律体系,也是世界法律史上最有影响的法律体系之一。公元6世纪中叶,东罗马帝国皇帝优士丁尼（Justinian）时的法典编纂集罗马法之大成。罗马法对私有制社会简单商品经济的一切本质关系作出了详尽的规定，不仅影响了中世纪许多国家，也成为近现代西方法律与法学的重要渊源。

（二）中世纪法律制度

西欧封建社会起于公元5世纪西罗马帝国灭亡，止于17世纪英国资产阶级革命。中世纪西欧封建法律制度在世界法制史上占有重要地位。

日耳曼法是继罗马法之后在西欧形成的一种法律体系，在西欧早期封建制时期是占主导地位的法律。公元5世纪日耳曼各部族在灭亡西罗马帝国后建立了"蛮族国家"，其中存在时间最长、最强大的是法兰克王国。在这些国家中盛行日耳曼习惯法，并在此基础上编纂了《撒利克法典》等"蛮族法典"。一些日耳曼王国进行了罗马法的编纂。在整个日耳曼法时期，日耳曼法与罗马法并存，在发展中互相影响。日耳曼法对西欧各国法律的发展有巨大影响，近代西欧法律从日耳曼法中继承和吸收了许多原则和制度，尤其在近代英国法律中包含着更多的日耳曼因素。

在西欧大陆，从12世纪初开始，随着商品货币经济的发展，罗马法的作用与价值日益受到重视。以意大利为发源地，西欧各国先后出现研究罗马法的热潮，史称"罗马法复兴"。罗马法被广泛采用，促使日耳曼法和罗马法相融合，有利于王权的加强，对西欧资本主义经济的成长和民族统一国家的形成起到促进作用，也为后来形成以法国、德国为代表的大陆法系奠定了基础。在不列颠，由于公元11世纪诺曼人的入侵，其法律制度走上与西欧大陆各国不同的特殊的发展道路。大约从13世纪起，英国形成了全国普遍适用的共同的习惯法，即"普通法"。普通法奠定了英吉利法系的基础，与直接采用罗马法的大陆法系形成鲜明的对照。

西欧中世纪法律的明显特点是二元化，教会法与世俗法并存。由于基督教会是西欧封建社会制度的社会支柱，教会法发展成为西欧中世纪的一种重要的法律体系。教会法的内容不仅涉及宗教制度，还广泛涉及所有权、债、亲属、犯罪与刑罚、诉讼等诸多领域。教会法是西方法律传统的重要组成部分,对西方近代法律制度有重要影响。

城市法和商法是公元10世纪后随着西欧城市的出现以及商品经济在城市中的快速发展而兴起的专门调整城市生活和商业贸易活动的法律体系。城市法和商法体现了新的经济关系、社会关系以及新的阶级的要求,反映出自由、平等精神,与同时代通行于西欧广大农村地区的教、俗封建法律有着本质的差异。中世纪的城市法和商法促进了资本主义经济的发展和资产阶级的出现,是近现代资本主义法律的重要历史渊源。

创建于阿拉伯地区的伊斯兰法是在中世纪社会中别树一帜的法律制度。公元6世纪,穆罕默德在建立统一的阿拉伯国家的活动中创立了伊斯兰教。穆罕默德以真主安拉"启示"的名义发布的《古兰经》、以穆罕默德的言行和默示为内容汇集的"圣训"以及教会法学,既是伊斯兰教的规范,也是伊斯兰法的基本渊源。随着阿拉伯国家的对外扩张,伊斯兰法得到广泛传播,形成伊斯兰法系。

日本于公元645年实行"大化革新"后,确立了以天皇为中心的中央集权统治,创建了以中国封建法律制度为模式的日本封建法律制度。《大宝律令》(公元701年)和《养老律令》(公元718年)就是以唐朝律令为蓝本制定的。1192年后日本进入幕府统治时期,《武家法典》成为基本法律。

在东欧,公元5世纪后,拜占庭帝国和由斯拉夫人建立的国家进入封建社会,颁布和编纂了一些适应封建关系发展的法典。11世纪时的《罗斯真理》是俄国法律史上的重要文献。

(三) 近代法律制度

近代法律制度是资产阶级革命取得胜利后,自由资本主义及其向垄断资本主义过渡时期的资产阶级法律制度。其时间自1640年英国资产阶级革命至1917年俄国十月革命。

在法学著作中,通常按照法律历史传统的不同将资本主义社会的法律制度划分为两大法系:大陆法系和英美法系。大陆法系亦称"民法法系"或"罗马—日耳曼法系",是在罗马法的基础上,融合日耳曼法,以欧洲大陆国家法国、德国为代表发展起来的法律制度的总称。大陆法系的范围,除欧洲大陆外,还包括亚洲、拉丁美洲和非洲的一些国家和地区。此外,北欧国家的法律制度也与大陆法系较为接近。英美法系亦称"英吉利法系"或"普通法系",是指以英国的普通法为传统而产生和发展起来的法律制度的总称。由于美国法有其突出特点,与英国法并列成为这一法系的组成部分,所以被称作英美法系。英美法系的范围,除英(苏格兰例外)、美(路易斯安那州例外)以外,还包括诸如加拿大、澳大利亚等前英国殖民地、附属国的许多国家和地区。

两大法系在渊源、结构、概念和思维方式等方面有许多不同点。在同一法系内,不同国家也特点各异,如:英国在资产阶级革命后建立起君主立宪制国家,法律制度中继承了封建法的传统,保留了封建时代的某些原则和内容。独立后的美国虽然采纳了英国法的基本形式和许多原则、制度,但也有自己的创造,如制定成文宪法、联邦和各州双轨制的立法和司法体系等。法国原是西欧典型的封建国家,1789 年的资产阶级大革命使它迅速走上创建资产阶级国家与法的道路。拿破仑统治时期,进行了大规模的立法活动,从 1804 年至 1810 年相继制定出民法典、商法典、民事诉讼法典、刑事诉讼法典和刑法典,建立起当时世界上最系统完备的资本主义社会的法律体系。德国资本主义发展较晚,1871 年德国统一之前,各邦都接受了罗马法传统,继承了日耳曼法,兼受教会法的影响。统一后,德国于 1871 年制定了宪法和刑法典;1877 年颁布了法院组织法、民事诉讼法、刑事诉讼法、破产法;1900 年实施了民法典和商法典。这些法典都源自罗马法传统,吸收了法国创立的一系列资本主义社会的法制原则,然而在内容上反映的是从自由资本主义向垄断资本主义过渡的时代背景,在理论水准、编纂技术上也有别于法国法。

1835 年生效的《俄罗斯帝国法律全书》是 19 世纪俄国法律改革的重要成果。在俄国农奴制度危机深重,革命运动蓬勃发展的形势下,1861 年俄国沙皇政府颁布废除农奴法令,成为俄国从封建制度向资本主义过渡的标志。

1868 年统治达七百余年的幕府统治彻底结束,日本建立了以明治天皇为中心的中央集权国家。明治维新是日本法律制度向西方化转变的开端。日本资产阶级法律制度的确立经历了长期探索的过程,前期主要仿效法国模式,后期以1889年宪法颁布为转机,主要接受了德国法的影响。

近代各国的法律制度,虽然各具特点,但却在本质、基本原则和制度上有共同性。如,与自由资本主义社会发展相适应,宣扬主权在民、三权分立、法律面前人人平等、资产阶级法制和私有财产神圣不可侵犯等原则,确立了资产阶级的民法、刑法和司法等基本原则和制度。

(四) 现代法律制度

现代法律制度是指1917年俄国十月革命后发展至今的法律制度。20世纪后,随着社会经济、政治、文化和科学技术的巨大进步,法律制度发生了明显变化。这种变化,从总体上看主要表现在三个方面:

第一,社会主义法律体系的出现。

社会主义法律体系的形成和发展是现代法制史中最有影响的因素。因此,有些法制史和比较法学者将其列为与大陆法系、英美法系并立的法律体系。

1917年俄国十月社会主义革命开始了世界现代历史的新时期,世界上建立了第一个无产阶级专政的国家和新型的法律制度。苏联法律制度经历了约七十年的历史,积累了法制建设的宝贵经验和教训。第二次世界大战结束前,社会主义法律制度仅在苏联一国存在与发展。第二次世界大战后,随着东欧一些国家社会主义法律制度、尤其是中国社会主义法律体系的建立,强大的社会主义法律体系的阵容改变了世界法律体系的格局。20世纪90年代苏联解体后,东欧各社会主义国家发生巨变,许多社会主义国家结合本国国情进行法律改革,社会主义法律体系对世界法律的现状和未来发展仍有深远影响。

第二,各主要资本主义国家法律制度的巨大变化。

20世纪以后,各主要资本主义国家的法律制度虽然经历了两次世界大战之间的曲折和法西斯法律制度的肆虐,但从总体来看仍在不断进步和完善。第二次世界大战以后,由于世界性的经济、政治、文化交往的密切和频繁,人民民主、民族独立运动的蓬勃开展以及新的产业革命带来的世界性的繁荣与进步,资本主义国家的法律发生了更加深刻的变化。主要表现有:(1)普遍开展法律的革新运动。法国、德国、日本都制定了新宪法,美国几次修改宪法增补修正案,英国也制定了一些民主、进步的法律;许多国家制定了一系列关于社会福利、社会教育、社会保障、保障消费者权益、防止环境污染等方面的法律;民事和刑事立法等也进行了大幅度的改革。(2)普遍出现许多新的法律部门。第二次世界大战以后经济法形成独立的部门法,德国和日本是经济法发达的典型国家;国际经济法也发展为独立的法律部门,并被分为国际贸易法、国际金融法、国际投资法等许多相对独立的分支;出现了海洋法、航空法、宇宙法、原子能法,等等;传统的民法、商法、刑法获得新的进展,产生出不少新的法律分支部门。(3)大陆法系和英美法系相互渗透和融合的趋势日益显著。大陆法系各国开始注重判例的作用,英美法系国家的成文法则不断增多;欧洲共同体法(后发展成为欧洲联盟法)的出现,促进了两大法系相互融合的趋势。

第三,发展中国家法律体系的兴起。

20世纪以后,亚、非、拉地区的发展中国家的法律发生了巨大变化。第二次世界大战以后,这些国家从自己的国情出发,参考借鉴西方国家的法律,进行了系统的法律改革。

第一章　楔形文字法

楔形文字法是古代东方最具有代表性的一个法律体系,也是世界上最古老的成文法律之一,对古代西亚地区法律的发展具有重要影响。《汉穆拉比法典》代表了楔形文字法的最高立法水平,是迄今为止世界上保留比较完整的早期的成文法典。

第一节　楔形文字法的产生与发展演变

一、楔形文字法的概念及其由来

楔形文字法,是指由古代西亚幼发拉底与底格里斯两河流域居民创造和发展起来的以楔形文字镌刻而成的奴隶制法的总称。因这种法律后来扩展至与其相毗邻的周围地区和国家,故也有楔形文字法系之称。大体包括苏美尔人、阿卡德人、阿摩利人、亚述人、依兰人、赫梯人等建立的国家所适用的法律。

楔形文字是公元前 2700 年前后起源于古代两河流域南部的一种古老文字,由苏美尔人发明。因这种文字是用削尖的芦苇秆、木棒或骨针等特别书写工具在泥版上刻画而成,字划先重后轻,以三角顿点延伸而成笔直的楔形,故称楔形文字。

对楔形文字法的发现和认识是从 1900 年对近东出土的石刻和泥版文书的解读成功开始的。此类文物约有 50 万件,与法制史有关的约占 3/4 左右,包括契约、收据、财产清算、账目、法庭审判记录、判决书手稿、商业信件、行政和外交公函、"法典"、"国际条约"以及各种官方议事记录等。它们是研究楔形文字法的主要依据和最有价值的珍贵资料。

二、楔形文字法的产生

两河流域是人类历史上最早形成国家与法的地区之一,也是楔形文字法的发源地。公元前3000年代初期,居住在两河流域南部地区的苏美尔人与北部地区的阿卡德人相继建立起十几个以城市为中心与周围若干农村结合而成的城市国家,如乌尔、拉格什和乌鲁克等。这些城市国家最初采用习惯法。约公元前3000年代中期,开始出现了零星的以楔形文字记载的成文法,其内容主要是调整婚姻家庭关系的法规。此后,成文法逐渐发展,涉及的内容渐趋广泛,包括契约、债务、损害赔偿等。

公元前3000年代末期,乌尔国家逐渐兴起,并统一了两河流域南部地区。约公元前2113—公元前2096年,乌尔第三王朝的国王乌尔纳姆为巩固统治、缓和社会内部矛盾,创制了《乌尔纳姆法典》,这是迄今所知人类历史上最早的一部成文法典。根据现代考古发现的乌尔和尼普尔几块泥版的记载,这部法典除序言外,共有29个条文,可以辨认的有23条。内容大体涉及禁止非法侵犯他人田产;严格保护奴隶主对奴隶的私有权;对侵犯人身权利的犯罪规定,包括伤害他人肢体器官,也包括诬告等行为;诉讼须由私人提起,要经法庭审理;注重对婚姻家庭关系的调整,男尊女卑。《乌尔纳姆法典》的出现为两河流域楔形文字法的发展开创了法典化的时代。

三、楔形文字法的发展演变

乌尔王朝灭亡后,约公元前2000年代初期,阿摩利人在苏美尔地区建立了两个国家,北方为伊新、南方为拉尔萨,伊新的北部为埃什嫩那和玛里。这些国家也都相继制定了成文法典。其中比较重要的有:拉尔萨王国的《苏美尔法典》、《苏美尔亲属法》和《尼尼微法律教本》(约公元前20世纪)、埃什嫩那王国的《俾拉拉马法典》(约公元前20世纪中期)、伊新王国的《李必特·伊丝达法典》(约公元前20世纪中期)等。这些法典继承了《乌尔纳姆法典》的风格,但在结构体系和立法技术上已有所提高,在内容上已较为丰富,涉及财产所有权、债权、婚姻家庭、继承、各种刑事规范和诉讼规范等,反映了楔形文字法在两河流域获得进一步发展。

公元前19世纪,阿摩利人建立的古巴比伦王国兴起,统一了两河流域。公元前18世纪,其第六代国王汉穆拉比统治时期(公元前

1792—公元前1750年)是两河流域经济最为繁荣、国势最为强盛时期。汉穆拉比王适应本国经济的发展与政治统治的需要,汲取两河流域原有楔形文字法的精华,制定了闻名于世的《汉穆拉比法典》。这部法典的原文镌刻在一个约有2.25米高的黑色玄武岩石柱上,故又称"石柱法"。石柱的上端刻有精致的浮雕,下端为刻满楔形文字的法律条文。这部法典曾长期失传,1902年被法国考古队于伊朗古城苏萨所发现,虽有少数条文被磨损,但已由后来发现的以及亚述图书馆保存的泥版抄本所补充,因而成为流传至今的楔形文字法中最完整的一部成文法典。该法典现存于法国巴黎的卢浮宫。

公元前1595年,巴比伦第一王朝被北方后起的奴隶制国家赫梯所灭。楔形文字法从此走向衰落。赫梯王国制定有《赫梯法典》(约制定于公元前14世纪末)。该法典行文多采用《汉穆拉比法典》的表述方式,概念和内容也不乏相似之处。不久,赫梯人退出,巴比伦又先后建立过第二、第三、第四王朝,至公元前729年又被居于底格里斯河上游的山国亚述所吞并。亚述王国也曾在入侵前制定过《中期亚述法典》(约制定于公元前15世纪)。该法典的许多条款也与《汉穆拉比法典》的规定相似,如婚约通过签订契约始能生效;新郎必须在结婚前先向岳父交纳聘金;殴打怀孕的妇女使其流产要判处罚金,等等。

赫梯和亚述虽制定有自己的法典,并保持着楔形文字法的传统,但其影响已远不如《汉穆拉比法典》。公元前7世纪至公元前6世纪初建立的新巴比伦王国曾力图振兴古巴比伦王国的法律制度,但最终也未能扭转楔形文字法衰落之势。楔形文字法一直适用到公元前330年波斯帝国统治时期。到公元前1世纪,整个西亚地区成为罗马帝国的版图,楔形文字法的影响基本消失。

第二节 《汉穆拉比法典》

一、法典的制定

《汉穆拉比法典》的制定虽与当时统治阶级的立法思想有关,但从根本上说,是古巴比伦社会政治经济发展的客观要求。

汉穆拉比王是古巴比伦王国的第六代君主,也是奴隶主阶级中一位杰出的代表人物。他即位以后,经过多年的征战和通过外交手段,不仅完全统一了两河流域,建立起强大的中央集权制的奴隶制帝国,而且通过积极兴修水利,开凿运河,建设灌溉网络,大力发展农业、手工业和商业,使巴比伦社会政治、经济获得空前发展。此外,汉穆拉比王还是一位以重视立法著称的君主,面对国家统一后出现的种种矛盾,主张以法治国,将他即位后的第二年确定为"他在国中确立公道"之年,并着手准备制定全国统一的法典。汉穆拉比王也同东方其他君主一样,具有神权思想,不仅在政治上积极推行"君权神授"论,而且在立法上也大力宣扬神权法观念,在其制定的《汉穆拉比法典》里就明确指出,是"安努"与苏美尔最高之神"恩利尔"命令他为"发扬正义于世,灭除不法邪恶之人"[①]而制定国法。镌刻在《汉穆拉比法典》石柱上端的太阳与审判之神"沙马什"向汉穆拉比王赠授"王杖"的两个人形浮雕正是汉穆拉比王这种神权法思想的生动体现。

制定《汉穆拉比法典》的政治经济背景是:

第一,巴比伦统一两河流域以前,各城邦的习惯法和成文法存在很大差异。巴比伦统一两河流域后,为巩固国家统一,强化中央集权的君主专制统治,消除地方上各自为政和法律不统一造成的混乱局面,要求制定一部通行于全国的统一法典。

第二,汉穆拉比统治时期,巴比伦社会的农业、牧业、手工业和商业以及奴隶制私有关系都得到迅速发展,动产已经变为私有,私人占有奴隶增多,分配给公社成员的份地可以在本公社内部出卖和转让。社会经济生活以及人们之间的财产关系日益复杂化,客观上要求有相应的法律予以调整,以巩固和发展奴隶制经济。

第三,由于私有制和商品货币关系的发展,社会上高利贷活动猖獗,大批农民和手工业者在奴隶主和高利贷者的重利盘剥下,因负

[①] 引自《汉穆拉比法典》,选自《外国法制史资料选编》(上册),北京大学出版社1982年版,第18页。

债、破产而沦为奴隶,从而严重影响了生产的发展和军队的兵源,削弱了国防力量,使社会矛盾、阶级矛盾日趋尖锐化,这就要求从法律上限制高利贷者的专横,限制债务奴隶制,以缓和自由民内部的矛盾,稳定社会秩序,维护奴隶主阶级的统治。

二、法典的结构和体系

《汉谟拉比法典》分为序言、正文和结语三部分。

序言部分主要以神的名义阐明了法典的立法思想和立法目的是为了"发扬正义于世,灭除不法邪恶之人,使强不凌弱",使"公道与正义流传国境,并为人民造福"等,并用大量文字称颂汉谟拉比王的功绩,宣扬他是根据神的旨意来管理国家、统治人民的,集中表达了"君权神授"思想。

《汉谟拉比法典》正文共282条,第1—5条,是关于保证法院公正审判的规定,包括对诬告、伪证及法官擅改判决的处罚等。第6—126条,是保护各种财产所有权及维护田主和高利贷者利益的规定,包括对盗窃各类财产、逃奴的惩罚,保护国家常备军士兵的财产,土地、果园的租佃,债权、债务和各种契约。第127—193条,是有关婚姻、家庭和继承方面的规定。第194—214条,是关于人身伤害及处罚的规定。第215—241条,是关于医生、理发师、建筑师和造船工劳动报酬及责任事故处罚的规定。第242—277条,是关于各种动产租赁和雇工报酬的规定。第278—282条,是关于奴隶买卖的规定。

结语部分主要是告诫后人要严守这部法典,不得曲解、变更或废除它,并诅咒不遵守法典的人必将受到神意的惩罚。

三、法典的基本内容和特点

(一)君主专制制度

古巴比伦王国实行的是君权与神权相结合的君主专制制度。国王是国家最高统治者,集行政、立法、司法、军事和祭祀大权于一身;国王还握有神权,被视为天神在人世间的代表。

国王依靠以他为核心的官僚机构,自上而下实行集中统治。但官僚机构尚不复杂,官吏间的分工也不明确。

为了巩固君主专制制度,汉穆拉比建立了一支由自由军人组成的雇用常备军取代了过去临时征集的民军。《汉穆拉比法典》有许多条款专门规定了军人的权利义务。其中规定"里都"和"巴衣鲁"(重装兵和轻装兵)在服役条件下可以领得份地(包括田园、房屋、牲畜),但不准出卖、抵债或遗赠给妻、女(第36—38条);军人死后,其子在担负军役的情况下可以继续使用份地(第28条);国家对忠于职守的军人给予种种保护;"德苦"或"卢布图"(指挥官)不得对士兵滥用权力和侵占他们的财产,否则处以重刑(第34条);一般人收买士兵份地财产,不仅要归还原物,还要没收买时所付价金;军人出征时,国家提供人工代为耕种;被俘时设法将其赎回(第27条、第32条)。法典通过上述保障军人及其家属生活等措施,使军人完全依赖于国家,从而形成了一支效忠于专制政权的军事力量。

(二) 等级制度

《汉穆拉比法典》确立了古巴比伦各阶层的法律地位,将全体居民分为自由民和奴隶两大类。

奴隶主要来源于战争俘虏、破产的自由民及从外地买来的奴隶。奴隶被称为瓦尔杜姆,直译为"卑贱者",在法律上不仅无任何权利可言,而且被视为奴隶主的财产。奴隶主有权任意将奴隶出卖、转让、抵押,甚至杀死。《汉穆拉比法典》规定,杀害奴隶或损伤奴隶的身体,仅意味着对奴隶主财产造成的损失,只承担财产上的责任。如《汉穆拉比法典》第199条规定,损毁奴隶眼睛或折断奴隶之骨,应赔偿其买价的一半。第116条、第214条、第252条规定,奴隶被殴打、虐待或其他原因致死,只需向其主人赔偿1/3明那银子,约等于一头牛的价格。这说明,奴隶和牛的地位是相等的。由于巴比伦的奴隶制尚处于早期阶段,因而奴隶数量较少,大部分用于家庭生产,并且可以有自己的家庭,有的还可以占有一小块土地和某些财产。

自由民按其社会法律地位的不同,分为享有充分权利的自由民与不享有充分权利的自由民。前者称阿维鲁,直译为"丈夫",是具有公社社员资格的人,主要包括僧侣贵族、高级官吏、自耕农和独立手工业者,法典设有许多条文专门保护他们的财产和人身安全。后者称穆什凯努,直译为"小人"或"顺从者",一般是失掉公社社员资格或外来的、依附于王室经济的人。主要是租种王室土地的佃农、宫廷的服役者等。阿维鲁与穆什凯努的法律地位明显不同,即便犯有同等罪行,刑罚却有很大差异。法典规定的"以牙还牙,以眼还眼"的同态复仇仅适用于阿维鲁的人身伤害,而对穆什凯努的人身伤害,以赔偿银子来解决。

(三) 财产法

巴比伦长期实行土地公有制,在法律上国王对全部土地享有最高所有权,在实际经济生活中,则存在王室土地和公社占有土地两种形式。王室土地主要集中在苏美尔地区,土地数量约占耕地总数的15%。其中一部分由佃耕者和奴隶耕种,到期缴纳地租和剩余生产物,另一部分赐予寺院、贵族、官吏和军人作为任职或服役的报酬。寺院、贵族和官吏们使用土地往往享有不纳税、不服役的特权,而军人却必须以服兵役为条件。《汉穆拉比法典》规定:军人拒绝出征或雇用他人代替,则将被处死,其房屋给予被雇者(第26条)。属于公社占有的土地数量很大,约占耕地总数的85%。其中森林、牧场、池塘、晒场等由公社成员集体占有,其余大部分土地则作为份地给公社成员各家庭使用。使用者必须向国家缴纳赋税,并负担劳役,超过3年不服劳役不纳税者,要被剥夺土地使用权。份地允许各家庭世袭,也可以在本公社内部出卖给他人,但买主必须承担卖主对公社和国家所应尽的一切义务。

《汉穆拉比法典》对其他动产,如牲畜、谷物、农具以及奴隶等,都规定为私有,并予以严格保护。尤其是神庙和王室财产、奴隶主阶级的财产以及国家常备军士兵的财产受到法律的特别保护。"自由民窃取神庙或宫廷之财产者应处死;而收受其赃物者亦处死刑"(第6条)。自由民窃取神庙或宫廷家畜或船舶的应"科以30倍之罚金",无力偿还者应处死(第8条)。

《汉穆拉比法典》有一系列关于买卖、租赁和盗窃奴隶的规定。如租借的奴隶逃跑,租借者须承担物质上的责任。缔结买卖奴隶契约要履行一定手续,即在规定时间内调查被出卖的奴隶是否为逃奴或患有癫痫病,出现此类问题,要将奴隶退还原主,并取回身价费。此外,《汉穆拉比法典》对盗窃、藏匿他人奴隶以及帮助奴隶逃跑等都规定了极严厉的刑罚。如果藏匿他人逃奴,则此人应处死刑(第19条);如果擅自改变他人奴隶身上、脸上的烙印或发式,便被认为是霸占人家的奴隶,应以盗窃罪论处。

《汉穆拉比法典》对手工业、商业等方面的法律关系作了详细规定,这表明汉穆拉比统治时期巴比伦社会商品经济已相当发达。《汉穆拉比法典》提到的手工业工匠有十几种,如制砖工、纺麻工、建筑师、造船师、木工、皮革匠、刻石工、珠宝工、冶金工等,法典对各类工匠应得酬金与应负的责任均有规定。有关商业方面的条款约占法典条文的10%左右。从中可见,巴比伦社会既有为王室服务的官商,也有民间的商人。官商由国王授予各种商业特权,他们在从事国内外贸易中经常委托自己的代理人沙马鲁进行商业活动。

(四) 契约制度

汉穆拉比统治时期,债法已有一定发展。债的主要形式是契约,重要契约的签订必须遵循一定的规则和采用书面形式,一般契约的缔结只用口头和作出某些象征性动作即可成立。

契约种类有买卖、财产租赁、借贷、保管、合伙、人身雇用等,其中尤以买卖、借贷和财产租赁最为流行。

买卖契约的标的是土地、房屋、牲畜及其他非禁止流转的财产,其中也包括奴隶。从流传至今的买卖文件看,买卖契约具有注重形式的特点,如转移某项物品所有权时,须以交付一根小棒为标志,有时还要求说出特定的套语或作出象征性的动作,一些重要买卖契约的签订还须按照一定规则采用书面形式方可成立。

借贷契约的标的主要是钱款和谷物。签约后,贷与人把钱款或谷物交给借用人,至一定期限后,借用人将钱款或谷物连同利息一并还给贷与人。为保证契约的履行,借用人须以自己或家属的人身作为清偿债务的担保。在《汉穆拉比法典》以前,允许高利贷者对无力偿债的债务人实行终身奴役,因而导致大量农民和手工业者因无力偿债而沦为债奴。汉穆拉比为缓和社会矛盾,在《汉穆拉比法典》中废除了终身债务奴役制度,将债务奴役的期限定为3年,"至第4年应恢复其自由"(第117条)。债务人的家属作为人质在债权人家中做工,也不能随意被殴打、虐待或杀死(第116条)。《汉穆拉比法典》对高利贷的借贷利率也进行了一定限制,规定法定最高利率:谷物为33.3%,银子为20%(第89条),债权人如违反这一规定,便丧失所贷出的一切。这些规定在一定程度上限制了有产者的权利,具有一定进步意义。

租赁契约的标的包括房屋、土地、园圃、车辆、船只、牛、驴等。土地租赁大多是短期的,租期一般为1年,园圃的期限可延长至5年。《汉穆拉比法典》对出租者,尤其是土地出租者的利益严加保护。《汉穆拉比法典》规定,"自由民佃田以耕,而田不生谷,则彼应以未尽力耕耘论,应依邻人之例,以谷物交付田主"(第42条),"自由民以其田租与农人佃耕,并将收取其田的租金,而后阿达得①淹其田或洪水毁去其收获物,则损失仅应归之农人"(第45条)。租金是相当高的,谷地租金为收获物的1/3到1/2,而果园的租金则高达收成的2/3(第46条、第64条)。

(五) 婚姻、家庭与继承制度

《汉穆拉比法典》以大量条文规定了家长制的家庭关系,确认了奴隶制条件下男女地位的不平等和家长在家庭中的特权地位。

婚姻关系实行的是具有买卖性质的契约婚姻。《汉穆拉比法典》规定了"无契约,即无婚姻"的原则,没有缔约的婚姻被认为是无效的(第128条)。婚姻的签订是在未婚夫与女方家长之间以买卖的形式进行的,未婚夫须向女方家长缴纳一笔购买妻子的买身费和一定数目的聘礼,作为婚姻的预约金,女方家长则给新娘一份嫁妆。嗣后,如果男方违约,拒绝娶新娘,就要丧失其所交给女方家长的一切财物(第159条);如果女方家长违约,将女儿另嫁他人,则应加倍返还其所收到的一切财物(第160条)。

夫妻关系是不平等的。夫享有特权,妻处于从属地位。夫负债无力偿还时,可将妻抵债;夫在妻不能生育或有病时,可以纳妾;夫还可以随意离弃其妻,而妻只有事实上被夫虐待遗弃时,才可以带上嫁妆回娘家。妻应忠贞于夫,夫如怀疑妻不贞,妻就应被投入水中接受"神明裁判"的"考验"(第143条、第132条)。

---

① 指雷、电、雨和洪水之神。

子女在家庭中没有独立地位。父亲有权决定子女的婚姻,有权剥夺儿子的财产继承权(第168条),并可以将子女送去抵债或出卖(第117条),而子女必须绝对服从,不得违抗。《汉穆拉比法典》规定,儿子殴打父亲要断其手指(第195条);养子不承认养父母要割其舌(第192条)。

财产只在家庭范围内继承,并且只有男子才享有充分的继承权。《汉穆拉比法典》规定,父亲去世,遗产由诸子平均分配,女儿只能取得一份嫁妆;而妻只可取得自己原来的嫁妆和一份孀居赡养费;如果妻改嫁,赡养费便不得享有(第171条、第172条)。《汉穆拉比法典》对遗嘱继承未作明确规定,但第171条提到夫死后,其配偶可取得自己嫁妆及其夫所赠与且立有遗嘱的赡养费;第165条有"倘自由民以田园房屋赠与其所喜爱之继承人,且给他以盖章之文书,则父死之后,兄弟分产之时,此子应取其父之赠物,此外,诸兄弟仍应均分父家之财产"的规定,显然,遗嘱继承,不能超出"家内继承"的范围。

(六) 犯罪与刑罚制度

《汉穆拉比法典》中关于犯罪与刑罚的条文没有作为单独部分集中加以规定,大都分散地附在其他各类条文之后,用以加强各种法律规范的作用,保证其被严格遵守。刑罚十分残酷,保留了某些原始氏族制度的残余。

《汉穆拉比法典》规定的犯罪种类主要有:危害法院公正裁判罪、侵犯人身罪、侵犯财产罪和侵犯家庭罪。至于国事罪、宗教罪,《汉穆拉比法典》几乎没有涉及,只提到"神妻或神姐不住于修道院中者,倘开设酒馆或进入酒馆饮西克拉①,则此自由女应焚死"(第110条);卖酒妇明知罪犯在自己店中共谋不轨,而不申报,则此卖酒妇应处死(第109条)。

危害法院公正裁判的犯罪主要包括诬告、伪证和法官擅改判决等行为。《汉穆拉比法典》第1条规定"倘自由民宣誓揭发自由民之罪,控其杀人,而不能证实,揭人之罪者应处死"。第3—4条规定"自由民在诉讼案件中提供罪证,而所述无从证实,倘案关生命问

---

① 指一种烈酒。

题,则应处死";"倘所提之证据属于谷或银的案件,则应处以本案应处罚之刑"。此外,《汉穆拉比法典》第11条、第13条有关说谎者的处罚,也体现了诬告反坐的原则。《汉穆拉比法典》第5条是对法官擅改判决的处罚,规定"倘法官审理讼案,作出判决,提出正式判决书,而后来又变更其判决,则应揭发其擅改判决之罪行,科之以相当于原案中之起诉金额的12倍罚金,该法官之席位应从审判会议中撤销,不得再置身于法官之列,出席审判"。上述这些规定,在当时私诉为提起诉讼主要形式和举证责任在告诉一方以及法官握有司法审判实权的情况下,无疑对保证法院公正裁判,防止法官贪赃枉法具有重要意义。同时,《汉穆拉比法典》将此类条文置于《汉穆拉比法典》本文之首,也说明立法者对诉讼法的重视。

《汉穆拉比法典》对侵犯财产罪规定得最多,处刑也最为严厉,其中第6—25条集中规定了对各种侵犯财产的犯罪行为的处罚。《汉穆拉比法典》允许在一定场合,对所抓获的窃贼可以依法就地处死,而不必通过法院处理。①

侵犯人身罪主要指殴打或因其他原因造成他人伤亡。《汉穆拉比法典》对这类犯罪行为的处罚实行血亲复仇和同态复仇原则。血亲复仇原则,以犯罪集体负责的形式局部地保留在一些条款中。如父母犯罪子女承担责任,打死自由民之女的应杀其女(第210条);房屋建筑不坚固,房主之子因而致死,应杀建筑师之子(第230条);罪犯未被捕获,则盗窃发生地点或其周围的公社及长老应赔偿所失之物等。同态复仇原则具体地体现在对毁坏身体某些器官的刑事制裁上。例如,"倘自由民损毁任何自由民之子之眼,则应毁其眼"(第196条);"倘自由民击落与之同等自由民之齿,则应击落其齿"(第200条)。同态复仇原则还扩大适用于身体的哪一部位"犯罪",就处罚哪一部位,如医生为自由民治病造成不良后果,应断其手指;乳母喂死婴儿,应割其乳房等等。同态复仇原则只适用于社会地位同等人之间,对奴隶不适用这一原则。

侵犯家庭罪主要包括强奸罪、奸淫罪、通奸罪及养子不认养父母

---

① 参见《汉穆拉比法典》第21条、第25条。

等行为。①

刑罚种类很多,主要有死刑、体刑、烙印、罚金、驱逐等。其中死刑适用范围广泛,直接处死的达三十多种,而且处罚手段残酷,有溺死、烧死、刺死、绞死等。刑罚的轻重除与罪行大小有关外,还与当事人的身份和社会地位有关,如受害者是阿维鲁,刑罚较重;如受害者是穆什凯努,则刑罚较轻。

(七) 法院组织与诉讼制度

巴比伦国家的司法权与行政权之间并无严格的划分。国王拥有国家最高司法审判权,一切不服法院判决的当事人均可上诉至国王,国王有权特赦或亲自审理法院久拖不决和兄弟间遗产纠纷案件,也可委托"王室法官"审理其他案件。地方司法权分别由国王下属的大小官吏来行使。

诉讼完全由私人提起。案件的判决,往往由双方当事人自己来执行。当事人负有完全的举证责任,《汉穆拉比法典》确认的可采信的证据包括证人的证言、证物,宣誓和神明裁判等。诬告和伪证要受到严厉处罚。法官必须根据可靠的证据作出判决,判决一经作出,不得擅自修改,否则将被撤职,并科以罚金。

第三节 楔形文字法的基本特征和历史地位

一、楔形文字法的基本特征

适用楔形文字法的国家虽然因各国的历史条件、政治、经济状况不同,在各自的立法中对一些具体问题的规定有所不同,但由于都是建立在东方奴隶制经济基础之上,法律文化传统相同,彼此间有着直接或间接的继承关系,因而存在着一些共同的特征。

(一) 楔形文字各法典的结构体系比较完整,一般均采用序言、正文和结语三段论式的表述方法。序言和结语多以神的名义强调立法的目的,标榜立法者的功绩,贯彻"君权神授"思想,强调法典的

---

① 参见《汉穆拉比法典》第130条、第129条、第153—193条。

"公平"、"正义"和神圣不可侵犯性,要求人们必须遵守,目的在于加强法典正文的神圣性和权威性。正文是法典条文本身,无法律部门的划分,而是诸法合体、民刑不分,但法规条文并非毫无次序的罗列,而是每一部分都有其所注重解决的问题,具有自己独特的体系。

(二)法典的内容涉及面较广,包括民法、刑法、诉讼法、婚姻家庭法等各方面,反映了君权与神权相结合的君主专制制度;肯定土地国有和公社所有制形式;肯定奴隶制度和自由民内部各等级间的不平等;肯定买卖婚姻和家长制家庭关系等。

(三)楔形文字法大都比较重视对财产关系和人身关系的调整。《汉穆拉比法典》中涉及财产关系和人身关系的法律条文占全部条文的一半以上,而《俾拉拉马法典》中有关财产关系和人身关系的内容更占到70%,这与其他古代东方法律普遍存在的重刑法轻民法的现象完全不同。

(四)楔形文字法各法典大多是司法判例的汇编,并没有规定一般的抽象概念和立法原则。法律条文均是针对某种违法事例或纠纷所确定的处理和解决的具体办法,缺乏深入的分析、综合与概括。

(五)楔形文字法是世俗法。虽然各法典都在序言和结语中强调法律是遵从神意制定的,违反法律就会受到神的惩罚。但在楔形文字法典的条文中,并没有宗教、道德规范,基本是关于世俗生活的规定,与古印度及希伯来等宗教性质的法律相比较,楔形文字法不是"神定法"、而是"人定法"。

二、楔形文字法的历史地位

楔形文字法在世界法律史上具有重要地位。它是人类历史上最早形成的法律体系之一,也是最早将习惯法成文化的先驱,对推动人类法制文明的进步与发展具有特殊的贡献。对楔形文字法进行研究,可以了解奴隶制早期法律产生发展的基本过程。

楔形文字法系作为奴隶制早期具有代表性的法系之一,有独特的结构、体系和共同特征,它所表现出来的较为发达的立法技术,也是许多古代早期国家所无法比拟的。楔形文字法以独立于宗教之外的法律规范,公开确认奴隶主阶级的统治地位,将奴隶视为奴隶主的财产,并对各种法律关系作了比较全面的规定,特别是有关所有权、契约、侵权行为、家庭法等方面的规定相当详细。楔形文字法中所创立的一些法律原则,如《汉穆拉比法典》中对维护私有财产权所规定的关于盗窃他人财产须受惩罚,损毁他人财产要进行赔偿的法律原则、关于财产所有权取得和转移的方法和原则以及关于法律关系中当事人的权利和义务等都为后世有关立法开了先河。在刑法方面,法典创立的一些罪名、刑种,如抢劫、强盗、盗窃、奸淫、通奸等罪名,死刑、肢体刑、罚金等刑种,以及诬告和伪证反坐的刑罚原则,法官枉法重处的原则等,尽管缺乏明确区分和严谨的解释,但均对后世的立法具有重大影响。

楔形文字法是古代西亚法的先驱。《乌尔纳姆法典》是其第一部成文法典,反映了楔形文字法早期的法律成就,《汉穆拉比法典》则继承了两河流域原有法律的精华,使其发展到完善地步。《汉穆拉比法典》不仅被后起的古代西亚国家诸如赫梯、亚述、新巴比伦等国家继续适用,而且还通过希伯来法对西方法律文化产生一定的影响,中世纪天主教教会法中的某些立法思想和原则便渊源于该法典。

第二章 古印度法

古印度法具有深厚的宗教哲学基础和鲜明的民族特征,对古代印度社会的发展和东南亚法律制度的演变产生了深远的影响。古印度法作为一个完整的法律体系已经消失,但对今天印度法律的发展仍具有广泛的影响。

第一节 古印度法的产生和演变

古印度法是印度奴隶制时期法律制度的总称,内容包括婆罗门教法、早期佛教法及国王政府颁布的敕令。古代印度的范围比现代印度广阔,大致包括现在的印度、巴基斯坦、孟加拉等国,几乎相当于整个南亚次大陆。因此,古印度法的盛行区域相当广泛。

一、古印度法的产生

学术界一般认为,古印度法流行的时间大约是后期吠陀时期(约公元前 1000—公元前 600 年)至公元 4—7 世纪。

公元前 1500 年前后,属印欧语系的雅利安人侵入印度河流域,土著居民达罗毗荼人沦为奴隶。雅利安人侵入印度以后,印度有了最早的传世文献"吠陀"(原意为"知识")。吠陀是印度最古老而神圣的法律渊源,约成于公元前 1500—公元前 600 年,用诗歌体裁写成。吠陀本集共四部:《梨俱吠陀》(赞颂明论)、《娑摩吠陀》(歌曲明论)、《耶柔吠陀》(祭祀明论)和《阿达婆吠陀》(巫术咒语汇集)。其中《梨俱吠陀》最为古老,大约成书于公元前 1500—公元前 1000 年,被称为早期吠陀。后三部吠陀约成于公元前 1000—公元前 600 年,被称为后期吠陀。它们反映了当时印度社会的政治经济状况,充满神话和幻想,其中许多内容涉及人们的行为规范和社会习惯。大约在后期吠陀时期,印度的氏族制解体,逐渐形成了奴隶制国家。

约公元前7世纪,以崇拜自然为特征的原始宗教吠陀教逐渐演变为婆罗门教。该教属多神教,因崇拜造物主婆罗贺摩(亦称"梵天")而得名。它主张"吠陀天启"、"祭祀万能"和"婆罗门至上"三大纲领。其基本教义是"梵我一如"和"业力轮回"。前者意为整个宇宙间唯一真实的是"梵"(本义为清净、离欲),个人或自我的灵魂本来源于梵,而客观世界不过是个幻觉,人应该超脱尘世的污染,走向真实永恒的梵的世界。亲证"梵我一如"是每个婆罗门教徒毕生追求的最高境界。后者指的是善恶有因果,人生有轮回。人由于有欲望,必然会在思想和言行中表现出来,即所谓"造业"。"业"有轮回,人死后会转生,如果造了善业,就会转生为高贵的人;反之,如果造了恶业,则会转生为低贱的人,甚至牲畜。

婆罗门教产生以后,很快发展为国教,成为国家的统治支柱,对印度社会产生了深刻的影响。无论政治、法律、经济和社会文化,无不打上婆罗门教的烙印。婆罗门教的经典成为法律的重要渊源,婆罗门教的基本教义成为法律的重要内容,婆罗门教祭司成为法律的制定者和执行者。受婆罗门教推崇并维护的种姓制度成为印度社会的基本制度,各种姓的不同权利义务在法律上被固定了下来。

婆罗门教法的渊源除了吠陀外,主要有"法经"(Dharmasutra)和"法典"(Dharmasmrti,又译"法论")两大类。法经是用以解释并补充吠陀的经典,附属于吠陀,约成于公元前8—公元前3世纪,以散文体裁写成。主要规定祭祀规则、日常礼节和教徒的生活准则、权利义务以及对触犯教规者的惩罚等。法经并无统一文本,各教派皆有自以为正统的法经,不同时期亦有不同的法经流行。较重要的法经有:《乔达摩法经》、《阿帕斯檀跋法经》、《磐达耶那法经》、《毗湿奴法经》等。各法经都确认了吠陀经典的至高无上地位,并将雅利安人的习俗系统化,使种姓制度在法律上固定下来。法典是婆罗门祭司根据吠陀经典、累世传承和古来习惯编成的教法典籍,约成于公元前3世纪—公元6世纪,以诗歌体裁写成。法典中所含的纯法律规范要比法经多。其中最为著名的法典即《摩奴法典》(又译《摩奴法论》),约成于公元前2世纪—公元2世纪,是印度法制史上第一部较为正规的法律典籍,具有相当大的权威性。它较为全面地论述了吠陀的精义,规定了以种姓制为核心的基本内容。该法典对印度法律史产生了深远的影响,并传播至东南亚及远东地区。其他重要法典包括:《述祀氏法典》、《那罗陀法典》、《布里哈斯帕提法典》等。需要注意的是,无论法经还是法典都并非现代意义上的法典,它们都是伦理、宗教、法律规范的混合体。

二、古印度法的发展和演变

公元前6世纪前后,印度北部的16国之间经常为了争夺土地和财富而爆发战争。此时正值奴隶制发展时期,阶级矛盾相当尖锐,各种姓对婆罗门的至高地位都非常不满,在战争中日益强大的刹帝利和在经济活动中逐渐占主导地位的吠舍都要求改变原有的地位。于是,佛教应运而生。它反对婆罗门教的繁琐仪式和流血祭祀,反对吠陀的权威,反对婆罗门种姓的特权地位,但却继承了婆罗门教的因果轮回说。认为人要避免生老病死和轮回之苦,就必须通过修行;任何人,即便是被唾弃的贱民,也可以通过修行达到不生不灭的"涅槃"境界,无须婆罗门祭司的引导。由于佛教不排斥低等种姓,仪式简单,语言通俗,很快为许多下层人民接受,并得到迅速发展。

公元前324年,16国中的摩揭陀王国统一了北印度,建立了孔雀王朝。这是印度历史上第一个幅员辽阔的奴隶制帝国,在其第三代君主阿育王(Asoka,约公元前273—公元前232年在位)时期,印度的政治、法律、经济和社会文化都得到相当大的发展。阿育王不仅将帝国的疆域扩展到印度半岛的南端,而且定佛教为国教,广为宣扬佛法。为了使臣民都了解佛法,他下令在帝国境内开岩凿壁,树立石碑,在上面刻下诏令,弘扬佛法。他在诏令中要求人们遵循佛法,服从官府,规定官吏不得贪污渎职,并设立了"正法官"以监督法律的实施。这些刻在岩碑上的诏令被后世称为"岩石法"或"石柱法",它们不仅促进了佛教的发展,也促进了古代印度法律的发展。

当佛教被定为国教后,佛教的经典便成为古印度法的重要渊源之一。佛教经典总称"三藏"(Tri-pitaka),基本定型于阿育王在华氏城主持的第三次结集(约公元前253年)。它由三部分组成:(1)经藏,佛教创始人释迦牟尼及其门徒宣扬的佛教教义;(2)论藏,佛教各教派学者对教义的论说;(3) 律藏,佛教寺院规条。其中尤以律藏的法律意义最为明显。佛教法的中心内容是"五戒",即不杀生、不偷盗、不淫邪、不妄语、不饮酒,这是每个佛教徒终生必须信守的戒条。

公元4—7世纪,印度社会逐渐由奴隶制转向封建制,奴隶制法理应为封建制法所取代。但由于印度宗教的发展具有连续性,与宗教有密切联系的法律的发展也有极强的延续性。公元6世纪以后,佛教在其发源地印度逐渐衰落,应运而生的是经过改革的婆罗门教,即新婆罗门教或印度教。由于该教只是吸收了佛教和其他民间信仰的精华对婆罗门教进行的改造,婆罗门教法和佛教法在很大程度上得以延续,但其性质已经发生了根本变化,其中的许多内容已具有封建制色彩。

第二节 古印度法的基本制度

一、种姓制度

种姓制度(system of caste)是古代印度的社会等级制度,也是古印度法的核心内容。种姓是与种族、姓氏有密切关系的社会集团,各集团严格实现族内婚,职业世袭。

早期种姓制在梵文中称为"瓦尔那"(Varna),意为"颜色"。早在雅利安人征服印度的过程中,瓦尔那制即开始萌芽。最初只有两种瓦尔那,即雅利安(白色人种)和"达萨"(即被征服的达罗毗荼人,黑色人种)。可见,种姓制的产生是两个肤色不同的种族对立的结果。大约在公元前11世纪,雅利安瓦尔那分裂为婆罗门、刹帝利和吠舍三个瓦尔那,而达萨瓦尔那则演变为首陀罗。婆罗门教产生后,各种姓的权利义务在婆罗门教法中得到全面的确认和维护。

根据婆罗门教法的规定,各种姓的法律地位和权利义务是截然不同的。最高种姓为婆罗门,即祭司种姓,掌握宗教祭祀大权;第二种姓为刹帝利,即武士种姓,掌握军政大权;第三种姓为吠舍,从事商业或农业生产,属平民种姓;第四种是首陀罗,从事低贱职业,多数为奴隶。前三个种姓被认为是"再生人",除自然生命外,还可因入教而获得宗教上的再生;首陀罗是"非再生人",只有一次生命。各种姓间戒备森严,不得同桌而食,同井而饮,同席而坐,同街而居。低等种姓对高等种姓必须俯首帖耳,一心一意伺候高等种姓;路遇高等种姓时必须侧身而立,不得与之同行。在这四大原始种姓之外,还存在许多杂种种姓(即迦提),他们的地位和职业亦由法律明确规定。

二、所有权

古代印度的土地所有制形式以国有制或王有制为基础,国王被誉为"大地的主人",原则上是全国土地的最高所有者,凡占有土地者皆得向国王政府缴纳赋税。土地占有的主要形式是村社制。村社中的耕地一般分配给各家使用,而牧场、森林、水渠等则由村社社员共同占有和使用。社员间的土地占有发生纠纷时,一般由村社长老出面解决。社员的土地使用权受法律的严格保护,受到侵害时得要求赔偿。

私人财产所有权受法律保护。偷盗小到井绳,大到珍宝和牲畜等各类物品,都会受到数额不等的罚款或断肢等体罚。但高等种姓和低等种姓所享有的财产权是有分别的。婆罗门被认为是"万物之主","世界上的任何东西全都是婆罗门的财产;由于地位优越和出身高贵,婆罗门的确有资格享有一切"[①]。首陀罗除了维持生计的生活资料外,无权拥有其他财产,即使他有能力积蓄财产也得不到法律保护,"婆罗门可以毫不犹豫地拿去首陀罗的东西;因为他不存在任何财产;因为他的钱财本来就是应该被主人拿的"[②]。

三、债法

古代印度的债法具有如下特点:

(一) 契约关系较为简单

不仅契约种类较少,仅有买卖、寄存、借贷、劳务等几种,而且比

---

① 《摩奴法论》第 1 卷第 100 颂。
② 《摩奴法论》第 8 卷第 417 颂。

较注重形式,比如买卖契约必须"当着众人的面"进行,寄存物品虽不一定要公开,但却规定"私下交出的和私下接受的东西仍应该私下归还;如何交出就如何取回"[①]说明当时印度社会的商品经济尚不发达。

(二) 已经注意到契约的法律效果

首先,为了保证契约的严肃性,法律对契约的成立规定了一些前提条件:(1) 当事人必须有订立契约的真实意思,"强迫给予的东西、强迫享用的东西、强迫写成的东西和一切强迫做的事情,摩奴宣布一律无效"[②]。(2) 立约者必须有能力意识并控制自己行为的后果,"醉汉、疯子、忧伤者、完全依靠他人生活的人、儿童、老人和未被授权经办的事情一律无效"[③]。(3) 契约的内容必须符合法律和习俗,"违反法或者传统习俗的协议即使有字据或者担保人也一律无效"[④]。其次,契约一旦订立就当严格履行,若到期不能履行,则或者债务人给债权人做债务奴隶,或者由担保人替债务人还债,或者由债务人的继承人还债。[⑤] 在借贷契约中,为了保证债务的履行,可以设定典押,债权人征得债务人同意也可使用典押品,但如果典押品可以生利,债权人就不得收取借贷利息,也不得因时间久而转让和出卖典押品。[⑥]

(三) 对高等种姓的债权给予特别保护

首先,同是借贷者,但对高等种姓和低等种姓收取的法定利息是不同的,对婆罗门收取的月息是2%,刹帝利为3%,吠舍4%,而首陀罗则为5%。[⑦] 当债务人不按期履行债务时,如果债务人与债权人属同一种姓或比债权人种姓较低,债权人可以将债务人收为债务奴隶;但如果债务人的种姓高于债权人,则不能以劳动偿债,只能逐年

---

① 《摩奴法论》第 8 卷第 201、195 颂。
② 《摩奴法论》第 8 卷 168 颂。
③ 《摩奴法论》第 8 卷 163 颂。
④ 《摩奴法论》第 8 卷 164 颂。
⑤ 《摩奴法论》第 8 卷 156、158、160、162、166 颂。
⑥ 《摩奴法论》第 8 卷 143 颂。
⑦ 《摩奴法论》第 8 卷 142 颂。

偿还,以免沦为低等种姓的债务奴隶。①

四、婚姻家庭法

古代印度的婚姻家庭法具有如下基本特征:

(一) 婚姻被认为是神意的结合

这首先表现在其婚姻方式上。《摩奴法论》列举了八种婚姻方式,即梵式、天神式、仙人式、生主式、阿修罗式、乾达婆式、罗刹式和毕舍遮式。前四种方式最合于神意,不附加条件也不要财礼,只适用于婆罗门;阿修罗式类似于买卖婚,适合于吠舍和首陀罗;乾达婆式相当于合意婚,罗刹式相当于抢婚,皆适用于刹帝利;毕舍遮式相当于强奸,为神所禁止。② 婚姻既被认为是神意的结合,当然是不可离异的。但实际上这只是对妻子而言的,妻子即使被丈夫出卖或遗弃也不得脱离丈夫,而丈夫却可借口妻子有病、不孕、性情不好等抛弃妻子。③

(二) 严格维护种姓内婚制

为了维护种姓的纯洁,法律规定不同种姓不得通婚,如若通婚即丧失原有种姓,其后代则为杂种种姓。但种姓间的通婚并非绝对不可能,高等种姓男子与低等种姓女子间的婚姻被视为"顺婚",因而是允许的;但低等种姓男子与高等种姓女子的婚姻则被视为"逆婚",因而是禁止的。最为法律所不容的是首陀罗男子与婆罗门女子之间的婚姻,其后代被称为"旃陀罗",属于不可接触的"贱民"。他们被排除在种姓之外,地位比首陀罗还低,不许与种姓人来往,必须住在村外,穿死人的衣服,用被遗弃的破容器吃饭,从事屠宰、抬死尸等低贱职业。

(三) 高等种姓一夫多妻,而低等种姓则一夫一妻

婆罗门男子可以依种姓顺序娶四个妻子,刹帝利可在同种姓和吠舍、首陀罗中娶三个妻子,吠舍可娶同种姓和首陀罗两个妻子,而

---

① 《摩奴法论》第 8 卷 177 颂。
② 《摩奴法论》第 3 卷第 27—34 颂。
③ 《摩奴法论》第 9 卷第 46、80、81 颂。

首陀罗男子只能以一个首陀罗女子为妻。

五、继承法

古代印度的继承法有如下特征：

（一）实行长子优先原则

印度人视"传种"为男人的天职，而长子的出世使其父成为"有子者"，不欠祖先的债，因此长子有权继承父亲的一切遗产。① 其他诸子则依赖长兄生活。长兄视幼弟如子，而幼弟视长兄如父。如果父亲遗有债务，则必须先以遗产清偿债务而后继承。实际上，不管父亲有无遗产，儿子都必须替父偿债。如果诸子不愿生活在长兄领导下的大家庭中，也可分家析产。长子独得两份，次子得一份半，其余诸子各得一份。另外，如果有同种姓的未婚姐妹，则诸子应各自从自己的份额中留出1/4给她们。②

（二）与种姓制直接挂钩

不同种姓继承人的应继份额完全不同。如果一个婆罗门依正顺序娶了四个妻子并各有一子时，婆罗门妻子所生之子得四份，刹帝利之子得三份，吠舍之子得二份，首陀罗之子只得一份；即使这个婆罗门没有其他儿子，首陀罗妻子所生之子也不能得到超过1/10的财产。③

另外，古代印度的遗嘱继承制尚不发达，法律很少涉及这方面的内容。

六、刑法

古印度的刑法有两个显著特点：

（一）受宗教观念影响强烈

古代印度许多罪名的设置及其惩罚方式与宗教有直接关系，如杀害母牛被列为仅次于杀害婆罗门等大罪的二等罪，犯罪者必须剃

---

① 《摩奴法论》第9卷106颂。
② 《摩奴法论》第9卷117、118颂。
③ 《摩奴法论》第9卷153、154颂。

去头发,身披母牛皮,住在牛棚悉心伺候母牛3个月,并且清心寡欲,牛遇困境则舍身相救。惟其如此,才能偿赎杀害母牛的罪过。① 另外,由于教义的影响,再生人所犯的罪行几乎都可通过苦行来赎罪。比如杀害婆罗门者"必须在森林中居住12年,盖一间草棚,用骷髅作旗帜,以乞食为生"②,或者将全部财产布施给一位精通吠陀的婆罗门,或断食诵三遍吠陀本集,等等。

(二) 不同种姓同罪异罚

高等种姓侵犯低等种姓时,可以减轻处罚;而低等种姓侵犯高等种姓时,则必须加重处罚。以伤害罪为例,凡低等种姓伤害高等种姓,必须断其肢;若同种姓相伤,则以罚款或驱逐出境了结;但高等种姓伤害低等种姓,尤其是婆罗门伤害首陀罗,常常就不需要惩罚。实际上,婆罗门在刑罚方面享有很多特权,即使犯再重的罪,也不得处以死刑,而"应该让他带着全部财产、不受伤害地离开本国"③。

七、诉讼制度

古代印度的诉讼制度不太发达,许多规定显得简单而原始。

(一) 缺乏统一而固定的法院组织

最高司法权由国王直接控制,遇有重大讼事,国王将亲自或委任一位博学的婆罗门审理,并有三位精通吠陀的婆罗门做助手。绝大多数纠纷都在村社内部由长老们(有时组成种姓大会)解决。

(二) 借助神的力量进行裁判

由于证人的证言对案件的判决至关重大,裁判官主要以两种方法来获得所谓真实的证言:一是令证人宣誓,若作伪誓,则无论现世或死后都将受神的惩罚;二是以神明裁判来判断证言的真伪,主要的神明裁判方式有水审、火审、秤审、毒审、圣水审、圣谷审、热油审和抽签审。

---

① 《摩奴法论》第11卷第108—115颂。
② 《摩奴法论》第11卷第72颂。
③ 《摩奴法论》第8卷第380颂。

第三节　古印度法的特点和历史地位

一、古印度法的基本特点

作为一种东方奴隶制法,古印度法具有东方法和奴隶制法的共性,比如维护君权、夫权、父权,维护奴隶主的特权,诸法合体,缺乏抽象概念和规则等。但它又独树一帜,有其自身的特点:

(一) 与宗教密不可分

古印度是一个宗教社会,宗教的强烈光芒覆盖了一切。法律在很大程度上只是宗教的附属物,它缺乏独立的规范体系,没有独立的作用范围,没有独立的立法者和执法者,宗教的任何变化都会引起法律的渊源及其内容的相应变化。

首先,宗教众多,使古代印度的法律渊源异常复杂。婆罗门教的产生使四吠陀、法经、法典等各类经典成为古代印度法的重要渊源,它们不仅对教徒的宗教生活进行约束,而且对教徒的世俗生活进行限制和调整。佛教的产生使古代印度法的渊源发生了巨大的变化,三藏以其完全不同于婆罗门教法的形式和内容规定了教徒的行为准则,它们紧紧围绕"五戒"等佛门戒律来展开。印度教的产生则使婆罗门教法得到极大的更新,融入了佛教法的某些精华,使法律渊源进一步复杂化。不仅各宗教之间存在差异,同一宗教的不同教派之间在法律的形式与内容上也可能有相当多的出入。

其次,法律的内容和编排体例都深受教义的影响。有关法律的内容如何受宗教影响的问题在上一节中已有详细介绍,法律的体例受宗教影响的典型即《摩奴法典》。该法典以婆罗门教的"四行期"[①]来安排其体例。如《摩奴法典》共12卷,始于"创造",终于"行为的果报——转世与解脱",中间插入的几部分内容中,再生族的法律占5卷,分别为"梵行期的法"(第2卷)、"家居期的法"(第3、4、5

---

① 婆罗门教规定的教徒生活与修行的历程,共分四个阶段:梵行期,即学生期,指儿童成长到一定年龄,辞别父母,从师学习吠陀和祭祀礼仪;家居期,指成年后开始世俗生活,结婚生子并从事社会职业这个阶段;林栖期,指老年时弃家隐居于密林,从事各种苦行,以锻炼身心,为灵魂解脱做好准备;遁世期,即舍弃一切财富,乞食为生,云游四方,置生死于度外,以期获得解脱。

卷)、"林居期的法"和"遁世期的法"(第6卷),依次规定了再生族在人生各阶段应遵循的行为准则。

(二) 严格维护种姓制度

除佛教法外,古印度法的基本内容都贯穿着种姓制度,几乎所有条文都是对各个种姓权利义务的直接规定。为了强调种姓制的神圣性,婆罗门教及其法律将其产生说成是造物神梵天的安排:"为了诸界的繁荣,他从口、臂、腿和脚生出婆罗门、刹帝利、吠舍和首陀罗"①。正因为婆罗门是从梵天口中生出的,所以最高贵最洁净,应该把最崇高的职责赋予他们,这就是学习和宣传经典;刹帝利从梵天的双臂生出,所以最有力量,应该掌握军权;吠舍是从梵天腿中生出的,所以最为勤奋,其职责就是不断增殖财富;首陀罗生于梵天脚下,所以最低下最肮脏,生来就是为了伺候和服从前三个种姓的。法律就是这样根据各种姓的不同地位来规定他们的权利义务的。正因为古印度法以种姓制贯穿始终,所以有人将它称为"种姓法"。

(三) 是法律、宗教、伦理等各种规范的混合体

古印度法的主要渊源并非国家机关依照立法程序制定的法律,而是宗教僧侣们根据社会习俗和自古流传的圣人言行,从其自身利益出发编纂的,因此不可避免地将现在人们看来不是法律规范的那些内容包括进去。以婆罗门教法而言,从四吠陀、法经到诸法典,没有一部是纯粹意义上的法典,往往在法律规范中夹杂着宗教戒律、道德说教甚至神话传说、宗教玄谈和哲学论述。在公认的法律性质最明显的《摩奴法典》中,纯粹法律性质的条文仅占1/4强。但这些内容也不是都能得到切实执行的,它们包含了编纂者婆罗门的美好愿望和理想,不少规定都是一厢情愿。② 阿育王的岩石法虽为国王敕令,但从字面上看,它很少带有强制性,而是劝导人们如何安排道德生活,如何行善,完全是佛教教义和戒规的混合体。阿育王在一段敕令中这样概括他的佛法:"少行不义,多作善事,慈悲,布施,真诚,清净。"③

---

① 《摩奴法论》第1卷第31颂。
② 参见季羡林为《摩奴法论》中译本所作序。
③ 〔英〕查尔斯·埃利奥特:《印度教与佛教史纲》第1卷,李荣熙译,商务印书馆1982年版,第14页。

二、古印度法的历史地位

(一) 在印度法制史中占有重要地位

古代印度法是政治、经济、宗教、社会文化诸种因素共同发展的产物,它凭借宗教的强大凝聚力和延续性对印度法制史产生了深远的影响。中世纪中后期,随着穆斯林的入侵,伊斯兰法成为印度占主导地位的法律,但是,这并不影响印度教法在印度教徒中间的适用。古代印度法的许多内容不仅藉印度教法的适用而得以幸存,甚至得到一定程度的发展,出现了像《达亚巴加》(约成于1100年)和《米塔克沙拉》(约成于1125年)这样一批重要的古代法典解说集,使古代法典中的基本原则能与当时的社会发展状况相协调。英国人统治印度时期,印度教法作为一种主要的属人法对印度社会产生了重大影响,《摩奴法典》仍是解决印度教徒之间某些纠纷的重要法律依据。印度独立后编纂的《印度教法典》也是以《摩奴法典》等古代权威法典为基础的。

(二) 对周边国家的法律发展产生了一定的影响

东南亚历史上曾有过一段印度化时期(约公元1—15世纪)。由于印度侨民的移居,或者婆罗门教、佛教和印度教的传播,以及当时东南亚各国的统治者渴望模仿印度的社会政治制度以强化王权,印度的宗教文化便在这一带地区广泛流传,出现了许多印度化王国。模仿古印度法建立自己的法律制度则是印度化的主要内容之一,由此形成了世界五大法系之一的印度法系。据有关史料记载,缅甸、暹罗(泰国)、锡兰(斯里兰卡)、扶南(柬埔寨)、老挝、占婆(越南)以及印度尼西亚的爪哇、巴厘、婆罗洲、苏门答腊等地的印度化王国大都曾以《摩奴法典》为蓝本颁布过法律,或实施过该法的某些规定,并出现过类似种姓制的严格的社会等级制度。随着15世纪最后一个印度化王国的灭亡,印度法系也成为历史遗迹,被认定为"死法系",但它对上述国家和地区的影响仍不可忽视。

第三章 古希腊法

古希腊法是欧洲最早产生的法律文明,泛指存在于古希腊各城邦及希腊化时代的所有法律。古希腊法深受哲学、政治学影响,公法发达,其中雅典城邦经过多次重大立法改革确立的奴隶制民主宪政制度影响深远,是近现代西方民主宪政的基础。

第一节 古希腊法的产生和演变

古希腊法泛指存在于古希腊各奴隶制城邦及希腊化时代所有法律的总称。古希腊位于巴尔干半岛的最南端,以爱琴海为中心,包括希腊半岛、爱琴海诸岛和小亚细亚半岛西部海岸的广大地区,是欧洲最先进入文明社会和最早产生国家与法的地区。

地中海区域是世界重要文明交汇的地区,希腊人借地缘便利吸收了西亚和埃及文明,成为古代文明世界的后起之秀。依赖于得天独厚的自然条件和地理环境为其创造的航海和经商条件,古希腊发展出有别于内陆文明的海洋文明。这不仅有利于培养希腊人开放进取、自由平等的精神,同时也为希腊人产生规则意识、发展科学精神和形成抽象思维方式创造了条件。与古希腊社会发展的历史相对应,古希腊法的产生、形成和发展经历了三个时期。

一、古希腊法的萌芽时期(公元前12世纪—公元前8世纪)

一般而言,古希腊法最早萌芽于古希腊部落社会的荷马时代。不过由于考古学的发展,一个早于荷马时代、在爱琴海地区以克里特和迈锡尼为代表的古老的爱琴文明已显现于世。大约在公元前20世纪,希腊文明的发祥地——克里特岛,出现了由农村公社结合而成的早期奴隶制城邦。在该岛克诺索斯城邦遗址,经考古发掘,发现了刻写在墙壁上的法律,传说该城邦最早的立法者是国王米诺斯,斯巴达的法律就是从他那里学来的。大约在公元前15世纪,迈锡尼文明兴起,考古发现了刻在泥板上的"迈锡尼法"的遗迹。这些远古时代的法律与早期的城邦制度有着极为密切的关系,并具有远古法的一般特点,标志着古希腊法的萌芽。

公元前12世纪至公元前8世纪的希腊历史,因荷马的两部史诗——《伊利亚特》和《奥德赛》而被称为"荷马时代"或"英雄时代"。荷马时代末期,随着各地经济的迅速发展,氏族制度全面瓦解,社会分化进程加速,数以百计的具有主权性质的独立的奴隶制城邦国家在整个希腊陆续产生,著名的有雅典、斯巴达、米利都、叙拉古、克林斯等。城邦,即以一个城市为中心,连同其周围不大的一片乡村区域构成一个独立的疆域相对狭小的主权国家,城邦制度是希腊文明的传统和基础。在古希腊氏族制度向城邦国家转变的过程中,法律也随之逐步产生。希腊各城邦国家的早期法律均为习惯法,而且带有神权法的特征,希腊神话中就有专司法律与正义的女神。宗教仪式在立法和司法中也很普遍,祭司在司法中起很大作用。

二、古希腊法的形成和发展时期(公元前8世纪—公元前4世纪)

公元前7世纪至公元前4世纪,希腊各城邦国家已由习惯法时期普遍进入成文法时期。主要立法有:《德拉古立法》(公元前621年)、《梭伦立法》(公元前594年)、《庇希特拉图立法》(公元前560年)、《克里斯提尼立法》(公元前509年)、《伯里克利立法》(公元前440年)以及《阿提卡法典》、《哥尔琴法典》和《罗德岛海商法》等。其中19世纪发现于克里特岛的《哥尔琴法典》,颁布于公元前5世纪,共有70条条文,内容涉及家庭、婚姻、养子、奴隶、担保、财产、赠与、抵押等民事法律及诉讼程序等,是保存最完整的希腊早期的法律文献,对研究古希腊法有重要价值。这部法典全文刻在墙上,至今仍屹立于哥尔琴古城的废墟上。据说其后罗马的《十二表法》是在考察了希腊法之后制定的。生活于此时期的亚里士多德曾考察研究了158个以上城邦的宪法,在比较分析的基础上写就了《雅典政制》。

三、希腊化法律时期(公元前4世纪—公元前2世纪)

古希腊法也包括后城邦即希腊化时代的法律。公元前4世纪始,希腊城邦日趋没落,马其顿王国兴起并征服了希腊各城邦以及小亚细亚、叙利亚、埃及、巴勒斯坦等近东地区,就此开始"希腊化时代"。古希腊法并没有随着城邦的衰落而消失,它不仅仍然适用于希腊居民,而且随着马其顿帝国亚历山大大帝及其继任者东征的足迹,适用于被征服地区的希腊化居民,进而与这些地区的法相融合,古希腊法的发展进入到希腊化法律时期。希腊化法律即指适用于希腊人及定居于被征服地区的希腊化居民的法律的总称,它来源于希腊法,因而具有希腊法的一般特点,但又不同于希腊法,是希腊法与当地原有法律相互渗透、相互融合的产物。希腊化法律具有地域性和混合性的特点,促进了欧亚非大陆间法律文化的交流与融合。公元前2世纪,随着罗马帝国对希腊化国家的征服,希腊化法律逐渐被罗马法所取代。

第二节 雅典的法律制度

希腊诸城邦中影响最大的是雅典和斯巴达,从这两个城邦的法可以概观古希腊的法律制度。由于篇幅所限,本章仅介绍雅典的法律制度。

一、雅典"宪法"

(一)雅典"宪法"的形成

雅典是古希腊各城邦中实行奴隶制民主政治的典型,其民主政治制度的内容对近代以后的宪法以影响,因此被称为雅典"宪法"。雅典"宪法"是经过一系列立法改革逐步产生和发展起来的。

1. 提秀斯改革

公元前8世纪左右,传说中的古代雅典统一国家的缔造者提秀斯进行了改革,将雅典的四个部落联合起来,设立了以雅典为中心的中央议事会和行政机构;将雅典的全体自由民划分为贵族、农民和手工业者三个等级,雅典城邦的权力掌握在执政官和贵族会议手中。提秀斯的改革使雅典城邦具有了国家的性质,跨出了摧毁氏族制度的第一步。不过,同这一时期其他城邦一样,雅典的法律尚处于习惯法阶段,并为氏族贵族所垄断。

2. 德拉古立法

随着雅典经济的发展,特别是手工业和商业的繁荣,以新兴的工商业奴隶主为核心的平民阶层在社会经济生活中显示出越来越重要的作用。他们对氏族贵族垄断司法、任意解释和适用习惯法以维护贵族特权、损害平民利益的做法极为不满,强烈要求制定成文法,公开法律,反对氏族贵族对法律的垄断。公元前621年德拉古当选为执政官,迫于平民的压力,他将雅典的习惯法加以整理汇编,制成雅典第一部成文法。"德拉古法"原文在公元前409年重行刻石,但传世碑文残缺不全,只保存了关于杀人行为的规定片断。"德拉古法"虽然肯定了债务奴役制,并以广泛采用重刑闻名于世,但同时又在刑罚制度上区分了故意杀人与非故意杀人,反对血亲复仇制度,规定一切伤害案件均由国家组织法庭依据明文规定的法律审理,从而在一定程度上限制了贵族解释和适用法律的特权。

3. 梭伦改革

公元前594年,梭伦出任执政官,进行了一系列的立法改革。他制定的法律曾公布在16块木板上,立于雅典巴西勒斯神庙的柱廊上。其主要内容为:

(1) 颁布"解负令",取消债务奴役制。根据这一法令,凡以前以土地或人身抵债的契约一律无效,土地归还原主,人身恢复自由,由国家负责赎回因欠债而被卖到外邦为奴的人,永远禁止以自由民人身作为债务抵押。

(2) 以财产特权和职位特权代替世袭特权。按照财产的多少将雅典公民划分为四个等级,按等级纳税、服兵役和享有权利。只有第一等级才能担任最高官职,第二、三等级担任一般官职,第四等级仅能参加民众大会和陪审法院。这一改革打破了过去贵族世袭专权的局面,为工商业奴隶主掌握政权开辟了道路。

(3) 提高民众大会的作用,设立400人议事会与陪审法院。为了限制和削弱贵族会议的权力,法律规定民众大会是最高权力机关,各级公民均有权参加,民众大会决定战争与媾和等国家大事,并选举官吏。400人议事会类似民众大会的常设会议,由4个部落各选100人参加,前三个等级的公民均可当选,其任务是准备和审理民众大会的提案,监督国家财政,弹劾执政官。陪审法院是从贵族会议中分享司法权的最高司法机关,每个公民均可当选为陪审员,参与案件的调查与审理,推行司法民主化。

(4) 颁布一系列发展经济的条例,促进雅典工商业经济的发展。如限制土地占有,承认私有财产继承自由;禁止谷物输出,鼓励经济作物橄榄油出口;整顿灌溉系统,发展植物栽培;统一度量衡,改革币制;提倡发展手工艺技术,鼓励商业发展,等等。

(5) 废除"德拉古法"中的严刑峻法,仅保留有关杀人罪的条款。梭伦立法宣布一切杀人行为均由法院审理,禁止血亲复仇,公民有权对地方官吏的违法行为提出控告和申诉。

梭伦的立法改革剥夺了氏族贵族所享有的种种世袭特权,使富有的工商业奴隶主开始掌握城邦大权,赋予所有雅典公民有限的权利,规定城邦职能机构既分享权力又彼此制约。梭伦之后虽然也出现过庇西特拉图的僭主政治,但其主要政策和措施,并未改变梭伦开辟的基本方向。梭伦立法在雅典法制史上具有划时代的意义,为雅典民主政治的形成奠定了基础,开辟了道路,雅典民主宪政制度由此产生。

4. 克里斯提尼立法

公元前509年,平民领袖克里斯提尼当选为雅典执政官,又进行了立法改革。主要内容有:

(1) 取消原有的四个氏族部落,根据地域划分公民和选区。全雅典划分为10个选区,以地域关系取代血缘关系,彻底摧毁氏族制度的残余,分化瓦解了贵族势力的基础。

(2) 进一步提高民众大会的作用,建立500人组成的议事会。民众大会作为雅典的最高立法机关,决定国家重大事项。每个选区各由抽签选举50人组成的500人议事会取代梭伦时期的400人议事会,执行民众大会决议,并成为雅典重要的行政机关。

（3）颁布《贝壳放逐法》以防止政治野心家建立僭主政权。该法规定每年春天召开一次非常的民众大会，用口头表决是否要举行"贝壳放逐"，如表决认为有人危害国家利益，破坏雅典民主政治制度，则另定日期，在中央广场由再次召开的民众大会进行秘密投票表决。公民在贝壳或陶片上写下应予放逐的人名，如某人的票数超过6000，则将此人放逐国外，10年后方可回国，但保留其公民权和财产权。

此外，克里斯提尼还建立十将军委员会和陪审法院，使工商业奴隶主成为国家真正的主人。克里斯提尼的立法改革结束了雅典百余年来平民反对氏族贵族的斗争，雅典民主政治制度得以最终确立和进一步巩固。

5. 阿菲埃尔特立法

公元前462年，民主派首领阿菲埃尔特出任雅典执政官，进行了立法改革，通过了一系列剥夺贵族权力的法案，规定贵族会议不得对雅典民众大会决议进行干预和监督，取消了贵族议会审判公职人员渎职罪的权力，在司法方面建立了不法申诉制度，公民可以就现行立法是否违反民主制度问题向陪审法院提起申诉，目的在于保护民主政治不受寡头势力的干扰。

6. 伯里克利立法

公元前5世纪中叶的希波战争，波斯战败，雅典成为希腊世界的盟主，并缔结了"提洛同盟"，取得海上霸权。雅典的奴隶制民主政治进入极盛时期。公元前443年到公元前429年，伯里克利连任十将军委员会的首席将军，成为雅典的最高统治者，他又制定了一系列"宪法"性法律，进一步促进了雅典政治和法律的民主化。主要内容有：

（1）执政官和其他各级行政官职均由抽签选举产生，向所有等级的公民开放。取消了财产资格的限制，原被梭伦列为第四等级的公民也有了参政权，从而实现"法律面前人人平等，人人皆得为官吏"的目标。

（2）扩大民众大会的权力。民众大会是国家最高权力机关，每10天召开一次会议。凡年满18岁的男性公民均有权参加、讨论和决定国家一切重大事项,并有权提出建议或批评官吏的渎职违法行为。

(3) 保留500人议事会,作为民众大会的常设机构。该议事会为民众大会准备议案,审查议案的合宪性,执行民众大会的决议,监督国家行政部门的日常事务。

(4) 设立共有6000人的陪审法院作为雅典的最高司法机关。陪审员由30岁以上的公民抽签产生,任期一年并不得连任。陪审法院内分10个法庭,其主要任务是审理国事罪、渎职罪等重大案件,对公职人员实行监督和考核,参与立法并有权核准民众大会的决议。

(5) 实行公职津贴制度。为了资助和鼓励公民参加国家的政治生活,规定向担任公职的公民发放公职津贴,甚至参加文艺、体育盛会都发放"戏剧津贴"等。

(二) 雅典"宪法"的民主性与局限性

经过多次重大立法改革,雅典民主政治制度逐步发展成熟,公元前5世纪至公元前4世纪进入最发达的时期。雅典"宪法"的民主性主要表现在:

1. 赋予广大公民直接参政、议政的民主权利,一定范围内实践了以"主权在民"为核心的平民政治。雅典"宪法"规定,凡年满18岁的男性公民有权参与国家日常政治生活,享有各种政治权利和荣誉,如参加公民大会、讨论和表决议案、担任国家公职、选举国家官吏、向国家领取津贴、参与国家的生产分配,通过陪审法院参加司法审判活动等。

2. 初步建立立法、行政、司法的权力分立和权力制约机制。民众大会作为最高权力机关,享有最高立法权;500人议事会、十将军委员会和执政官享有多种行政权力;陪审法院掌握司法权。这些机构彼此分立配合,又牵制监督。

3. 公职人员实行抽签选举,轮番执政,否定了门第、财产以及政治特权。雅典的国家公职人员均由抽签选举产生,重大事务由集体决定负责。议事会由每个选区的公民选举组成,行使国家最高管理机关的职权,主席团主席一日一任。陪审法院由抽签产生。行使军事权力的十将军委员会也由民众大会选举产生,一年一任。

4. 确立了体系完整、制度严密的监察弹劾制度。雅典官吏自当选到卸任的一年时间内,先后需要通过资格审查、信任投票、卸任审查,以及《贝壳放逐法》、不法申诉制度等多种程序的监督。在司法方面,推行朴素的司法民主制;陪审员通过抽签选举产生,法庭的案件分配临时抽签决定,投票决定判决结果。

作为奴隶主的民主政治制度,雅典"宪法"也存在着不可避免的诸多历史局限。从雅典"宪法"的运行实践来看,虽然赋予公民以参政、议政的平等权利,但是,实际能够参加公民大会的只有18岁以上的男性公民,没有公民权的妇女和异邦人无权参加,更不必说占雅典人口绝大多数的奴隶。

再者,虽然参加民众大会可以得到津贴,但是,要求农民不顾农时,放下农活,每隔10天左右就前往雅典城开一天会,实际也不可能。因此,实际参加公民大会的只是雅典公民中的少数,这就限制了公民民主权利的行使。此外,诸如执政官以及将军等高级公职人员的职位事实上也多与普通民众无缘。

从雅典民主政治制度本身来看,虽然公民有权在民众大会上提出法案,但是,还必须经过复杂的程序才能成为法律,如果经陪审法院审查与雅典基本法相抵触,不但法案违法,而且提案人也要负法律责任,受到重罚。这使得统治集团的上层得以通过司法程序来控制立法。

尽管如此,雅典民主宪政制度的确立和发展在当时条件下仍具有十分积极的意义,民主政治鼓励了雅典公民多方面的积极性,推动雅典在哲学、宗教、文学艺术、自然科学以及商业活动方面的迅速发展,创造了许多重要成就,最终成为整个希腊世界的经济和文化中心。雅典的民主宪政制度对于以后西方国家宪政制度的产生和发展产生了巨大影响,其"主权在民"、"轮番执政"、选举与监督的理念与制度等,均成为近现代资产阶级民主政治的源头。

二、雅典民事法律制度

(一) 所有权制度

雅典繁盛时期,私有制已相当发达。所有不动产(土地、房屋)

和动产(牲畜、奴隶等)均可按照相应的程序自由买卖,尽管尚保留有部分公社所有制的痕迹,但是一些典押田宅、租佃土地的传世碑文证明当时的私人财产转移是十分流行的。

雅典法严格保护私有财产权不受侵犯,历届执政官就职时,要宣誓保护每个公民的私有财产。当私有财产权受到侵犯时,可向司法机关提起诉讼,获得司法保障。不动产所有人对其不动产的占有人提起的收益之诉,可向法院第一审级提出;而其他财产之诉,则向法院第二审级提出。

(二) 债权制度

雅典的工商业活动相当活跃,因此债法相对发达。债的产生来源有两类,一类是因契约而产生之债,另一类是因损害赔偿而产生之债。

契约的种类繁多,包括买卖契约、租赁契约、借贷契约、合伙契约、保管契约、承揽契约及雇用契约等。对契约的形式要件没有特别规定,因而契约形式较为简约,书面或口头方式均可,只要双方协商一致,契约即可有效成立。不过,为了便于提供证据,重要的契约多采用书面形式。为了保证契约的实际履行,雅典规定了契约的担保制度,除了被梭伦废除的人身担保方式外,还包括订金、抵押、第三人保证等方式。

因损害赔偿所生之债,是指对公民的人身和财产施加的某种侵权行为而发生的债,受害人有请求赔偿的权利,加害人则负有赔偿的义务。大多数情况下,只要加害人向受害人支付相应赔偿(赔偿数额往往超过因侵权行为而导致的实际损失)即可了结争端,如果加害人无力赔偿,则可能成为受到刑事处罚的依据。

(三) 婚姻家庭与继承制度

雅典的法律维护以男权为中心的不平等的婚姻关系。具体表现为:第一,仍然保留着买卖婚的痕迹,婚姻通过男方与女方父亲缔结契约而成立,男方须向女方父亲交付牲畜或其他贵重物品作为买妻费,女方父亲则向男方赠送礼品,以示对婚约的承诺。第二,法律上规定实行一夫一妻制,但只是针对女性而言,事实上一夫多妻是被允许的,丈夫公开纳妾及与他人通奸等都不会受到法律追究,而妻子与人通奸,丈夫则有权当场杀死妻子及其奸夫。第三,夫妻双方都有离婚的自由,丈夫若要离婚,只需将妻子逐出家门即可,不需要任何特别的理由和手续,但法律为妻子要求离婚设置了更为复杂的条件和程序,如必须向执政官提出申请书,由执政官审查批准等。

雅典实行家长制家庭制度,家长在家庭中对妻子和子女拥有绝对的支配权力,必要时,可将妻子和子女逐出家门或出卖为奴。梭伦改革以后,家长的权力受到一定限制。

雅典的继承权只给男子,一般而言遗产在所有儿子之间平均分配,但是长子所获得遗产份额稍多,女儿只能在出嫁时从兄长处获得一份嫁妆。梭伦改革以后出现遗嘱继承,但只有无合法子嗣者才能立遗嘱。立遗嘱人必须神智清楚且不受胁迫,妇女、养子和未成年人所立遗嘱没有法律效力。

三、雅典刑事法律制度

在各种犯罪中,国事罪被认为是最严重的犯罪。国事罪概念广泛,包括背叛国家、蛊惑民众、亵渎神祇以及向民众大会提起非法决议等,一律处死刑。侵犯人身罪包括杀人、殴击、诽谤、凌辱、诬告等。侵犯财产罪包括盗窃、抢劫等。破坏家庭罪包括虐待父母、收养人虐待孤儿、亲属虐待女继承人等。

刑罚的种类有死刑、出卖为奴、剥夺自由、鞭笞、凌辱、烙印、放逐、罚金等。施行刑罚的原则是:奴隶处罚肉刑,自由民处罚财产或剥夺权利。

雅典刑法中保留着原始社会的某些遗风,重大犯罪行为,如杀人、诱拐妇女、投毒、纵火等都被认为是仅与被害人及其亲属有利害关系的行为,犯罪者与被害人及其亲属之间可以订立赔偿契约,犯罪者交纳赔偿金后就可以了结;如果受害人死前赦免了犯罪者,则其他人不得对犯罪者采取任何报复行动;在某些情况下,还允许直接复仇,当男子发现其妻、姐、妹、女儿与人通奸时,他有权将对方男子立即杀死;因谋杀罪而被判处死刑时,要在受害人亲属面前执行。以上正是氏族公社血亲复仇的残余表现。

四、雅典司法制度

(一) 法院组织

雅典设立了一些专门性法院,虽比较原始且复杂,也无明确的审级关系,但已有粗略的职权分工。阿留帕格斯是最早出现的法院,它原本是氏族贵族的权力机关,拥有审判权,公元前5世纪,逐渐演变为具有司法性质的普通审判机关,主要审理故意杀人、毒害及纵火等案件,案件在露天场所当众公开审理。其后建立的埃菲特法院,主要审判误杀、教唆杀人、致人残废以及杀死异邦人等案件。梭伦时期建立的赫里埃,即陪审法院后来逐渐成为雅典最重要的司法机关,是国事罪、渎职罪等重大案件的第一审级,同时也是其他法院判决的上诉审级法院。负责审理财产纠纷案件的一审法院是 40 人法院和迪埃德特,前者负责审理不超过 10 德拉的财产争议案件,后者负责审理超过 10 德拉的钱财案件,其上诉法院均为陪审法院。

(二) 诉讼制度

雅典法律规定只有成年男性公民才有起诉权。奴隶、女性和未成年人都没有起诉权,异邦人也只有通过雅典的"保护人"才能起诉。

诉讼被分为公诉与私诉两种。公诉可以由任何享有完全权利的公民提出,目的在于惩罚犯罪者;私诉只能由受害人或其法定代理人提出,目的在于获得犯罪者支付的赔偿。公诉必须进行至结案,不得中途停止,否则将被科以罚金;私诉则可以因受害人与犯罪者之间达成协议而中途停止。

诉讼过程分为侦查和庭审两个阶段。在侦查前,法院在接到原告提出的申诉书后即进行侦查。侦查过程中,原、被告都应提出必要的人证、物证。侦查结束后,诉讼转入庭审阶段。首先由法院宣读原告的起诉书和被告的反驳书,然后由双方当事人进行辩论。原被告双方既可以自行辩论,也可以委托他人在法庭上为自己辩解。庭审结束,由审判人员秘密投票作出裁决。不服判决,可向陪审法院上诉。陪审法院的判决为终审判决。

第三节 古希腊法的基本特征及其历史地位

一、古希腊法的基本特征

古希腊法的基本特征主要表现在:

第一,古希腊法不是一个统一的法律体系,而是希腊各城邦多种法律的组合。希腊境内多崇山峻岭,各地区之间分离隔绝的自然地理环境,加之优良的港湾,为海外贸易提供了便利,使得希腊半岛在古代时期没有形成全境统一的政治经济前提。因此,各城邦的法律制度长期处于分立状态,其内容和形式都存在着不同程度的差异。以希腊历史上最为重要的两个城邦——雅典和斯巴达为例,雅典实行奴隶制民主政治,斯巴达则实行贵族寡头统治;雅典的妇女没有政治权利,不能参加民众大会,没有选举权,而斯巴达的妇女则享有同男子一样的政治权利和财产权利;雅典的土地私有化程度较高,土地可以自由转让,而斯巴达则长期实行土地公有制,严禁土地的买卖和转让;雅典的成文法发达,从公元前621年制定第一部成文法开始,立法改革取得了重大成就,而斯巴达则以习惯法为主,成文法不发达,等等。

第二,古代希腊法是一种世俗法律。古希腊的立法指导思想是自然正义的法律理念,而非神的意志。在司法审判中,由人数众多的普通自由人组成的陪审法庭以理性和纯民主形式决定事实和法律,而非神裁法,这种司法实践也导致为自己的权利辩护和法庭辩护技术的发展,从而维护与推动了奴隶制民主的发展。

第三,古希腊法未能编撰完善成熟的成文法典,立法水平相对不高。希腊法律散见于各类文献和著述中,没有出现像罗马法那样宏大的法典。古希腊是西方哲学、政治学的发源地,包括柏拉图和亚里士多德在内的希腊学者的研究旨趣主要在于自然界和人类社会的哲理以及国家社会伦理等理论问题,而且偏重于以哲学、政治学的观点和方法研究法律问题,其法理方面的探讨分析只是出于其理论体系建构的需要而非现实法律实践的考虑。因此,古希腊的多数城邦虽然较早地出现了许多立法者,立法活动频繁,制定了为数众多的成文法规,但由于缺乏严密规范的法律概念和法学理论,这些成文法规没有对具体分散的法律进行理论抽象和概括分析,总体水平不高,未能形成系统完备的法典。

第四,在古希腊的司法实践中,倾向于运用法的"正义"观念和"公道"标准裁断案件。由于古希腊缺乏系统完备的成文法典,也没有出现古罗马那种务实的具有职业化性质的法学家集团,陪审法院的千余名陪审员中很多人根本不懂法律,因此,审判过程中,陪审员以及雄辩家所关注的主要不是对法律条文内容的分析和适用,而是依照极具弹性的所谓"公理"和"正义",对案件进行辩论和裁断,在司法技术处理上表现出灵活性。

第五,相对私法,古希腊的公法比较发达,对后世影响较大。一方面,古希腊社会所处的时代是奴隶制社会的中期,奴隶制的商品经济尚未得到充分发展,有关所有权、债权以及婚姻家庭制度的规定都尚不完备,未能形成像古罗马一样发达的私法体系。另一方面,古希腊学者偏重于对国家形态、政治体制和社会结构的研究,各城邦在政权组织、权力分工以及行政管理方面的立法相当丰富,特别是雅典的民主政治制度对后世产生了极为深远的影响。

第六,希腊化法律中,"冲突法"比较发达。由于古希腊各城邦的法律制度存在着较大差异,城邦之间的法律冲突必然存在。为了解决商业纠纷,协调城邦之间的商事法律冲突,公元前4世纪雅典设立了"商事法庭",形成了一些解决法律冲突的基本规则。希腊化时期,希腊本土城邦以及各被征服地区之间的法律冲突更加显著,冲突法规则也得到进一步发展。各地商人也可以在签订契约时任意选择受其约束的法律,这种做法使双方当事人可以适用在自己所属的法律制度中得不到的有利于己的实体和程序的法律规定,如犹太人依据希腊法可以在借款时得到利息,而这在犹太法中是被禁止的。

二、古希腊法的历史地位

古希腊法作为西方社会最早产生的法律文明,其衍生和发达的历程及其特征具有标志性的意义和深远的影响,因而在世界法制史上占有一定的历史地位。

(一) 古希腊法对世界法律制度的重要影响

首先,古希腊法中的某些法律原则、具体制度和法律思想,都曾对罗马法产生一定影响。如希腊罗德岛的海商法、雅典的债权制度和诉讼制度都为罗马法所借鉴。其次,古希腊法学思想对古代罗马及整个西方世界的法律文化的影响也显而易见。柏拉图、亚里士多德及斯多葛学派所提出的法的正义理论、法的理性原则以及自然法学说为罗马法学理论体系的确立和西方法治传统的形成奠定了坚实的基础。再次,古希腊时代最为重要的城邦——雅典通过一系列的立法改革所确立的奴隶制民主宪政制度,创制了"主权在民"、"轮番为治"以及选举和监督等制度及原则,成为近现代西方民主宪政的历史渊源及制度基础,对后世民主政治的影响不可低估。

(二) 古希腊法促进了东西方法律文化的交流和融合

古希腊各城邦在历史上一直与埃及、迦太基以及西亚诸国有着经济和文化上的交往,古东方国家的法律制度及法文化对古希腊各城邦法律体系的形成有相当重要的借鉴和影响,雅典梭伦的立法改革就是在考察了埃及等东方国家立法的基础上施行的。此后,经过古希腊城邦时代及其后希腊化时期的殖民活动和民族融和,希腊法与古东方国家之间的法律交流更加广泛和深入,互相采用对方法律的情况更是屡见不鲜。特别是曾继承了全部希腊文化遗产的罗马人,随着其对世界的征服而将希腊文化传遍全世界。因此,古希腊的法律虽然不如其哲学、艺术发达,更无法与完善的罗马法相媲美,但它上承古埃及、迦太基等东方国家古代法,下启罗马法,在东西方法律文化的传承与交流方面发挥了重要作用。

第四章 罗马法

罗马法是古代社会最发达最完备的法律,也是世界法律史上最有影响的法律体系之一。罗马法对私有制社会简单商品经济的一切本质关系均作出详尽而明确的规定,内容丰富,体系严谨,且有诸多传世的法学论著和规模宏大的成文法典,成为近现代西方法律与法学的重要渊源。

第一节 罗马法的产生与发展

罗马法(Roman Law)是古代罗马奴隶制国家法律的总称。包括公元前6世纪罗马国家产生至公元476年西罗马帝国灭亡时期的法律,也包括公元7世纪以前东罗马帝国过渡为封建制国家前的法律。

罗马法自其产生,从一个简单的法律体系,发展成为具有世界影响的发达完善的法律体系,历时千余年,是罗马国家法制文明不断发展的历史总结与结晶。

一、罗马法的产生

同其他古代法一样,罗马法是伴随着古代罗马社会阶级和国家的出现而逐步形成的。古代罗马国家产生于意大利半岛。公元前8世纪以前,罗马处于氏族公社时期。传说罗慕路斯于公元前753年创建罗马城,开始了罗马历史上的王政时代。公元前7世纪以后,随着生产力的发展,私有制的出现,加之战争掠夺和债务奴役,罗马社会产生了奴隶主和奴隶两个基本对立的阶级,氏族制度趋于解体。与此同时,罗马社会生活中也逐渐形成了"平民"这一特殊阶层。罗马的工商业多由平民经营,税收的大部分也来自平民。平民还自备武装担负军事义务,是一支重要的军事力量。然而由于平民不是氏族公社成员,便不能享有政治权利,不能与贵族通婚,也不能占有公地。因此,平民为争取权利同贵族进行了长期的斗争,并迫使贵族不断让步。这一斗争客观上加速了罗马氏族制度的瓦解,促进了罗马奴隶制国家与法律的形成。

公元前6世纪,随着阶级矛盾的尖锐,罗马第六代王塞尔维乌斯·图利乌斯(约公元前578—公元前534年)进行了改革。废除了原来以血缘关系为基础的三个氏族部落,按地域原则把罗马城划分为四个区域,并按财产的多寡将罗马居民划分为五个等级,确定了相应的权利义务。这次改革标志着罗马奴隶制国家的最终形成,罗马法也随之产生。

二、罗马法的历史发展

罗马法产生后,适应社会政治、经济与统治阶级的需要不断发展,特别是自公元前3世纪以后,随着罗马世界帝国政治统治地位的确立,"武力"和"法治"成为罗马历代统治者治理国家巩固统治的两个重要手段,罗马法的成长与发展显著加快,最终发展至完善。

罗马法的历史发展及其特点,主要体现在以下四个方面。

(一)《十二表法》的制定

公元前510年,罗马王政时代结束,进入共和国前期(公元前6世纪—公元前3世纪)。在这一时期,罗马奴隶制尚处于早期阶段,土地占有制度未完全摆脱公有形式,奴隶数目较少,带有家长奴隶制的特点。

与此相适应,罗马法经历了由习惯法向成文法发展的过程。公元前450年颁布的《十二表法》是这一发展过程的重要里程碑。在此之前,由于习惯法没有文字规定,缺乏准确性,掌握司法权的贵族可以任意解释,以之欺压平民。平民为限制贵族对司法的垄断和专横,要求制定成文法律,公布于众,作为定罪量刑和民事裁决的依据。公元前462年,由平民选出的保民官特兰梯留士(Tnibunus)提议制定成文法,因遭到贵族反对,未能成功。此后,平民继续斗争,迫使元老院于公元前454年成立了10人立法委员会,负责起草法律。传说委员们曾前往希腊考察法制,特别是考察了梭伦立法,回国后于公元前451年制定法律十表公布于罗马广场。次年,又制定法律两表,作为对前者的补充。公元前391年因高卢人入侵,《十二表法》毁于战火之中,今天我们见到的《十二表法》是史学家从拉丁文的典籍中搜集整理而成,内容并不完整。

《十二表法》的篇目依次为传唤、审理、索债、家长权、继承和监护、所有权和占有、土地和房屋、私犯、公法、宗教法、前五表的追补及后五表的追补。从中可见其诸法合体,私法为主,程序法先于实体法的特点。

《十二表法》严格维护奴隶主阶级的利益及其统治秩序,保护奴隶主贵族的私有财产权和人身安全不受侵犯。对侵犯人身和财产的各种行为,规定了惩罚和损害赔偿条款。对杀人、纵火、夜间行窃、践踏别人田地以及叛国者处死刑。并规定了债务奴役制。虽然某些规定多少反映了平民的要求,如固定年息最高为8.33%,以限制高利贷盘剥,给予债务人还债30日的"宽限时间",监禁债务人不得使其挨饿等。但仍然允许债权人对逾期无力偿债的债务人扣押60天,并用铁链将债务人捆绑押赴集市三次,如有人为之赎身,债务作为清偿,如无人赎取,则可将债务人出卖为奴或杀死,甚至准许数个债权人将一个债务人肢解和分尸。《十二表法》在诉讼程序上对贵族的司法专横也作了一些限制,规定对被告人传讯、拘押和庭审,须按法定程序进行,只有民众大会才有权作出死刑判决。但这些规定并未得到实施。

《十二表法》是罗马国家第一部成文法,它总结了前一阶段的习惯法,并为以后罗马法的发展奠定了基础。在这以后,平民又通过斗争取得一系列胜利,根据公元前445年公布的《卡努列斯法》,平民获得与贵族通婚的权利;根据公元前367年的《李锡尼—绥克图斯法》及其以后的立法,平民获得了担任执政官和其他高级官职的权利;根据公元前326年的《波提利阿法》,平民又获得废除债务奴役制度的胜利。一般认为,平民的最后一次胜利是在公元前287年,这一年,由平民中任命的独裁长官霍腾西阿(Hortensia)公布一项法律,宣布平民会议的决议对全体公民具有约束力,从而使得平民最后赢得了参与国家立法的权利。这一胜利,标志着贵族与平民斗争的结束。从此,平民无论在政治、经济和法律上都已取得与贵族平等的地位,开始享有了完全的公民权。原来意义上的平民已不复存在。平民上层和旧贵族重新组合成为新贵族,掌握着罗马政权。罗马社会和罗马法随之进入了新的历史发展阶段。

(二) 最高裁判官的司法实践与市民法和万民法两个体系的形成

公元前3世纪至公元前1世纪罗马国家进入共和国时代中后期,罗马奴隶制经济获得迅速发展。对外征服战争的胜利,使罗马国家的领土不断扩大,成为横跨欧亚非的奴隶制大帝国;也使阶级矛盾、社会矛盾日益尖锐。公元前1世纪,经过大规模奴隶起义和平民反抗斗争,罗马共和国出现危机。统治者为加强统治,保障本阶级利益,逐步废弃共和国,建立起军事独裁政权,罗马国家进入帝国时期。

从公元前3世纪始,罗马法的主要特点仍然是市民法占统治地位,但罗马法的另一新体系——万民法已逐渐兴起。

市民法(Jus Civile)亦称公民法,仅适用于罗马公民内部,是罗马国家固有的法律,它以《十二表法》为基础,包括民众大会和元老院所通过的决议以及习惯法等。市民法的内容主要是国家行政管理、诉讼程序、婚姻家庭关系和继承等方面的规范。其中涉及所有权、债权等方面财产关系的规范并不完善,而且具有保守性和形式主义色彩,履行法律行为必须遵循严格的仪式,念诵规定的套语,实施特定的动作。

共和国中期,由于经济发展迅速,自由人内部财产分化剧烈,统治阶级于公元前267年设置了最高裁判官一职,企图通过最高裁判官的审判实践保护他们的利益。最高裁判官通过发布"告示",制定了许多新的、过去不曾有过的法律规范,汇集而成为"最高裁判官法"。它较之市民法灵活而不拘形式,弥补了市民法的一些缺陷。与此同时,由于罗马疆域的扩大和商业的不断发展,公民与外来人间在适用法律上的矛盾日益突出,古老市民法的属人主义原则对新出现的法律关系越发显得不相适应。为了调整罗马公民与外来人以及外来人与外来人之间的权利、义务关系,罗马国家又于公元前242年设立了外事裁判官。外事裁判官处理案件不是根据市民法的固有规范,而是根据所谓"公平"、"正义"的原则,实际上是适应新的形势,依据奴隶主阶级的法律意识断案。这样在最高裁判官的司法实践中,创立出了一套与市民法不同、专门适用于调整罗马公民与外来人以及外来人与外来人之间财产关系的规范,被称为万民法。

万民法(Jus Gentium)原意为"各民族共有的法律"。然而它并非罗马国家以外的法律,而是由罗马国家机关制定并保证其实施的罗马法。万民法的内容着重于债权债务,不涉及家庭、婚姻、继承关系,这些关系仍由市民法调整,或按属人主义原则由外来人原来适用的法律来调整。万民法主要来源于罗马法固有规范,同时也吸收了其他民族的规范。与市民法比较,它具有简易、灵活、不拘形式等特点。因此,更加符合统治阶级的要求。

万民法的产生,使罗马"私法"出现两个不同体系。但两者不是截然对立的,而是互为补充的。最高裁判官经常把万民法的原则移植到市民法中去,而市民法的某些规范也经常被外事裁判官所引用。公元212年,卡列卡拉皇帝颁布《安东尼敕令》,授予罗马帝国境内的全部外来人以公民权,市民法与万民法失去独立存在意义,两个体系的差别逐渐消失。到公元6世纪,优士丁尼皇帝编纂法典时,最终将两者统一起来。

(三) 繁荣法学研究,重视发挥法学家作用

公元1到2世纪,是罗马帝国兴盛时期,也是罗马法发展的"古典时代"。这一时期,促进罗马法发展的一个重要因素是罗马法研究和法学家活动的不断加强。

从共和国后半期开始,罗马社会经济生活日益复杂化,要求在财产关系方面确切地规定权利义务,可是当时在这方面并没有完备的立法,这就使法学家活动具有了特殊意义。开始,法学家的活动普遍带有实际应用性质。他们的任务可大致归纳为四项:

(1) 解答,对法律的疑难问题给以解释和答复;
(2) 编撰,为订立契约的人编撰合法证书;
(3) 诉讼,指导诉讼当事人起诉;
(4) 著述,通过著述解释法律。

起初,法学家对法律问题发表的见解并没有法律效力。奥古斯

都时期(公元前31—公元前14年),赋予若干法学家"公开解释法律的特权"。其意见一致时,即产生法律效力,如有分歧,裁判官只可参酌判案,从而提高了法学家的地位。

帝国初期,对罗马法的研究蔚然成风。法学家纷纷著书立说,发表不同见解,学者中间观点相同或接近的逐渐形成学派,公元1世纪上半叶,形成了两个相互对立的学派。一派以拉比沃为创始人,一派以卡皮托为创始人。拉比沃的得意门生是普罗库尔,故该学派得名为普罗库尔学派;卡皮托的得意门生是萨比努斯,该学派则得名为萨比努斯学派。两大学派各存门户之见,争辩激烈。两派的争论,客观上推动了罗马法的发展。

公元2世纪至3世纪,罗马国家学者辈出,著名的有盖尤斯、伯比尼安、保罗士、乌尔比安、莫迪斯蒂努斯。至公元4世纪,上述五人荣获五大法学家的盛誉,备受统治者的推崇,享有极大的权威。公元426年,东罗马的狄奥多西二世(公元408—450年在位)和西罗马的瓦伦提尼安三世(公元423—455年在位),共同颁布了学说《引证法》(Lex Citationis),规定只有上述五大法学家对法律问题的解答和著作,具有法律效力,遇有成文法未规定的问题,均按五位法学家的著述解决。五位法学家对同一问题意见不一致时,采其多数主张;意见均衡时,则以伯比尼安的著述为准;若伯比尼安的著述没有涉及争论的问题,可选择五位法学家中较为公正的意见。《引证法》的颁布,固然肯定和提高了五大法学家的地位,正式确认他们的法律解答和著述成为罗马法的渊源之一,但同时在一定程度上也局限了罗马法学研究的拓展。在这以后,对罗马法学创新性的研究,已难开展进行。

(四)《国法大全》的编纂

公元3世纪以后,罗马帝国开始走向衰落,奴隶制出现危机,建立了公开的君主专制政体。罗马法和罗马法学进入一个新的历史时期,即全面整理和系统编纂时期。

起初,由法学家个人编纂皇帝敕令,比较著名的有公元291年编成的《格利哥里安法典》和公元324年编成的《格尔摩格尼安法典》。这两部敕令汇编连续汇集了自公元2世纪上半叶哈德良皇帝至公元

324年间历代皇帝的敕令。在这以后,西罗马帝国皇帝狄奥多西二世又于公元438年,颁布了第一部官方的皇帝敕令汇编,称《狄奥多西法典》。它确认了上述两部敕令汇编的法律效力,汇集了从公元4世纪初以来的敕令约三千多种。但大规模、系统的法典编纂工作,是在西罗马帝国灭亡之后,东罗马皇帝优士丁尼(公元527—565年)统治期间和他死后一段时间进行的。

优士丁尼为重建和振兴罗马帝国,从他即位的第二年起,便成立了以大臣特里波尼安为首、著名法学家参加的法典编纂委员会,进行法典编纂工作。从公元528年到534年,先后完成了三部法律汇编。

1.《优士丁尼法典》。这是一部罗马历代皇帝的敕令大全。从公元528年开始,法典编纂委员会对历代皇帝敕令和元老院决议进行整理、审订和汇编,删除业已失效或同当时法规相抵触的内容,于次年颁布施行。后因发现一些新敕令尚未列入,又重新进行增补修正,于公元534年再度颁行。法典共12卷,每卷分章节,所载敕令一律按年月日顺序编排,并标出颁布各项敕令的皇帝名字。第1卷教会法和国家公职人员的权利义务;第2卷至第8卷私法;第9卷刑法;第10卷至第12卷行政法。

2.《优士丁尼法学总论》,又译为《法学阶梯》。以盖尤斯同名著作为蓝本,参照其他法学家的著作改编而成。公元533年底完成。它是阐述罗马法原理的法律简明教本,也是官方指定的"私法"教科书,具有法律效力。此书共分4卷,各卷的主要内容:第1卷人法(自然人和家庭法);第2卷物和物权以及遗嘱;第3卷继承、债及契约;第4卷因侵权行为所生之债和诉讼。

3.《优士丁尼学说汇纂》,又译为《法学汇编》。从公元530年开始,将历代罗马著名法学家的学说著作和法律解答分门别类地汇集、整理,进行摘录,凡收入的内容,均具有法律效力。全书共有50卷,于公元533年颁布实施。内容大体可分三部分:(1)有关市民法的著作摘录,以萨比努斯学派的学说为主;(2)有关裁判官法的著作摘录,以乌尔比安的学说为主;(3)有关各种实用性的法律问题及案件的著作摘录,以伯比尼安的学说为主。

三部法律汇编完成之后,优士丁尼颁布敕令,宣布今后适用法律均以它们为准,凡未被汇编收入的以往的一切法律,一律作废;凡未被《学说汇纂》收入的以往的法学家著作,一律不准引用。有关三部汇编的疑问,均由皇帝自行解释。

在上述三部法律汇编之后,优士丁尼又先后颁布敕令168条。他死后,法学家将这些敕令汇编成册,称《优士丁尼新律》,简称《新律》。其内容主要涉及公法和教会法范围,有些是对现行法的解释,也有一些是婚姻家庭和遗产继承方面的规范。

以上四部法律汇编,至公元16世纪统称为《国法大全》或《民法大全》,以之与当时通行的《教会法大全》相对应。《国法大全》的问世,标志着罗马法已发展到最发达、最完备阶段。

《国法大全》是罗马法历史发展中最壮丽的一座丰碑,它不仅系统地总结了罗马法自产生至优帝时期的全部法律与法学,取其精华,集其要旨,成为罗马法最高成就的真实写照,而且在古代法与现代法之间架起了一座历史桥梁,使古代法律文化中最辉煌的成果能够在后世得以很好的传承,成为推动人类法制文明不断前进的历史动力。

第二节　罗马法的渊源和分类

一、罗马法的渊源

本教科书所指罗马法的渊源,是指罗马法规范的各种表现形式。在罗马国家发展的不同历史阶段,罗马法的具体表现形式是不同的。罗马法的渊源主要有以下几种:

(一)习惯法

公元前450年以前,罗马国家法律的基本渊源为习惯法。《十二表法》的颁布,标志着罗马法由习惯法进入成文法阶段。

(二)民众大会与平民会议制定的法律

罗马共和国时期的主要立法机关是民众大会与平民会议,它们通过的决议即为法律。如《十二表法》、《卡努列亚法》、《霍腾西阿法》等,是分别由民众大会或平民会议制定和通过的法律。

（三）元老院决议

元老院是罗马贵族的代表机关,由氏族长老会议演变而来。共和国时期成为罗马最高国家政权机关,并享有一定立法职能,民众大会或平民会议通过的法律须经它批准方能生效。帝国时期,元老院被皇帝所控制,其本身所通过的决议具有法律效力。

（四）长官的告示

罗马高级行政长官和最高裁判官发布的告示具有法律效力。其中最高裁判官的告示最多,包括其上任时发布的特殊公告、宣布的施政方针及办案原则,也包括其在任期一年内的司法实践中确立的一些审理案件的准则。帝国时期,因诉讼活动增多,最高裁判官已增至十余名,前任裁判官发布的告示,经常为后任裁判官所沿袭和借鉴,从而形成最高裁判官法,成为罗马法的重要渊源之一。

（五）皇帝敕令

帝国时期,皇帝敕令成为最重要的法律渊源。主要包括:(1)敕谕,即对全国发布的有关公法和私法方面的各种命令;(2)敕裁,即对重大案件和上述案件所作的裁决;(3)敕示,即对官吏所作的训示,多属行政性质;(4)敕答,即对官吏或民间个人所询问的法律事项所作的批示答复。

（六）法学家的解答与著述

奥古斯都执政时期赋予若干法学家解答法律的特权,使其具有法律效力。公元426年罗马皇帝颁布的《引证法》,规定五大法学家的法学著作和法律解释具有法律效力,从而使法学家的著述成为法律渊源之一。

二、罗马法的分类

罗马法学家依据不同标准,从不同角度将法律划分为以下几类:

（一）公法与私法

这是根据法律所调整的不同对象而作的划分,是由罗马五大法学家之一乌尔比安首先提出的。公法包括宗教祭祀活动和国家机关组织与活动的规范;私法包括所有权、债权、婚姻家庭与继承等方面的规范。优士丁尼《法学阶梯》指出:"公法涉及罗马帝国的政体,私法则涉及个人的利益。"①罗马法还明确规定了公、私法适用的不同原则和效力,《学说汇纂》指出:"公法的规范不得由个人之间的协议而变更",而私法规范则是任意性的,可以由当事人的意志而更改,它的原则是"对当事人来说'协议就是法律'"。② 罗马法学家有关公、私法的划分,不仅被当时的罗马立法所采用,也为后世大陆法系学者所接受。

(二) 成文法与不成文法

这是依照法律的表现形式所作的划分。成文法是指所有以书面形式发表并具有法律效力的规范,包括民众大会通过的法律、元老院的决议、皇帝的敕令、裁判官的告示等。不成文法是指被统治阶级所认可的习惯法。

(三) 自然法、市民法和万民法

这是根据罗马法的适用范围所作的分类,也是乌尔比安坚持的划分方法。乌尔比安认为:"自然法是大自然传授给一切动物的法则",来源于自然理性,是生物间的规则,因此罗马法应由自然法、市民法和万民法三部分组成。对这种分类,罗马法学家的看法并不一致。盖尤斯认为,自然法不是独立的体系,其观念规则已融合在万民法之中,罗马法应由市民法与万民法两部分构成。市民法是指仅适用于罗马市民的法律,包括罗马的习惯法、《十二表法》等民众大会通过的法律和元老院的决议等,是罗马国家固有的调整公民内部法律关系的一种特权法。万民法是调整外来人之间以及外来人与罗马公民之间财产关系的法律,故也被称为"各民族共有的法律"。

(四) 市民法与长官法

这是根据立法方式不同所作的分类。长官法专指由罗马国家高级官吏发布的告示、命令等所构成的法律,其中最高裁判官颁布的告示数量最多,构成长官法的主体法律,故长官法又常常被称为裁判官

---

① 〔古罗马〕优士丁尼:《法学阶梯》,张企泰译,商务印书馆1989年版,第5—6页。
② 周枬著:《罗马法原论》(上册),商务印书馆1994年版,第84页。

法,内容多为私法。与市民法的立法方式不同,长官法不是通过罗马的立法机关依照立法程序制定的,而主要是靠裁判官的司法实践活动形成的。

(五)人法、物法、诉讼法

这是按照权利主体、客体和私权保护为内容所作的分类。人法是规定人格与身份的法律,包括权利能力、行为能力、婚姻与亲属关系等。物法是涉及财产关系的法律,包括物、物权、继承和债等。诉讼法是规定私权保护的方法,主要包括诉讼程序与法官职权等。此种分类被优士丁尼《法学阶梯》沿用。

第三节 罗马私法的体系及其基本内容

盖尤斯与优士丁尼的《法学阶梯》按照法律上的权利主体、客体和保护方法,将罗马法分为人法、物法和诉讼法三部分。人法包括自然人及法人、婚姻和亲属法;物法包括物权法、债法和继承法;诉讼法虽然与罗马私法的发展密切相关,但罗马私法的主要内容是实体法而不是诉讼法。

一、人法

人法是对在法律上作为权利和义务主体的人的规定,包括自然人、法人的权利能力和行为能力以及婚姻与家庭关系等内容。

(一)自然人

罗马法上的自然人有两种含义:一是生物学上的人,包括奴隶在内,称霍谟(Homo);二是法律上的人,是指享有权利并承担义务的主体,称波尔梭那(Persona)。

罗马法规定,作为权利义务主体的自然人必须具有人格,即享有权利和承担义务的资格。奴隶虽是生物学概念上的人,但因其不具有法律人格,不能成为权利义务主体,而被视为权利客体。

罗马法上的人格由自由权、市民权和家族权三种身份权构成。

自由权是自由实现自己意志的权利,是享有市民权和家族权的前提条件和基础,没有自由权,即为奴隶,也就无其他权利可言。自由权的取得来自两个方面：一是生来自由人，父母是自由人，其子女也为自由人；二是解放自由人，奴隶由于获得解放而取得自由人的身份，可以成为权利主体。但解放自由人仍受一定限制，如无选举权和被选举权，不能立遗嘱等。奴隶解放的方式有主人解放和法定解放。主人解放指奴隶的主人通过一定形式自愿解放奴隶；法定解放指按法律规定而获得解放。

市民权是罗马公民所享有的特权，包括公权和私权两部分。公权指选举权、参政权、担任国家公职权等。私权指结婚权、财产权、遗嘱权、诉讼权等。市民身份的取得，有出生、法律宣布和罗马皇帝赐予等方式。公元212年伽勒卡拉皇帝颁布敕令，授予罗马境内所有自由人以公民权。至此，除奴隶外，公民和非公民之间的界限完全消失。

家族权是指家族团体内的成员在家族关系中所享有的权利。按照罗马法，父有父的身份，子女有子女的身份。家父可代表全家独立行使各种权利，称"自权人"；其他处于家父权力之下的人（妻、子、女等）称"他权人"。

罗马法规定，只有同时具备上述三种身份权的人，才能在法律上享有完全的权利能力，也才属具备完整人格的人。上述三种身份权全部或部分丧失，人格即发生变化，罗马法称之为"人格减等"。丧失自由权称人格大减等，丧失市民权和家族权称人格中减等，丧失家族权称人格小减等。

罗马法依据自由权的有无，将居民区分为自由民和奴隶。奴隶是罗马社会居民中的绝大多数，是社会生产的主要担当者，然而在法律上被视为主人的财产、"常用的物件"，任凭主人役使、买卖和惩处。罗马法依据市民权的有无，将自由民区分为市民、拉丁人和外来人。市民享有市民法规定的一切权利。拉丁人是介于罗马市民和外来人之间的中间等级，享有财产权和部分公权，但不享有荣誉权。外来人初指罗马城市以外的自由人，后指意大利以外的居民，帝国时期泛指市民和拉丁人以外的自由人，包括同罗马订有条约的友邦国家的人民。外来人不享有市民法所规定的权利，他们的法律关系属同一国籍的，适用本国法，一方是外来人，另一方是罗马人的则适用万民法。罗马法还依据家族权享有的程度大小,将家族成员区分为自权人和他权人。

罗马法对自然人的行为能力,即能否以自己的行为独立实现其权利能力作了详细规定。只有年满25岁的成年男子才享有完全的行为能力。不满7岁的幼童和精神病患者完全无行为能力,7岁以上14岁以下的男子和7岁以上12岁以下的女子属于未适婚人,行为能力受到一定限制;虽已达适婚年龄,但未满25岁的成年人及"浪费人"(挥霍财产不能理财者),行为能力也受到一定限制;妇女的行为能力也受限制。上述这些人的法律行为需经监护人或保佐人的同意,方产生法律效力。

(二) 法人

罗马法上并无完整的法人制度,也无明确的法人概念和术语。最初,市民法只承认自然人为权利主体。尽管社会上已出现某些团体,但在法律上它们并不享有独立的人格。

共和国后期,随着商品经济的发展以及人们为某种共同利益所进行的共同活动的增加,社会团体大量涌现,各种团体在社会生活中发生的作用以及由此产生的诸多关系需要相应的法律确认和调整。于是,罗马法学家开始注意到团体与参加团体的各个成员是不同的。到帝国初期,提出了许多有价值的论断,如"团体具有独立人格"、"团体成员的变动不影响团体组织的继续存在"、"个人财产与团体财产要完全分开,团体债务并非个别人的债务",等等。这些论断已初步涉及法人概念的本质和主要特征。至帝国时期,罗马法开始承认某些特殊团体,如商业团体、宗教团体、慈善团体、地方政府乃至国库等,在法律上享有独立人格,享受权利,承担义务。

罗马法的团体已经被分为社团和财团两种。前者以一定数量人的集合为成立的基础,如地方行政机关、宗教团体、手工业行会、士兵会等;后者以财产为其成立的基础,如慈善基金、商业基金、国库以及"未继承的遗产"等。

根据奥古斯都时期优利亚法的规定(公元4年),法人的成立必须具备三个条件:(1)必须以帮助国家或社会公共利益为目的;(2)必须具有物质基础,社团要达到最低法定人数(三人以上),财团须拥有一定数额的财产,数额多少没有严格规定;(3)必须经过政府的批准或皇帝的特许。当社团的成员减少到不足三人,财团的财产缺乏到不能维持,或政府撤销承认及法人章程所定目的完成,团体即行消灭。

(三) 婚姻与家庭法

实行一夫一妻的家长制家庭制度。家长(称家父)由辈分最高的男性担任,在家庭中享有至高无上的权威,对家庭财产和所属成员有管辖权和支配权。共和国后期,家长制家庭关系才逐渐发生变化。家父作为家庭中的主宰,权利日益受到限制,家庭成员的地位不断得到提高。帝国时期,法律明确规定,家父在家庭中不仅享有权利,而且负有扶养直系尊亲属和卑亲属、婚嫁子女以及立遗嘱时给法定继承人保留特留份等义务。

婚姻制度经历了由"有夫权婚姻"向"无夫权婚姻"的演变过程。罗马早期实行的是"有夫权婚姻",也称"要式婚姻"。其基本特征是:丈夫享有特权,妻无任何权利。婚姻以家庭利益为基础,被视为男女的终身结合,目的在于生男育女,继血统,承祭祀。结婚方式有共食婚、买卖婚和时效婚。结婚以后,妻便脱离父家而加入夫的家族,受夫权支配,其地位"似夫之女",身份、姓氏均依其夫。妻不忠时,夫有权将其杀死。妻的财产不论婚前或婚后所得,一律归夫所有。未经夫的允许,妻不得独立为法律行为。

共和国后半期,产生了"无夫权婚姻",并在帝国时期广泛流行。无夫权婚姻不再以家族利益为基础,而以男女双方本人利益为依据,生子、继嗣降为次要地位。优士丁尼的《法学阶梯》规定,"婚姻是一男一女以永久共同生活为目的的结合"。这种婚姻不需要履行法定仪式,只要男女双方同意,达到适婚年龄,即可成立。夫对妻无所谓"夫权",妻没有绝对服从丈夫的义务,夫妻财产各自独立,妻的财产不论婚前婚后所得一律属自己所有。

二、物法

物法在私法体系中占有极其重要的地位,是罗马私法的主体和核心。对后世大陆法系民法的影响最大。

物法由物权、债权和继承权三部分构成。

(一) 物权

1. 物的概念和分类

罗马法上所说的物,范围较广,泛指除自由人以外存在于自然界的一切东西,凡对人有用并能满足人所需要的东西,都称为物。不仅包括有形物体和具有金钱价值的东西,而且包括无形体的法律关系和权利,如役权、质权等。

物的分类主要有:

(1) 有体物与无体物:有体物是有自然属性的、客观存在的、有形体的物质,如金钱、财物和产业等。无体物是没有物质形体但又客观存在的有价值的东西。根据优士丁尼《法学阶梯》的解释,按其性质能被触觉到的东西为有体物,例如,土地、奴隶、衣服、金银等;反之,不能被触觉到的东西则为无体物,这些物是由权利组成,如遗产继承权、用益权、使用权等。

(2) 要式转移物与略式转移物:这是市民法中古老的分类方法,一直保持到帝国时期。要式转移物是指罗马本土上的土地、房屋、奴隶、大牲畜等比较重要的财富。其他财物均属略式转移物。要式转移物所有权的转移必须履行法定的烦琐手续,略式转移物不必履行这种手续。

(3) 可动物与不可动物:英国近代法制史学者梅因认为,罗马法上的可动物与不可动物的分类概念,来源于要式转移物与略式转移物的分类。不可动物是指土地、地下蕴藏、与土地相连由于劳动而创造的所有物或自然存在的部分,包括地上建筑物、庄稼和一切种植物;可动物是指家具、杂物、货币、商品、奴隶和牧畜。

(4) 可有物与不可有物:凡可以成为私人所有、可以买卖转让的物为可有物;凡不得为私人所有、禁止买卖转让的为不可有物。列为不可有物者为"神法物"(寺庙、神器、已葬死人的墓地、城墙等)和"人法物"(国家财产和公共设施、海洋湖泊、港口海岸等)。

此外,尚有消费物和非消费物,主物和从物,特定物和非特定物,有主物和无主物,原物和孳息,单一物、集合物和复合物等各种分类。

2. 物权的概念和种类

物权是指权利人可以直接行使于物上的权利。物权的范围和种类皆由法律规定,而不能由当事人自由创设。只有法律所规定的物权才受法律的保护。

罗马法并没有将债权从物权中区分出来。但在物权内很早就有对物权和对人权的区分。两者又同对物权的两种保护方法即对物诉讼和对人诉讼联系在一起。罗马法上的对物权主要有所有权、役权、地上权、永佃权、质权等。按照物权标的物的归属,可分为自物权和他物权。物权标的物属于权利人本人的,称自物权,属于他人的,称他物权。上述物权中,只有所有权属于自物权,其余的属他物权。

3. 所有权

(1) 所有权概念。所有权是物权的核心,是权利人可直接行使于物上的最完全的权利。内容包括占有、使用、收益和处分的权利及禁止他人对其所有物为任何行为的一切权利。优士丁尼《学说汇纂》称所有权为"所有权人对物的最完全的支配权"。盖尤斯曾总结出所有权具有绝对性、排他性和永续性。绝对性是指所有人在法律允许的范围内可以任意处分其所有物而不受任何限制;排他性是指"一物不能同时有两个所有权",所有人有权禁止或排除他人在其所有物上进行的任何干预;永续性是指"所有权与其标的物的命运共始终",只要所有权人无消灭其所有物的意思,亦无毁灭其所有物的意外事故发生,其对该物的所有权将永远存在。

(2) 所有权形式。所有权的形式,随着历史阶段的演进而有所不同。最早出现的形式是市民法所有权。这种所有权的特点是:第一,所有权的主体只能是罗马公民。不具备市民权的人不能享有之,其财产得不到市民法保护。第二,所有权的客体十分狭窄,能作为所有权客体的只有意大利半岛的土地和法律所限定的动产,如牲畜、奴隶等。第三,所有权的转移必须严格遵照法定的曼兮帕休式、拟诉弃权式等方式进行。

由于市民法所有权过于保守,不能适应奴隶制经济和商业发展的需要,于是,从共和国后半期开始,逐渐出现了一些新的所有权形式:

其一,最高裁判官所有权。它突破了市民法所有权关于要式转移物转移方式的严格要求,确认以当事人协议或其他简便方式(略式转移方式)转移所有权的法律效力。是共和国后期广为流行的所有权形式。

其二,外省土地所有权。它突破了市民法所有权关于所有权客体的限制。最初,被征服的各省土地被视为"公地",属于国有,私人不得买卖、交换和赠与,国家只赋予当地的贵族、官吏和商人以占有和使用权。至公元1世纪,各省土地买卖现象已相当普遍,土地逐渐集中到少数奴隶主手中,没有被市民法确认。于是国家不得不通过最高裁判官的审判活动和颁布告示的方式来保障他们的利益,从而形成了外省土地所有权。

其三,外来人所有权。它突破了市民法所有权关于所有权主体的限制。最初,外来人的财产得不到市民法保护。帝国初期,罗马统治者通过万民法承认其所有权主体地位,赋予他们与罗马公民一样享有对财产的使用、占有和支配权利,从而出现了外来人所有权。

帝国后期,由于中央集权的发展,城邦国家结构形式失去意义,外来人全部获得公民权以及所有权转移方式普遍简化等原因,上述所有权的差别逐渐消失。《优士丁尼法典》正式取消了这种差别,最终形成了统一的、无限制的所有权形式。无限制所有权的概念后又被资产阶级发展成为私有财产权无限制原则。

(3)所有权的取得方式。所有权的取得方式是指所有权取得的合法依据。罗马法认定没有合法依据的取得均为非法取得。

罗马法学家依据不同标准将所有权取得方式作了各种区分,如要式取得和略式取得;有偿取得和无偿取得;协议取得和非协议取得;等等。同时将这些不同的区分都纳入市民法、自然法和万民法分类的框架之内。优帝时期,又将不同的具体分类按照所有权取得根据的不同区分为原始取得和传来(继受)取得两种。原始取得是指人对物最初的、原始状态的取得,如先占、埋藏物、添附、加工、孳息、时效取得等;传来取得也称继受取得,必须以原来所有权的转移为依据,包括要式转移物的转移方式、易手交付、分割裁判、赠与、公卖等。

(4)所有权的保护。所有权的保护有两种诉讼方式:① 返还原物之诉,适用于所有物被他人非法侵占而提起的诉讼;② 排除妨害之诉,目的在于恢复所有权被侵害前的原状,要求被告赔偿所有权人的损失并提供不再侵害的保证。

(5) 所有权的消灭。所有权的消灭分为:① 事实上的消灭,如房屋毁坏、动物死亡或逃逸。② 法律上的消灭,分绝对消灭和相对消灭,所有权客体的消灭、奴隶的死亡或解放等称绝对消灭;从事买卖、转让等行为,标的物仍然存在,只是更换了所有权人,称所有权的相对消灭。

4. 占有

罗马法认为,占有是一种事实而不是权利,是指对物有事实上的管领力。占有是所有权诸要素中的重要内容,是所有权的事实依据,享有物的所有权,必然在事实上占有该物。占有严格受法律保护。但占有也有和所有权脱离的情况,占有在罗马法中是个复杂的问题。

罗马法学家对占有作了很多具体分类,归纳起来不外以下三种:

(1) 所有人的占有;(2) 非所有人的占有;(3) 准占有。所谓准占有,是指对占有的特殊情况的特殊规定,他物权中的地役权、地上权等,权利人并未实际上占有标的物,但却对该标的物行使他物权。这种未直接占有标的物而又在标的物上行使权利的占有被称为"准占有"或称"权利占有"(juris possessio)。

5. 他物权

他物权不同于所有权,是对他人所有物直接享有的权利。他物权不能离开所有权而单独存在,而是基于他人的所有权所产生的物权。罗马法上的他物权分为用益物权和担保物权两种。用益物权包括役权、地上权和永佃权;担保物权包括质权和抵押权。役权又分为地役权和人役权。地役权是为自己土地的方便和利益而使用他人土地的权利。人役权是为本人的方便和利益对他人之物使用和收益的权利,包括使用权、用益权和居住权等。地上权是以支付租金为代价利用他人土地建筑房屋的权利。永佃权是以支付租金为代价长期或永久使用并收益他人不动产的权利。质权和抵押权是债务人或第三人以物权保证债务的履行,从而使债权人对担保物取得一定的权利。在罗马法中,质权与抵押没有严格的界限:如果在履行协议时向债权人转移了占有,称为质权;如果标的仍由债务人占有,则债权人对其享有抵押权。

(二) 债权

1. 债的概念

在罗马法中,债权是物权的一个重要内容。《优士丁尼法典》给债下的定义是:债是依国法得使他人为一定给付的法锁。所谓法锁,是指特定的双方当事人之间用法律联结和约束。优士丁尼《学说汇纂》指出:债的本质,非以某物或某种役权归我所有,而是使他人给予某物、为某事或为某物的给付。

从上述规定可以看出债的基本特征是:第一,债是债权人和债务人之间的权利和义务关系;第二,债的标的是给付,债权人对标的物不能直接行使权利,只能通过向债务人请求给付间接行使权利;第三,债一经成立,便具有法律效力,受法律保护,如果债务人不履行义务,债权人有权诉请强制执行或诉请赔偿损失。

2. 债的起因

罗马法将债发生的原因分为两类:一类是合法原因,即由双方当事人订立契约而引起的债;一类是违法原因,即由侵权行为而引起的债,罗马法称之为私犯。罗马法学家盖尤斯认为:债或是产生于契约,或是产生于不法行为,或是产生于法律规定的其他原因。中世纪时期注释法学派又根据罗马法的上述规定将准契约和准私犯解释为债发生的原因。

(1) 契约。契约是发生债的主要原因。契约必须具备如下要件:当事人必须具备订立契约的能力;当事人必须意思一致;必须具备法定的订立方式和法律认可的原因。

罗马早期,由于商品交换不发达,只有买卖、借贷等少数几种契约,订立契约应符合形式主义要求,如,买卖要式转移物的曼兮帕休式、进行借贷的湼克疏姆式、口头契约的斯帕蓄式等。共和国后期,随着商品经济的发展,出现了各式各样的契约,罗马法学家把这些契约分为四类,即要物契约、口头契约、文书契约和诺成契约。

要物契约是指要求转移标的物才能成立的契约。属于这类契约的有借贷和寄托。口头契约是由当事人以一定语言订立的契约,由债权人提问、债务人回答而订立。文书契约是登载于账簿而发生效力的契约,相当于后世的契据。诺成契约既不要求文书,也不需要当事人在场,只要双方当事人"意思一致"即可。属于这类契约的主要有买卖、租赁、合伙、委任等。诺成契约是流行最广、在经济生活中起重要作用的契约。

(2) 准契约。指双方当事人间虽未订立契约,但因其行为而产生与契约相同效果并具有同等法律效力的法律关系。主要包括无因管理、不当得利、监护和保佐、海损、共有、遗赠等。

(3) 私犯。私犯也是债发生的根据。罗马法将违法行为分为"公犯"与"私犯"两类。公犯指危害国家的行为,违犯者须受刑事惩罚;私犯指侵犯他人人身或财产的行为,违犯者应负赔偿责任。优士丁尼《法学阶梯》所列私犯有四种,即窃盗、强盗、对物私犯和对人私犯。窃盗指窃取他人财物为己有,或窃用、窃占他人财物。强盗指以暴力非法攫取他人财物的行为。对物私犯指非法损害或破坏他人的财物,如焚毁他人房屋、杀害他人家畜等。对人私犯指加害他人的身体和损伤他人的名誉、侮辱他人人格的行为。

(4) 准私犯。指类似私犯而未列入私犯的侵权行为。如法官渎职造成审判错误而使诉讼人利益受到损害的行为;自屋内向屋外抛掷物件而致人伤害;奴隶、家畜造成的对他人的侵害等,都要负赔偿责任。

3. 债的分类

罗马法根据债的标的和标的物的不同,对债进行了详细的分类,主要有:特定债和种类债,可分债和不可分债,单一债和选择债,法定债和自然债。罗马法还对债的履行、债的担保、债的转移、债的消灭作了详细规定。

4. 债的履行

债的履行是实现债的内容、完成债的目的的行为,债的不履行或部分不履行,或履行不适当,都会直接影响债的效力,都会不同程度地成为实现债的内容,完成债的目的的障碍。所以债的履行与否是使债能否发生效力的前提。

5. 债的担保

债的担保是指保证债务人的给付能按约定履行和防止债务人无力清偿的危险。罗马法规定债务人对债的担保方式有:定金、违约金、保证、抵押等等。

6. 债的转移

债的转移是指债权人同第三人签订转移债权契约并通知债务人;第三人(债权受让人)便取得债权并同债务人发生债务关系。但债权人与债务人事先约定不能转移的;债权转移后会改变债的内容的;以及其他被法律规定不能转移的则不可以转移。

7. 债的消灭

债的消灭是指债的关系在客观上不再存在。通常,债因履行给付而消灭。罗马法对债的消灭原因规定得十分详细,主要有清偿、提存、更改、抵销、免除、混同、消灭时效的完成等。

(三) 继承权

罗马法上的继承概念与现代的继承概念不同。继承是指死者人格的延续,财产继承是附属的。这是由罗马长期实行家长制家庭制度所决定的。家父死后,其权利必须延续下去,他的人格就得由其继承人继承,既包括他的人身权利和义务,也包括财产权利和义务,即所谓"概括继承"。优士丁尼时期,继承已限定为死者的财产,但仍然是概括继承的原则。同时从对胎儿继承权益的保护和对被继承人遗嘱的限制等法律规定可以看出,继承已属继承人取得财产的权利。优士丁尼《法学阶梯》给继承所下的定义是:"以被继承人的遗产概括地转移于继承人,但专指被继承人的权利和义务不在此限。"公元543年,优士丁尼颁布敕令对继承制度进行彻底改革,规定继承人对被继承人遗产继承的权利义务,仅以已经登记在财产目录范围以内的遗产为限,从而废除了以往的继承人无限责任原则,而代之以有限责任原则。但以继承人在得知其为继承人的60天内提出遗产目录者为限,否则仍应负无限责任。

罗马法上的遗产继承有两种方式,即法定继承和遗嘱继承。早期只有法定继承,从《十二表法》起有了遗嘱继承的规定。

《十二表法》称法定继承为无遗嘱继承。指死者生前未立遗嘱,而按照法律来确定继承人顺序。法定继承必须在下面几种情况下才能采用:被继承人生前未立遗嘱;虽立有遗嘱,但由于某种原因而归于无效;遗嘱中指定的继承人全部拒绝继承。法定继承人的顺序在罗马法发展的不同时期有着不同的规定。总的原则是变宗亲继承为血亲继承。至优士丁尼进行法律编纂时,法定继承人的顺序是:(1)直系卑亲属;(2)直系尊亲属及同胞兄弟姐妹;(3)同父异母或同母异父的兄弟姐妹;(4)其他旁系血亲;(5)配偶。这里是指无夫权婚姻中的配偶,有夫权婚姻的配偶地位与子女同。前三个顺序允许代位继承。

遗嘱继承是依照行为人生前立下的遗嘱进行的遗产转移和分配。这种行为的效力从被继承人死亡时开始发生,涉及全部遗产。不允许同时按遗嘱继承又按法定继承来处理。

遗嘱继承的方式有:(1)市民法遗嘱。一般是在民众大会上,由僧侣主持宣告遗嘱的订立。军人则在出征前于队伍前宣示遗嘱。(2)裁判官法遗嘱。立遗嘱不必在民众大会上进行,而只要有7个证人在场作证,写出遗嘱,加盖证人印章即告成立。到优士丁尼时期,允许订立口授遗嘱,但须在7个证人面前进行才能有效。

帝政后期对遗嘱进行限制,凡以遗嘱指定继承人,应保留一部分遗产给被继承人的直系亲属、卑亲属和被继承人的同胞兄弟姐妹,此部分遗产应不少于全部财产的1/4。

三、诉讼法

与公法和私法的划分相适应,罗马法中的诉讼也分为公诉和私诉。

公诉是对直接损害国家利益案件的审理,私诉是根据个人的申诉对有关私人利益案件的审理。私诉是保护私权的法律手段,相当于后世的民事诉讼。在罗马私法中,有关私诉方面的法律涉及的内容广泛,规定得比较详尽,确立的一些诉讼原则也独具特色。

适应不同时期的需要,罗马国家先后制定了三种私诉程序:

（一）法定诉讼

亦称旧式诉讼,是罗马国家最古老的诉讼程序,盛行于共和国初期,只适用于罗马市民。实行"公开审理"原则。诉讼时,双方当事人必须亲自到场,不得委托他人代理,双方当事人须讲固定的语言,配合固定的动作,并应携带争讼物到庭,双方可互相反辩,即后世的"言辞辩论"原则。整个程序分为法律审查与事实审查两个阶段。前一阶段主要审查当事人诉权是否为法律所承认、请求权属于何种性质、如何适用法律等,然后决定是否准予起诉。后一阶段主要对起诉案件作实质审理,审查事实和证据,依照裁判官的意见要点,由民选的承审法官作出判决。

（二）程式诉讼

程式诉讼是裁判官在审判实践中创立的诉讼程序。共和国后期,随着经济发展,外来人增多,经济生活日益复杂化,旧式诉讼已不能适应客观需要,于是最高裁判官采用了新的诉讼以弥补其缺陷。

程式诉讼由裁判官作成一定程式的书状,内容主要包括诉讼人请求的原因和目的,抗辩的记载及判决的提示等。诉讼程序仍分法律审查与事实审查两个阶段。传唤被告仍由原告为之。先由原告向裁判官陈述要求和理由,裁判官拟成一定程式的书状,然后移交民选的承审法官,命他们按书状载明的案情要点和判决的提示进行审理和裁判。程式诉讼废除了法定诉讼繁琐而又严格的形式,双方当事人均可自由陈述意见,并允许被告委托他人代为出庭辩护,也可以缺席裁判。程式诉讼扩大了适用范围,不仅适用于罗马公民,也适用于审理外国人的违法案件。

（三）特别诉讼

亦称非常诉讼,开始于罗马帝国初期,帝国后期成为唯一通行的诉讼制度。其特征是诉讼过程自始至终由一个官吏来担任;诉讼不再拘泥于形式;审判更加侧重于查明当事人的真实意思。旧的诉讼程序须当事人同至法官面前,诉讼的进行,自传唤到执行,均以当事人为主。新的诉讼程序法官可强制当事人出庭和执行判决,诉讼进行中,完全以法官为主。

审判一般不再公开进行,只许少数有关人员参加。特别诉讼允许代理和辩护,为此规定了上诉制度。但上诉败诉则科以罚金。

第四节　罗马法的基本特征

一、私法极为发达

罗马法学家将罗马法区分为公法和私法,但相比而言,罗马私法更为发达,对简单商品经济的重要关系均作了详尽而明确的规定,不仅内容丰富,包罗了权利主体资格、家庭与婚姻、监护与保佐、物权、继承、债权等详细而周密的制度,以及权利的各种保护措施等,而且体系完备、概念准确、法理精深,且传世的法律巨著《国法大全》涉及的内容也几乎全部是私法。罗马国家的公法在其法制建设中虽然也受到重视,却始终未达到私法那样的发达程度。这不仅与许多古代国家不同,也与近代国家有所区别。纵观古代法制史,很多国家首先发展起来的是以惩治犯罪为核心内容的刑事法律制度。近代法制虽也以私法为主要内容,但宪法、行政法和刑事法律制度等也都与私法并驾齐驱,获得发展,而唯独古罗马国家却热衷于发展私法。究其缘由,绝非偶然,一方面是由于罗马飞速发展的商品经济,为私法的发达提供了根本条件,另一方面也是因为作为横跨欧亚非三大洲的世界性帝国,东西南北的经济贸易和由此而发生的各种复杂关系,使当时的立法者和法学家面临的主要问题是解决商品经济关系中的法律课题,这是罗马社会独具的历史条件,也是导致其私法繁荣兴盛的根本原因。

二、立法形式灵活多样

罗马国家的立法不完全依照立法程序由特定的立法机关进行,而大多是通过审判机关的司法实践与法学家的活动来实现的。如最高裁判官在审理案件中,根据法的一般原则与"公平""正义"标准,结合社会实际颁布的"告示",一些被国家授予特权的法学家撰写的法律著作和对法律疑难问题作出的解答,均是罗马法的重要形式,其内容构成罗马法的重要组成部分。这种立法形式能及时迅速地对社会生活中出现的各种新的法律关系进行调整,从而极大地增强了法律的适应能力和活动空间,促进了罗马国家经济的飞速发展,并使罗马法的内容和体系不断得以革新和完善,发展成为奠基于私有制基础之上的"最完备的法律"。

三、法制建设与法学研究紧密结合

罗马帝国时期,法学教育与法学研究呈现出一片繁荣景象,法学著作琳琅满目,法学学说异彩纷呈,法学家的作用显著增强,对罗马法的发展起了积极的推动作用。罗马法取得的辉煌成就与罗马法学家的研究成果密不可分,他们继承和发展了古希腊法学思想成果,将法的正义学说、法治理论与自然法思想的研究引向深入,使法学学科得以建立,特别是他们将法学研究与国家的法制建设紧密结合在一起,使罗马法的发展与完善具有成熟的理论基础。罗马法学家不仅积极从事法学研究,开展学术争鸣,普及法律教育,写出大量不同类型的法律著作,包括教材、学术论争、法律解答,法律汇编、法学专著等,更重要的是积极参与国家的立法与司法实践活动,或担任立法和司法机关的要职或充当立法者与裁判官的顾问,一些被国家授予特权的法学家的著述与解答还成为罗马法的重要渊源,具有法律效力。罗马法学家独特的地位与作用,客观上使罗马法在理论性、系统性、完整性、准确性等方面不断升华,成为古代社会最为发达完备的法律制度,也使后世国家的立法难以对它进行任何实质性的修改。

四、立法技术发达

罗马国家对后世法律与法学的贡献,还表现在它以高度发达的立法水平和技术,提出了许多深湛的原则与制度,创立了诸多科学的概念和术语,且用语准确,逻辑严谨。例如,私人权利平等、私有财产权无限制、契约自由、遗嘱自由等原则;所有与占有、他物权、债权、时效、私犯等制度;法和法学的定义,公法与私法的区分,人法、物法、诉讼法的分类;以及关于先占、添附、特留份等,一系列法律概念和术语都为后世民法的发展奠定了理论和实践基础。

五、规模宏大、卷帙浩瀚的法律编纂

罗马法是古代社会最发达的法律制度,还表现于它制定和发展了最完备的成文法体系。自第一部成文法《十二表法》颁布以来,罗马国家对法律编纂工作始终予以高度重视。帝国时期,适应经济发展和政治统治需要,罗马统治者以及具有远见卓识的政治家和法学家进行了法律编纂活动。例如,以编纂者命名的《格利哥里安法典》(约公元291年)、《格尔摩格尼安法典》(约公元314—324年)和官方法律汇编《狄奥多西法典》(公元438年)等即是法律编纂活动的成果。正是在这些法典和法学家著作的基础上,后来的东罗马皇帝优士丁尼在位期间和他去世不久一段时间进行的大规模的系统的法典编纂工作完成了集罗马法之大成的《国法大全》,成为后世研究罗马法的基本依据和极为宝贵的立法文献。

第五节 中世纪罗马法的复兴及其对后世的影响

一、罗马法的复兴

罗马帝国灭亡后,罗马法在西欧大陆失去了作为国家法律的统治地位,但罗马法的影响从未中断过。

中世纪初期,罗马法在东罗马帝国境内一直适用,7—9世纪之间,它是拜占庭帝国的重要法律渊源,并影响至斯拉夫人国家和俄罗斯的法律。在西欧,西罗马帝国灭亡后,各"蛮族国家"在推行日耳曼法和天主教教会法的同时,按照属人主义原则对原罗马帝国的居民仍适用罗马法。

11世纪末至12世纪初期,随着城市的兴起与商品经济的发展,罗马法作为调整私有制商品经济最完备的法律形式,其作用与价值日益受到重视。以意大利为发源地,西欧各国先后出现了研究罗马法的热潮,史称"罗马法复兴"(Reformation)。尔后,罗马法的适用范围不断扩大,"因为在罗马法中,凡是中世纪后期的市民阶级还在

不自觉追求的东西,都已经有了现成的"①。

据记载,1135年在意大利北部的亚马菲城(Amalfi)发现优士丁尼《学说汇纂》的原稿抄本,引起了意大利法学家研究罗马法的兴趣。意大利波伦亚大学最先开始了对罗马法的研究,欧洲各国的学生到那里研习罗马法的达万人。学者们采用注释方法研究罗马法,因而得名为"注释法学派",其创始人是伊尔纳留斯(Irnerius,约1055—1130年),主要代表人物还有阿佐(Azo,1150—1230年)、亚库修斯(Acursius,约1182—1260年)等。在西欧"复兴"罗马法的运动中,注释法学派起了开创的作用,使《国法大全》的研究成为一门科学。

14世纪,以意大利法学家巴尔多鲁(Bartolus,1314—1357年)等为代表,又形成了研究罗马法的"评论法学派"。该学派的宗旨是致力于将罗马法与中世纪西欧社会的实践相结合,根据时代需要将罗马法原则和制度适用于改造落后的封建地方习惯法,使罗马法的研究与适用有了新的突破。经他们加工整理的罗马法,适应当时社会发展的需要,被西欧许多国家所采用。

15世纪,人文主义者开始在人文主义思想的指导下对罗马法进行研究,从而形成人文主义法学派。它的产生,标志着罗马法复兴已经与文艺复兴相汇合。人文主义法学派的代表人物是意大利的法学家阿西亚特(Alciati,1492—1550年)。他出生在意大利,曾在意大利的大学学习法律。后来到法国大学任教,因此也被认为是法国人文主义法学派的创始人。人文主义法学派着重于研究罗马法的本意和历史沿革关系,克服了先前就法典注释法典,就法律研究法律的模式,引进了当时盛行的各种科学方法,如哲学的、文学的、考古的、历史的、比较的等方法,在罗马法和近代资产阶级法之间架起桥梁。

二、欧陆各国对罗马法的继受

注释法学派、评论法学派、人文主义法学派的活动主要体现为罗

---

① 《马克思恩格斯全集》第21卷,人民出版社1965年版,第454页。

马法在学术领域的复兴,最终导致了罗马法在立法和司法领域的复兴,即"罗马法的继受"。

除意大利外,法国也是接受罗马法最早的国家之一,它在12世纪至16世纪前深受意大利注释法学派的影响,16世纪人文主义法学派在法国崛起后,法国转而成为复兴罗马法的中心,对罗马法的研究超过了意大利,并且在实践中推动了法国南、北两大法律区域对罗马法的接受,使罗马法的影响进一步深入扩展。

德意志民族始终认为自己是罗马帝国的延续,从10世纪起就称自己的国家为"神圣罗马帝国",15世纪又改称"德意志民族的神圣罗马帝国"。因此,罗马法对德国有很深的影响。与意大利、法国一样,德国各大学在提高罗马法的地位方面起了很大作用。至15世纪末叶,各大学已将罗马法列为必修课程。1495年,德国建立帝国最高法院,并规定在该法院任职的半数以上的法官应当接受过罗马法的训练,并且根据帝国的普通法即《国法大全》进行审判。17世纪末,从帝国法院到地方普通法院,对罗马法的适用已不限于个别条文而是基本内容。18世纪是德国研究和继承罗马法的极盛时期,"潘德克顿"学派兴起,罗马法以更广泛的方式适用于德国。

在西班牙,对罗马法的研究与适用同样受到重视。西班牙也曾派学者去意大利学习罗马法,并聘请意大利法学家到西班牙讲授罗马法。卡士提利亚王国的斐迪南三世(1219—1252年在位)及其继承人阿方索十世(1252—1284年在位)都聘任罗马法学家在国王参事府和王室法院任职。罗马法学家吸收了优士丁尼《国法大全》的原则和精神,为王室编纂《国王法典》,并制定了一系列王室法令、诏书和议会法规。阿方索十世在1265年颁布的《七编法典》(Code of Seven Parts),包含了罗马法和教会法的大部分内容,作为普通法在全国实施。后来这部法典还成为大学指定的教科书。

位于不列颠岛上的英国,虽然因其特殊的政治历史条件,自11世纪后期,法律的发展便走上了一条不同于西欧大陆国家的独特道路,没有经历罗马法复兴运动的洗礼,但其法律与法学也受到罗马法的影响,吸收了罗马法的精神,借鉴了罗马法诸多原则和制度。如14世纪形成的英国"衡平法"便是借鉴了罗马裁判官以"公平"、"正义"原则判案的经验。此外,英国的商法、海商法、遗赠、合伙、诈欺、抵押以及未成年和神智丧失者的法律行为能力等,也大多渊源于罗马法。英国的很多法律著作,如格兰威尔约于1189年面世的《法律论》,布拉克顿约于1259年发表的《英国法律与习惯》等,均程度不同地吸收了罗马法的原理。不过,与西欧大陆国家相比,罗马法对英国法的影响毕竟小得多。

三、罗马法对近代以来法律发展的影响

罗马法作为世界古代最为发达和完备的法律,不仅积极地影响了中世纪很多国家,推进了西欧法制建设的发展进程,而且也对近代以来的法律与法学产生了重大的影响,尤其对近代以来私法的建设与发展作出了卓越的贡献。

罗马法有关私法体系的划分,为西欧大陆资产阶级民事立法成功的借鉴与吸收。如前所述,1804年的《法国民法典》,继承了《法学阶梯》的人法、物法、诉讼法的体系;1896年制定、1900年生效的《德国民法典》则以《学说汇纂》为蓝本并加以发展,形成了总则、债法、物法、亲属法和继承法的"五分制"体系。法、德两国的私法体系,又为瑞士、意大利、丹麦、日本等众多国家直接或间接的加以仿效。

罗马法中许多原则和制度,也被近代以来的法制所采用。如公民在私法范围内权利平等原则、契约自由原则、财产权不受限制原则、遗嘱自由原则、侵权行为的归责原则、诉讼中的不告不理原则等;权利主体中的法人制度、物权中有关所有权的取得与转让制度以及他物权中的用益物权和担保物权制度;契约制度;诉讼制度中的委托代理、抗辩等制度。

罗马法的立法技术已具有相当的水平,它所确定的概念、术语,措词确切、结构严谨、立论清晰、言简意赅、学理精深。它所创立的自然人和法律人格理论,所有权定义以及关于占有、使用、收益、处分各种权能的界定,无因管理,不当得利,遗赠,时效等概念术语,多为后

世立法所继承。

　　法学成为一门独立的学科诞生在古罗马时代,罗马法学家的思想学说对后世法学也产生了深远影响。罗马法学家的著作,特别是著名的《学说汇纂》,更是极其珍贵的法学遗产。

第五章 日耳曼法

日耳曼法是西欧早期封建制时期适用于日耳曼人的法律,是西欧法律史上重要的法律体系之一。以日耳曼法为基础的习惯法在西欧封建社会中始终占主导地位。日耳曼法是西欧近现代法律的重要历史渊源。

第一节 日耳曼法的产生和演变

一、日耳曼法是西欧早期封建制时期的法律

日耳曼法是5世纪至9世纪以马尔克为主要制度的西欧早期封建时期适用于日耳曼人的法律。马尔克是日耳曼人氏族制度解体时期以地域关系为基础的农村公社组织,马尔克的兴衰大约在5世纪至9世纪。9世纪后,日耳曼法随着日耳曼人与其他民族的融合被吸收到更宽泛的法律文化领域。

日耳曼法是日耳曼各部族在入侵西罗马帝国,建立"蛮族"[①]国家的过程中,在罗马法和基督教会法的影响下,由原有的氏族部落习惯发展形成的。从时间上看,大约在5—9世纪。这是日耳曼人建国和西欧封建制确立并进入封建割据,日耳曼法演变成地区性习惯法的时期。从地理范围上看,凡是日耳曼人建立的国家的法律都包括在内。因此,除了日耳曼人建国的主要地区西南欧以外,斯堪的纳维亚诸国的法律以及大不列颠岛上的盎格鲁-撒克逊人和裘特人所建立的国家的法律也都属于日耳曼法的范畴。

在罗马时代,日耳曼人主要分布在罗马国家东北方的广大地区,记载有关日耳曼人的社会生活的最初和最主要的文献是罗马将领恺

---

① 罗马人把居住在其国家东北方的外来部族称为"蛮族",这些外来部族中人数最多的是日耳曼人、克尔特人和斯拉夫人。

撒在公元前1世纪出征高卢时的记录——《高卢战记》和罗马历史学家塔西陀的《日耳曼尼亚志》。恺撒时代的日耳曼人尚处于氏族社会,塔西陀时代日耳曼人的氏族制度已趋于解体。自4世纪末起,在土地及人口的压力之下,日耳曼各部族开始了规模空前的民族大迁徙,大量涌入已处于内外交困、政权岌岌可危中的西罗马帝国境内,在其被占领土地上建立了许多"蛮族"国家,其中主要有法兰克王国、西哥特王国、东哥特王国、勃艮第王国、伦巴德王国以及不列颠岛上的盎格鲁-撒克逊诸王国,等等。这些国家的建立,不但推翻了罗马帝国在西欧的统治,并且改变了西欧的社会制度。从此濒于崩溃的西欧经济,由于生产关系的改变而继续发展,开始向封建制过渡,法律呈现出早期封建制法的特征。

在日耳曼诸王国中,最强大、存在较久的是法兰克王国。墨洛温王朝的国王克洛维(公元481—511年在位)时,接受基督教,吞并了其他部族,占领了高卢全境。到加洛林王朝国王查理(公元768—814年在位)时,建立起法兰克帝国。国家版图东抵易北河,西连西班牙,南至意大利的大部分,北起北海、波罗的海。公元800年教皇为查理加冕,授予"罗马人的皇帝"称号。但帝国的统一并不稳固,公元843年分裂为三部分,即近代法兰西、德意志和意大利三国的雏形。随着法兰克王国的崩溃,西欧进入到封建割据时期,日耳曼法的原则和制度在与罗马法融合的基础上转变为分散的地方习惯法。

日耳曼法作为早期封建制度形成时期的法律,既表现出封建法律的特征,又保留着原始公社时期习惯的残余。同时,由于它是在以基督教为国教的罗马地区形成和发展的,所以受到罗马法和基督教会法的影响。

二、日耳曼法的成文化

在民族大迁徙以前,日耳曼人依靠在氏族部落中形成的风俗习惯来解决纠纷,调整氏族成员之间的关系。这些风俗习惯没有文字记载,而是口耳相传。"蛮族"国家建立以后,日耳曼人的风俗习惯相应的转变为不成文的习惯法。这些习惯法和道德规范没有明显区别。

第五章 日耳曼法

从公元5世纪末期开始,大多数日耳曼国家从协调与被征服地区的居民关系、调整各部族原有的习惯与基督教教义教规的关系的需要出发,都模仿历代罗马皇帝的做法,在习惯法的基础上编纂了成文法典。这类法典在历史上称为"蛮族法典"。在西南欧地区,法典的编纂集中在5世纪至9世纪。其中最早的是西哥特王朝的《尤列克法典》(完成于公元466—483年),其后,有法兰克王国的《撒利克法典》(完成于公元486—496年)、《里普利安法典》,勃艮第王国的《狄多巴德法典》,伦巴德王国的《伦巴德法典》等。在不列颠,由盎格鲁-撒克逊人建立的诸王国以及后来统一的英吉利王国,也颁布了类似的法典,如7世纪初肯特王国的《埃塞伯特法典》、7世纪末西撒克斯王国的《伊尼法典》和9世纪末英吉利王国的《阿尔弗烈德法典》等。习惯法成文化最迟的地区是北欧,直至13世纪才出现这类法典,主要的一部是1241年的《裘特法典》。

在"蛮族法典"中,法兰克王国的《撒利克法典》不仅在当时具有很大的权威性,并且有着广泛的影响,是5世纪至9世纪蛮族法典的典型代表。这部法典反映出法兰克社会向封建制过渡的状况,是法兰克人最早的成文法典,原文用拉丁文写成,编于克洛维统治时期。法典有许多稿本,迄今已发现的大约在八十种以上,大部分是8世纪中期至9世纪初的。各种稿本条文不尽相同,对于原始稿本的确认长期存在争议。现在大致认为原始稿本全文分为65章,每章设若干节,后来又有补充条文,反映出法兰克社会进一步的发展。[①]

日耳曼诸王国编纂的法典得到了"智者"阶层即基督教僧侣和罗马法学家的协助,如《撒利克法典》序言中记有"智者"和长老商讨后,搜集处理各类案件依据的习惯法规则的经过。[②] 民众大会对法典的颁布保持一定作用,如勃艮第国王耿多伯德曾说过,他的法典是由"国王提议,全体人民共同同意"产生的。[③] 在观念上,日耳曼各王国的成文法被看做是公约或契约,如《撒利克法典》在一些章节的开

---

① 参见马克垚著:《西欧封建经济形态研究》,人民出版社1985年版,第257页。
② 由嵘:《日耳曼法简介》,法律出版社1987年版,第14页。
③ 同上。

头有"互相同意遵守"的习惯用语。

三、日耳曼法同罗马法的并存与相互影响

在西欧早期封建制时期,各日耳曼王国存在着日耳曼法和罗马法两种法律制度并存的局面。随着日耳曼人和罗马人混合居住的延续以及社会封建化程度的加深,两种法律之间的相互影响与渗透逐步加深,并且这一过程一直贯穿于西欧中世纪。

日耳曼人侵入西罗马前,各部族成员都遵守本部族习惯,受本部族习惯的保护和管辖,外族人不在这种保护和管辖之列。日耳曼各王国建立后,在适用法律方面仍沿袭氏族制度时期的习惯,采用属人主义原则,对日耳曼人适用日耳曼法(如对西哥特人实行西哥特法,对法兰克人实行法兰克法,等等),对被征服的罗马臣民则适用罗马法。由于日耳曼人是征服者,在日耳曼法和罗马法这两种法律中,日耳曼法较罗马法具有优先效力,当日耳曼人同罗马人发生法律关系时,适用日耳曼法。

应当说明的是,当时各国适用的罗马法并不是优士丁尼的《国法大全》(《国法大全》编于日耳曼人侵入西罗马之后)。失散流传于各国的罗马法大多已变为习惯法在社会生活中继续起作用。

在适用罗马法的过程中,一些日耳曼王国在罗马法学家的支持下,参考了罗马帝国时期的法学著作和法律汇纂,进行了罗马法的编纂。如5世纪末、6世纪初勃艮第王国颁布的罗马法典;西哥特王国国王阿拉利克二世(公元484—507年在位)时期编纂的《阿拉利克罗马法辑要》。后者又称《西哥特罗马法典》,是日耳曼王国时期具有代表性的罗马法典。在12世纪罗马法复兴之前,它是西欧罗马法的主要渊源,被各国立法广泛吸收。

在查理大帝统治时期,帝国政府颁布的王室法令和王室法院作出的判决,对境内既存的法律规范兼收并蓄,也对罗马法和日耳曼法的融合发挥了明显作用。

四、王室法令的发展

随着各日耳曼王国政权机关的形成和发展,王室法令也出现并

日益增多,其地位和作用日趋重要。王室法令是属地法,其效力高于部族法。王室法令的范围非常广泛。按其性质,可分为教会法令(因教权从属于王权)和普通法令。按其内容,则可分为补充部族习惯法的法令、独立法令和对官吏下达的训令。其中,补充部族习惯法的法令应经民众大会的同意,而国王颁布的独立法令要由高级僧侣和世俗贵族组成的御前会议同意。

法兰克是蛮族国家中王权比较发达的国家,因此王室法令发展得比较早,而且数量较多。早在5世纪末至8世纪中期的墨洛温王朝,法兰克国王就已开始颁布法令,到8世纪中期至9世纪中期的加洛林王朝时,王室法令的数量不断增多,地位和作用也更加重要。法兰克查理大帝时期是日耳曼法发展的最后阶段,帝国政府为了加强国家统一,曾企图通过王室法令统一王国法律,实现"一个君主,一种法律"。但由于当时自然经济占统治地位,封建割据已经形成,依靠军事行政力量推行法律难以深入到社会生活中取代分散的部族法,而各部族的社会经济发展水平又有很大差异,因此随帝国的解体,法律统一的努力最终未能实现。

第二节 日耳曼法的基本制度

一、适用法律的规则

日耳曼法在法律适用上采取属人主义原则,在实践中必须解决两个问题:一是如何决定每个人所适用的法律;二是如何解决日耳曼人与罗马人、日耳曼各部族居民之间法律冲突。

(一)属人法的适用原则

日耳曼法上适用属人主义的一般原则是以血亲关系为依据,因此婚生子女从父法是一条基本原则。非婚生子女在生父认领之前从母法,如不能辨认其母,则可由本人选择一种法律适用。此外,妇女结婚后从夫法;基督教僧侣适用罗马法或出生地法;被保护人从保护人的法律。

为了实行上述规则,在缔结契约、结婚、充当证人、进行诉讼时,每个人都要经过"法律的表白"(或称"法律的宣布")。只有宣布了自己所适用的法律,其行为才发生法律效力。

(二)法律冲突的解决

解决法律冲突的规则可归纳为:

第一,发生法律关系的各方的法律都有效,即各方适用自己的属人法。例如,在举行结婚仪式时,新郎方按照男方法律迎亲,新娘方按照女方父亲所在地法律送亲。

第二,优先适用在法律关系中利益最大的一方的法律。例如,刑事案件中杀人罪的赎罪金、伤害身体罪的赔偿金的确定,适用被害人的出生地法;民事案件中,被告人的权利和义务的确定,适用被告的出生地法;监护关系适用被监护人的法律;继承关系适用被继承人的法律;等等。

二、财产制度

日耳曼法中没有像罗马法那样完整的财产制度,没有抽象的所有权主体和客体的概念。日耳曼法中所有权的主体和客体是具体的,所有权的主体的身份地位不同,享有所有权的性质和范围就不同;所有权的客体不同,所有权的效力和保护方法也有差别。所有权的客体主要分为不动产和动产两类,这种分类深受罗马法的影响。[①]

(一)不动产所有权

日耳曼法的不动产主要指土地。对土地的权利,依土地使用人的身份和地位确定。建国以后,土地所有权的形式有:马尔克公社土地所有权、贵族大土地所有权、农奴份地。

1. 马尔克公社土地所有权

马尔克公社土地所有权制度源于日耳曼氏族制度的土地所有权制度。在日耳曼人组成按地域关系划分的马尔克公社时,社员房屋所占土地及其周围的小块园地归社员家庭私有;耕地属公社集体所有,分配给社员家庭使用;森林、河流、牧场等为公社集体所有,社员

---

① 参见李宜琛:《日耳曼法概说》,商务印书馆1943年版,第35—36页。

共同使用。在这种制度下,家庭只有土地的占有、使用、收益权,而公社享有管理权和处分权。

每个家庭对耕地的占有、使用权和收益权同家长及家庭成员的社员身份密切相关,只有具有公社社员身份的自由人才享有这种权利。由此土地的转让、继承受到限制。如禁止把土地卖给其他公社社员,份地只能由男性继承。社员占有、使用土地时,须遵守传统习惯,尊重其他社员的相应权利,否则造成损害应负赔偿责任。

随着封建化程度的加深,马尔克公社土地所有权逐渐发生变化,对社员土地所有权的限制逐渐减少。大约在6世纪末、7世纪初以后,自由农民占有的份地已经可以自由转让,成为自主地。

2. 贵族大土地所有权

贵族大土地所有权是西欧封建制度的基础,主要通过两个途径形成:

(1) 通过日耳曼各王国国王封赏土地给贵族、亲兵和教会,而贵族、教会又不断通过"委身制"(即西欧封建制度形成时期教俗贵族兼并自由农民的土地,迫使他们依附于封建主而失去人身自由的一种形式)兼并自由农民的土地,形成以国王为首的教俗贵族大土地所有权。

(2) 通过公社社员土地分化而形成。社员份地转变为自主地后,由于部分社员破产,土地便集中到少数富有者手中,发展为大地主。

最初,这些大土地占有者对国王不承担任何义务,土地成为大地主私有的、可以转让的、世袭的自主地。大地主的土地所有权和行政权及司法权相结合,使封建贵族势力不断扩大,以致国王不得不承认他们在其领地上的这种权力,授予"特恩权"。8世纪时,为了限制大土地所有者的权力,法兰克国王实行"采邑制",使国王封赏的土地变为有条件的;受封者要为国王尽义务,主要是军事义务。如果受封者不履行义务,国王可以收回"采邑"。采邑只能终身享有,不得世袭。继承人只有重新得到封赏,才能继续占有采邑。大贵族在把自己的土地封赏给下属时,也采取这种形式。这样,随着自由农民丧失土地,"采邑"成为法兰克王国主要的土地占有形式。

3. 农奴份地

农奴从地主贵族那里领取份地,只有使用权,要承担沉重的赋税和劳役,其人身也被束缚固定在土地上,不得随便离开土地。领主转让土地时,农奴同时被转让。

(二) 动产所有权

除土地外,其他财产,如武器、牲畜、农具、奴隶等都属于动产。与土地不同,日耳曼法对动产确认了包括占有、使用、收益和处分在内的完整的私人所有权。日耳曼法对动产实行严格保护,侵犯他人动产要负赔偿责任。动产所有人丧失自己的动产,可以行使追及权。追及权有两种效力:第一,丧失动产基于动产所有人自己的意思,如寄存、出借,追及权效力只及于相对人。第二,丧失动产并非基于动产所有人自己的意思,而是违反了自己的意思,如动产所有物被盗、被骗、遗失,则追及权效力可及于该动产持有人。除当场发现,当场追及外,还可通过捕拿程序行使追及权。

三、债权制度

由于西欧早期封建制时期商品经济不发达,日耳曼法的债权制度极为简陋。其特点是:

1. 没有形成民事违法观念

债的履行与不履行没有严格界定,侵权行为和犯罪没有明确划分。

2. 契约的种类很少

只有买卖、借贷、寄托等少数几种契约形式。

3. 订立契约形式主义严重

订立契约必须经过标的物的交付或经过法定的程序,讲固定的套语、做固定的动作,契约才能成立和有效。这种形式主义在土地转让中表现得最为明显。

4. 严格保证债务的清偿

日耳曼法严格保护债权人的利益,为了维护债权人的利益,日耳曼法规定了各种保证债务履行的方法,如宣誓、扣押财产、扣押人身等。其中扣押人身是一种经常使用的方法。当债务人无力清偿债务时,债权人可以通过扣押债务人的人身,使其充当奴隶。

四、婚姻、家庭与继承制度

(一) 婚姻和家庭制度

日耳曼法实行一夫一妻制,但贵族家庭盛行一夫多妻。结婚的方式通常是买卖婚,由男女双方家庭达成协议,不必经女方本人同意,由男方支付女方家庭新娘的身价,女方即交付男方为妻。另外还有抢夺婚的方式,即男方家族成员把其他家庭的妇女抢掠回来后,向女方家族支付赔偿金以求和解,如女方家庭同意接受,即可成立婚姻关系。赔偿金的数额同买卖婚中支付的身价大致相等,所以抢夺婚实质是买卖婚。

婚姻关系成立后,妇女处于夫权之下。丈夫对妻子既有保护之责,也有一系列权利,包括贫困时可将妻子抵债或出卖为奴。在家庭关系方面,日耳曼法实行家长制。家长在家庭中享有特殊权力,除在夫妻关系上享有夫权外,对子女还享有父权。父亲对自己刚出世的子女有弃婴权,有出卖、驱逐、惩戒甚至处死子女的权力。但在传统上,日耳曼法对夫权和亲权也有一定限制。如丈夫未经妻子同意不得处分妻子个人财产范围内的不动产,父亲不得任意处分属于儿子的不动产。

(二) 继承制度

日耳曼法实行法定继承,对动产和不动产采取不同的继承原则。动产继承,遗产先由近亲属继承,继承顺序是:子女、父母、兄弟姐妹;在同一顺序中,男性优于女性,继承份额女子仅是男子的一半。不动产继承,早期只能由儿子继承,无子由马尔克公社收回;6世纪后半期以后,份地也可由其他亲属,包括女儿继承。

五、违法行为

日耳曼法中把犯罪和侵权行为混同一起,都称作违法行为。它们的区别是侵害私人利益构成侵权行为,侵害公共利益构成犯罪;侵权行为引起私人复仇,犯罪则由公共场所权力机关实行惩罚。近代法律认为是犯罪的许多行为,如公开杀人、强奸妇女等,在日耳曼法中都属于侵权行为。

(一) 犯罪

早期,大部分违法行为属于侵权行为。犯罪的种类不多,主要有叛逆、逃兵、放火、暗杀等。刑罚有两种,即死刑和宣布处于法律保护之外。死刑的方法有绞刑、活埋。被宣布处于法律保护之外者,丧失一切权利,任何人都可以将他杀死。

8世纪后期,随着国家权力的增大,由国家机关惩罚的犯罪的范围扩大了,出现了侵犯国王、侵犯教会、侵犯领主等新的犯罪种类。在刑罚上,除死刑外,出现了体刑、宫刑和其他残害肢体的刑罚。

日耳曼法在判断一个行为是否构成违法行为的时候,一般只关注违背法律的行为是否确实发生,以及侵害结果是否客观存在,而不考虑行为人的主观意图。因此,对犯罪的认定没有故意、过失的区分。

(二) 侵权行为

对侵权行为,日耳曼法实行血亲复仇,就是由被害人亲属团体对加害人及其团体实行对等报复。复仇不必经过审判机关批准,但必须公开进行,其他亲属团体严守中立。

随着社会的发展,血亲复仇所造成的部族内部家族之间的纷争与仇杀的弊端日益明显,影响到整个部族的战斗力。私有财产的形成使人们日益重视经济利益,于是血亲复仇逐步被支付赎罪金所取代。到日耳曼成文法时代,赎罪金制度已普遍实行。公元802年,查理大帝颁布《关于巡按使团的敕令》,明确禁止血亲复仇,实行赎罪金制度。

六、司法制度

(一) 审判组织

日耳曼各王国的审判机关是从氏族公社时期的民众大会延续下来的,主要分为普通地方法院和王室法院两类。普通地方法院一般由百户法院和郡法院组成。百户法院即百户区的民众大会,由百户区长官主持;郡法院即郡的民众大会,由郡长主持。法官是一些熟悉习惯法、富有经验的长者,被称作"宣法者"。自由人出席审判大会不仅是权利,也是义务;判决须经他们同意才生效。加洛林王朝时,曾对不出席审判会议的自由人处以罚金。后来,随着民众大会作用的下降,审判职能逐渐被少数贵族控制。查理大帝时进行司法改革,于公元769年颁布法令,免除了自由人参加审判大会的义务,由经推选的"承审官"代替了民众大会的审判职能,"承审官"终身任职。

王室法院由国王、宫相或国王委任的其他官员主持,不允许自由人参加。国王可根据当事人的请求,将案件从地方法院移至王室法院审理。加洛林王朝时期,由于巡按使制度的实行,又出现王室巡回法院。它由国王派往各地的巡按使主持,不仅监督各地司法,而且可以直接审判案件。

(二) 诉讼制度

在日耳曼法中,诉讼分为两种:请求损害赔偿的侵权行为诉讼和请求惩罚犯罪的刑事诉讼。两种诉讼均实行自诉原则。传唤被告由原告负责,一经传唤,被告即有到庭的义务,否则受罚。诉讼按固定程序进行,传唤、陈述、答辩等要使用配合一定动作的习惯语言,否则即告败诉。诉讼证据主要有宣誓、神明裁判和决斗。

随着王权的加强,在日耳曼国家的王室法院和巡回法院中出现了纠问式诉讼制度,即在审理涉及王室利益的案件时,不采用自诉原则,不采用宣誓证据,而由王室法官或巡按使主动传讯知情人,在查清事实后作出判决。

第三节　日耳曼法的基本特点和历史地位

一、日耳曼法的基本特点

作为早期封建制时期的法律,日耳曼法具有以下特点:

第一,日耳曼法是团体本位的法律。在日耳曼法上,个人行使权利和承担义务,要受到团体即家庭、氏族、公社的约束;人们之间的关系在法律上是由他们的身份决定的,而不是凭个人意志决定的。例如,日耳曼人的家庭中,家长权虽大,但家长为重要法律行为时,由于涉及全家利益,不能个人决定,而要征得家庭成员中成年男子的同意。又如,作为氏族成员,当本氏族有人受到外氏族人侵害时,必须与其他氏族成员共同进行血亲复仇或共享赎罪金。日耳曼法的这种以团体为中心的特点,明显区别于罗马法强调的以个人为中心的特点,后世法学家称之为"团体本位"。日耳曼法的"团体本位"的特征是由其社会经济发展水平决定的。

第二,日耳曼法是属人主义的法律。蛮族国家建立后,各王国在适用法律方面因袭固有的习惯,因人而异,对日耳曼人适用日耳曼法,对罗马人适用罗马法,两种法律发生冲突时,以日耳曼法为准;日耳曼各部族法律之间的冲突,则按不同问题确定不同的解决办法。属人主义原则源于原始公社时期的氏族制度,氏族部落组织的基本特征是按照血缘关系划分居民。在这种血缘亲族组织中,习惯规则只适用于本族人,外族人无须遵守,也得不到这种习惯的保护。日耳曼人建国以后,这种惯例被保留下来,使日耳曼法成为一种属人主义的法律。5至9世纪日耳曼法与罗马法的并存,就是适用这一原则的结果。9世纪以后,随着社会封建化的完成,封建领主在其领地上独立行使统治权,设立法庭审判领地内的案件适用同一种法律,而不论当事人原来属于什么部族。这样,适用法律的属人主义原则逐渐过渡到属地主义原则。

第三,日耳曼法是具体的法律。日耳曼法不是抽象的法规,只是一些解决各种案件的具体办法。例如,《撒利克法典》中并没有关于处理盗窃罪的一般规则,只列举了盗窃各种物品所应交纳的罚金。[①]这表明,日耳曼人仍处于社会文明发展程度较低的阶段,缺乏进行抽象概括和逻辑推理的能力,日耳曼法处理案件的根据是以前同类案件的判决,而不是一般的法律规范。

第四,日耳曼法是注重形式、注重法律行为外部表现的法律。在日耳曼法上,凡属转让财产、结婚、赔偿损害、脱离氏族关系等法律行

[①] 《撒利克法典》第2条规定:"如有人偷窃一只小猪而被破获,罚款120银币,折合3金币;如有人偷窃一只满一岁的猪而被破获,罚款120银币,折合3个金币,另加所窃猪的价值和赔偿损失;如有人偷窃一只满两岁的猪,应罚付600银币,折合币15金,另加所窃猪的价值与损害赔偿……"参见《外国法制史资料选编》(上册),北京大学出版社1982年版,第171—172页。

为,均须遵守固定的形式和程序,讲固定的语言、做象征性的动作,否则不发生法律效力。行为人外部表现出的语言和象征性动作,均按习惯加以解释而产生法律后果,而不考虑其真实意思如何。这就是说,确定犯罪和违法行为的标准只是行为人表现出来的外部行为,而不考虑其主观方面的因素。

第五,日耳曼法是世俗性的法律。尽管日耳曼法中有某些原始宗教信仰的因素,如在诉讼活动中广泛适用宣誓和神明裁判,但法律本身并不和宗教教义直接联系,内容中不包括宗教法规,也没有宣布法律是神的意志的体现。这与古代印度的法律以及阿拉伯帝国的法律(伊斯兰法)有明显区别。即使在日耳曼人信奉基督教后,日耳曼法的主体仍然沿世俗化的方向发展。

二、日耳曼法的历史地位

日耳曼法在西欧法律史上占有重要地位,其主要表现是:

（一）日耳曼法在西欧早期封建制时期是占主导地位的法律

日耳曼法是继罗马法之后在西欧形成的一种法律体系,是由日耳曼各部族原有的习惯发展而成的。尽管它反映出比较低的经济和文化发展水平,但却是西欧早期封建制法的主导性因素。在日耳曼王国时期,由于适用法律遵循属人主义原则,导致日耳曼法与罗马法并存局面的出现。尽管如此,在法律适用上日耳曼法处于优势地位。日耳曼法与罗马法彼此之间的相互影响、渗透与逐渐融合,对西欧法律的发展产生了巨大影响。

（二）以日耳曼法发展起来的习惯法在西欧封建社会中始终是普遍适用的法律

9世纪以后,西欧进入封建割据时期,法律适用上的属人主义为属地主义所取代,日耳曼法演变为分散的地方习惯法,继续发挥其作用与影响。

西欧法律在整个中世纪时期经历了很大变化,包括11世纪至12世纪的罗马法"复兴"、天主教教会法发展为完整的体系、王室法令作用的提高以及中央司法机关的活动对法律的影响,等等。但是,以日耳曼法为基础发展起来的习惯法一直在西欧各国占有重要地位。以法国、德国、英国为例：法国北部因为习惯法中包含的日耳曼因素多而被称作习惯法区，直至法国革命前夕全国和各地方的习惯法汇编仍有 360 种以上；德国则无论是全国通行的普通法还是各邦的邦法，都以日耳曼法为主要渊源，因此日耳曼法被称作德意志民族固有的法律；在英国，虽然出现了衡平法，但以盎格鲁-撒克逊习惯法（日耳曼法的组成部分）为基础发展起来的普通法仍是主要的法律形式。

（三）日耳曼法是西欧近代法律的基本历史渊源

近代西欧法律从日耳曼法中继承和吸收了许多原则和制度。

法国在资产阶级革命过程中最先建立了资本主义的法律体系，实现了广泛、彻底的法律改革，但仍然吸收了很多渊源于日耳曼法的习惯法原则和制度。例如，《拿破仑法典》中关于已婚妇女无行为能力、夫妻财产共有制和某些继承规则，主要是根据习惯法；法国政府 1804 年 3 月 21 日颁布的法令宣布，革命前的法律和习惯只在民法典有规定的问题上被废除，在民法典中没有规定的问题上继续有效。

在德国，民法典第一次草案（1887 年）被否决的主要原因之一，就是过分依靠罗马法而忽视民族固有法（即日耳曼习惯法）。和《法国民法典》一样，《德国民法典》在婚姻家庭方面主要继承了习惯法，此外还在不动产制度中保留了较多的习惯法因素。

在英国，由于特定的历史环境使近代英国法的发展呈现出渐进性、连续性的特征，由此导致英国法所包含的日耳曼因素比大陆国家要多，这在不动产法和诉讼制度方面更为明显。在此意义上，恩格斯称英国法为传播于世界各大洲的唯一的日耳曼法。

第六章 教 会 法

西欧中世纪法律的一个明显特点是教会法与世俗法并存。教会法以基督教教义为宗旨,以《圣经》为最高渊源,是与神权密切联系的宗教法。教会法具有相当完备的体系,严密的教阶制度和司法组织机构。教会法对西方近代法律有着重要影响。

第一节 教会法的产生和演变

教会法也称寺院法、宗规法,是基督教关于教会本身的组织、制度和教徒生活准则的法律,对于教会与世俗政权的关系,以及土地、婚姻家庭与继承、刑法、诉讼等也都有规定。因此,教会法的适用范围不限于教会事务,也适用于许多世俗事务。教会法的产生是基督教发展的结果,到中世纪中期形成独立的法律体系。

一、教会法的产生

基督教源于犹太教,于公元1世纪产生在罗马奴隶制帝国统治下的巴勒斯坦,其早期的教义宣扬在上帝面前人人平等,蔑视富人,充满仇视统治者的反抗精神,抵抗任何压迫和剥削现象,其斗争矛头直指罗马统治者。公元2世纪后,随着罗马奴隶制政治经济的发展,许多有产者加入教会组织,并且取得领导权,基督教的教义转而更多地要求人们忍耐和服从,宣扬"君权神授"。公元313年,罗马帝国皇帝君士坦丁发布《米兰敕令》,停止迫害基督教徒,承认基督教的合法地位,是基督教史上的转折点。公元380年罗马皇帝狄奥多西宣布基督教为罗马的国教,这使教会能够利用官方的强制性权力,并模仿罗马国家建立起集权式的教会组织。

二、教会法的发展

教会法的演变大致经历了形成、鼎盛、衰落三个时期:

(一) 形成时期(公元4—9世纪)

基督教会有严密的组织和纪律,对教徒的信仰和道德行为有管辖权,教徒之间的纠纷也由主教裁判,逐渐形成惯例。公元333年,主教裁判权获得罗马帝国政府的确认。教会法就是在教会裁判权的基础上形成的。最初,教会法的内容十分简单,只限于规定神职人员的宗教纪律,约束他们的行为。《圣经》是教会法的主要渊源。第一部正式的教会法,是在公元325年由罗马帝国皇帝君士坦丁在尼西亚公会议(即全教主教会议)上颁布的,称《尼西亚信经》。其内容包括:按行省划分教区组织宗教会议,由皇帝控制宗教会议的最高领导权,禁止教士放债取息等。后来,教会法从罗马法和古代文献中汲取资料,约在公元5世纪至6世纪间汇编成《使徒法规》,成为早期重要的教会法规。

公元476年,西罗马帝国灭亡后,早期基督教会的势力受到严重打击,但仍然残存下来。其后,随着西欧封建化的加深,教会势力重新抬头。法兰克王国的克洛维国王(公元481—511年)于公元496年皈依基督教,并利用宗教势力征服其他日耳曼国家。公元756年,法兰克国王丕平(公元714—768年)为酬答教皇为其加冕,赠与教皇土地使之成立教皇国。教皇国的建立"使教权获得了一个稳定的政治中心和根据地"①。此后,教会地位不断提高,教会法的内容除以历届宗教会议决议和教廷文件作补充外,还吸收了法兰克王国的某些法律规范,宗教法院的司法管辖权也进一步扩大。教会法不仅适用于教徒,对世俗居民也具有强制性。但是总的说来,这一时期基督教会还受制于世俗统治者,教权从属于政权,教会中主教等神职人员由国王任命,教会立法在国王的控制之下进行,全教主教会议由国王召集,宗教会议的决议须经由国王批准才能生效。

---

① 丛日云:《在上帝与恺撒之间》,三联书店2003年版,第214页。

(二) 鼎盛时期(公元 10—14 世纪)

公元 9 世纪,法兰克帝国解体,西欧进入封建割据时期,基督教会趁机扩张其势力,摆脱世俗皇帝的控制,成为西欧各国封建社会中占统治地位的宗教。1054 年,基督教正式分裂为东西两大教派,东派教会以君士坦丁堡为中心,自称"正教",即东正教;西派教会以罗马为中心,自称"公教",即天主教。这一时期,教会法的发展主要是通过三种途径实现的:一是罗马教皇的改革不断提高教会的权力和地位。教皇哥列高利七世(公元 1073—1085 年在位)时对教会进行了重大改革,宣布任免主教的权力属于教皇,废止世俗对神职人员的授予权;教会法规须由教皇颁布或批准;地方教士应服从教皇特使;禁止圣职买卖;坚持教士独身等。13 世纪初教皇英诺森三世时,教会权力达到顶峰,教皇几乎成为各国宗教事务和国际问题的最高主宰。二是随着天主教势力的增长,通过教皇的教令、宗教会议的决议不断完善教会法的内容。这一时期,罗马教皇颁布过大量教令,召开过一系列会议,并出现了综合汇编的教会法规集,称教皇"教令集",如格拉蒂安汇编的《历代教令提要》,教皇哥列高利九世汇编的《哥列高利九世教令集》等,这些教皇的敕令、通谕和教谕等的汇编,是教会法的重要渊源之一。三是教会法院的司法权随着教权与王权斗争中的胜利而迅速扩大。凡是涉及教会利益的案件、涉及宗教信仰的刑事案件以及与教会有关的民事案件,均由教会法院审理,世俗法院无权过问。同时,教会法的研究也出现繁荣景象,出现了许多有关教会法的专著、注释和法律汇编,教会法的内容更加系统完备,逐渐发展成为独立的法律体系。

(三) 衰落时期(公元 15—18、19 世纪)

15 世纪后,随着文艺复兴和西欧各国中央集权制的形成,教会地位开始下降。16 世纪在欧洲各地相继发生的宗教改革运动,带来基督教的再次分裂。西欧各国的世俗君主摆脱了罗马教皇的控制,新兴的资产阶级否认教皇和教会法的权威性,出现了许多脱离天主教的新教派,如德国的路德派、法国的加尔文派、英国的圣公会派等。这使罗马教廷统治各国僧侣和干涉世俗事务的权力受到严重削弱,教会法的适用范围日益缩小。资产阶级革命后,西欧各国奉行政教分离原则,国家法律实现了世俗化,教会法的管辖范围缩小到信仰、道德等领域。但是教会法作为一个法律体系仍然存在并对西欧各国法律的发展产生影响。特别是在婚姻、家庭和继承方面,教会法的某些原则和规定是西欧各国民事立法的重要渊源。

第二节 教会法的基本渊源

一、《圣经》

《圣经》是基督教各派信仰的基础,是教会法最重要的渊源,不仅是教会立法的主要依据,而且本身具有最高的法律效力,是教会法庭审判活动的主要准则,对世俗法院也有一定约束力。《圣经》是西欧中世纪封建法的重要文献,其核心教义是创世说、原罪与救赎说、天堂地狱说等。

《圣经》包括《旧约全书》(简称《旧约》)和《新约全书》(简称《新约》)两部分,合称《新旧约全书》。所谓的"约书",就是神与人订立的"契约"。《旧约》成于公元前3世纪至公元1世纪,由"律法书"(又称"摩西五经")、"先知书"和"圣录"三部分组成。其原文大部分由希伯来文写成,是犹太教的经典,为基督教全盘继承。其内容主要是关于世界和人类起源的故事、犹太民族的古代历史的宗教叙述和犹太教的法典以及诗歌和格言等作品。"律法书"是《旧约》的精髓,共5卷,其中的《出埃及记》是最古老的希伯来法律,以摩西"十诫"为核心。"十诫"相传为犹太教创始人摩西制定,是犹太奴隶制国家的法律,也是人类最早的法律之一。"十诫"即教徒必须遵守的十条诫命:崇拜唯一上帝而不可拜别神;不可制造和敬拜偶像;不可妄称上帝名字;须守安息日为圣日;须孝顺父母;不可杀人;不可奸淫;不可偷盗;不可作假证陷害人;不可贪恋别人妻子、财物。"十诫"对基督教法律的形成具有重大意义。

《新约》成于公元1世纪至2世纪末,分为《启示录》、《使徒行传》、《福音书》和《书信》,原文由希腊文写成,是基督教自身的经典。其内容主要叙述了耶稣的生平和言行、使徒们的传教活动、基督教早期的教义以及基督教教会早期发展的状况等。《新约全书》的原始抄本已佚失,现今流行各国的《新旧约全书》版本的内容和目次,是由公元397年第三次迦太基宗教会议确定的。

二、教皇教令集

教皇教令集是罗马教皇和教廷颁布的敕令、通谕和教谕的汇编,是教会法的另一个重要渊源。12世纪,随着教会法地位的加强,教会法院管辖范围的不断扩大,对于教会法的研究也不断深入,意大利的波伦亚大学教会法学派兴起即是一例。他们对教会法进行了系统地研究,出现了许多有关教会法的专著和注释汇编。1140年,波伦亚大学的僧侣格拉蒂安私人编辑的《格拉蒂安教令集》(又译《历代教令提要》或《教会法规歧异汇编》)是最早出现的教令集。它不仅收集了12世纪前大约四千种教会法的文献和判例,而且进行了系统的研究和分析,其内容涉及法律的渊源、神职人员的职权、诉讼、财产和婚姻等。这部教令集在当时不仅成为大学的教材,而且为宗教法庭广泛适用。

13世纪,教皇哥列高利九世正式进行官方法典编纂工作,编纂有《哥列高利九世教令集》,也称《官刊教令集》,并于公元1234年公布施行。其内容分为教会法院及其管辖权、诉讼程序、教士的义务及特权、婚姻法、刑法共5编。这种编制方法为以后公布的教令集所采纳。以后,罗马教廷又编纂过《卜尼法八世教令集》(1298年)和《克雷门五世教令集》(1317年),使教会法的内容更加完备。至1582年,教皇哥列高利十三世将《格拉蒂安教令集》和以后的教令集汇编在一起,定名为《教会法大全》(亦称《宗规法大全》、《寺院法大全》),成为中世纪后期教会法的重要渊源,一直沿用到1917年才被新编的《天主教会法典》所代替。

三、宗教会议决议

宗教会议决议是由教皇或地方召开的各种宗教会议所制定的决议和法规。这些决议的内容包括:有关教会组织和神职人员的行为准则;对宗教反对派的处置;有关教会法庭的职权及条例等。宗教会议的决议是各地教会和宗教法院必须遵照执行的法律文件,也是教徒行为的准则。在中世纪,罗马教廷和各地教会多次召开全教范围和地区性的宗教会议,通过了大量的决议和法规。由于宗教会议的特殊地位和影响,封建君主往往直接参与会议决议的制定,批准会议的决议,甚至以国家的名义颁行全国,借以巩固自己的统治地位,从而更加强和扩大了这些决议的权威性。随着宗教会议决议、法规的增多,又相应的出现了这类文件的汇编。在11世纪教会改革之前,最重要的一部是5世纪末罗马修道士狄奥尼修所编,9世纪初被法兰克教会接受为官方法律的汇编。

四、世俗法的某些规范及原则

在中世纪,教会法同罗马法和封建地方法存在一种相互影响和渗透的关系。基督教成为罗马帝国国教后,教会法有了合法的地位,在形成过程中自然受到罗马法的影响。罗马帝国灭亡后,新建的日耳曼诸王国先后皈依了基督教,基督教僧侣是当时唯一的知识阶层,大多精通罗马法,他们在制定教会法过程中,尽量采取罗马法的成就。如教会法按照当时日耳曼国家实行的属人主义适法原则规定:僧侣应受罗马法管辖,僧侣的赎罪金额按罗马法的规定,相当于罗马自由民的赎罪金额;释放奴隶时,也按照罗马法的规定,凭圣经及特许状在教堂举行。在债权制度、婚姻制度、继承制度、诉讼制度等方面,教会法承袭罗马法的因素更多。此外,地方习惯法的某些原则和规范,也为教会法所吸收和借用,成为教会法的来源。

第三节 教会法的基本制度

一、教阶制度

教阶制度是规定天主教神职人员的等级和教务管理的制度。教会以"整个世界就是以上帝为主宰的等级结构"的观念为理论根据,在教会内部划分出享有不同权利的等级,形成森严的教阶制度。教阶制度是教会法中的一项非常重要的制度,最早萌芽于公元 2 世纪至 3 世纪。4 世纪时继基督教成为罗马国教后逐步完备。罗马帝国衰落之后,教阶制度适应封建等级制的需要,并为基督教教会脱离世俗政权的控制提供了强有力的支撑。11 世纪东西教会分裂后,天主教会的体制进一步确立,并于 13 世纪达到鼎盛。教阶制度反映出教会法的封建性质。

教会教阶分为教皇、大主教、主教、神甫等,统称大教职,下设修士、修女等小教职。在教务方面按照级别逐级对下行使管理权。

教皇既是众基督教徒之首,又是教会的最高统治者,对教徒以及教会的一切问题均享有最高管辖权。教皇享有颁发敕令、召集宗教会议、批准会议决议的立法权,也享有划定教区、任免主教、褫夺教籍等行政方面的权力,还享有教会法庭的最高审判权,而教皇本人则享有免受任何审判的豁免权。自 11 世纪以后教皇由大主教选举产生,任期终身,除因异端罪外不受罢免。

教皇之下是大主教,又称枢机主教(因穿红色僧服亦称红衣主教),驻节大城市而管辖天主教布教区中的最大一级辖区教省。大主教由教皇任命,在教会内地位仅次于教皇,分掌教廷各部重要教区的领导权。大主教会议是教皇的最高咨议机关,大主教有选举和被选举为教皇的权利,因而是教皇的候补成员。

主教在一般教区内行使管理权,由教皇选任,并对教皇宣誓效忠。主教管辖区又分若干个教区,每区设神甫 1 人,主持教堂的弥撒和其他圣礼,直接管理教徒,进行传教活动。神甫主持工作满一定期限后可升任主教。

修士、修女是终身服务于教会的低级教职人员,其职责是辅助神甫处理日常事务,从事祈祷和传教的工作。

教会法规定神职人员享有各种特权,包括:享有与其品位及等级相应的礼节,获得神品和恩俸的权利;按等级规定的对辖区的管辖权;司法特权;兵役豁免权。

神职人员也负担一定义务,包括:自省、忏悔的义务;宣传教义和忠诚履行教职的义务;坚守独身、保持贞操的义务;不得长期离开教堂,居住于本教堂的义务。此外,不属于神职人员的一般教徒必须遵守"十诫"作为生活的准则,同时应履行向神甫告明对上帝所犯的罪过并表示忏悔的"告解"之义务。

二、土地和财产制度

天主教会是欧洲最大的封建主,恩格斯曾经指出:远在查理大帝以前,教会就占有法兰西全部土地的整整三分之一。可以肯定,在中世纪,几乎整个天主教在西欧都保持着这样的比例。封建土地所有制是教会赖以生存和享有特权的经济基础,所以,教会法十分重视对土地所有制和教会财产的维护。

教会法规定,教会对其土地和动产享有独立取得、存留和管辖的权利,并且不受世俗政府约束。教会法还以苛重的什一税、初生税、坐堂税和修道院税等税收,以及诉讼费、赠与和继承等,作为教会取得合法财产的方法。为确保教会的财产不受侵犯,教会法规定凡强占教会财产,包括动产和不动产,均应受"弃绝罚"惩处。弃绝罚是一种严厉的惩罚制度,根据这一制度,凡强占教会财产的人不得参加圣礼领取圣物,不得接受尊位、恩俸和神品,不得接受教会职位,不得行使选举权,不得与亲友往来。

从 11 世纪末至 15 世纪,教会的多数土地和建筑是通过赠与取得的。但是,赠与人往往为他本人和他的继承人保留其中的权利,如圣职授任权、地租、封建款项等,教会法称这种财产制度为"自由施舍土地保有制度"。教会法学家在 12 世纪还发展出一种恢复土地、财产以及无形权利的法律诉讼,通过这种诉讼,一个被使用暴力手段或欺诈手段剥夺了占有权的先前的占有人,只要证明不法剥夺行为客观存在,便可以从现时占有人那里收回占有权。西方学者认为,这是具有近代意义的"占有救济"概念的发端。[①]

三、契约制度

为了调整各教会社团之间的经济交往以及行使对俗界经济契约

---

① 参见〔美〕伯尔曼著:《法律与革命》,贺卫方等译,大百科全书出版社 1993 年版,第 290 页。

的广泛管辖权,教会法发展出自己的契约法体系,确立了契约当事人要遵守教会契约法主张的"信义保证"原则。

12世纪后,在西欧普遍兴起的罗马法复兴运动对教会法的发展有着深刻影响。较之于财产法,在契约法领域内,教会法学家更多地接受了由同时代注释法学家从《优士丁尼法典》中发展出的大量的概念和规则。教会法主张契约双方的收益和损失应该"平等"、"合理",达到均衡,它被称为"正当价格"原则。为此,教会法学家为契约中的不同的标的物作了价格上的规定。所谓"正当价格",其实就是市场价格,它要根据时间、地点的差异而有所变化。通过教会法学家的精心阐述,正当价格学说被发展成一种检验任何契约的有效性的首要原则。[①] 但是,除非等值的货币,在许多情况下这种平等与合理是不容易衡量和实现的。

对于契约的履行,教会法规定和发展了契约终结制度,即一方当事人不遵守诺言,另一方也就不受契约的约束;但经立约人宣誓履行债务的契约,为使立约人"灵魂得救"必须履行。教会法承认"死抵押"权,即债权人有权获得抵押的土地或财产中的孳息收入,但不准以此种收入抵债。这种抵押实际上是对债务人的掠夺,比单纯的取利更甚。可见,教会法的契约制度带有很大的伪善性。另外,教会法规定,凡以信用作为"抵押"而发生的债务关系,均须履行,否则债务人的灵魂不能得救。

教会法禁止"重利"行为,即禁止用金钱借贷收取暴利,禁止附利息贷款和经商牟利。依照天主教教义,牟利和放债是一种罪恶行为,《旧约》和《新约》都对高利贷加以谴责,但高利贷的定义却从来没有清楚的界说。在早期农业社会,任何从放贷中取利的行为都遭到禁止,12世纪前后西欧封建经济有了较大发展,商品流通开始活跃,资金融通也已经出现,掌握着大量财产的教会也开始通过贷款并收取利息的方式谋利,教会法学家开始对高利贷法律进行系统研究。13世纪下半叶,教会法学家援用了罗马法上的"利息"一词来表示贷

---

① 参见〔美〕伯尔曼著:《法律与革命》,贺卫方等译,大百科全书出版社1993年版,第300页。

款人可以索要的合法收益,以区别于高利贷罪孽。实际上,教会本身就是最大的高利贷者,只不过是在暗中或借他人之手进行而已。

四、婚姻、家庭与继承制度

教会法的婚姻家庭制度是在天主教教义的基础上,吸收罗马法、日耳曼法中的一些原则和制度建立起来的。这种制度在欧洲长期实行,对近代西方国家的婚姻家庭法律制度影响很大。

(一)婚姻家庭制度

1. 婚姻的成立

教会法从"结婚属宣誓圣礼之一"的教义出发,确认"一夫一妻"和"永不离异"的原则。教会法认为一夫一妻是上帝的安排,违反这一原则的婚姻无效,并由此引出不准离婚的原则,认为离婚是对上帝不忠的行为,婚后双方必须履行同居的义务。教会法规定:"双方合意为建立婚姻关系的必备条件",双方必须依法定方式明确表示"自愿交付或接收对于身体的永久专权"。结婚应订立婚约,经审查有无结婚的合意和是否领会有关结婚方面的教义后,以口头方式明确宣告,并在指定的时间和地点公告。结婚时要举行宗教仪式,16世纪后,这种仪式已成为婚姻关系成立的必要条件。至今一些国家仍然保留在教堂举行婚礼的习俗。

2. 关于应禁止的和应撤销的婚姻关系的条件

教会法规定婚姻不能解除,但若属于应禁止的婚姻和应撤销的婚姻,则可宣布无效。应禁止的婚姻的条件是:凡许"守童身愿"、"贞节愿"以及"领受高级神品愿"者,禁止结婚;天主教徒禁止与异教徒及叛教者结婚;"法亲"(因收养发生的法律关系)、"近亲"(公元1215年以前指七亲等以内的旁系血亲和姻亲,公元1215年以后改为四亲等以内的旁系血亲和姻亲)和"神亲"(因共同领受圣洗礼而形成的承属关系)禁止结婚。撤销婚姻关系的条件是:男子未满14岁、女子未满12岁的未成年人的婚姻;男女一方无性行为能力者;重婚;与异教徒的婚姻;缺乏有效的同意的婚姻;未按规定的仪式举行的方式欠缺的婚姻;因一方的社会地位有错误(如农奴伪称自由人、平民伪称贵族)而产生的婚姻;一切违反禁止结婚条件的婚姻,等等。

3. 婚姻家庭关系中男女双方的地位

教会法确认丈夫是家庭中的主宰,妻子处于从属地位。丈夫可以单独支配家庭财产,不经妻子同意与他人签订契约,也可以对其子女有完全的支配权。妻子则不享有这些权利。但是,在教会法管辖下,婚姻而非血缘关系构成家庭的基础,因而,教会法对于婚姻中的女性提供了较多的保护,如规定婚姻义务、忠诚义务的相互性和保护寡妇财产的制度。

(二) 继承制度

教会法采用遗嘱继承和无遗嘱继承两种制度,但只限于动产继承。不动产继承仍须由世俗法调整。由于教会的财产有相当一部分来自教徒的赠与,特别是遗赠,教徒要将死后遗产的1/3赠与教会以净化灵魂,因此教会更提倡和维护遗嘱继承。教会法院有权验证继承遗产的遗嘱和监督遗嘱的执行,并有权处理无遗嘱的遗产的分配。

五、刑法制度

教会法规定了名目繁多的宗教犯罪,凡违反教义或宗教信仰的行为均被宣布为宗教犯罪。其中叛教、信奉异教、别立教派、亵渎圣物等行为,都属于特别宗教犯罪,一律处以死刑并没收财产。此外,为了巩固教会的宗教统治,维护神学统治的绝对权威和排斥异己,教会视进步的科学与思想为异端,著名科学家哥白尼、布鲁诺和伽利略都曾被教会法庭判定为"异端"犯罪而加以惩处。

教会和教会法学家从"上帝面前人人平等"的观念出发,主张在刑罚的适用上不分身份人人平等。刑罚被看做恢复被犯罪破坏了的上帝秩序的手段,因而在实施时应考虑对犯罪人的灵魂的净化,给犯罪人反省自新的机会。教会法学家比较重视犯罪的主观因素,认为一个人如不具有主观犯意,就不应该受到惩罚。由于存在教俗两种司法体系,教会法院对神职人员和世俗人员适用刑事惩罚的方式是不同的。教会法刑罚的种类主要有:惩治罚、报复罚和补赎。惩治罚包括:弃绝罚(相当于剥夺犯罪人在宗教和世俗上的一切权利);禁止圣事罚(不得为圣职行为,不得授予圣物,不得实行教会的葬礼);

罢免圣职罚(只适用于教士,受此罚者免除其圣职、圣禄)。报复罚包括罚金、禁止进入教堂、免除职务等。补赎则采取诵读特定经文、施舍、朝拜圣地等方法。为维护封建社会秩序,教会法仍然兼施世俗的各种刑罚,如教士犯有杀人罪时,除处弃绝罚外,还要交法院惩处。

教会法对婚姻、家庭方面的犯罪规定了许多罪名,如亲属相奸罪、通奸罪、重婚罪、背叛贞操罪等,并规定了相应的刑罚。对侵犯财产和封建特权的行为,教会法也视为破坏上帝的安宁处以重刑。

六、诉讼制度

教会法院的诉讼制度大多源自罗马法,又有新的发展。教会法早期的诉讼中采用神明裁判和誓证法,13世纪后,教会法庭逐渐废弃这种原始的证据制度,采用双方当事人出示的人证及物证等客观证据。同时,对于伪证处以重罚。在刑事诉讼程序上,采用纠问式方式,法院根据公众告发或被害人控告,即可对案件进行调查,从调查证据到执行刑罚都由法官负责。在审判中,被告人必须到庭,法院向他告知起诉人并出示证据,允许被告人进行辩解和提出对自己有利的证据。纠问式诉讼制度在诉讼法的历史中具有重要意义,但后来被宗教裁判所严重滥用。教会法的民事诉讼制度的特点是无论起诉、上诉、证据、判决,均须采取书面形式,程序烦琐。

教会为行使司法权,建立了由各种不同等级的法院组成的宗教法院体系,包括普通法院(有主教法院和大主教法院)和教皇法院(有圣经法院和教皇署名法院)。此外,还于公元1198年由教皇英诺森三世在罗马教廷内设立特别宗教法庭,即宗教裁判所。这是天主教会专门用来审判宗教异端分子,以加强教会权威的机构,因此又称异端裁判所。13世纪时罗马教皇在法国、意大利、西班牙等国普遍设立宗教裁判所,并在各教区相应设立了地区裁判所,由教皇委派主教充当教区的法官,教区之下则由主教指派若干名神甫担任基础教区专职法官。异端裁判所的根本任务是镇压一切进步思想和科学主张,惩治"异端"。为了实现这一目的,它们把纠问式诉讼发展为极端野蛮残忍的审判制度。这种制度的基本特点是:法院主动进行侦查、起诉和审判;被告人不得知悉控告人、见证人的姓名;实行秘密审判和有罪推定;刑讯逼供,一切有利于被控告人的证词都不能成立;一切有利于被告人的活动,都要给予严厉的惩罚;招供后又翻悔的,则不再审判,处以死刑并没收全部财产;被告人拒不认罪则处死,承认有罪并愿意悔改的,则判处终身监禁。

异端裁判所在欧洲横行了 500 年之久,仅西班牙一地就有三十八万人被判为异端罪。据统计,1483 年到 1498 年的 15 年间,就有八千二百余人被处以火刑。自 16 世纪始,异端裁判所随着教皇权威的下降日趋衰落,到 19 世纪末 20 世纪初已不复存在。

第四节 教会法的基本特点及其历史地位

教会法是中世纪欧洲的重要法律体系之一,它与罗马法和日耳曼法并列,支撑着中世纪欧洲的封建制度,并对近代欧洲各国法律的发展产生深远的影响。

一、教会法的基本特点

(一) 教会法是封建性质的神权法

教会法是与神学密切联系的神权法。它以基督教的基本精神为指导,以基督教的教义为根本内容,所以,它在本质上是一种神权法。纵观历史,教会法在中世纪早期主要是针对教会内部神职人员和一般教徒在宗教信仰、道德观念和组织纪律方面的约束,其目的是为教会宗教活动及传教布道提供法律依据。中世纪中期,基督教占据了人们的精神世界并成为社会主流意识形态,教会法在其发展中不断自我更新,取得了广泛的适用范围以及凌驾于世俗法之上的强制力。教会法按照世俗封建秩序建立起完备的教会权力等级结构,其土地制度、婚姻制度、刑法制度等适应了中世纪欧洲的封建经济形态,直接体现出它的封建性质。虽然教会法与世俗法在管辖权等方面激烈竞争,但二者之间并不存在根本性冲突,反而在许多法律领域相互支持,相互印证,甚至相互融合。例如,教会法中的教阶制度与世俗法中的贵族等级划分十分类似,都发挥着维护封建等级制的作用。

(二)教会法具有相当完备的体系

中世纪的西欧是天主教会法大行其道,并逐渐形成凌驾于世俗法之上的、超越国界的、有重大影响的法律。与当时世俗的封建习惯法相比,教会法具有相当完备的法律体系,主要由教阶制度、财产与契约制度、婚姻家庭法律制度、犯罪与刑罚制度以及司法程序制度等构成。它们虽然没有如后来西方独立存在的部门法律那样走向概念化,但却随着教会管辖权的不断扩大日趋完善。

(三)教会法的盛衰取决于教权与世俗王权的斗争

在强大的世俗王权的压抑下,初期的教会法并无广泛的强制力。尽管日耳曼部族很早便皈依了基督教,但 10 世纪以前基本上仍是教权和教会法向世俗政权和法律低头求媚的时期,教会受到各国国王严密控制。在天主教会势力极盛的时代(10—14 世纪),教会取得了广泛的世俗权力,特别是其法院的司法管辖权极大扩张,教会法得到进一步发展,成为凌驾于世俗法之上的"权威法"。虽然教会法在中世纪的欧洲一直没有排斥世俗的各种法律,却成为与日耳曼法、罗马法并列的三大法律之一。15 世纪以后,君主专制逐步确立,加之宗教改革运动的兴起,教权遂渐趋衰落,教会法的适用范围也随之大为缩小,仅有那些与世俗法相适应的部分还保持着一定的生命力。

二、教会法的历史地位

(一)教会法是西方法律传统的重要组成部分,是西欧中世纪的三大法律支柱之一

中世纪是承接古代文明和近现代文明的桥梁,中世纪教会法不仅是西方古典法律文化的承接者,也是西方近现代法律文化的奠基者。教会法虽然是以基督教信仰为核心的法律体系,但是它并未被封闭在基督教教义之内,而是通过借鉴与吸收古代希腊和罗马的法制文明,并在其基础上进行宗教化的改造而获得发展。如:大量承袭罗马法的法律方法;教皇、教会领袖以及宗教会议以成文的方式颁布法令;教会法庭的法官惯于采用演绎推理的方式适用教会法;教会法学者模仿罗马成文法典的编纂方法对卷帙浩繁的教会法渊源加以辨析、注释、排列、汇总,试图造就百科全书式的教会法法典;教会兴办

的大学则成为促进罗马法在西欧得以全面复兴的重要推动力量。教会法能对后世的法律构成重要影响,还在于它的包容性。它不仅将西方古典法律文化中崇尚自然法、人本主义、尊重权利和法律自治的精神保存下来,并且借上帝之名义赋予法律崇高的地位。教会法与罗马法、日耳曼法交互影响,共同构成西欧中世纪的三大法律支柱,形成多元的法律体系。

(二) 教会法对后世的法律和法学理论有深远影响

作为西欧中世纪一个重要的普遍适用的法律体系,教会法不仅在与世俗法相互配合,共同维护封建制度方面发挥过重要作用,并且对后世西方法律产生了深远的影响。在刑法方面,教会法强调刑罚的目的在于教育改造,主张对犯罪人进行宗教感化和道德矫正,这对近代刑法思想有着积极的影响。在诉讼法方面,教会法要求法官在审判时遵循"良心"的要求,这为西方诉讼法中"自由心证"原则的形成奠定了基础。中世纪后期,教会法逐步废除了宣誓和神明裁判等主观证据的效力,转而采信更为客观的书证、物证和证人证言,这对于证据法的发展也具有一定进步意义。教会法在婚姻、家庭方面的原则和制度,如一夫一妻原则,婚姻自主原则,夫妻地位平等原则等,均对近代资产阶级国家的婚姻家庭制度有重要影响,迄今仍然保持着一定的法律约束力。在国际法方面,由于罗马教廷在中世纪长期扮演着国际争端调停人的角色,因而教会法在解决国家之间关系方面有着较为丰富的规定。教会法还对战争期间武器的使用加以严格的限制。近现代国际法中的国际关系准则、国际争端解决机制以及人道主义的战争法都与中世纪教会法有着一定的渊源关系。教会法传播的法律观念、伦理道德观念、权利义务观念和价值观念等,不仅构筑了中世纪的法制文明,也为后世的法学理论打上深深的烙印,并直接影响到西方各国的立法和司法。

第七章 中世纪西欧的城市法和商法

城市法和商法是西欧中世纪的法律体系的重要组成部分。城市法作为城市居民获得城市自治权的法律成果,表现出与以人身依附为特征的封建等级制截然不同的社会关系。商法作为商人阶层从事商业活动的基本准则,体现了以相互平等和意思自治为基本原则的新的经济关系。中世纪的城市法和商法促进了资本主义经济的发展和资产阶级的出现,是近现代资本主义法律的重要历史渊源。

第一节 中世纪西欧的城市法

一、城市法的形成和发展

(一)城市法的产生

城市法是10—15世纪欧洲城市共和国、城市公社和半自治城市实行的法律制度。城市法具有很强的地域性,其内容与城市自治、城市市民的法律地位以及城市商业、贸易、税收等有关。

城市法是伴随着西欧城市的复苏和城市贸易的繁荣而逐渐产生的。10世纪后,在经历了长期的经济衰退之后,西欧的商业和手工业开始复苏,人口数量迅速增长。那些便于物资流动的海、陆交通枢纽逐渐形成人口密集的新城市。为了使封建庄园生产的剩余产品转化为财富,教、俗封建主承认新兴城市的合法地位,使城市变成各封建王国领域内的经济特区。城市内的居民主要是手工业者和商人,他们彼此人格独立、地位平等,相互之间分工明确,业务联系紧密,相近的生活易于使他们产生共同的利益,进而结成利益共同体。

10世纪末,随着西欧各地城、乡生活方式差距的增大,城市居民的自主意识越来越强,新兴城市开始有意识地摆脱封建势力的控制:城市居民自发组织起来管理城市公共事务,他们抵制教、俗封建主对城市课征的捐税,甚至组织城市武装力量抵御封建势力的各种干涉,要求自治。1057年,意大利的米兰最先开始争取城市自治的斗争,并建立了著名的米兰城市公社。处于西欧工商业中心的威尼斯、佛罗伦萨、热那亚、巴黎、阿姆斯特丹等城市,则通过赎买、起义等方式先后摆脱了封建势力的控制,获得了不同程度的独立地位和自治权。由于意大利北部很多城市针对地方封建势力的斗争相当激烈,因而它们几乎完全从教、俗封建主的控制之下解放出来,形成独立的政治实体,被后世学者称为意大利的"城市国家"。随着城市的发展,一系列有关城市自治、市民的权利义务、工商管理等方面的城市法应运而生。

(二) 城市法的发展

城市法的发展大致经过三个阶段:

1. 习惯法的汇编

城市习惯法是早期城市法的唯一渊源。随着城市生活的日益复杂化,凌乱的习惯法被编纂成为城市习惯法汇编。最早的城市习惯法汇编发端于意大利,如9世纪的伦巴城市法汇编、10世纪的基罗亚城市法等。这些城市习惯法汇编的渊源复杂,既包括城市管理工商贸易的行会章程和特许状,又包括城市原有的习惯法和由罗马法演变的商事习惯法。

2. 成文法典的编纂

12世纪后,随着大批城市的涌现,城市法进入法典编纂阶段。由于意大利各城市资本主义商品经济的发达程度高于其他欧洲国家,其城市法典的问世也在时间和数量上处于领先的地位。如1160年的《比萨城市法典》、1216年的《米兰城市法典》。13世纪后,各城市法典相互吸收、渗透,城市立法相当活跃,如《佛罗伦萨法典》即仿效11世纪时的《毕士托瓦法典》。城市法典中有许多属于城市法院的判决汇编,如产生于13世纪末的德国最早的城市法《萨克森城市管辖法》,即是一部法院判决汇编。与其他法院判决不同的是,这部汇编的编末附有讨论城市法院管辖权和诉讼程序的论文。这部汇编被译为波兰和波西米亚文,在波兰和波西米亚的城市被广为援引,很有法律权威。城市成文法典在内容上比早期习惯法汇编更为丰富,不仅包括既有的民事和商事习惯,还包括城市权力机构的新立法和一些源于城际交往实践的新惯例,其范围不仅涉及城市行政管理和商事活动,还涉及犯罪与刑罚,诉讼程序等诸多领域。

3. 城市同盟法的出现

13世纪以后,西欧许多商业城市为了维护独立地位,保护共同的经济利益,协调彼此之间的关系,开始结成城市同盟。最有名的城市同盟是以北德意志的汉堡和吕贝克为中心的"汉萨同盟",包括了上百个城市。所谓"汉萨"德文的原意是"会馆"或"商人公会"。汉萨同盟制定了很多专门适用于同盟成员城市的法律,即城市同盟法。城市同盟法维护同盟成员的独立性,协调同盟成员之间的关系,保障同盟整体经济利益,其内容多涉及海商贸易领域,此外也涉及打击海上犯罪、维持城市治安的刑事司法领域。

15世纪以后,由于西欧各封建王国加强中央集权,各国的中央政府对自制城市的立法和司法权予以干涉,城市的自治特权被取消,城市法逐渐融入其他法律,成为近代法律的重要渊源之一。

二、城市法的渊源

(一)城市宪章

城市宪章,也称城市特许状,在中世纪西欧城市法的诸多法律渊源中占据极为重要的地位。城市宪章通常是城市法律系统中具有根本法性质的法律文件,是城市法的基础,城市之内的任何法律规则都不得与城市宪章相违背。城市宪章往往不是由城市立法机构自行制定的法律文件,一般由国王或大主教颁发,用以承认城市的自治权利,规定城市的基本制度和市民的基本权利。中世纪著名的城市宪章有:1111年德皇亨利五世颁发的《斯拜尔特权宪章》、1135年马因斯大主教颁发的《马因斯宪章》、1215年英国的《自由大宪章》等。

城市宪章的基本精神是限制或保障领主对城市的权力,保护市民的某些利益,其中不乏关于城镇、贸易和商人的条款。如确认市民对城市的管理权,承认市民的自由身份,允许市民经商和组织商会,统一度量衡,规定领主的征税权和市民应交纳的税款,等等。城市宪章既是教、俗封建主对其统治下诸新兴城市施加特殊待遇的法律依据,又是诸新兴城市及其居民摆脱封建束缚和享受自由权利的法律保障,因此,任何一方僭越城市宪章的界限,都将招致对方的激烈反抗。

(二) 城市立法

城市立法是由自治城市的市议会在城市宪章范围之内制定的,用于管理城市和城市居民的具体法令,其内容主要涉及市政建设、城市发展、社会教育、居民福利、商业秩序和社会治安等方面,也涉及犯罪与刑法以及诉讼程序等方面的法律问题。随着城市的发展,城市立法逐渐增多,成为城市法的一种重要渊源。

(三) 行会章程

工商业是城市经济的物质基础,工商业者占城市居民的多数,他们都有自己的行会组织。行会组织通常以制定行会章程的方式对行会的各种事务进行管理和规范。如:手工业行会章程对会员的资格、手工作坊的规模、生产技术、产品的数量及质量、材料来源、工作时间、学徒的招收和管理都有具体规定,并有严格的检查、监督和奖惩制度;商人行会章程对行会会员的条件、权利义务、经营范围、商品价格、销售、代理、批发等均作出规定,并对违犯规定者有惩罚措施。行会章程具有法律效力,对中世纪城市的工商业管理发挥了重要作用。但是,章程规定的同业行会的特权与垄断限制了技术的进步,因此后来成为工商业进一步发展的障碍。

(四) 习惯法和判例

中世纪西欧各地的法律以习惯法为主要渊源,国王或封建主在授予城市特许状时一般都对这些城市的习惯法予以承认。如英王亨利二世在授予林肯城特许状中称:"将林肯城人民在英王爱德华、威廉与亨利时代所享有之自由、习惯与法律赐予彼等。"[①]城市法庭独立于各国封建世俗法庭和教会法庭。城市法庭根据城市宪章、既有城市立法独立进行审判活动,其判决在自治城市范围内具有一定的强制力。许多城市法典往往将法院判决编入其中,德国的《萨克森

[①] 周一良等主编:《世界通史资料选辑》(中古部分),商务印书馆1981年版,第134页。

城市管辖法》便是一例。

（五）城市同盟法令

城市同盟法令是城市同盟会议以同盟城市的名义联合发布的法令，对协调城市同盟与外部势力的关系以及城市同盟成员之间关系有重要作用。制定于公元 1260 年的《汉萨同盟法令》是中世纪西欧较为著名的城市同盟法令。

三、城市法的基本内容

（一）城市自治权和市民权

城市自治权是城市法中最为首要的内容。一般来说，城市议会是自治城市的最高权力机关，担负选举市长和其他官员、组织法院并任命法官、制定城市法规、议决城市税收政策等职责。

市民权是城市居民享有的特权。城市居民的人身自由，不再受封建等级关系的束缚。如，林肯城特许状中规定，任何人只要在城市居住一年零一天，就取得市民的自由身份，并受到该城市法律的保护。英国 1215 年《自由大宪章》中规定："任何自由人，如未经其同级贵族之依法裁判，或经国法判决，皆不得被逮捕、监禁、没收财产、剥夺法律保护权、流放、或加以任何损害。"[①]市民的自由身份在建立同盟的城市也受到同等法律保护。城市居民可以独立的人格参与城市的政治、经济和文化活动。他们定期选举城市议会，并且本着平等和自愿的原则相互交往，形成了完全不同于封建庄园的社会氛围。

（二）城市机关

城市机关包括市议会、市长、城市法院等。市议会是自治城市最高的权力机关，由市民选举产生。市议会的职能有：制定法律；选举城市行政长官如市长、副市长、税务官和监督员等；议决城市的财政并向全体市民报告税款收入和债务清偿情况；依法制裁违反城市公共利益的犯罪行为。市长的职责是管理城市的公共事务如治安、教育等。城市法院的法官由市议会任命，适用的法律主要是城市法。

---

① 周一良等主编：《世界通史资料选辑》（中古部分），商务印书馆 1981 年版，第 184 页。

(三) 城市的工商管理

城市的工商管理包括行会组织制度和工商活动规则。行会是城市中的商人和手工业者为了防备封建势力侵犯，避免彼此之间的竞争，维护自己的经济利益，在各自行业内部组成的、具有行业垄断性质的团体。只有加入行会、接受行会章程的约束的人，才能从事特定行业的经营活动。行会的章程对行会组织的建立及管理均作出限制性规定，在协调城市工商业秩序和管理工商业的经营活动方面发挥了重要作用。商业行会章程的主要内容有：规定商人入会的条件；会员的义务与商业道德；专营权限；度量衡标准、商品最低限价、商店间距、竞争规则以及调解商务纠纷的司法权限等。手工业行会的章程主要规定：开设手工业作坊的条件、规模、地点；学徒的招收和管理；生产工序；产品的数量及质量、销售价格等。

(四) 城市刑法与诉讼制度

脱离封建法律约束的城市法在刑法和诉讼制度方面体现出一定进步性，例如，废除了等级特权，在法律适用上实行同罪同罚的平等原则；废除了神明裁判和决斗等举证方式，强调书证和物证等证据的证明作用。这为早期资产阶级制定具有反封建性质的刑法和诉讼法提供了重要的借鉴。为了维护商业秩序和市民的财产及人身安全，城市法规定了很多严苛的刑罚，如绞刑、斩刑、宫刑以及大量的肉刑。

第二节 中世纪西欧的商法

一、商法的形成和发展

(一) 商法的形成

商法又称商人法，是调整商人之间由于商事活动产生的关系的法律规范。

商法的历史可以追溯到公元前两千余年的古巴比伦，公元前18世纪颁布的《汉穆拉比法典》中即包括许多商事法律的内容。海上和陆上商业活动都十分活跃的古希腊各城邦也曾颁布过很多商事法令和海商规则。商业贸易繁荣的古罗马更是以统一法典的形式将买卖、借贷、租赁、雇用、承揽、合伙、代理、运输和海损等等与商业活动密切相关的法律制度融于罗马私法之中,闻名于世的《国法大全》可谓古代商法的集大成者。

6世纪以后,自给自足的农业经济取代以对外开放为特征的商品经济,商业衰退,商事法律失去了适用的社会环境。10世纪以后,随着工商业城市的兴起,商业恢复繁荣,贸易日益活跃,商人重新成为一个重要的社会阶层,商事习惯法逐渐形成。这些商事习惯法包括营业程序、关税征纳、度量衡制度以及货币、信贷制度等。它们不同于封建的地方习惯法,适应了商业发展的需要,逐渐成为独立的法律部门。由于商业贸易包括内陆和海上商业活动,因而完整意义上的商法由调整内陆商业活动的商法和调整海上商业活动的海商法两部分构成。

(二)商法的发展

中世纪商法的发展经历了各地区、各城市共同适用商法的共同商法时期和主权国家认可、编纂和实行商法的国家商法时期。

1. 共同商法时期(10—16世纪)

由于各城市和各地区的商业习惯之间存在着差异和冲突,给商业交往带来不便,于是在商业活动的实践中产生了各城市和各地区都适用的共同商法。共同商法产生的途径主要有二:一是在西欧各城市的集市和口岸建立的混合法庭,由外地商人和本地商人代表会同审判,使双方商业习惯得到统一。二是城市之间通过订立条约或建立同盟,协调彼此的商业习惯,或者制定共同的商法规范等。

在共同商法时期,许多城市出现了商法和海商法的汇编,其中影响较大的是在海商法领域起着中心作用的城市所编纂的法典。它们是:意大利的阿玛尔菲城的《阿玛尔菲法典》,编纂于10世纪;西班牙巴塞罗那的《康梭拉多海法》,编纂于13世纪;奥内隆岛(位于西班牙和法国之间的比斯开湾)的《奥内隆海法》,编纂于13世纪;《威士比海法》(威士比位于波罗的海上的哥特兰岛),编纂于13世纪。这些法典都是海上习惯法和海商判例的汇编,是共同商法时期的主要成果。

2. 国家商法时期(17、18世纪)

16世纪以后,随着西欧各国君主专制政体的确立,原本分散的立法权归由国家立法机关统一行使,以行业共识为基础的共同商法逐渐转变为以国家强制力为后盾、由主权国家直接管辖的国家商法,在形式上则由习惯法及判例汇编向国家商事法典过渡。

最早的一部国家商法典是1561年丹麦王弗里德利克二世颁布的《海商法典》。后来法国于1673年和1681年分别颁布了《商法典》和《海商法典》①,对后世影响较大。这些国家商事法典仍然以共同商法为基础,只是把国际性商业习惯和海上习惯作为国内法加以编纂、颁布,并由王室法院的专门法庭执行,取消了城市商业法院。

由于商法演变的历史原因,欧洲大陆国家近代以后实行民商分立,商法脱离民法独立存在。法国于1807年在以上两部法典的基础上制定了《商法典》。德国和意大利也分别于1861年和1883年制定了商法典。英国由于一直维持判例法传统,没有编纂商法典,仍适用共同商业习惯。但是,审判权从过去的商事法院转到国家的海事法庭手中,18世纪时又通过审判实践,把共同商法吸收到普通法之中,使商法成为普通法的组成部分,从而形成民商合一的特点。

二、商法的渊源

(一) 城市立法和城市同盟法令

城市立法和城市同盟法令是中世纪西欧商法和海商法最为直接的法律渊源。城市立法的主要目的是规范市场秩序,管理参与市场活动的手工业者和商人。城市立法的形式主要是商业行会章程,其内容以通行于商人之间的商事和海事习惯为基础。城市之间订立的有关商业贸易的协议也是中世纪商法和海商法的渊源。此外,公元13世纪兴起的城市同盟通过同盟法令的形式对城市间的商业活动进行调整和规制,著名的《汉萨同盟法令》以及《汉萨同盟海商法》就

---

① 在国家商法时期,法国于1673年颁布的《商法典》开国家制定统一商事法典之先河,该法典共12章,专门规定陆商,包括商人、票据、破产、商事裁判管辖等内容;1681年颁布的《海商法典》共5编,专门规定海商,包括海上裁判所、海员及船员、海上契约、港湾警察、海上渔猎等一系列公私法规。

是波罗的海地区各工商业城市所共同遵守的商事及海事规则。

（二）商事和海事习惯

商事和海事习惯是中世纪商法和海商法最主要的法律渊源，是在长期的商业和海上贸易的活动中自发形成的。商事和海事习惯的规则为各地商人普遍遵守，具有一定的国际通行性，是城市自治机关或行会制定的各种商业法律规则的重要补充。商事与海事习惯在实践中不断发展、完善，保持着延续性，不因为朝代的更替而发生改变，因而中世纪的商法和海商法不仅吸收与保留了古代商法和海商法中的多项制度，并且对近现代商法和海商法有着巨大影响。例如，公元前2世纪就已经产生的"罗得弃货损失分担规则"通过中世纪海商法的继受和发扬，最终演变成为近现代共同海损制度的基础。

（三）商事与海事判例

中世纪城市或城市联盟设立的专门法庭，是解决商人之间或城市联盟成员之间的商事和海事纠纷的重要场所。这些专门法庭做出的判决不仅对案件当事人产生法律效力，而且在以后发生的类似案件中成为法官援引的法律依据，也为各自治城市的商人阶层提供了可以普遍遵守的标准和规则。为了便于掌握这些已经被视为商人阶层的普遍行为规范的判决，商人行会将它们汇编成册，形成商事及海事法典。公元10世纪出现的《阿玛尔菲法典》以及后来的《康梭拉多海法》、《奥内隆海法》、《威士比海法》等都是对海商法庭依据商事和海事习惯形成的判例的汇编，它们曾经为整个欧洲的商人阶层所公认，是中世纪商法和海商法的最完整的表现形式。

三、商法的基本内容

（一）商人及商人组织

商人是以自己的名义从事商业活动并以此为职业的人。商法确认商人在各地区的平等法律地位，严格保护商人的人身和财产安全。同时规定了与商人参与商业活动有关的一系列权利，如经商权、商号权以及发生商事纠纷时向商事法院起诉的权利等。商人在商业活动中必须履行义务，如遵守行会章程、缴纳税费、设置并保存商业账簿、按法律规定的内容记载营业及财产状况，遵守海上习惯等。城市商法中一般还包括防范不正当竞争的条款以及吸引外地商人的优惠政策。

最初的商业合伙大多由某一个城市内部的商人结成,他们向外地派驻代办人,依靠代理契约实现对代办人的约束和控制。随着不同城市之间的贸易往来日趋频繁,异地商人开始结成相对稳定的商人组织。例如,汉萨同盟推行"相互代办合作关系"的贸易形式,异地商人互相充当对方在本地的代理人,互相出售对方的货物以牟取利润。城市及城市同盟的商法针对类似的商人合伙组织也作出了很多规定,使商人合伙的组织形式、来往信函的法律效力和账簿制度等有了切实的法律依据。

(二) 集市管理

集市是中世纪城市商人从事商业活动的主要场所,因此各地的商法都对本地集市交易的活动作出明确的规定,例如,开市和闭市的时间,度量衡及货币兑换的统一标准,集市管理费和赋税的征收,集市的治安管理等等。集市一般设立专门的监督管理机构,某些大规模的集市还设有市场法庭,负责对集市中发生的商业纠纷进行调解。

(三) 票据

票据是以支付一定金额为内容的有价证券。早在希腊罗马时代,就已有票据出现。12世纪以后西欧的商业城市中,各种票据又出现在商人之间的交易活动中。商人们根据票据的不同功能,将票据分为由发票人自己付款的本票、由发票人委托付款人付款的汇票以及由存款人委托他人付款的支票。16世纪时,商人们又根据票据的无因性发展出票据背书转让制度。这些在中世纪为商人们所谙熟的票据制度对近现代票据法有着深远影响。

(四) 海事制度

中世纪各地海商法均对本地船舶的适航情况作出限制性规定,如船舶的吨位、装载货位以及搭载乘客的数量等。在海上航行的船舶设立的特别法庭有权对船上发生的纠纷进行审判。为保护船舶以及装载货物的安全,中世纪海商法对港口的使用与管理也有明确规定。

中世纪的海商法还对海上风险发生之后的补救措施作出规定,

如果船舶遭遇海难,为避免船舶倾覆,船长有权未经货主同意抛弃船舶装载的货物,对由此遭受的损失,由船主及货主共同承担。这种被称为"海损弃货损失分担"的制度源于《罗得海法》,它为中世纪海商法全盘接受,并成为近现代共同海损制度的历史渊源。

第三节　中世纪西欧城市法和商法的基本特点及其影响

一、城市法的基本特点及其影响

（一）城市法的基本特点

在特定的经济、政治背景下形成和发展起来的城市法是中世纪中后期西欧的主要的法律渊源之一,其基本特点是:(1)城市法是兼具公法和私法性质的混合法,既包括城市权、市民权、城市机关、司法诉讼等大量公法内容,又涉及大量工商业经营活动的私法规则。它受到封建法律的深刻影响,但是又能够超越封建法律的局限,克服其中的消极因素。(2)城市法自成体系,它是一个以城市宪章为基础的包括行政法律规范、民商事法律规范和刑事司法规范等诸多部门法在内的完整的法律系统。(3)城市法的制定、适用和执行具有相对独立性,其适用范围只及于特定的城市区域。(4)城市法具有多元化的渊源,但是除城市宪章以外,其他法律渊源均来自于城市内部。此外,城市法还兼具国内法和国际法的双重性质。

（二）城市法的影响

城市法的兴起既反映出中世纪西欧地区商品经济整体复苏并快速发展的趋势,也反映出当时各国的中央政权基本陷于瘫痪和法律缺乏统一的状况。城市法是一个在经济上适应时代的需要,却不得不生存于政治夹缝中的法律体系。因此,城市法必然随着西欧各封建国家政治权力的集中而衰落,并作为一种独特的法律因素融入各封建国家的法律体系中。

早期资本主义社会的法律体系与中世纪西欧城市法在形成过程、法律性质、法律渊源、法律目的和法律方法等方面非常相似。平等、民主、自由、理性和法治的精神并非是由资产阶级革命者所首创,早在资产阶级革命爆发的数百年前,这些观念已经由中世纪自治城市提出并付诸实践。中世纪西欧城市争取自治权的运动为早期资产阶级开展反封建斗争积累了宝贵的经验,而中世纪城市法也为资产阶级创设具有资本主义性质的法律提供了重要的范本。

二、商法的基本特点及其影响

(一)商法的基本特点

1. 中世纪的商法和海商法是独立的法律体系

产生于西欧城市复苏和商品经济快速发展的背景之下的商法和海商法,只适用于商人或商行为,是与同时代的封建庄园法和教会法完全不同的独立的法律体系。

2. 中世纪的商法和海商法实际上是一种习惯法

它们并非由国家或城市的政治机关制定和推行,而是在长期的商业经济活动中被积累和总结起来,又被专门管辖商业活动的司法机构反复适用和印证,最终被商人团体或行会组织汇编形成的法律。

3. 中世纪的商法和海商法同时具有国际性和国家性

商法和海商法的法律效力来源于整个欧洲商人阶层的普遍公认,因此是具有跨国性质的共同法。同时,由于各国封建统治者都认可商法和海商法在本国领域内的法律效力,因此,它们又是各个国家内部的法律。17世纪以后,随着国家主权的不断被强化,共同商法演变为各国的国内法,而海商法则依然较多地保持着国际性。

(二)商法的影响

商法和海商法尽管产生于中世纪西欧封建社会,然而由于它们是以商业活动作为调整对象的专门法律,涉及资本经济制度如市场管理、票据、保险、银行、海上运输等多方面内容,体现在商业贸易交往中自由与平等的精神,包含着资本主义的因素,因而直接推动了前资本主义时期商品经济的发展,促进了资产阶级的形成。中世纪商法和海商法的形成和发展为近代商法的形成奠定了基础,对近现代西方法律体系的建立发挥了重要的作用。

第八章 伊斯兰法

伊斯兰法是一种宗教法律体系,以《古兰经》和"圣训"为主要法律渊源,盛行于中世纪政教合一的阿拉伯帝国。伊斯兰法的制度独具特色,适用范围广,影响波及信奉伊斯兰教的广大地区,形成伊斯兰法系。至今,伊斯兰法在一些伊斯兰国家仍发挥着支配作用。

第一节 伊斯兰法的产生与演变

伊斯兰法是"伊斯兰教法"的简称,音译"沙里阿"(Shari'a),原意为"通向水源之路",泛指"行为"、"道路",特指"真主指示之路"。它是适用于全体穆斯林(即伊斯兰教徒)的"有关伊斯兰宗教、政治、社会、家庭和个人生活准则的总称"[①],而不是一部由国家立法机关颁布的适用于全体居民的法典。当然,在政教合一的政体中,伊斯兰法无疑是伊斯兰国家至高无上的法律渊源。

一、伊斯兰法的产生

伊斯兰法产生于公元7世纪初的阿拉伯半岛,它是伴随着伊斯兰教的创立和阿拉伯统一国家的形成而产生和逐渐发展起来的。

公元6至7世纪,阿拉伯半岛尚处于原始公社解体阶段。由于外族的入侵,水利工程失修,土地荒芜,农业衰落,人民生活在饥饿之中。麦加贵族又趁机加紧高利贷盘剥,使大批贫民沦为债奴。为抵御外侮,改善自己的处境,阿拉伯各阶层从不同的利益出发,都要求尽快实现民族的统一。伊斯兰教和阿拉伯统一国家的形成完全顺应了这一历史潮流。

---

① 林榕年主编:《外国法制史新编》(高等学校法学教材),群众出版社1994年版,第239页。

伊斯兰教的创始人穆罕默德(公元570—632年)出身于麦加古来西部落一个没落贵族家庭,青年时代生活清贫,做过牧人和商队保镖。他深受犹太教和基督教思想的影响,反对多神教,提倡一神教。公元610年,穆罕默德开始在麦加传播伊斯兰教。他把古来西部落的主神安拉奉为宇宙间唯一的真主,要求人们放弃对各自部落保护神的崇拜,转而信仰唯一的真主安拉。在传教及与麦加贵族的武装斗争中,穆罕默德建立了政教合一的穆斯林公社。公元630年,穆罕默德终于打败了麦加贵族,迫使他们皈依伊斯兰教,承认穆罕默德为安拉的"使者"和"先知"。不久,整个阿拉伯半岛基本皈依伊斯兰教,并在穆斯林公社的基础上建立了统一的阿拉伯国家。在穆罕默德创立伊斯兰教和阿拉伯国家的过程中,伊斯兰法诞生了。穆罕默德既是伊斯兰教的创始人,又是统一的阿拉伯国家的第一位政治领袖。

伊斯兰教不仅要求穆斯林从思想上坚信安拉是世界唯一的主宰,而且还要求穆斯林在行动上遵守安拉通过其使者规定的行为规则。这样,在政教合一的阿拉伯国家里,作为政教首脑的穆罕默德代表安拉所宣扬的教义及其教规,就同时具有法律规范的性质。随着伊斯兰教和阿拉伯国家的形成,伊斯兰法也就产生了。

二、伊斯兰法的发展

一般说来,近现代法律改革之前的古典伊斯兰法的发展可以分为以下三个时期:

(一) 形成时期(公元7世纪初—8世纪中叶)

从公元7世纪初穆斯林公社建立,到8世纪中叶倭马亚王朝(公元661—750年)被推翻,这是阿拉伯国家的初步发展时期,也是伊斯兰法的形成时期。公元632年,穆罕默德去世,整个阿拉伯半岛基本统一。穆罕默德的继任者称为"哈里发",意为"使者的继承人"。最初四大哈里发都由统治集团从穆罕默德的近亲密友中选出,他们集宗教、军事、行政和司法大权于一身,是政教合一的国家首脑。倭马亚王朝建立后,哈里发职位改为世袭。历任哈里发不断对外扩张,至8世纪中叶终于形成地跨亚、非、欧的阿拉伯帝国,统治帝国的各项制度也逐渐完备,伊斯兰法的体系最终形成。这一时期,作为伊斯兰法最高渊源的《古兰经》已经定型;专门记录穆罕默德言行的"圣训"已经开始传述;教法学也已经出现,并形成了一些早期教法学派;哈里发政府的行政命令也日益增多,并取得重要地位,还建立了早期的司法制度。

(二) 全盛时期(公元 8 世纪中叶—10 世纪中叶)

继倭马亚王朝之后统治阿拉伯帝国的是阿巴斯王朝(公元 750—1258 年)。阿巴斯王朝统治的最初一百年是帝国最繁荣强盛的时期,不仅使帝国的疆域东临印度河、西接大西洋,而且伊斯兰文化也空前繁荣,作为伊斯兰文化有机组成部分的伊斯兰法也得到迅速发展。这一时期,"圣训"在法律事务中的地位日益重要,并开始汇编和整理;早期教法学派经过一段时间的发展,最终形成了以哈乃斐(公元 699—767 年)、马克(公元 715—795 年)、沙斐仪(公元 767—820 年)、罕百里(公元 780—855 年)为代表的四大教法学派;"公议"、"类比"等教法学家常用的创制法律手段成为伊斯兰法的重要渊源;政府的行政命令成为对伊斯兰法的重要补充;司法机构不断得到完善。

(三) 盲从时期(10 世纪中叶以后)

这一时期又称"塔格利德"时期。塔格利德(Taqlid)原意为"遵循"、"仿效",即因袭传统。10 世纪中叶以后,随着四大教法学派权威的最终确立,逊尼派(即伊斯兰教正统派)认为伊斯兰法已经完美无缺,所有重大疑难问题已经解决,后世法学家只需遵循前人的结论,无须进一步创制法律,关闭了"伊智提哈德"(Ijtihad,原意为"创制")之门。此后,法学家不得再对《古兰经》和"圣训"作出新的解释,无权根据经训的精神创制法律。这种做法与阿巴斯王朝的统治根基日渐动摇有直接关系。10 世纪中叶以后,阿巴斯王朝由极盛走向衰落,边远省份纷纷独立割据,其中心地区的实权已落入十叶派(非正统派)军事将领手中,哈里发形同虚设。1258 年蒙古军队攻陷了巴格达,阿巴斯王朝最终灭亡,使逊尼派法学家完全失去了政治庇护。政权的旁落,一方面限制了法学家全面创制法律,另一方面也激起法学家捍卫正统信仰和教法的强烈愿望,使其沉溺于追寻前人的理论而不能自拔。于是,伊斯兰法的发展停滞了。这种状况一直持续到近现代法律改革。

第二节 伊斯兰法的基本渊源

一、《古兰经》

阿拉伯文 Qur'an 的音译,意为"诵读"。它是伊斯兰教的最高经典,伊斯兰法的根本渊源。系穆罕默德在传教过程中以安拉"启示"的名义陆续颁布的经文,由其弟子默记或笔录于兽皮、树叶、石板及骨片上。第一任哈里发时开始搜集整理,并出现许多传本。第三任哈里发奥斯曼(公元644—656年在位)在任时组织权威学者核准校订,正式定本,这就是世界通行的"奥氏本"。《古兰经》共30卷,114章,6219节。全部内容按颁布时间的先后可分"麦加篇章"和"麦地那篇章"两大部分。前者约占全文的2/3,是穆罕默德在麦加传教时所降示的经文,内容多与宗教信仰有关,涉及法律的很少;后者是穆罕默德在麦地那建立穆斯林公社后,针对许多社会问题而降示的经文,许多内容与法律有关。发布《古兰经》大都是为了解决当时的社会现实问题,某一段经文的发布往往是由于某一现实问题的出现。人们有了什么争执,就去请穆罕默德排解,然后便会有一段经文降示。据载,有一位叔父代他的孤侄管理遗产。侄子长大成人以后,要求自己管理财产,他却拒绝交出。二人便请求穆罕默德给予裁断。穆罕默德于是以安拉的口吻降示了一段经文:"你们应当把孤儿的财产交还他们,不要以[你们的]恶劣的[财产],换取[他们的]佳美的[财产];也不要把他们的财产并入你们的财产,而加以吞蚀。这确是大罪。"这就是《古兰经》第4章第2节经文的来历。①

发布《古兰经》时,由穆罕默德口授,他的弟子进行记录或者记忆。穆罕默德去世后,他的几位弟子对这些经文进行了整理和编排,但还没有统一的文本。第三任哈里发奥斯曼统治时,下令将各种有

---

① 参见[埃及]艾哈迈德·爱敏:《阿拉伯—伊斯兰文化史》第1册,纳忠译,商务印书馆1982年版,第244页。

关《古兰经》的记录整理成一个统一的文本,并焚毁了其他抄本。现在全世界通行的《古兰经》就是这个"奥氏本"。从总体上看,《古兰经》的内容非常庞杂,既包括伊斯兰教的基本信仰、穆斯林的基本义务、伦理规范、社会习惯、传说、谚语等,也包括一些纯粹的法律规范。其中到底有多少经文属于教法规范,学术界是有争论的。[①] 但无论如何,它在伊斯兰法渊源中的权威地位是无可争辩的,其他一切法律渊源都必须以《古兰经》为基础,凡与其原则和精神相冲突的法律规范在理论上都是无效的。

二、"圣训"

阿拉伯文为"哈底斯"(Hadith)或"逊奈"(Sunna),前者意为"传述"、"记述",后者原意为"平坦的大道",泛指"行为"、"道路"、"传统习惯"。"圣训"即穆罕默德的非启示性言论、行为和生活习惯。虽然"圣训"并非安拉的启示,但出自安拉的代言人,故有极强的权威性,其地位仅次于《古兰经》。

在伊斯兰法的发展过程中,"圣训"发挥了重要作用。根据伊斯兰教义,法律是真主安拉对穆斯林世界的命令,它通过使者穆罕默德降示人间;任何世俗统治者皆无立法权。随着穆罕默德的去世,降示古兰的立法活动停止了。然而,《古兰经》的许多内容较为笼统,需要加以具体化才能执行。例如,《古兰经》命令穆斯林做礼拜,却没有规定礼拜的时间和仪式;《古兰经》命令穆斯林缴纳天课,却没有规定课赋的种类和数量。穆罕默德通过自己的言行,对礼拜和天课的具体问题进行了解释和补充。这些非启示性言行就作为对《古兰经》的补充要求穆斯林照样行事。穆罕默德去世后,遇到《古兰经》中找不到答案的问题,哈里发和法学家们就按他的先例办。据说,在第一任哈里发艾布·伯克尔(公元632—634年在位)统治时期,有一位老妇人向哈里发请求对其亡孙的继承权,伯克尔说:"我在天经

---

① 有的认为在其6219节经文中,涉及律例的有200余节,参见〔埃〕艾哈迈德·爱敏:《阿拉伯—伊斯兰文化史》第1册,纳忠译,商务印书馆1982年版,第243页;也有的认为有600余节涉及教规,但纯粹意义上的法律规范不超过80节,参见〔英〕诺·库尔森:《伊斯兰教法律史》,吴云贵译,中国社会科学出版社1986年版,第4页。

(即《古兰经》)里没看见过这种规定,圣训里也没有这种说法。"于是他就问在场的学者。一个学者证明穆圣曾准许祖母继承 1/6 的遗产。伯克尔又问:"还有谁听见?"另一个学者站起来证实了这件事,于是伯克尔就照此办理。①

随着阿拉伯帝国版图的不断扩大,新问题层出不穷,传述"圣训"的活动日益频繁,实际上已成为创制教法规范的重要手段。统治者常将各地流行的习惯和符合当时社会需要的法律规范附会为"圣训",使它们获得宗教权威。"圣训"最初由穆罕默德的弟子口耳相传。由于辗转传述,其数量越来越多,出现了许多伪圣训。8 世纪中叶以后开始对"圣训"进行搜集、整理和汇编。由于教法学派之间意见不一,各派皆有自己的"圣训集"。在逊尼派的各种"圣训集"中,最有权威的是《布哈里圣训实录》和《穆斯林圣训实录》等六大"圣训集"。

三、教法学

阿拉伯文为"斐格海"(Fiqh),原意为"理解"、"参悟",是研究伊斯兰法的学问。它通过对《古兰经》和"圣训"的研究,发现体现于其中的教法原则和精神,解释其基本含义,从而推导出新的法律规则。经常被教法学家用来创制法律的方法主要是"公议"和"类比"。前者意为权威法学家对新产生的法律问题取得一致意见。但由于地域所限,加上法学派别的存在,要在全帝国内真正取得一致意见几乎是不可能的,所谓的一致意见往往带有地域或教派色彩。后者意为对所遇到的新问题比照《古兰经》和"圣训"中最相类似的规则加以处理。例如,在第二任哈里发欧麦尔(公元 634—644 年在位)时期,有人被他父亲的一个妻子(非生母)伙同情人杀害,此事告到欧麦尔那里。欧麦尔拿不定主意,是判一个人偿命还是两个人偿命。在场的阿里(第四任哈里发,公元 656—661 年在位)对他说:"你看!假使几个人合伙偷了一支(只)羊,每人各分了一块,你是否将几人都

---

① 〔埃及〕艾哈迈德·爱敏:《阿拉伯—伊斯兰文化史》第 1 册,纳忠译,商务印书馆 1982 年版,第 223—224 页。

判处断手?"欧麦尔回答:"是的。"阿里说:"那么合谋杀人,也是一样,应该二人抵罪。"欧麦尔采纳了这个建议。① 于是,一项合伙杀人者应共同偿命的新法律就被创制出来。这是通过类比,从合伙偷羊者应共同受罚的既有规定中推导出来的。类比必须以经训的明文规定为依据,所得出的结论不得违反经训,否则无效。

教法学在伊斯兰法的发展中占有重要地位。由于《古兰经》和"圣训"都不能更改,通过法学家的研究、解释来创制法律就尤其必要。正是"公议"和"类比"等创制法律手段的广泛运用,伊斯兰法的规则不断丰富,体系不断完善,以符合阿拉伯社会发展的需求。然而,进入盲从时期以后,随着"创制"之门的关闭,教法学的发展停滞了。

四、其他渊源

(一) 政府的行政命令

根据伊斯兰教义,哈里发及其政府无立法权。然而,哈里发毕竟是政教合一的国家首脑,拥有最高行政权和审判权。在管理国家的过程中,历任哈里发都在不违背经训原则的前提下颁布过相当数量的行政命令,以处理那些经训中无明文规定,而实践中又急需解决的法律问题。政府的行政命令主要集中在公法领域,尤其是税法和刑法领域。比如,《古兰经》规定穆斯林必须缴纳天课,原本是一种对贫病孤寡者的自愿施舍,随着政府活动的加强,政府的管理费用和军队的开支不断增加,艾布·伯克尔就将天课改为强制性的税收,并详细规定了课赋的种类和数量。再比如,《古兰经》只规定了少数几种罪名和刑罚,它们被称为"经定刑的犯罪",而政府则通过行政命令规定了"酌定刑犯罪",即对那些《古兰经》中没有明确规定,但确实是危害社会的行为,由法官或者警察酌情进行惩罚。当然,在伊斯兰国家,政府的行政命令也必须符合伊斯兰教的基本教义,不得违背《古兰经》和"圣训"的基本精神。

---

① 〔埃及〕艾哈迈德·爱敏:《阿拉伯—伊斯兰文化史》第1册,纳忠译,商务印书馆1982年版,第252页。

（二）各地习惯

伊斯兰法在其形成过程中,就大量吸收阿拉伯半岛原有的习惯,根据伊斯兰教的基本教义加以改造和利用。《古兰经》对于以往的习惯大致采取三种做法:一是加以利用,即将那些符合伊斯兰教基本教义的习惯直接加以采纳,如把宣誓作为证据之一,证据以口头形式而不是书面形式来表现等;二是加以改造,即将那些包括合理因素的习惯用伊斯兰教义加以改造,比如阿拉伯游牧部落有季节性狩猎集会的习惯,这一习惯被改造成为朝觐制度;三是废除,即废除那些不符合伊斯兰教义和阿拉伯国家发展需要的不良习惯,如偶像崇拜、活埋女婴等。① 法学家们创制法律的活动也同样受到他们所处地区习惯的深刻影响,他们常常把符合社会需要的习惯附会为"圣训",在进行公议或类比时也常参考当地的习惯。

（三）外来法律

伊斯兰教在其形成过程中,就吸收了犹太教和基督教中的许多合理因素,伊斯兰法也不可避免地继承了两者的许多教规,如禁食、禁止利息以及某些宗教仪式等。另外,阿拉伯帝国版图中的许多地区原先都处于罗马帝国的控制之下,曾长期实施罗马法。出于统治的需要,哈里发政府颁布行政命令和教法学家们创制法律时往往有意无意地将罗马法的某些概念、原则和制度吸收到伊斯兰法中来。当然,对外来法律加以吸收有一个基本前提,那就是将它们伊斯兰教化。

第三节 伊斯兰法的基本内容

一、穆斯林的基本义务

伊斯兰法主要是一个义务体系,其内容大多是用来规定穆斯林的义务的。根据传统伊斯兰法学理论,每个穆斯林作为信徒、人和公民,可以有五种行为:必须履行的行为,不履行者受罚;可嘉奖的行为,行为者受奖,不行为者不受罚;准许的行为,行为者既不受奖也不

---

① 参见由嵘:《外国法制史》,光明日报出版社1987年版,第145页;另见高鸿钧:《伊斯兰法:传统与现代化》,社会科学出版社1996年版,第16页。

受罚;应谴责的行为,行为者受谴责但不受罚;禁止的行为,行为者受罚。从这种分类方法可以看出,伊斯兰法关注的重点是穆斯林的义务而非权利。在第一类行为中,最重要的是"五功"。"功"是阿拉伯文 Rukun 的意译,原意为"基础"、"柱石"。为了从内心（信仰的内悟）和行动（信仰的表白）上证明信仰的真诚,每一个穆斯林都必须严格履行五功。可以说,五功是伊斯兰法的基础。

1. 念功,即口诵"除安拉外,别无主宰,穆罕默德是安拉的使者,是先知"。穆斯林在一切重要场合都必须念诵这句经文。死者在临终前必须亲自念诵,如无法念则可请人代为念诵。

2. 拜功,即做礼拜。它是伊斯兰教的柱石,如放弃做礼拜即失去穆斯林的资格。关于礼拜的次数、仪式及所诵经文法律有详细规定,但各教派略有不同。

3. 斋功,即斋戒,每年回历九月自日出至日落实行斋戒禁食,并禁止性行为。除年老体弱者和旅行者可以延缓行斋或以施舍代替外,全体穆斯林必须准时斋戒,否则将受处罚。

4. 朝功,即到麦加克尔伯神庙（天房）朝圣。凡能旅行到麦加的穆斯林都有朝见天房的义务,每人一生中至少应朝圣一次。朝圣实际上是全世界穆斯林的一次聚会,无论在政治、经济、文化上都起到交流作用。

5. 课功,即法定施舍。每个身心健全、拥有财产的穆斯林都必须按其财产的一定比例进行施舍,其比例一般为 10%,繁重劳动所得为 5%。伊斯兰教认为,施舍可以使财产洁净,可以给财产所有者带来吉祥和善果。后来,课功实际上演变为一种税收。

除五功外,穆斯林还必须履行其他一些宗教义务,如圣战,这是每个身心健康的穆斯林男子的义务。《古兰经》认为,有两种战争是正义的:一是自卫,二是保卫传教,如果敌人阻止传教,即可对其进行圣战。此外,穆斯林还必须在生活习惯上遵守宗教戒律,如禁食自死物、血液和猪肉等被认为是不洁净的东西。

二、财产制度

在财产制度中,土地制度很早就受到重视,因而较为发达。按照传统观念,土地是安拉的财产,只有先知及其继承人哈里发才有权支配土地,阿拉伯贵族和普通自由人只有占有权。土地大致可分为如下几种:

1. 圣地,即麦加及其邻近地区,是穆罕默德出生和创教的地方。圣地被认为是奉献给真主的土地,因此不准异教徒居住,禁止埋葬异教徒,不准在圣地杀死一切动物,不得损伤自然生长的树木。

2. 被征服地区的土地。如占有者不愿改奉伊斯兰教,其土地一律收归国有,并在缴纳了繁重的土地税后方可取得使用权。如占有人改奉伊斯兰教,其土地称为"米克尔",税收较轻,而且可以买卖。

3. 倭马亚王朝后期出现的"伊克特"占有形式,占有人必须以服兵役为条件,即向哈里发提供一定数量的战士。

4. 以"瓦克夫"形式出现的土地,即以奉献真主之名捐献的土地,包括清真寺、神学院、墓地、医院等占有的土地。这些土地只能用于宗教、慈善目的,不得转让。

这里值得一提的是瓦克夫(Waqf)制。这是伊斯兰法中一项重要的财产制度。可作为瓦克夫捐献的大多是土地,但也可以是其他形式的财物,如房产、家畜等。按其基本用途,瓦克夫可以分为两类:一是公益瓦克夫,即捐献者一开始就明确宣布用于宗教慈善事业的财产;二是家庭瓦克夫或私人瓦克夫,即捐献者宣布将一项财产的收益首先留归自己的子孙后代享用,直到没有受益人时再用以赈济贫民和需求者。这种财产不得以任何方式转让和处分,捐献者也无权收回其所有权。瓦克夫不同于一般意义上的赠与,因为捐献者仅转移了用益权,仍可保留占有权。

三、债法

相对于土地制度而言,伊斯兰法中的债法是很不发达的。但已出现致人损害所生之债和契约所生之债的区别。致人损害所生之债无论因何缘故造成都必须赔偿,无行为能力者所致损害由其法定监护人负责。由于《古兰经》规定:"信道的人们啊!你们当履行各种约言。"伊斯兰契约法特别强调债务必须履行这一原则,不得违背约言。即便是单方面许下的诺言,也要求履行。法律对食言者规定了许多惩罚措施,如施舍一定财产、释放一个奴隶或者斋戒三天等。由于《古兰经》明确宣布"禁止放贷取利",借贷契约严禁收取利息,认为收取利息是违背安拉意志的。禁利规定不仅严重阻碍了商品经济的发展,而且在私有制社会里也很难真正实现。事实上,阿拉伯社会已出现许多办法来规避这种禁令,重复买卖就是一种。所谓重复买卖即借方向贷方借财物时,先以低价卖给贷方一物品,然后以高价买回,两者之间的差价就相当于借方向贷方支付的利息。

四、婚姻、家庭和继承法

这是伊斯兰法的核心内容。这方面的内容不仅在全部教法中所占比重大,而且规定得特别详细具体。

关于结婚。从古代买卖婚的遗风中演变出一条原则:聘礼是缔结婚姻关系的重要条件,即男方必须交给女方一份聘礼,以示与女方共享财产。由于历史原因,法律允许一夫多妻制,能平等对待诸妻者最多可娶四个妻子。禁止结婚的情况有:血亲;乳母近亲;姻亲;一方行为放荡;宗教信仰不同(但穆斯林男子可娶信仰犹太教和基督教的女子为妻,因为她们属于"有经人")等。

关于离婚。法律规定的离婚理由一般是:夫不能供养妻子;不与妻子共同生活;妻子行为放荡等。离婚的主动权完全掌握在丈夫手中,一般情况下离婚即休妻。离婚后应有3个月的待婚期,以证明妻子是否怀孕。在此期间若丈夫收回决定,仍可恢复夫妻关系,但只能重复两次,第三次待婚期一过则必须离婚。离婚时若有婴儿,丈夫必须提供一定的资金帮助妻子将婴儿哺养至两周岁。

关于妇女地位。在家庭中,妇女处于从属地位。法律要求丈夫善待妻子,妻子服从丈夫。如果妻子行为执拗,丈夫可使用体罚来劝诫妻子。除丈夫、父母、子女和兄弟姐妹外,妇女不能随便在人前显露身体容貌,不能和其他男子直接交谈。

关于继承。死者的财产首先要用于安葬亡人,其次要满足生前所欠债务,然后才能继承。这并不是说继承人必须继承死者的债务,而是假定死者仍然活着,直到他清偿了自己的债务,才能开始继承。与其他古代法不同的是,伊斯兰法没有确立长子继承制,而是同父母的诸子享有平等的继承权。妇女也享有继承权,但数量仅为男子的一半。受原有习惯的影响,死者的密友亦可继承遗产。非穆斯林无权继承穆斯林的遗产,穆斯林一般也不继承非穆斯林的遗产。除法定继承外,法律也允许遗嘱继承,但遗嘱所能处分的财产只占全部财产的1/3。立遗嘱时必须有两个公正的穆斯林证人在场,否则无效。

五、犯罪与刑罚制度

相对而言,刑法是伊斯兰法中最不发达的部门,犯罪和刑罚的概念都很模糊。犯罪一般分为三类:

(一)经定刑的犯罪

即《古兰经》规定了固定刑罚的犯罪。对这类犯罪必须严格按照固定的刑罚处罚。主要包括:通奸罪、诬告妇女失贞罪、盗窃罪、强盗罪、酗酒罪和叛教罪等。对这类犯罪的刑罚是原始而残酷的,如盗窃罪,初犯者必须砍去右手,再犯则砍去左手;再如通奸罪,已婚男女通奸者先判处一百鞭刑,然后乱石砸死,未婚男女则在一百鞭刑之外加上一年流刑。

(二)侵犯人身的强暴行为

如杀人罪、伤害罪,适用同态复仇或赔偿金,由被害人的亲属决定采用哪种方式。如果在圣地杀人或在朝觐月中犯杀人罪,则从重处罚;杀害穆斯林的处罚比杀害非穆斯林的处罚严重得多。

(三)酌定刑的犯罪

即《古兰经》和"圣训"未规定固定刑罚,由法官酌情量刑的犯罪。这类犯罪往往较轻微,包括吃禁食之物、毁约、侵吞孤儿财产、欺诈、吃重利等。常用刑罚包括训诫、鞭笞、罚款、放逐等。

六、司法制度

最高审判权属于哈里发,各省总督也兼管审判。法院分沙里阿法院和听诉法院两个系统。前者一般由一名"卡迪"(Qadi,教法官)主持,主要管辖私法方面的案件,依教法审判;后者由哈里发选派的行政官吏主持,主要审理涉及土地、税收等公法领域的案件以及官吏的不法行为,其审判依据包括教法及哈里发的行政法令等。诉讼程序较为简单,不要求书面形式,且民刑不分。受宗教的影响,各类证据中,宣誓最为重要,有时法官光凭誓言即可定胜负。

第四节 伊斯兰法的特点和历史地位

一、伊斯兰法的特点

与印度法一样,伊斯兰法也是一种宗教法,两种法律在维护本宗教利益、法律规范与宗教规范合而为一等方面是一致的。但由于两种宗教本身的特性存在巨大差异,加上政治、社会文化背景的不同,伊斯兰法与印度法之间又有不同的特点。从整体来看,伊斯兰法具有如下特点:

(一) 与伊斯兰教有密切联系

伊斯兰法的发展与伊斯兰教、阿拉伯国家的形成是同步进行的。伊斯兰教既是穆罕默德统一阿拉伯半岛、建立阿拉伯国家的重要工具,也是伊斯兰法的基础和支柱。首先,伊斯兰法没有独立的表现形式,《古兰经》和各种圣训集首先是作为宗教经典而存在,然后才被确认为法律渊源的。其次,法律规范与宗教规范、伦理规范浑然一体,没有明确界限。法律并非任何世俗政权的创造物,而是安拉对穆斯林世界所下的命令,是安拉对穆斯林的宗教和世俗生活的完美安排。早期穆罕默德所作的大部分规定与其说是法律规范,还不如说是对教义的补充;后来伊斯兰法中的大部分内容也都是对伊斯兰教义的制度化。违反宗教义务往往会受到法律的惩罚,叛教本身就是最严重的犯罪;与此同时,对许多犯罪行为的惩罚却以诅咒谴责的宗教方式出现。[①] 就是哈里发政府的行政命令和各地习惯及外来法律,也必须经过伊斯兰化,而后才能成为伊斯兰法的渊源。此外,伊斯兰法学也是建立在宗教学基础上的学问,法学家们首先是各教派的教义学家,他们用以创制法律的依据必须是《古兰经》和圣训,而其结论绝不能偏离经训的基本精神。德国著名学者约瑟夫·夏赫

---

① 例如,侵吞孤儿财产者将处于烈火之中;吃重利而不思悔改者将永居火狱等。分别见《古兰经》4:10 和 2:275。

(Joseph Schacht)曾精辟地描述过伊斯兰法与伊斯兰教的这种密切关系:"伊斯兰法是伊斯兰学说的缩影,是伊斯兰生活方式的最典型体现,是伊斯兰教本身的精髓和核心。"①

印度法与印度教(或婆罗门教)的关系也十分密切,同样被当做神启的法律,但由于印度教本身是一种出世的宗教,对世俗事务漠不关心,不但印度法的内容较少涉及教徒的世俗生活,也很少对政府的活动有所规范。而伊斯兰教却是一种相当入世的宗教,政教合一从来是国家的根本准则,宗教事务与世俗事务始终交织在一起。从这个角度看,伊斯兰教与法律的关系更为密切。

(二) 法学家对伊斯兰法的发展作出了突出贡献

由于法律只是安拉对穆斯林世界的命令,世俗政权无立法权,在此情形下,法学家们便肩负起发展法律与创制法律的重任。早期法学家们广泛运用意见、推理、类比判断和公议等方法,结合当地习惯对《古兰经》中的法律原理进行阐释,并充分发掘、广泛收集穆罕默德的"逊奈",使圣训成为重要的法律渊源。"四大法学派"形成以后,法学家们更多地参与司法实践,根据社会需要对经训的精神加以阐释和发展。尤其是沙斐仪派,对伊斯兰法的系统化作出了巨大贡献,该派集以往各家学说之大成,最终确立了伊斯兰法的四项基本渊源:《古兰经》、圣训、公议和类比。经过法学家们的不懈努力,伊斯兰法终于发展成一个庞大的宗教法律体系。由于法学家对伊斯兰法的发展具有举足轻重的作用,很多人便将伊斯兰法称作"法学家法"。伊斯兰法学家的这种重要地位在其他东方法律体系中是看不到的,同是宗教法的印度法虽也有教法学家和流派,但他们更主要的是宗教学家,注释法典在很大程度上只是宗教活动,法学并未发展成创制法律的方法。

(三) 受外来法律影响较大

由于阿拉伯半岛发展较晚,而其周围地区则多为发达的文明古国,阿拉伯半岛在发展过程中便不可避免地受到这些文明的强大影响。穆罕默德在创立伊斯兰教的过程中便接受了基督教和犹太教的

---

① Joseph Schacht, *An Introduction to Islamic Law*, Oxford University Press, 1964, p. 1.

许多合理因素,这两种宗教的教规也深刻影响了伊斯兰教法。阿拉伯帝国建立后,开始急速向外扩张,所到之处都是文化较为发达的地区,其在行政管理、土地关系及商品经济等方面都已有相当的发展。穆斯林在占领这些地区的同时,也把这些土地上的封建法律学到手,并尽力使之伊斯兰化。帝国版图相对稳定后,这些异邦法律仍以习惯法的形式加以适用,而那些先进的法律观念已经与阿拉伯固有的传统观念结合起来,对穆斯林的生活方式产生了重大影响。正如一位埃及学者所说:"波斯人与罗马人的习俗同阿拉伯的习俗糅合;波斯法与罗马法同《古兰经》所阐明的伊斯兰教法糅合;波斯、罗马哲学同阿拉伯哲学糅合;波斯、罗马的政体,同阿拉伯政体糅合。总而言之:举凡一切生活的方式,政治、社会的制度、思想的实质……无一样不受混合的巨大影响。"①

(四) 具有分散性和多样性

在伊斯兰法的各项渊源中,只有《古兰经》有统一的版本,其他渊源都是因地因学派而异的。即便是《古兰经》,由于阿拉伯各地的经济发展水平不一,社会习俗和文化传统有很大差异,各派学者所处的社会条件不尽相同,对《古兰经》的理解和解释也千差万别。早期法学派都是以地域方式进行活动的,"四大法学派"也都有自己的流行范围。各派都从自己的利益出发,按本地习俗传述和编纂圣训、创制法律,所主张的立法原则和法律制度之间存在许多分歧,使伊斯兰法在形式和内容上具有明显的分散性和多样性。

二、伊斯兰法的历史地位

(一) 伊斯兰法是伊斯兰法系的灵魂

早在四大哈里发时期,阿拉伯国家的领土就已大大超出阿拉伯半岛,倭马亚王朝又继续进行大规模侵略扩张。到 8 世纪中期,阿拉伯已成为地跨亚、非、欧三洲的大帝国。随着帝国版图的扩大,伊斯兰教也迅速传播到半岛周围地区,伊斯兰法自然地成为这些地区占

---

① 〔埃及〕艾哈迈德·爱敏:《阿拉伯—伊斯兰文化史》第 1 册,纳忠译,商务印书馆 1982 年版,第 101 页。

统治地位的法律。后来这块地方分裂为几个国家,但由于伊斯兰教仍是这些国家占统治地位的宗教,伊斯兰法在这些国家的地位自然不会改变。此外,伊斯兰法还伴随着穆斯林的侵略扩张和伊斯兰教的传播影响到南亚和东南亚许多国家。由于上述国家的法律都是以《古兰经》和"圣训"为基础发展起来的,具有共同的特征和明显的因袭性,这就形成一个伊斯兰法律家族,即伊斯兰法系。这是世界五大著名法系之一,也是东方三大法系中唯一的活法系。[①]

(二) 伊斯兰法始终是伊斯兰国家政治生活的基本准绳

伊斯兰法产生以后,即成为当时阿拉伯封建国家的重要法律支柱,无论是国家机构的活动(如政教首脑哈里发的选举、卡迪的审判等),还是居民的宗教生活和世俗事务,一律以伊斯兰法为基本准绳。阿拉伯帝国时期,伊斯兰法这种至高无上的地位有增无减,不仅帝国本土严格奉行伊斯兰法,被征服领土同样将伊斯兰法奉为最高法律渊源,就连帝国的行政法令和外来法律亦必须经过伊斯兰教化,以便与伊斯兰法的精神和原则相协调。帝国崩溃以后,由于宗教的延续性,伊斯兰法的地位并未受到丝毫动摇。即便是近现代法律改革以后,许多伊斯兰国家仍将伊斯兰法视为法律的基本渊源,甚至有的国家(如沙特阿拉伯)还将《古兰经》奉为宪法,仍按伊斯兰法律传统生活。

---

① 五大法系即印度法系、中华法系、伊斯兰法系、英美法系和大陆法系。其中印度法系和中华法系从整体上看已经消失,故被称为"死法系"。五大法系说为日本法学家穗积陈重于1884年提出,在法学界较为流行。

第九章 英国法

英国是英美法系的发祥地,英美国家的许多重要法律制度及概念都源于英国,英国法也因此被称为英美法系的母法。英国法律的发展较为平稳和缓,很少急剧变化或中断,因此现代英国法在形式与内容上都与封建时代的英国法有着千丝万缕的联系。详细了解英国法律的发展演变历程,有助于深刻领会现代英国法的结构、特征和观念。

第一节 英国法的形成与演变

英国法的源头可以追溯到盎格鲁-撒克逊时代。自公元5世纪中叶起,盎格鲁、撒克逊等日耳曼部落逐渐从欧洲大陆侵入不列颠,建立了一系列盎格鲁-撒克逊王国,各部落的原有习惯也相应的演变为习惯法。盎格鲁-撒克逊习惯法的发展状况与欧洲大陆的日耳曼法大致相当,具有日耳曼法的一般特征,如属人主义、团体本位、注重形式及等级特权等。然而,在1066年诺曼征服以前,不列颠基本上处于割据状态,由于缺乏统一的司法机构,尚无通行于全国的"普通法"[1],地方习惯法一直占据统治地位。诺曼征服以后,英国建立了强大的王权和完善的皇家司法机构,逐渐形成了普通法、衡平法和制定法三大法律渊源,并且在以后的漫长岁月里很少发生实质性的变化。因此,许多学者认为,英国法的真正历史开始于诺曼征服。[2]

---

[1] J. H. Baker, *An Introduction to English Legal History*, Butterworths, London, 1990. p. 4.

[2] 英国法律史学家梅特兰(H. W. Maitland)将诺曼征服形容为"决定着整个英国法特征的大变故"(转引自 J. H. Baker, *An Introduction to English Legal History*, p. 14.)另外参见〔德〕K. 茨威格特、H. 克茨:《比较法总论》,潘汉典等译,贵州人民出版社1992年版,第335页。

一、英国封建法律体系的形成(1066—17世纪中叶)

(一)普通法的形成

作为一种法律渊源,普通法(Common Law)指的是12世纪前后由普通法院创制并发展起来的、通行于全国的普遍适用的法律。它的形成可以说是中央集权制和司法统一的直接后果。

1. 中央集权制的建立

诺曼征服以后,威廉一世(1066—1087年在位)为了不至于引起被征服者的反感,尽力以英国王位合法继承者的身份出现,宣布盎格鲁-撒克逊习惯法继续有效。但与此同时,他也把在诺曼底统治时期行之有效的行政管理方式带到了英国。他首先大批没收盎格鲁-撒克逊贵族的土地,宣布自己是全国土地的最高所有者,并将其中的一部分用于酬劳亲属和随从。当然,这种分封是有条件的,受封者不仅必须服兵役,宣誓效忠于国王,还得缴纳赋税,尤其是采邑继承税。为了进一步了解臣属的财产状况,以便于向领地征税,1086年,威廉在全国进行了广泛的土地调查,并编成土地调查清册。土地调查使每个封建主的财产分布及其收入状况一览无余,无法逃避任何赋税,人们面对调查就如同面临末日审判,因此,调查清册又被称为"末日审判书"(Doomsday Book)。这些措施为强有力的中央集权制的建立打下了坚实的经济、政治、军事基础。

2. 统一的司法机构的建立

诺曼征服以前,英国尚无统一的皇家司法机构,各类诉讼皆由古老的郡法院和百户法院以及后来出现的领主法院和教会法院管辖。除教会法院外,这些法院的审判依据主要是各地的习惯法。司法权的分散对于中央集权制的建立无疑是极为不利的。威廉在宣布保留这些机构、尊重其审判权的同时,要求它们根据国王的令状并以国王的名义进行审判,从而巧妙地将它们纳入国王的审判机构中,有效地防止其扩大权力。与此同时,威廉引入了诺曼底时代的管理机制,建立了由僧俗贵族及高级官吏组成的"御前会议"(Curia Regis, the King's Council)。它既是国王的咨询机关,同时也行使着部分立法、行政、司法职能。后来,它的司法职能受到重视,逐渐从中分离出一系列专门机构,分别行使皇家司法权。最初分离出来的是理财法院,又称"棋盘法院"(the Court of Exchequer),专门处理涉及皇家财政税收的案件。以后又从御前会议中分离出民事诉讼高等法院(the Court of Common Pleas)和王座法院(the Court of King's Bench),前者专门处理有关契约、侵权行为等涉及私人利益的案件,后者专门审理刑事案件和涉及国王利益的民事案件。起初这些法院只在威斯敏斯特宫办公,但为了扩大皇家法院的管辖权,建立和维护统一的法律秩序,法官们开始到各地巡回审判。

亨利二世(1154—1189年在位)统治时期又进行了重大的司法改革。其内容主要包括:第一,1179年的温莎诏令将巡回审判变成一种定期的和永久性的制度;第二,1166年的克拉灵顿诏令和1176年的诺桑普顿诏令建立了由陪审团参与审理和由皇家法官进行调查的刑事司法制度;第三,1179年的大巡回审判诏令(the Grand Assize)引入了一种新的审判方法来解决有关土地所有权的争端,由一个12名当地骑士组成的陪审团来确定哪一方对争讼土地更享有所有权,从而发出权利保护令状,使其拥有合法资格。① 亨利二世的司法改革极大地促进了普通法的产生。巡回法官们在各地陪审员的帮助下既了解了案件,又熟悉了各地习惯法。回到威斯敏斯特后,他们在一起讨论案件的难点,交换法律意见,承认彼此的判决,并约定在以后的巡回审判中加以适用。久而久之,形成了通行于全国的普通法。

(二) 衡平法的兴起

衡平法(Equity)是英国法的又一重要渊源,是14世纪左右由大法官的审判实践发展起来的一整套法律规则,因其号称以"公平"、"正义"为基础,故名。

衡平法的产生可以说是适时调整经济关系的需要,是对普通法缺陷的一种弥补:

---

① 参见 D. G. Cracknell, *English Legal System Textbook*, HLT Publications, London, 1995. 17th edition, p.2。

1. 经济社会关系快速发展

诺曼征服以后,建立了强有力的中央集权制,政局相对稳定,使经济的稳步发展成为可能。12、13世纪,英国的封建经济发展到较高水平,尤其是羊毛业和商业贸易的兴旺,使英国经济走上了多元化发展的道路。随着商品经济的发展,新的财产关系和人身非财产关系不断涌现,要求法律作出相应的调整。

2. 普通法自身存在许多缺陷

首先,保护范围有限。普通法的保护范围是由令状确定的。令状(Writ)是由大法官以国王的名义颁发的要求接受令状者履行某种行为的命令。普通法院的诉讼必须以诉讼令状为基础,原告只有申请到合适的令状才能在普通法院起诉。在普通法形成和发展的早期,令状是大法官根据实际需要颁发给申请人的,在种类上不受限制。但13世纪后半期以后,大法官不再颁发任何不符合先例的新令状,从此,令状及其所记载的诉讼形式的种类都被严格固定下来。[①] 不同的令状意味着不同的诉讼形式,也意味着不同的诉讼程序,乃至不同的实体权利。而那些固有的诉讼形式都是旧的封建自然经济关系的反映。因此,对于在新的商品经济关系中形成的权益,人们很难在普通法院中找到合适的诉讼形式来加以保护。

其次,内容僵化。由于普通法是在封建自然经济环境中形成的,其内容十分陈旧、僵化。例如,按照夫妻一体原则,夫妻双方不得相互起诉;在抵押债务中,如果债务人到期不能偿债,债权人就有权永久取得抵押品的所有权,等等。这些规定显然已不符合当时经济发展的需要。

再次,救济方法有限。普通法的救济方法以损害赔偿为主,而且只能对现实的损害进行赔偿,对于无法以金钱衡量的损失以及受害人将来可能遭受的损失则不予考虑,这就会严重损害当事人的利益。此外,对于不要求赔偿,只要求制止侵权行为的受害人也无法提供有

---

① 发出令状的实质是扩大王室法院的管辖权,限制了地方法院和教会法院的管辖权,从而带来英王与领主、主教之间的矛盾。为缓和矛盾,1258年的《牛津条例》禁止发出新令状。

效的保护,因为普通法院不能对加害人颁发禁令。

由于经济的发展需要法律作出适时的调整,而普通法自身的缺陷又阻碍了它灵活地作出相应的反映,衡平法便应运而生了。

衡平法的形成有一个历史发展过程。在当时人们的观念中,国王是"公平"、"正义"的源泉,行使着最高审判权,因此,凡依普通法得不到保护的当事人,就按照自古形成的习惯直接向国王请求裁决。国王实际上不可能事必躬亲,而将此重任转交给大法官。大法官是国王的首席大臣,又是"国王良心的看护者",担此重任再合适不过。大法官在审理案件时,不受普通法诉讼形式的限制,不实行陪审,也不引用普通法判例,而是根据"公平"、"正义"原则,对案件作出适时判决。到15世纪时,大法官及其助手们正式形成了衡平法院,即大法官法院。越来越多的衡平补救措施和规则被大法官法院创制出来,并发展为一个独立于普通法的衡平法律体系。

(三) 制定法的发展

制定法(Statute Law)是英国法的第三大渊源。制定法即成文法,是享有立法权的国家机关或个人以明文制定并颁布实施的法律规范。作为英国封建法律体系的有机组成部分之一,制定法并非一开始就享有如同普通法和衡平法一般重要的地位,而是随着国会立法权的加强而逐渐提高的。

英国封建时代享有立法权的主要是国王,13世纪以后作为等级代表机关的国会成立后也分享了部分立法权。在整个封建时代,国王和国会为了争夺立法权展开了激烈的斗争。13世纪以后,随着诸侯对农民统治地位的巩固,摆脱王权的要求也日渐强烈。1215年,诸侯在反对国王的斗争中取得胜利,国王被迫签订了《大宪章》。《大宪章》在一定程度上限制了王权,确认了封建贵族和僧侣的特权,规定国王在征税时必须召开由大贵族参加的"大会议",以征得贵族的同意。此外,它还规定,任何自由民非经合法程序不得被逮捕、监禁、放逐、没收财产。由于这些规定限制了王权,保障了臣民的自由和权利,后来被资产阶级用来作为反封建的武器,并被列为重要的宪法性文献之一。

1265年,以西蒙·德·孟福尔(Simon de Montford,约1208—

1265年)为首的大贵族战胜了国王,根据《大宪章》召开了由僧俗贵族参加的"大会议",并首次允许骑士和市民代表出席会议,是为英国国会的雏形。1295年,英王爱德华一世(1272—1307年在位)为筹措军费召开国会,其代表成分与1265年西蒙所召集的会议相同。以后统治者常以1295年国会为榜样召开国会。14世纪时,国会获得了颁布法律的权力。由于各阶层利益不同,贵族和平民经常分别集会,从1343年起,国会正式分为上下两院:上议院由僧俗贵族组成,称为"贵族院"(House of Lords);下议院由地方骑士和市民代表组成,称为"平民院"(House of Commons)。从1414年起,法案必须由下院向国王提出,征得上院同意后方可制定为法律,国王对法案拥有否决权。

随着国会立法权的加强,制定法的数量逐渐增多,地位也逐渐上升。但从总体来看,在资产阶级革命前,国会并未取得至高无上的立法权,在很大程度上仍受制于国王,制定法不过是对普通法和衡平法的补充,其数量和地位都无法与资产阶级革命以后的状况相提并论。

二、资产阶级革命后英国法的变化(17世纪中叶—19世纪30年代)

17世纪40年代,英国爆发了声势浩大的资产阶级革命。由于这是一次不流血的"光荣革命",加上英国法本身具有的过于注重程序的特点,使得英国革命对法律发展的影响远不如法国等国革命对其法律制度的影响那么强烈。但它终究是一场资产阶级革命,阶级力量对比的变化和政体的改变不可能对古老的封建法制毫无触动。

首先,国会立法权得到强化,制定法地位提高。由于君主立宪政体的确立,王权受到极大的限制。虽然英王仍是"一切权力的源泉",是"大英帝国的象征",但其实际权力已完全丧失。与此同时,随着"议会主权"原则的确立,国会获得了至高无上的立法权,国王对国会上下两院通过的法案必须批准,不得行使否决权。由于国会成为国家最高立法机关,形式上不受任何限制,其结果必然是制定法数量大增,地位提高。

其次,内阁成为最高行政机关。为了防止国王为非,18世纪前期逐渐形成了责任内阁制。内阁由下院多数党议员组成,帮助国王掌理朝政,对国会负连带责任。由于国王行使任何权力都须由内阁首相副署,内阁便逐渐成为国家最高行政机关,首相则是王国的最高行政首脑。

再次,普通法和衡平法在内容上得到充实,并被赋予资产阶级的含义。资产阶级革命后,大批法官和法学家对16世纪以前的普通法作了总结和解释,并将罗马法的某些原则输入普通法,出现了大量普通法著作和汇编。英国著名法学家科克(Sir Edward Coke,1552—1634年)的《英国法总论》对促使普通法的转变起了重要作用。布莱克斯东(William Blackstone,1723—1780年)于1765—1769年写成的《英国法释义》(Commentaries on the Laws of England)对普通法的系统化立下了汗马功劳,并成为法院争相引用的法律依据。衡平法在资产阶级革命后也得到重大发展,在很大程度上成为片断的、不系统的罗马法和英国传统法的结合体,不断创造出适应资本主义需要的新的法律原则和补救办法。

三、19世纪的法律改革(19世纪30年代—20世纪初)

19世纪上半叶,经历了工业革命的英国经济得到了迅速发展。但由于选举制度的陈旧,国会上下两院仍由保守势力所把持,无视广大工人和新兴资产阶级的利益。普通法院和衡平法院在管辖权方面的纵横交错极其复杂的程序规则给当事人带来的巨大不便,与快速解决纠纷的社会需求产生了激烈的矛盾。与此同时,以边沁(Jeremy Bentham,1748—1832年)[①]为首的功利主义学派对英国法律的历史和现状进行了全面考察,大力提倡通过全面的法典化来实现对英国法律的彻底改革。在这种背景下,从19世纪30年代起,英国进行了广泛的法律改革。

---

① 英国法学家、哲学家边沁是功利主义法学派的创始人和重要代表。他反对古典自然法学派的理性主义观点,认为人们行为的根本动机是避苦求乐,而立法者的任务就是计算个人的苦与乐,立法的根本目的就在于谋求最大多数人的最大幸福。凡与此目的相背离的法律,即便是历代相沿的成规范例,亦应废除而另立新法。边沁的学说代表了新兴工业资产阶级的利益,是自由主义思潮在法学领域的体现,对19世纪英美的法律改革和西方许多国家的法律发展产生了重大影响。

(一) 对选举制进行改革

1832年,国会通过了《选举改革法》,调整了受到激烈批评的选区划分和名额分配,增加了城市资产阶级代表的名额,并对选民的财产限制有所放松,从而使选民数量大增,并使工业资产阶级在下议院中占据了统治地位。以后,随着"宪章运动"的高涨,英国对选举制进一步实行改革,以秘密投票制取代了公开投票制,并对选举中的舞弊行为进行限制和处罚。但妇女的选举权仍未得到确认。

(二) 制定法数量大增,地位提高

由于边沁等人的倡导,更由于工业资产阶级在国会中取得主导地位,英国统治者开始注重利用国会立法来调整社会秩序。到20世纪初,大批重要法规相继出笼,其中包括1837年《遗嘱法》、1855年《有限责任法》、1856年《地产授予法》(1877年修正)、1882年《汇票法》、1890年《合伙法》、1893年《货物买卖法》、1925年《地产法》等。当然,这些法规离边沁等推崇的"全面法典化"的要求还有很大的距离,因为它们不是以特定的哲学为基础创制出来的法典,而是对长期统治私法领域的判例法的认真总结,也是对判例法中许多不合时代潮流规定的大胆改革。因此它们的颁布并不意味着取代了该领域的判例法,相反,只有借助判例法的背景才能真正理解它们。

(三) 对法院组织和程序法进行改革

1873年通过、1875年生效的《司法法》对英国的法院组织和程序法进行了划时代的改革,结束了英国普通法院和衡平法院数百年分立对峙的局面,将所有法院统一在一个法院系统中,简化了法院组织和诉讼程序,排除了法院管辖重叠的可能性;同时,废除了令状制及其所确定的诉讼形式,减轻了普通法的僵化程度。

四、现代英国法的发展(20世纪初以来)

第一次世界大战以后,英国的国际地位发生了很大变化,"日不落帝国"已成为历史,许多殖民地纷纷宣告独立。与此同时,生产和资本进一步集中和垄断,工人运动风起云涌,民主思潮广泛传播。国际国内形势的变化促使英国法得到相应的发展。

(一) 立法程序简化,委托立法大增

由于国会立法程序复杂、速度缓慢,无法应付快速变化的社会需求,一战前夕,国会便将部分立法权力下放给某些机构(主要是政府部门)以减轻重荷,国会则保留监督权。一战以后,国会在立法方面的作用受到来自内阁的强大挑战。伴随着内阁权力的扩大,许多重要措施都以委托立法的形式颁布,而且数量惊人,制定迅速,内容几乎涉及社会生活的各个方面。

(二) 选举制进一步完善,以适应民主化的社会思潮

1918 年颁布的《人民代表法》进一步降低财产限制,有条件地确认了妇女的选举权。1928 年的《人民代表法》则明确规定,男女享有平等的选举权。二战以后又进一步改革,至 20 世纪 70 年代末基本上确立了普遍、秘密、平等、公正的选举制度。

(三) 社会立法和科技立法活动加强

一战以后,为了医治战争创伤,缓和社会矛盾,同时,也为了与整个社会越来越高的人道主义呼声相协调,英国政府加强了社会立法,对劳工的受教育权及其他福利问题作了积极的规定,在一定程度上保护了劳工利益。此外,随着科学技术的发展,资源、环境等问题逐渐为人们普遍关注,科技立法活动加强,环境保护法、自然资源保护法、航空法、太空法等相继成为重要的法律部门。

(四) 欧盟法成为英国法的重要渊源

1972 年,英国正式加入欧洲共同体,承认欧共体所有现行或未来的条约、立法和判例法在英国自动生效。根据欧共体的法律高于成员国法律的基本原则,英国国会必须对已有的法律规范进行协调,以确保与欧共体法律的一致性,并且不得通过与欧共体法相冲突的法律;同时,欧洲法院有权就涉及共同体法的案件对英国公民进行判决,任何英国法院都必须承认其法律效力。1993 年,欧共体为欧洲联盟所取代,欧洲的一体化进程逐渐由经济扩大到政治、社会、文化、外交、安全及司法等各个领域,对各国主权的限制也逐步加强,英国的法律体系也必然会有相应的调整。

第二节 英国法的渊源

一、普通法

(一) 普通法的概念

普通法并非英国法独有的概念,最初教会法学家就以此来称呼一般的教会法,以区别于各种地方习惯。在法国和德国,普通法也曾用来泛指那些区别于地方习惯或特殊规范的适用于整个国家的法律,当然,它们的出现比英国普通法晚了好几个世纪。普通法本身是一个不确定的词汇,即使对于英国法而言也有多重含义。如果从法源的意义来看,普通法指的是由普通法院创立并发展起来的一套法律规则。它既区别于由立法机关创制的制定法,也区别于由衡平法院创立并发展起来的衡平法。

(二) 普通法的基本原则——遵循先例

"遵循先例"(stare decisis, 或 the Doctrine of Precedent)是普通法最基本的一项原则。当然,它的最终确立经历了一个漫长的发展过程。其实,尊重其他法官的判决并在今后的审判中加以引用恰好是普通法形成的重要条件,但当时这种做法只是出于统一法律规则、扩大皇家法院管辖权的需要。13世纪以后,随着人们对判例集的兴趣日增,遵循先例的做法越发普遍。但中世纪的人们只把先例看做是适用法律规则的样板,并不像现代人一样认为它本身就具有拘束力。直至19世纪,伴随着可信赖的官方判例集制度的建立,遵循先例原则才最终确立。

简单地说,遵循先例原则就是"以相似的方法处理相似的案件,并遵循既定的法律规则与实践"[①]。换句话说,一个法院先前的判决对以后相应法院处理类似案件时具有拘束力。在现代英国普通法的实际运作中,这项原则相当复杂,在不同级别的法院中具有不同的意义:

[①] D. G. Cracknell, *English Legal System Textbook*, HLT Publications, London, 1995. 17th edition, p. 88.

第一,欧洲法院在解释欧盟法时所作的判决对所有英国法院(包括上议院)都有拘束力。

第二,上议院的判决对所有英国法院有拘束力。在1966年以前,上议院也必须遵循自己先前的判决。但1966年,上议院发表了一项著名的声明,宣布在特定条件下,上议院可以背离自己先前的判决。该声明指出:"……过于机械地恪守先例可能导致在特定案件中的不公正,并且过分地阻碍法律的适当发展。因此……在普遍遵循自己先前判决的同时,如果认为有必要,可以违背先前的判决。"[1]

第三,上诉法院的判决对所有下级法院有拘束力。除特别情况外[2],民事分院必须遵循自己先前的判决;而刑事分院在很多情况下不如民事分院那样严格遵循先前的判决。[3]

第四,高等法院的判决对所有下级法院均有拘束力,但对其自身无拘束力。不同分庭之间一般会相互遵循对方的判决,但如果认为一项先前的判决有错误,则可不加遵循。

第五,所有下级法院均受以上高级法院判决的约束。它们的判决对其他任何法院及其自身无拘束力。皇家刑事法院虽为最高法院的组成部分,但其判决的效力与下级法院基本相同,对下级法院及其自身只有说服力而无拘束力。

需要注意的是,一个有拘束力的判决并非每个部分都可以作为先例加以引用的。英国的判决一般由两部分组成,即"判决理由"(ratio decidendi)和"附带意见"(obiter dicta)。判决理由是指一个判决中对于法律的声明和达成该判决所必需的理由;附带意见是指对

---

[1] D. G. Cracknell, *English Legal System Textbook*, HLT Publications, London, 1995. 17th edition, p.95.

[2] 在1944年"杨诉布里斯托飞机公司"案中,上诉法院认为,民事分院一般受自己先前判决的约束,但有三个例外:第一,存在两个互相矛盾的上诉法院判决时,可选其中之一加以遵循;第二,与上议院判决相违背的上诉法院判决不得加以引用;第三,如果一项上诉法院判决系于疏忽大意中所作,不必加以遵循。

[3] 上诉法院在"杨案"中确立的三项例外在刑事分院同样适用。此外,在1950年"国王诉泰勒"案中,刑事上诉法院(上诉法院刑事分院的前身)提出:在涉及臣民自由的问题上,如果该院认为其先前的判决在适用或理解法律方面有错误,就必须重新考虑该判决。

于该判决不一定必需的法律理由和声明。判决理由是一个判决的核心部分,只有它才对今后类似的案件有拘束力,附带意见则仅有说服力而无拘束力。因此,正确区分判决理由和附带意见对于法律实践是很重要的。

(三) 普通法的基本特征——程序先于权利

相对于衡平法和制定法,普通法有许多特征,比如它的封建性较重,它的保护方法以损害赔偿为主,不能对当事人颁发禁令,等等。但它最重要、对整个英国法律体系影响最大的特征是程序先于权利。

所谓"程序先于权利"(Remedies Precede Rights),即一项权利能否得到保护,首先要看当事人所选择的程序是否正确,如果程序出现错误,其权利就得不到保护。这个特征的形成与普通法的令状制有直接关系。在普通法发展的早期,国王为了扩大王室法院的管辖权,实现司法集权化,要求臣民根据其令状起诉,法院也以国王的名义审判,从而把地方司法行政权和领主法院一并纳入国王的审判机构。到亨利二世时已基本形成"无令状即无救济方法"(where there is no writ there is no right)这一原则。13世纪的令状有许多种类,但对普通法的形成及其救济方法具有关键意义的是原始令状,即开始诉讼令。它是责令被告到法院出庭的书面命令,为提起诉讼所必须。它根据原告的不同申诉而分类,逐渐定型。每一种令状都与一定的诉讼形式和诉讼程序相联系,也就是说,每一种令状都规定着相应的法院管辖,相应的传唤方式、答辩方式、审理方式、判决方式和执行方式,等等。如果申请不到相应的令状,就无法确定诉讼的方式和程序,当事人的权利也就无法得到保护。如果选错了令状权利同样无法实现,因为适用这种令状的一套诉讼形式可能并不适用另一种令状。由于令状意味着诉讼形式,诉讼形式意味着救济方法,而救济方法又意味着权利的实现,这样,普通法对程序的关注远远超过对实体权利的确定。难怪英国著名法学家梅因(Sir Henry Maine, 1822—1888年)会感叹,普通法是"在程序的缝隙中渗透出来的"[1]。

---

[1] 转引自〔法〕勒内·达维德:《当代主要法律体系》,漆竹生译,上海译文出版社1984年版,第300页。

1875年以后,虽然令状制已经废除,与之相联系的诉讼形式也已取消,程序法已经大大简化,有关实体法的制定也越来越受重视,但英国法以及法律从业者更关注程序的倾向并未改变。法官、律师及法学家们最关心的仍然是如何对当事人进行救济,即解决争端的方法和技巧,而非据以作出判决的实体法规则。"正当程序"(Due Process)规则在很多方面决定着法律的制定和实施,许多判例和立法仅仅因为程序上有纰漏就被推翻。另外,传统的诉讼形式虽然已失去程序上的意义,但它们对实体法的发展仍有深刻的影响。契约法、侵权行为法、财产法等重要法律部门在很大程度上是以传统的诉讼形式为基础划分内容的。正如英国法律史学家梅特兰所言:"我们已经埋葬了诉讼形式,但它们仍从坟墓里统治着我们。"①

二、衡平法

(一) 衡平法的概念

衡平即平等、公正。该名词并非英国人独创。早在希腊、罗马时代,柏拉图、亚里士多德等思想家就对此有过许多论述,认为它不是一般意义上的公正,而是源于绝对的自然法则、高于人类法的"自然正义",要凭人类的理性去发现。不过,希腊人并未将它运用于法律实践。罗马人是"衡平法"的最早实践者,最高裁判官法就是典型的罗马衡平法。英国人借用了这一现成的概念,将它发展为一套完整的法律制度。现代意义上的衡平法仅指英美法渊源中独立于普通法的另一种形式的判例法,它通过大法官法院,即衡平法院的审判活动,以衡平法官的"良心"和"正义"为基础发展起来。

(二) 衡平法的特点

1. 程序简便

普通法素有"诉讼程序的奴隶"之称。与此相反,衡平法的诉讼程序却相当简便、灵活,以快速、经济、切实解决当事人的争端为宗旨,这是衡平法的显著特点之一。衡平法院的诉讼不必以令状为起

---

① F. W. Maitland, *The Forms of Action at Common Law*, Cambridge University Press 1936, p.1.

点,只要有原告的起诉书即可。起诉书不必拘泥于形式,请求范围也不受限制。在某些情况下,甚至只要有原告的口头申诉即可提起诉讼。大法官接受起诉后,即可向被告发出传唤令状。如被告拒不到庭,即可以藐视法庭罪惩处之,从而避免陷入普通法院那种由于缺乏有效手段强制被告到庭而使审判遥遥无期的困境。在审理案件时,不采用陪审制,也无须证人出庭作证和法庭辩论,而是由大法官进行书面审理,最终作出判决。法庭所使用的语言也很简单,无须特定的法律用语。

2. 法官具有极大的自由裁量权

在最初几个世纪,衡平法并不要求严格遵循先例,只要求大法官根据"公平"、"正义"原则和自己的"良知"作出判决。这使得大法官具有极大的自由裁量权,因此人们形容早期的衡平法是"大法官的脚",可大可小,具有很大的伸缩性。以后,先例原则逐渐在衡平法院确立起来,衡平法院也像普通法院一样严格遵循先例。

3. 救济方法多样性

与普通法相比,衡平法的救济方法是多种多样的。最重要的方法包括:"禁令"(Injunction),这是衡平法最有效的救济方法,既可以强制当事人为某种行为,也可以禁止当事人为某种行为,还可以维持当事人之间的某种状态;"部分履行"(Part Performance),在无书面契约的情况下,如果其中一方已部分地履行了契约义务,衡平法可以强制另一方履行他那部分义务;"特别履行"(Specific Performance),如果普通法上的损害赔偿不足以补偿因违约而造成的损失时,大法官可以强制违约方履行契约义务;"纠正"(Rectification),当一项书面文件未能反映当事人的真实意图时,衡平法院可在特定情况下予以纠正;"撤销"(Revocation),如果当事人一方是某种不公正或违法行为的受害者,该契约得予撤销;"返还"(Restitution),责令当事人归还因欺诈所获的金钱[①],等等。

[①] 参见 D. G. Cracknell, *English Legal System Textbook*, HLT Publications, London, 1995. 17th edition, pp. 3—4。

4. 主要原则体现在"衡平格言"中

衡平法在其发展过程中形成了许多著名的"格言"或者说"谚语",比如:衡平法不允许有不法行为而无救济方法;衡平遵循法律,即衡平法与普通法并不矛盾;寻求衡平救济者必须清白;衡平重意图轻形式;衡平即平等;衡平法可对人为一定行为,等等。这些格言真实反映了衡平法的基本原则和价值追求。

(三) 衡平法与普通法的关系及其对英国法的发展

直至19世纪末,衡平法与普通法的并立一直是英国法的重要特征。两种法律分别由不同的法院创立并加以实施,各自有不同的实施领域、诉讼程序和救济方法。需要注意的是,两种法律并非截然对立,而是相互依存、相互补充的。衡平法的产生并不是为了取代普通法,从一开始,它就只是对普通法的补充。从实施领域看,普通法是全方位的,从民事侵权行为到刑事犯罪,从土地转让到家事纠纷,几乎涉及公法、私法的各个领域;而衡平法只关注那些普通法调整不力的方面,比如信托、契约等私法领域。从救济方法看,普通法以损害赔偿为主,虽然单一,其适用却极为普遍;只有在普通法的救济方法不足以弥补当事人的损失时,衡平法的救济方法才能充分发挥作用。所以说,普通法是一种完整的法律制度,而衡平法却是一种"补偿性"的制度,其存在是以普通法的存在为前提的。

由于普通法和衡平法的管辖范围从来就不是泾渭分明的,时常有重叠交叉,加上衡平法院颁发禁令的权力过大,有时甚至可以禁止当事人在普通法院起诉,或者推翻普通法院的判决,这就不可避免地引起两大法院系统之间的冲突。冲突的白热化爆发在王座法院首席法官科克(Sir Edward Coke,1552—1634年)和大法官埃尔斯密(Lord Ellesmere,约1540—1617年)之间。1615年,科克在"考特利诉格兰威尔"案中宣布,禁止衡平法院干涉普通法院的诉讼活动。埃尔斯密则在"牛津伯爵案"中针锋相对,认为衡平法院有强烈的道德心来纠正普通法院的错误。这场争端最终以国王詹姆斯一世(1603—1625年在位)支持衡平法院而告终。詹姆斯一世裁决道:"在今后的案件中,如果普通法与衡平法的规则发生冲突,衡平法优先。但是,衡平法必须尽可能地遵循普通法规则,只有在普通法未能提供足够的救济时,衡平法才能干预普通法。"①这一裁决确立的原则至今仍是英国法院处理普通法与衡平法关系的基本准则。

衡平法在其发展过程中,创制出许多新的救济方法,及时确认和保护了当事人的权利,对英国法律体系的完善作出了重要贡献。1875年以后,虽然普通法院和衡平法院两大系统合而为一,所有法院都可适用英国法的全部规则,不论该规则是在普通法院或衡平法院发展起来的。这在很大程度上为普通法和衡平法的融合创造了条件,很多衡平法规则被普通法或制定法所吸收。但是,这并不意味着普通法和衡平法已经完全融合,更不意味着衡平法已经彻底消失。直至今日,衡平法仍是创造新原则和补救规则的重要手段。丹宁勋爵(Lord Denning,1899—1999年)在1947年"高树案"中确立的"衡平法上之不得自食其言"原则无疑是对契约法的重要发展。1975年创设的"玛利瓦禁令"(Marewa Injunction)以及1976年创设的"安东·皮勒命令"(Anton Piller Order)②现在已成为许多法律程序中的关键内容。另外,衡平法优先的原则也在1981年《最高法院法》中得到重申。因此,衡平法仍在英国法律体系中发挥着重要作用,只不过它已不能独立发展,没有了单独适用的法院。

三、制定法

在英国法律体系中,制定法虽然所占比例不如普通法和衡平法这两种判例法,但其地位却不可小觑,因为它可以对判例法进行修改和整理。尤其是19世纪法律改革以后,制定法数量大增,社会法、劳动法等一些重要法律部门几乎完全是在制定法的基础上发展起来的。

---

① D. G. Cracknell, *English Legal System Textbook*, HLT Publications, London, 1995. 17th edition, p. 7.

② "玛利瓦禁令"和"安东·皮勒命令"分别在"玛利瓦诉国际散装货船公司"(1975年)和"安东·皮勒制造加工有限公司"(1976年)两案中创立,都来源于衡平法的"中间性禁令"。玛利瓦禁令意在禁止债务人在审判结束前转移财产,从而使债权人得以实现其债权。安东·皮勒命令意在准许原告检查那些将在审判中作为关键证据的属于被告的货物及文件,以免它们被被告暗中销毁。

(一) 制定法的种类

1. 欧洲联盟法①

从总体上看,欧洲联盟法的渊源既包括制定法,也包括判例法。制定法包括各成员国签订的有关欧洲联盟(共同体)根本问题的条约和欧盟立法机构制定的各种法规。判例法是欧洲法院就涉及欧盟法的问题所作的判决。其中制定法数量居多,也最重要。欧盟制定法的内容主要包括两部分:一为机构法,是有关欧盟机构、组织、职能等方面的法律;二为实体法,是为了实现经济、政治、社会、文化一体化而制定的用以规范各成员国及其公民权利义务的实体法规。根据欧盟法的优先适用和直接适用原则,这些法律不仅是英国法律的有效组成部分,而且其效力高于国会制定的法律。

2. 国会立法

国会立法是英国近现代最重要的制定法。根据"议会主权原则",国会立法权是与生俱来、毫无限制的,无须任何人或机构的授权,因此国会立法被看做"基本立法"(Primary Legislation)。国会立法不仅数量多,而且地位也很高,许多重大社会改革措施都以国会立法形式出现,不少新型法律部门也都以国会立法为主要渊源。1972年加入欧共体以前,国会立法是英国至高无上的法律,任何机构都无权加以审查,法院只能根据一定的原则加以解释,不能就其有效性提出质疑,也不得以任何理由拒绝适用。加入欧共体以后,虽然欧共体法的效力高于各成员国法律,而且其范围随着一体化程度的提高在逐渐扩大,但比起国内立法来,其范围毕竟是有限的,绝大多数法律问题仍属国内事务,由各国法律加以调整。因此,国会立法仍是英国最重要的制定法。

3. 委托立法

委托立法(Delegated Legislation)又称附属立法(Subordinate Legislation),即国会将特定事项的立法权委托给本不享有立法权的政府部门、地方政权或其他团体,从而由这些机构制定成法令、条例、章

---

① 有时仍称"欧洲共同体法"。因为欧洲联盟是在共同体基础上建立的,原先的各种机构都予保留,欧盟法仍以欧共体法为核心。

程、细则等。20世纪初以来,委托立法数量日增,大有与国会立法相抗衡之势。究其原因,主要是现代社会形势瞬息万变,立法者不可能预见到一项立法的所有后果,这就需要有一种较为灵活的方式随时加以修补;有些立法需要有相应知识的专家才能胜任,国会议员力不从心;另外,以国会有限的人力和复杂的立法程序,根本无法处理治理国家所必需的所有立法,只有适当减轻国会的负担,才能保证国会这架立法机器的正常运转。[1] 当然,委托立法必须以国会的授权为前提,并且不得超出授权范围。国会保留对委托立法的监督权,司法部门亦可对其进行司法审查。根据主体的不同,委托立法可以分为枢密院令、政府法令、地方法规和其他社会团体章程细则等,以枢密院令最为古老,政府法令数量最多,对国家政治生活的影响也最大。

(二) 制定法和判例法的关系

制定法和普通法及衡平法这两种判例法在形式上的区别是很明显的,而且其来源和创造者也截然不同。但它们之间的联系又十分密切,对英国法的发展所起的作用也各有千秋。从数量上看,大量的法律规则都包含在无以计数的判例之中,制定法在整个法律体系中所占的比例确实不如判例法。但从效力上看,制定法又高于判例法,因为制定法可以推翻、修改或补充判例法,并且可以对某一领域的判例法进行整理和编纂,从而将其吸纳为制定法。从社会改革和法律改革的角度看,制定法所起的作用更大一些,因为判例法的遵循先例原则使其很难快速改变以满足社会变革的需求。然而,制定法又不能脱离判例法而存在,不仅许多制定法的内容需要由判例法加以补充完整,而且其解释也必须借助于相应判决的制定。

四、其他渊源

(一) 习惯

作为一种法律渊源,习惯的重要性远不如前面三项渊源。但它对英国法的发展曾起过重要作用,并仍在许多领域影响着法律的内

---

[1] D. G. Cracknell, *English Legal System Textbook*, HLT Publications, London, 1995. 17th edition, p. 23.

容及其实施。比如各种各样的宪法惯例,至今仍是英国宪法的重要渊源;在司法领域,习惯也在很大程度上左右着律师的分工及辩护方式。当然,在现代英国,能够直接作为法律依据的习惯已经很少见了,只有同时符合下列条件的习惯才能引用:

1. 远古性

1275年的《威斯敏斯特条例》规定,只有1189年(即理查德一世统治的第一年)即已存在的习惯才能在法庭上引用。

2. 合理性

如果一项习惯缺乏合法理由,即被证明为"不合理",将会被推翻。比如,它的产生是由于意外事件或皇家特许,并非自古以来正常发展起来;另外,与普通法的原则不相容的习惯也不会得到支持。

3. 确定性

一项习惯必须在三个方面同时清晰和确定才能加以引用:总体性质、所作用的人群、所作用的地点。

4. 强制性

如果一项习惯不具有强制力,它就不具有法律规则的特性,自然就不能加以引用。

5. 不间断性

一项习惯必须自1189年以来从未间断过才能有效。[①]

(二) 学说

严格说来,法律学说本身并无法律效力,不能作为法律渊源直接加以引用。但是,由于判例法的庞杂和缺乏系统性,在判例集尚不完备、遵循先例原则尚未确立的年代里,司法实践中经常引用那些被称为"权威性典籍"的早期法学著作。如格兰威尔(Glanvill,1130—1190年)的《论英国的法律与习惯》、布拉克顿(Bracton,约1216—1268年)的《英国的法律与习惯》、利特尔顿(Littleton,1402—1481年)的《土地法论》、科克的《英国法总论》和布莱克斯东的《英国法释义》等名著就常被律师和法官们引用。19世纪以后,随着判例集

---

① 参见 D. G. Cracknell, *English Legal System Textbook*, HLT Publications, London, 1995. 17th edition, pp. 17—18。

制度的日臻完备和遵循先例原则的确立,这些权威性典籍对司法实践所起的作用也越来越小,但"正如有时为了证明现行法也援用古代判例一样,这些权威性典籍有时仍被当做现行法的论据来引证"①。另外,在缺乏现成制定法或判例法依据的极个别场合,权威性典籍就成了权威法律渊源。

第三节 宪 法

英国是近代宪政的策源地,其宪法被西方学者誉为"近代宪法之母",足见它对世界各国影响之深。英国宪政不仅开展较早,而且许多宪法制度及原则都被其他国家广泛继承。与此同时,英国宪法也在形式和内容上保留着独特的风格。

一、英国宪法的渊源

英国至今并无一部系统、完整的宪法,是不成文宪法的典型代表。但这并不意味着其所有宪法制度都以习惯法反映出来。事实上,其宪法渊源包括三部分:成文的宪法性法律、不成文的宪法性惯例以及涉及宪法制度的判例。

(一) 宪法性法律

英国历史上出现过许多宪法性法律,从不同的侧面对国家基本制度和臣民的权利进行规定。其中较为重要的有:

1. 1215 年《大宪章》(即《自由大宪章》)

1215 年 6 月 15 日英王约翰(1199—1216 年在位)迫于贵族、骑士及市民压力而签署。其内容与目的在前一章已有所描述,此处不再重复。由于它在很大程度上是一种契约性文件,其实施有赖于缔约者的誓言和切实履行,从这一点看,它与近代宪法有一定的距离。但它毕竟限制了王权,保障了臣民的权益,因此成为后世权利法案的典范。

---

① 〔日〕高柳贤三:《英美法源理论》,杨磊、黎晓译,西南政法学院"外国法制史教学参考丛书第二集",1983 年,第 65 页。

2. 1628年《权利请愿书》

国会在资产阶级革命酝酿期间针对国王查理一世(1625—1649年在位)滥用职权而制定的法律。它重申《大宪章》对王权的限制及对臣民权利的允诺,列举了国王滥用职权的种种行为,宣布:非经国会同意,国王不得强迫征收任何赋税;非经合法判决,不得逮捕、拘禁、驱逐任何自由民或剥夺其继承权和生命。

3. 1679年《人身保护法》

资产阶级革命初期针对国王查理二世(1660—1685年在位)的专横暴虐制定的法律。主要内容是对被拘禁者申请人身保护令的有关事宜的规定。虽然它并未规定实体权利,但由于它旨在限制非法逮捕和拘禁,保障臣民的合法权益,被视为人权的基本保障和宪法的基石。

4. 1689年《权利法案》

奠定君主立宪制政体的重要宪法性法律之一。它规定:未经国会同意,国王不得实施或终止法律,不得征收和支配税款,不得征集和维持常备军,不得设立宗教法院和特别法院,不得滥施酷刑和罚款,不得在判决前没收特定人的财产;臣民有权向国王请愿;议员在国会得自由发表言论而不受国会以外任何机关的讯问;等等。该法还确认了奥兰治亲王威廉继承王位和玛丽成为王后的事实,并且废除了国王施行法律的权力。

5. 1701年《王位继承法》

奠定君主立宪制政体的重要宪法性法律之一。它根据长子继承制原则,详细规定了威廉去世后王位的继承顺序,旨在彻底排除罗马天主教徒继承王位的可能性。该法确立了君主立宪制政体,并进一步明确了国家基本结构和政权组织方式及活动原则。

6. 1911年和1949年《议会法》

前者规定:凡财政法案必须由下院提出并通过,上院无权否决,只能拖延一个月;若上院在一个月内不能通过,该案可直接送交国王批准公布为法律;对于下院通过的一般议案,上院可行使否决权,但如果下院在二年内连续三次通过,该议案仍可呈请国王批准公布为法律。后者进一步限制了上院的权力,把上院对一般议案拖延二年的期限改为一年。

(二) 宪法性惯例

即那些未经制定法明文规定,却又被国家许可而在实践中起宪法作用的原则和制度。这些惯例往往是由于特殊的历史原因造成的,对英国的政治活动有着重大影响。在英国宪法中,惯例占了相当大的比重,很多重要的宪法原则和制度,比如英王的权力范围、其作为最高宗教领袖的地位、其统而不治和超越党派的性质、国会的会期和人数、内阁的产生和活动原则、文官制度的无党派性等,都是以惯例的形式出现的。

(三) 宪法制度的判例

指法院就某些涉及宪法制度的案件所作的判决。英国是判例法国家,法官在审理涉及公民的自由权利或者国家机关的基本活动方面的案件时,所创制的法律原则是宪法的有机组成部分。在英国,许多宪法原则是通过法院判决确立起来的,如关于公民的各项自由权利,保障这些权利的司法程序,法官的豁免权等。

二、英国宪法的基本原则

(一) 议会主权原则

议会即国会,所谓"议会主权"即国会在立法方面拥有最高权力,并且这种权力是与生俱来的,无须任何机关的授权,甚至也不需要宪法的授权;任何人任何机关不得宣布国会通过的法律无效,亦无权限制国会立法权;法院无权以任何理由拒绝适用国会通过的法律;只有国会自身能够修改和废止原有的法律。然而,19世纪末以后,国会的权威受到来自政府的强大挑战。由于委托立法的盛行以及行政权的膨胀,内阁的地位日益提高,不仅分享了原本专属国会的立法权,而且国会对内阁的监督在很大程度上也流于形式。所以,议会主权原则已多少失去了其原来的意义。

(二) 分权原则

相对于美、法、德等国,英国并非典型的三权分立国家,立法、行政、司法三权之间的分立与制衡并不十分严格。但英国宪法仍然大致体现了资产阶级宪法的共同特征,即权力分立。

首先,国会拥有制定、修改和废除法律的权力;并有权对政府行政进行监督。上下两院各司其职,彼此制约。1911年《议会法》生效前,上、下两院拥有大致相当的立法权,任何法案需经两院通过才能生效。1911年以后,下院成为立法主体,上院的立法权受到极大的限制,但仍可行使搁延权。

其次,行政权由内阁行使,但必须向国会负责,接受国会的监督。

再次,英王虽然统而不治,但其象征性权力依然存在,在某种程度上也构成对国会和内阁的牵制。

最后,司法权由法院掌握,法官独立行使审判权,无经证实的失职行为得终身任职。但是,在理论上,上院仍是最高司法机关;而且大法官同时又是内阁大臣,有权任命各级法官。

(三) 责任内阁制

在英国,内阁(Cabinet)是政府的代名词。所谓"责任内阁制"即内阁必须集体向国会下院负责,这是议会主权原则的体现。其具体内涵包括:内阁必须由下院多数党组成,首相和内阁成员必须是下院议员;首相通常是下院多数党首脑;内阁成员彼此负责,并就其副署的行政行为向英王负责;内阁向国会负连带责任,如果下议院对内阁投不信任票,内阁必须集体辞职,或者通过英王解散下议院重新选举;如果新选出的下议院仍对内阁投不信任票,内阁必须辞职。

英国是责任内阁制的发源地。但该原则的产生并非出于法律明文规定,而是出于一系列惯例。革命前夕,查理二世从枢密院中选拔少数亲信秘密商讨对策,日久形成了固定的组织。因其在国王的私人密室活动,故名"内阁"。1714年,乔治一世(1714—1727年在位)即位,因不懂英语,经常不理朝政,而由一位大臣主持政务,便出现首相一职。1742年,首相沃波尔在新选出的下议院中未能获得多数信任,内阁全体辞职,首创内阁向下议院负责的先例。1783年,托利党领袖小威廉·皮特出任首相,次年因得不到下议院支持,下令解散下议院重新选举,开创了内阁得不到下议院支持可解散下议院重新选举的先例。1832年选举制度改革后,责任内阁制作为宪法惯例被固定下来。直至1937年颁布的《国王大臣法》,才正式以制定法的形式肯定了内阁和首相的称谓。

(四) 法治原则

"法治"(the Rule of Law)的字面意思是"法律的统治",是现代宪法广泛采纳的基本原则。它强调的是法律面前人人平等,任何人都不得有超越法律的特权;政府必须在法律明确规定的权力范围内活动,不得滥用权力侵犯个人自由和权利。在英国,著名宪法学家戴雪(A. V. Dicey, 1835—1922年)等人对法治原则有过详细的论述,认为它有如下几层含义:其一,非依法院的合法审判,不得剥夺任何人的生命、自由和财产;其二,任何公民和政府官吏一律受普通法和普通法院的管辖,如果由行政法和行政法院来管辖行政违法行为,那就是赋予政府以特权,不符合法律面前人人平等原则;其三,英国公民所拥有的自由权利并不体现在成文宪法中,而是一种"自然权利",既不由任何法律所赋予,也不能随意被剥夺,政府必须有合法理由才可以限制这种权利。

三、英国宪法的特点

(一) 英国宪法是不成文宪法

与绝大多数国家宪法不同,英国迄今未颁布系统的成文宪法,是不成文宪法的典型代表。其宪法渊源包括宪法性法律、宪法惯例和相关判例。而且在各种宪法渊源中,不成文的惯例和判例占领相当大的比重,许多重要制度和原则都是通过惯例和判例确立和表现出来的。

(二) 英国宪法具有极强的历史延续性

无论其宪法性法律,还是惯例和判例,都是经过相当长时期的积累,逐渐定型、完善的。新的宪法原则和精神的发展并不意味着彻底否定旧的宪法渊源,而是对旧的渊源的继承和充实,使其能够顺应社会经济发展的需求。

(三) 英国宪法的内容具有不确定性

由于英国并无一部系统的成文宪法,其各部分渊源又不断随着社会变化而发展,这势必造成其内容的不确定性。比如内阁的活动原则和权力范围,从来就没有制定法加以确定,其活动原则随着社会发展逐渐充实、完善,其权力范围则由于国家对经济活动干预的加强不断扩大。

(四) 英国宪法是柔性宪法

在当今世界,绝大多数国家的宪法都是刚性宪法,即其修正程序比普通法律严格,因而其效力高于普通法律。而英国宪法则是典型的柔性宪法,其修正程序与普通法律相同,其效力也与普通法律一样,只是所调整的社会关系有所不同而已。因此,要判断一项英国法律是否属于宪法性法律,既不能从形式上判断,也不能从效力上判断,而要看其内容是否调整带有根本性的社会关系,比如国家基本制度、国家机关的组织和活动原则、公民的权利与义务等。

第四节 财 产 法

财产法是英国法最古老的部门之一,也是最为复杂的部门之一。它是调整财产所有、占有、使用、转让、继承、信托等各种关系的法律规范的总称。从内容上看,它大致相当于大陆法系的物权法。但大陆法系的物权法对不动产和动产兼重;而英国(也包括其他英美法系国家)财产法却侧重于不动产,确切说,主要是土地法,有关动产的法律主要属于其他私法部门。

由于英国财产法内容极为庞杂,不易在较小篇幅内全面描述,本节着重介绍其中一些较有特色、影响较大的制度。

一、财产的分类

与大陆法系国家一样,英国也将财产主要分为动产和不动产,但划分依据和它们的概念是不一样的。大陆国家使用这一对概念源于罗马法,主要依据物的特性来划分。一般说来,动产(Movable Property)指的是可移动而不改变其性能的物品;而不动产(Immovable Property)指的是不可移动之物,如移动就会改变其性能。英国财产法关于动产和不动产的划分源于中世纪普通法诉讼形式之分。不动产(Real Property)来自对物诉讼(actio in rem),意即这种诉讼要求收回实体的、特定的物;动产(Personal Property)来自对人诉讼(actio in personam),意即这种诉讼要求特定人归还原物或赔偿损失。从范围来看,属于不动产的主要是土地,但不包括租借地;属于动产的几乎包括所有可移动的物品和某些无形权利,以及不可移动的租借地。

二、地产制

地产制(Estates in Land)是英国财产法的独特制度,也是相对于大陆法系的物权法而言最为复杂的制度之一。大陆法系的土地所有权也有可能受法律规定的限制,也可能要承担地役权和抵押权等带来的义务,但这些限制和义务都被看做是对所有权使用的限制,而非对所有权本身的分割。但英国法中的地产权是可以分割的,同一土地可以同时存在有利于几个人的不同的财产权益。

这种特点与英国封建制的特征有关。诺曼人征服英国以后,把封建的土地占有方式强加于英格兰。国王拥有全国土地,而私人只能拥有一定土地上的权益,即地产权。地产权并非严格意义上的所有权,因为它是以国王为根源的,私人在何种条件下可以成为土地所有人,在何种情况下可以转让土地等问题,国王都有权加以规定。私人持有地产一般都必须向国王承担若干封建义务,如各种赋税及劳役。国王颁布的有关土地诏令,连同由此形成的各种权利义务,加上普通法院法官们的努力,逐渐形成了英国独特的地产制。

在1925年之前,英国主要有以下几种地产权:

1. 占有地产权和将来地产权

前者是指现在就占有土地的地产权;后者是指权利人必须等待他的占有权发生效力后才能占有的地产权。但不论是现在占有的地产权还是将来占有的地产权,其权利现在都可以转让。

2. 残留地产权和复归地产权

两者都属于将来地产权,因此都是指前一个占有人的地产权届满后才能成为有效占有的地产权。但是,当存在复归地产权时,土地最后将归还给土地的授予人或其继承人;而存在残留地产权时,土地最终会转到第三者手中。例如,A拥有一块土地的地产权,他将其授予B终生享用,即授予B终生地产权,但未说明B死后该怎么办,这样,该地产将复归于A或他的合法继承人。在此情况下,A拥有复归地产权。但如果A将地产授予C终生享用,然后将地产留给D,

这样该土地就脱离了A,最终转到D的手中。在此情形下,D拥有残留地产权。①

3. 完全保有地产权和租借地产权

完全保有地产权是没有占有期限的地产权。它有三种基本形式:一是不限嗣继承地产权,这是普通法中最接近于土地所有权的一种地产权。它确认地产拥有人生前有权对地产进行完全的占有、使用和处分,也可以通过遗嘱由他人继承。若死者未留下遗嘱,则根据制定法的规定传给有权获得此项地产的亲属。若死者既未立遗嘱也无亲属,则该项地产权终止,地产收归国王。二是限嗣继承地产权,只限于地产拥有人及其继承人享用。地产拥有人具有完全的占有和使用收益权,在他死亡时,地产权传给其继承人。继承人的范围只限于其后裔,有时进一步限于男性或女性后裔。三是终生地产权,以地产权人的寿命为期限。这种地产拥有人有权占有并使用收益地产,但它不能被继承。当终生地产权终止时,将来地产权就生效,该地产或转至他人之手(残留地产权人)或转归其授予人(复归地产权人)。租借地产权是有一定期限的地产权。最常见的形式是定期租借权,即地主和租户以契约形式规定一个期限。在该期限内,租户享有占有、使用和收益的权利。租借地在英国被认为是动产,不能通过不动产诉讼程序保护其权益,只能按照动产诉讼程序控告地产授予人违约,请求赔偿。

1925年,英国颁布了《土地授予法》、《信托法》、《财产法》、《土地登记法》、《土地特殊权益法》和《遗产管理法》六项财产立法,最终完成了对封建土地法的资本主义改造,废除了许多封建土地制度,地产权仅剩下两种:一种是完全保有地产权(不限嗣继承地产权),一种是租借地产权。完全保有地产权已与真正的所有权没有多大区别。租借地产权的封建性也减轻了,地产拥有人及租借人只需交纳税款或租金,无须承担封建义务。同时,大大简化了土地转让的手续,并规定了土地登记制度,将土地使用和转让置于政府管理和监督

---

① 参见〔英〕F. H. 劳森、B. 拉登:《财产法》,施天涛等译,中国大百科全书出版社1998年版,第89页。

之下。

三、信托制

信托制(Trust)是英国财产法的一项重要制度。由于信托制与财产法的其他制度不同,不是在普通法院发展起来,而是由衡平法院的审判活动发展起来的,加上其内容具有相对独立性,许多教科书将它作为单独的一个法律部门加以论述。信托制是英国法对世界各国最重要的贡献之一。现代信托法基本上源于英国,而英国的信托制又源于中世纪的受益制。

(一) 受益制

封建地产制对于土地使用和转让有许多限制,给土地占有人带来诸多不便,而且土地占有者还必须承担沉重的封建义务。13、14世纪时,随着英国工商业和手工业的发展,新贵族们日益要求摆脱封建义务,使土地能够按照自己的意志转移,于是产生了受益制。

受益制(Use)又称"用益权制",即为了他人利益而占有和使用土地。在受益关系中,地产拥有人(即出托人)将地产交给受托人代管;受托人享有对地产的使用、收益权,并按约定将地产的收益交给出托人指定的受益人。

受益制的发展与衡平法有直接联系。当13、14世纪受益制开始出现时,普通法的令状制度早已固定下来,由于受益制当事人无法申请到相应的令状,便无法在普通法院诉讼,也就得不到普通法的保护。于是,当事人只好向支持受益制的教会法院请求保护。但很快,英王亨利三世(1216—1272年在位)下令禁止教会法院管辖涉及土地利益的案件,受益制当事人在权益受到侵害时转而求助于大法官。大法官根据公平、正义原则对当事人的权益给予适当的保护。到15世纪下半叶,受益制的衡平规则逐渐确立起来。

受益制可分为两类:一是消极受益制,即受托人仅按受益人指示处理财产,对于受托地产并不承担经营管理的积极责任,目的仅在逃避封建义务或法律制裁;二是积极受益制,受托人对于受托地产承担积极的经营管理责任,直接收取土地的租金和孳息,并按约定将土地的收益转交给受益人。由于受益制使得逃避封建义务成为可能,国王和封建领主们对此极为不满,1535年,亨利八世(1509—1547年在位)强使国会通过了《受益制条例》,取消了消极受益制,使这种受托地产转为法定地产,强迫受益人承担法定地产的所有封建义务。积极受益制得到承认,并逐渐发展为信托制。

(二) 信托制

信托制是财产所有人为了第三人的利益,将财产交给受托人管理的一项制度。信托制来源于积极受益制。由于积极受益制能够使地产拥有人得以自由处分土地,非常符合日新月异的商品货币关系发展的需要,到资产阶级革命后,便发展为现代意义上的信托制。

1. 信托制与受益制的主要区别

首先,信托制的标的更为广泛。受益制的标的仅仅是封建地产,而信托制的标的可以是任何形式的动产或不动产。

其次,受益制受托人主要按照出托人和受益人的意愿管理地产;而信托制受托人则按照自己的意愿管理财产,不受受益人的支配。

再次,信托制受托人的范围更广,不仅可以是自然人,也可以是法人,如专门的信托投资公司。

另外,受益制的主要目的是逃避封建义务或自由处分地产,而信托制则主要是为了更好地经营财产,更多地增殖财富。

2. 信托关系当事人的权利和义务

信托关系当事人(委托人、受托人、受益人)的权利义务主要由信托契约、有关法律以及法院命令加以规定。

受托人的主要权利是:第一,有权按照自己的意愿管理信托财产;第二,有权选择适当的时机出售信托财产并进行投资;第三,有权按规定取得报酬。

受托人的主要义务是:第一,按规定将信托财产的收益交给受益人,并以公正态度对待各受益人;第二,定期向受益人提供充分的收支账目报告;第三,除非得到委托人或法院认可,不得将自己的职权委托他人行使;第四,不得从所经营的信托财产中牟利,不得购买信托财产;第五,必须像管理自己的财产一样管理信托财产,始终善意地为受益人的利益进行管理。

相对而言,受托人的义务体现了委托人和受益人的权利。如果受托人违背信托义务,对受益人造成侵害,必须负赔偿的责任;如若侵吞信托财产,则须负刑事责任。

信托制在现代社会发展中最明显的作用是利用信托财产进行投资活动。由于现代社会在投资及纳税等方面有很大的投机性,加上其经营管理的难度越来越大,个人很难胜任,于是,大量的信托投资公司应运而生,它们在经济活动中发挥着巨大的作用。

第五节 契 约 法

契约法是英国法的一个重要部门。在大陆法系,契约法并非独立的法律部门,它是作为民法中债的两个重要组成部分之一(另一个为侵权行为法)而存在的。英国契约法的规范主要来自古老的判例法(包括普通法和衡平法),但近现代在契约法领域也颁布了大量制定法,其最重要的代表为1893年《货物买卖法》(后为1979年《货物买卖法》所取代)。

一、契约法的演变

相对于财产法等领域而言,契约法是较晚形成的法律部门。早期的普通法院只受理涉及土地的契约,而且要求这种契约必须具有书面形式,加盖印章,并有证人作证。一切口头契约在普通法院看来均属无效,当事人因此而引起的损失也得不到应有的救济。一些得不到普通法院救济的当事人转而向不受诉讼形式限制的衡平法院寻求保护。15世纪以后,随着商品经济的发展,私人之间的口头契约日益增多,普通法院意识到如果再不接受这类诉讼,衡平法院势必取得对契约诉讼的管辖权。于是,普通法院的法官们开始在实践中探索新方法,他们将罗马法的有关知识融入英国侵权行为的法律规定中,逐渐从非法侵害之诉中发展出违约损害赔偿诉讼令状,对口头契约等非正式契约进行保护。16世纪,出现了英美契约法中所特有的对价制度,确立了契约只有通过互相作出诺言才能成立的原则,为契约法的继续发展和最终定型奠定了基础。17—18世纪,进一步明确了必须按契约履行义务及诺言是法院强制履行的依据。但从整体上看,契约法在当时还远未完备。在 18 世纪后半叶出版的布莱克斯东的名著《英国法释义》中,有关不动产法的内容占了 380 页,而契约法的内容仅有 28 页,而且布莱克斯东只把契约法当做财产法的一个分支,并未将其视为独立的法律部门。可见,当时英国的契约法仍处于初级阶段。

至 19 世纪,英国契约法最终形成。这一方面是由于受到大陆法系契约法的影响,吸收了大陆法系契约法的某些重要原则;另一方面,也是最重要的原因,是英国资本主义工商业的迅猛发展和自由放任经济思潮的推动。于是,英国契约法终于在"缔约自由"、"契约神圣"等口号下发展起来并最终形成了独立的法律部门。1875 年,英国法官约翰·杰西尔爵士在"印刷与登录公司诉桑普森"一案中对此作了注解:"如果公共秩序有什么需要做的事,那就是有充分理解力的成年人在缔结契约上应当享有最大限度的自由,他们那些自由与自愿缔结的契约应当被看做是神圣的,并且,应当由法院来执行。"[①]进入 20 世纪以后,契约法的原则得到进一步的发展。一方面,由于国家干预经济活动的加强,以及垄断资本的形成,缔约自由原则受到极大的限制。另一方面,契约神圣原则也有所修正。由于社会发展瞬息万变,如果出现了某些在缔约时无法预料的事实,从而使契约的目的落空或事实上造成契约的不可能履行,法院可根据案情解除契约,而不像过去那样一味强调契约神圣,不再按照契约条款严格执行,这就是"契约落空"原则。

二、契约的概念和要素

"Contract"一词现在一般译为合同,但鉴于英美法中许多原则仍以"契约"名之,如"缔约自由"、"契约神圣"等,我们仍沿袭旧制,称之为"契约"。英国关于契约的定义很多。最早流行的是布莱克斯东所下的定义:契约是"按照充分的对价去做或不去做某一特殊事情的协议"。此定义虽然简单,却指明了契约的两个基本要素:协议和对价。以后,制定法也对契约的概念作了解释,1893 年《货物买卖

---

① 转引自高尔森:《英美合同法纲要》,南开大学出版社 1984 年版,第 2 页。

法》对货物买卖契约所下的定义是:"所谓契约,乃是规定订立契约的一个为取得价款而将所有物以商品的形式转让于或同意转让于契约的另一方(买方)的文件。"

尽管各种定义的表述和措辞不同,但大致说来,英美契约必须包括下列要素:第一,当事人必须具有缔结契约的能力;第二,必须由双方自愿达成协议,因错误、欺诈、不当影响以及胁迫而缔结的契约可以撤销;第三,必须具备有效的对价,不具备有效对价的契约不能强制执行,除非该契约具备书面盖印形式;第四,标的和格式必须合法。在四项要素中,对价是英美契约法特有的要素,也是英美契约法最重要的制度之一。

三、对价制度

(一) 对价的概念

对价(Consideration)又译"约因"。按照英美契约法,对价是盖印契约以外一切契约的必备要素,"没有对价的许诺只是一件礼物;而为对价作出的许诺则已构成一项合同"[1]。可以说,有无对价是法院判断当事人之间是否存在契约、有无权利义务关系的主要根据。

1875 年,在"柯里诉米萨"一案中,英国高等法院法官路希对"对价"一词作了解释:"按照法律上的含义,一个有价值的对价就是一方得到某种权利、利益、利润或好处,或者是另一方作出某种克制、忍受某种损害与损失,或者承担某种责任"[2]。当然,这里所说的一方得到某种利益或另一方受到损害,其实是从不同的角度来观察同一个事物。比如,甲售货与乙,对甲而言,失去货物就是损失;而乙因得到货物而获利。然而,获利和受损是相互的,甲虽失去货物却得到价款,乙虽得到货物却失去价款。因此,对价实际上是互有损失,互相得利。换句话说,所谓对价,就是以自己的诺言去换取对方的诺言;或者说,是为了使对方作出某些有利于自己的行为而以自己对等的行为来作保证。

---

[1] 董安生等编译:《英国商法》,法律出版社 1991 年版,第 20 页。
[2] 转引自何勤华主编:《英国法律发达史》,法律出版社 1998 年版,第 265 页。

(二) 对价的原则

1. 对价无须相等

只要提供了对价,为此作出的许诺就可以强制执行,法院不问对价的大小,只关心对价的有无。该原则在自由资本主义时代极为盛行,但在现代英国已有所动摇,因为这样做的结果可能会导致明显的不公平。

2. 过去的对价无效

所谓过去的对价即订立契约前已经履行的对价。当某人为他人履行了某项劳务而事先并没有得到后者的许诺,或没有理解为将被付给报酬,接受劳务者后来所作的对该劳务付酬的诺言不具备法律约束力。例如,某乙在某甲手术后自愿为其护理两个星期,两人从未谈及报酬。一个月后某甲许诺某乙将为其劳务付酬200英镑。如果某甲食言,某乙不能通过法院强迫某甲付酬。因为他提供的对价是过去的对价,在某甲的诺言之前已经完成。

3. 履行原有义务不能作为新诺言的对价

1809年"斯蒂尔诉迈里克"一案就是该原则的最好注释。原告是个船员,他与船长约定承担在5个月内往返英国与波罗的海之间的航运义务。中途由于天气恶劣船期受阻。船长许诺如果按期到达,他将加付酬金。鉴于船长食言,原告诉诸法院,结果却败诉。因为按期到达目的地乃是原来的契约义务,他并未对船长的许诺提供新的对价。

4. 平内尔原则

这是1602年"平内尔案"确立、又为1884年"福克斯诉比尔"案所支持的原则,即债权人同意用归还部分欠款的办法来抵销全部债务的许诺不受法律约束,因为债务人未对此许诺提供新的对价,债权人可以追索余款。

5. 不得自食其言原则

这是对对价制度的重要修正。当一方以言词或行动向另一方作出许诺,将放弃某项权利或承受某种损失,企图对双方之间的法律关系有所影响,一旦对方确信此诺言并按诺言采取了行动,许诺人就不得推翻自己的诺言。即使被许诺方并未提供有效的对价,但由于已按照对方的许诺采取了行动,如果许诺者不履行诺言就会造成明显的不公平,那么,该诺言就可以由法院强制执行。

第六节 侵权行为法

一、侵权行为法概述

侵权行为(Tort)是指侵犯私人利益的民事过错行为。侵权行为法是英美法特有的法律部门,也是最古老的法律部门之一。在大陆法系中,侵权行为属债法领域,是债的发生依据之一。

早在诺曼征服的最初几个世纪,侵权行为法即已产生。其发展与普通法中的令状制度紧密相连。最初侵权行为的范围非常狭小,因为相应的令状种类很少,大致限于对他人人身、土地及其他财产的直接侵害,普通法中称之为"有名侵害诉讼"。14世纪以后,法律对非法侵害所造成的间接侵害也予以追究。由于此时尚无正式令状对间接受害加以保护,故称这种诉讼为"无名侵害诉讼"。以后,衡平法院亦对部分侵权诉讼进行管辖,使侵权行为法的补救办法进一步扩展到禁令。至17世纪,侵权行为法作为一个法律部门正式形成。

从整体上看,侵权行为法的渊源主要是判例法,近现代亦颁布过不少制定法。然而,无论是判例法还是制定法,都未规定适用于各种侵权行为的一般法律原则,也未将那些分散的侵权行为法律规范纳入一个协调一致的体系。

二、各种侵权行为

(一) 对人身的侵害

对人身的侵害行为主要有以下几种:

1. 殴打和恐吓

殴打(Assault, Battery)是对他人实施任意的暴力而构成的一种侵权行为。恐吓(Threaten)是使他人感受到某种权利将受暴力直接侵害的威胁,但未真正使用暴力的侵权行为。

2. 非法拘禁(False Imprisonment)

各种缺乏正当理由的拘禁或限制他人行动自由的行为,均构成非法拘禁。实施非法拘禁可以在车内、屋内、监狱内、一个城市或一条街道上。用以限制行动的障碍物既可以是物质的,也可以是精神的,如以武力相威胁。

3. 诋毁和诽谤

诋毁(Slander)是指用口头方式对他人名誉进行侵害;诽谤(Libel)是指用文字形式对他人名誉进行侵害。对于诋毁,受害人一般必须证明有实际损害才可以提起诉讼。但在特殊情况下,受害人即使缺乏实际证据亦可起诉索赔,如指责某人犯罪、患有可憎的传染病、不忠实或无能力担任某职、妇女不贞等。对于诽谤,凡所用文字足使受害人遭人轻视或嘲笑、致其人格或信用受到破坏,受害人就可以提起诉讼索赔,无须对实际损害进行证明。

(二) 对财产的侵害

对财产的侵害行为主要包括:

1. 非法侵入土地(Trespass)

即未经所有人同意,故意进入或逗留于他人土地的一种侵权行为。如在他人土地上行走,将水灌入他人土地,将石块或垃圾扔在他人土地上,或吸引不明真相者进入他人土地等,都属非法侵入他人土地的行为。

2. 骚扰行为(Nuisance)

指由于被告的活动而产生过多的尘埃、噪音、恶臭、烟雾、振动或严重的情绪干扰等,妨害了原告对其土地或住房的享用的一种侵权行为。骚扰行为往往对人身及财产同时有所侵害,法院对原告的补偿除了损害赔偿外,也可以禁令方式令被告停止骚扰。

3. 非法侵害动产

指对他人所有的动产加以故意的实质性的任意干扰,如将其破坏或转移。如果被害人的财物已被损坏或丧失,可以请求赔偿。

4. 非法处理动产

指故意在严重违法侵害权利人利益的情况下,擅自处理其动产的侵权行为。通常表现为行为人在没有合法根据的情况下占有他人财产并任意加以支配。如盗窃财物,或从盗贼处购买赃物,或虽经法定程序但不具备正当理由地获取财物,或在合理合法的要求下拒不交出财物(如拾得失物者拒绝交还失物)等。

(三) 其他侵权行为

1. 对婚姻的侵害

如利用权势或实施暴力扰乱他人夫妻间的和谐关系,诱拐已婚妇女等。

2. 干涉商业关系的侵权行为

如盗用他人商业秘密,侵犯他人商标、专利、著作权等行为。

3. 违反产品责任的侵权行为

制造商在制造产品时必须对用户尽注意的义务,如果违背了这种义务,使产品因瑕疵而对使用者造成损害,必须负赔偿责任。

4. 精神折磨

即故意对他人进行精神迫害或严重情绪干扰的侵权行为,受害者有权起诉索赔。

三、侵权行为责任原则

在英国,侵权行为的责任原则先后出现过如下三个:

(一) 过失责任原则

早期英国的侵权行为与犯罪并没有明显的界限,12世纪时两者才逐渐分离。但当时对侵权行为的处理仍带有刑事处罚特征,采取绝对责任原则。也就是说,不论行为人主观上有无过错,只要造成损害就必须负责。14世纪末15世纪初,法院开始重视行为人的主观状况,被告如能证明其对原告所造成的损害既非故意也非过失,而是出于不可避免的偶然事故,则可免负责任,所谓"无过失即无责任"。到17世纪,资本原始积累时期,过失责任原则正式形成。该原则以被告对原告的利益负有适当注意的义务为前提,如果被告未能尽到法律承认的适当注意的义务就是过失,由此过失对原告造成损害,被告须负赔偿责任。在诉讼中,原告必须清楚地证明被告未能尽其适当注意的义务,而且原告本人必须毫无过失,否则,很难获胜。该原则在整个自由资本主义时代非常流行。由于它突出了过失在确定责任中的作用,有利于刺激资本家的冒险精神,他们在经营活动中无须担心不可避免的事故和伤害,不必承担无法预测的后果所带来的赔偿责任。显然,这项原则对于大多数受害者是极为不利的。

(二) 比较责任原则

19 世纪中后期,在过失责任原则的基础上,形成了比较责任原则。它仍以个人的过失为基础,但在确定赔偿时,不仅要考虑被告的过失,也要考虑原告的过失,对双方的责任进行比较,根据双方过失的轻重以确定责任的大小。它与过失责任原则的区别在于,过失责任原则强调的是只有被告的过失是赔偿的基础,如果原告也有过失,哪怕这种过失小到可以忽略的地步,也得不到赔偿;而比较责任原则注重的是过失的大小,如果被告的过失大于原告,就应该负赔偿责任。1945 年颁布的《共同过失的法律改革条例》使该原则有了制定法依据,它规定:"不能因被害人有过失而取消赔偿,但赔偿必须减少到法院认为与受害人的过失公平地相适应的程度。"

(三) 严格责任原则

19 世纪后半叶以来,随着工业化程度的提高,由生产和操作引起的工伤事故频繁发生。依照过失责任原则和比较责任原则,原告都必须证明被告确有过失,而这种证明对于现代化工业社会中的受害者来说是极为困难的。因此,许多受害者得不到应有的补偿,从而带来许多社会问题。于是,英国法院通过司法实践创立了严格责任原则,或无过失责任原则。该原则的含义是:在法律规定的某些条件下,无论被告是否有过失,只要发生了损害事实,被告就必须负完全的赔偿责任。上议院在 1868 年"赖兰兹诉弗莱彻"一案中确认,被告必须为其承包商的危险行为对原告造成的损害负赔偿责任。这种严格责任很快被广泛运用于采矿、建筑、铁路运输等特别危险的工业部门,19 世纪末被扩大应用于所有工业部门。如果在这些领域发生了工伤事故,不论雇主有无过失,都应对受伤的工人负赔偿责任。英美法学家认为,关于雇主对工伤事故的赔偿责任,并不是基于雇主与工人之间的契约关系,也不是基于雇主的作为或不作为,而是基于现存的雇用关系。① 1948年的《工伤事故国家保险法》、1965年的《原子核装置法》、1971年《商船污染法》、1974年的《污染控制法》等制定法也先后采用了严格责任原则。此外,在产品责任及交通事故中,为了保护消费者和受害者的利益,也都实行严格责任原则。

第七节 家庭法和继承法

一、家庭与继承法概述

家庭法和继承法在英国其实属于两个基本独立的法律部门。家庭法主要规定婚姻制度、夫妻关系、夫妻财产制度、父母子女关系、收养、监护以及未成年人保护等制度;继承法主要调整遗嘱继承、无遗嘱继承和遗产管理等问题。由于两个部门之间相互交叉和联系的问题较多,一般教科书都将它们放在一起讨论。

与英国绝大多数法律部门一样,家庭法和继承法领域也没有完整统一的法典,而是由多年来形成的判例、单行法规和其他部门法规中的相关条款共同构成。封建时代的家庭法曾长期由教会法调整,继承法则与封建财产法紧密结合在一起,充满对妇女、非婚生子女的歧视和对家长、长子特权的维护。19世纪以后,家庭法和继承法领域的封建色彩逐渐减少,尤其是二战以后,男女平等的原则真正得到确立,非婚生子女与婚生子女的差别基本消除,对子女权益的保护日益完善。

二、家庭法

中世纪的婚姻家庭法是教会法的重要组成部分。婚姻被视为男女两性的神圣结合,严守一夫一妻制。结婚必须出于男女双方自愿,而且不存在法定的婚姻障碍,如不准与异教徒和背叛基督教的人结婚,一定范围的亲属之间也禁止结婚。按照教会法的要求,结婚必须举行宗教仪式,并且一般情况下禁止离异。1836年颁布

---

① 潘华仿:《英美法论》,中国政法大学出版社1997年版,第155页。

的《婚姻法》改变了结婚必须举行宗教仪式的规定,当事人可以选择在教堂举行婚礼,也可选择在政府部门进行登记,由监督登记官经过法定程序发给结婚证书成立婚姻关系。1857年的《婚姻诉讼法》将婚姻案件的管辖权由教会法院移交给新设立的离婚法院,婚姻才最终获得世俗性质。该法首次承认可以通过离婚法院的判决离婚,但在离婚条件上,夫可以妻与人通奸为由请求离婚,而妻必须证明夫与近亲属通奸,犯重婚罪、强奸罪,或虐待、遗弃妻二年以上等事实方可请求离婚。1895年、1902年的几项法令进一步放宽了妻子的离婚条件,1923年的《婚姻法》最终规定妻子可以夫与人通奸为由请求离婚,从而使妇女在离婚问题上取得了与男子平等的权利。1969年的《离婚改革法》、1973年的《婚姻原因法》和1984年的《家庭诉讼法》等法令则将离婚理由进一步简化为婚姻已不可挽回地破裂,从而彻底抛弃了以往的"过错"离婚原则,代之以"无过错"离婚原则。

妇女在家庭中的地位也是逐渐提高的。在中世纪,按照教会法的"夫妻一体"原则,妻子处于从属于丈夫的地位,非经夫的同意,妻不得为任何法律行为,不能签订契约,不能出庭作证,夫妻间也不得提起诉讼。夫妻财产也是"一体制",妻子的所有婚前婚后财产都必须由丈夫管理并支配,当然丈夫也有义务偿还妻子婚前所欠债务,并对妻子的侵权行为负责。为了改善已婚妇女的经济地位,衡平法通过对信托财产的调整和保护,确认已婚妇女可以成为信托财产的受益人。直到1882年颁布《已婚妇女财产法》,英国才最终赋予已婚妇女以独立的财产权。该法规定,已婚妇女有权将婚前或婚后取得的财产作为独立的财产,单独对该项财产进行管理和处分,从而形成了英美法系国家的"分别财产制"。1935年及其后颁布的一系列有关已婚妇女财产的法律进一步规定,废除"夫妻一体制"的封建残余,已婚妇女不仅有占有、管理和处分财产的能力,还具有订立契约、偿还债务和对侵权行为负责的能力。

在父母子女关系方面,子女地位逐渐提高,非婚生子女的权益也逐渐受到保护。在中世纪,家长对子女享有绝对的特权,不仅对子女的婚姻有最终的决定权,还有权惩戒甚至禁闭子女。在资产阶级革命以后相当长的一段时间里,亲子关系上仍保留着父权制的痕迹,21岁以下的未成年人结婚仍需得到父亲的同意,未经父亲许可不得单独占有、使用、处置财产或签订契约。二战以后,未成年人的权益受到越来越多的关注。1969年的《家庭改革法》将成年年龄降至18岁。1974年的《未成年人救济法》规定,未成年人有权订立生活必须之契约,其所签订的关于举债以及供应商品的契约一律无效,但对与之订立契约的成年人一方则有效。非婚生子女在家庭中的地位在中世纪完全不受法律保护,他们没有权利向生父提出任何要求,1235年的《麦顿条例》并且明确禁止认领非婚生子女。资产阶级革命后,父母与非婚生子女的关系逐渐得到法律的确认。1926年的《合法地位法》引入了一项罗马法原则,即非婚生子女因其父母结婚而取得合法地位。根据1935年《未成年人监护法》的规定,生母可以优先于生父取得对非婚生子女的监护权,并对子女的婚姻行使同意权。虽然在普通法上,生父与非婚生子女并无亲子关系,可以不负抚养义务,但在某些情况下,地方法院可下达"确认父子关系"的命令,责令父亲抚养孩子至16岁为止①,特殊情况下可延长至21岁②。

三、继承法

英国的继承法起源于盎格鲁-撒克逊时代有关继承的习惯法。最初的继承主要是身份继承,财产继承则处于从属地位,而且动产和不动产的继承有很大区别。当时的封地不能直接继承,占有人死亡后,其子须经封君重新授封才能继续占有封地。至12世纪初,占有人之子可以继承封地,但必须向封君缴纳土地继承税,而且土地不得分散,由此逐渐形成了身份和财产合一的长子继承制。13世纪以后,随着土地转让的日益普遍,形成了"不限嗣继承制"和"限嗣继承制"。③ 1540年,国王颁布法令承认了土地的遗嘱继承。至于封建时

---

① 上海社会科学院法学研究所编:《各国宪政制度和民商法要览》,欧洲分册(下),法律出版社1986年版,第422页。
② 徐尚清主编:《当代英国法律制度》,延边人民出版社1990年版,第181页。
③ 参见第四节"不限嗣继承地产权"和"限嗣继承地产权"。

代的动产继承则深受教会法的影响,教会曾利用教规及其特权,规定死者遗产中的动产必须分为三份,死者的妻子和子女各得一份,其余一份则留给教会,称为"死者的份额"。

资产阶级革命以后,遗嘱继承有了显著发展。1837年颁布的《遗嘱法》将处理动产和不动产的遗嘱形式统一起来,规定:遗嘱必须采用书面形式;必须有遗嘱人签字或在其监督下由他人代签;遗嘱人签字时必须有两名证人同时在场并在遗嘱上签字"证实"。在1938年以前,英国实行绝对自由的遗嘱继承制,即遗嘱人有权自由处分遗产,可以剥夺任何法定继承人的继承权,遗嘱只要通过法定程序设定即发生法律效力。但由于这种做法会带来许多社会问题,并使遗嘱诉讼日益增多,1938年英国颁布了《家庭扶养法》,对遗嘱自由加以适度的限制。该法规定,财产所有人之未亡配偶、未成年儿子、未出嫁女儿和由于身体或精神原因而无生活能力的子女,有权享受遗产的一定数额,使其生活得到必要的保障。这一规定为二战后颁布的一系列继承和财产法所肯定。1969年的《家庭改革法》并且规定,非婚生子女与婚生子女一样,有权从被继承人的遗产中获得抚养费。1975年的《继承法》则进一步将有权从死者遗产中获得抚养费的范围扩及成年子女、死者未再婚的前配偶以及死者生前部分或全部直接抚养的任何人。

如果死者生前没有立遗嘱,或者遗嘱无效,就实行无遗嘱继承。在无遗嘱继承问题上,英国曾长期实行长子继承制和男子优于女子继承的原则。1925年的《继承法》彻底废除了上述封建继承制度和原则,并且将动产继承与不动产继承规则统一起来。根据该法及其后颁布的一系列相应法律的规定,如果发生无遗嘱或者遗嘱无效的情况,死者的遗产将由其遗产管理人以信托方式出售。在遗产已变卖为现款并已清偿债务后,遗产管理人即根据法律的规定,在死者的某些近亲属中分配遗产。① 有权分得遗产的亲属包括:(1) 生存配偶;(2) 生存子女;(3) 生存父母;(4) 其他生存的近亲,如兄弟姐

---

① 上海社会科学院法学研究所编:《各国宪政制度和民商法要览》,欧洲分册(下),法律出版社1986年版,第416页。

妹、祖父母和外祖父母、叔伯姑舅姨等。如果某人死亡未留遗嘱,且无上述范围的亲属,则遗产将成为无主物而归国家所有。与遗嘱继承一样,在无遗嘱继承中,也允许某些受死者生前抚养的人向法庭提出在遗产中请求抚养费。

第八节 刑 法

一、刑法概述

英国是世界上少数几个至今没有颁布成文刑法典的国家之一。但英国刑法的发展却几乎伴随着整个英国法律史。早在盎格鲁-撒克逊时代,就存在以血亲复仇或赎罪金的方式来惩罚犯罪者的制度。1066年诺曼征服以后,在保留习惯法的基础上,对刑法作了适当改革,减轻了刑法的严酷性,限制了血亲复仇。1166年的克拉灵顿诏令赋予巡回法官以审判所有重大罪行的权力,从而初步统一了刑法规范。13世纪时形成了重罪与轻罪的划分,并通过普通法院的司法实践活动逐渐形成了一些普通法上的罪名,如叛逆罪、谋杀罪、抢劫罪、强奸罪等。中世纪后期,国会也曾根据社会发展的需要颁布过一些刑事法令。但从整体上看,在19世纪中叶以前,英国刑法仍以普通法为主要法律渊源。19世纪中叶以后,国会颁布了大量刑事立法,一方面对杂乱无章的普通法上有关犯罪与刑罚的内容进行整理和修补,另一方面也根据社会发展的需要增加一些新的原则和制度,如假释、缓刑等。在现代英国,刑法主要由制定法所规定,只有在制定法没有规定的场合才由普通法加以补充。但是,由于缺乏系统的刑法典,加上大量的刑事立法都只是对普通法规则的重新确认和整理,刑事立法的适用自然就离不开法院的判例,仍要依赖法官的解释。

二、犯罪的概念和分类

英国刑法并未对犯罪的概念作统一定义。有的法学著作将其定义为:"犯罪是一种非法的作为、不作为或者事件。不管它是否同时也是一种民事侵权行为、不履行契约或违背信托,其主要后果是:如果查明了行为人而且警方决定起诉,就要由国家或者以国家的名义提起控诉;如果行为人被判定有罪,则不管是否责令他赔偿被害人的损失,他都要受到刑罚处罚。"① 有的书则简要地将其定义为:"犯罪是一种可以提起刑事诉讼并导致刑罚的违法行为。"②

普通法曾长期将犯罪划分为叛逆罪、重罪与轻罪。叛逆罪指危害国家主权和安全的犯罪,在君主制政体下,它包括一切图谋致国王及王室重要成员于死地或使其身体受到伤害,或公开宣布这种意图,发动反对国王的战争,依附或帮助国王的敌人等叛逆行为。重罪指的是涉及没收罪犯土地与财物的严重犯罪,如谋杀、伤害、纵火、强奸和抢劫等。轻罪是指除了叛逆罪和重罪以外的较轻微的犯罪。1967年《刑事法令》颁布以后,这三种罪的划分被取消,代之以可起诉罪、可速决罪和既可起诉又可速决罪的新分类。所谓"可起诉罪"(Indictable Offences),是指那些较为严重的、通过公诉程序加以审判的犯罪。公诉程序在皇家刑事法院进行,由法官和陪审团共同审理案件。所有普通法上的犯罪都是可起诉罪③,包括谋杀、非预谋杀人、强奸和暴乱等;制定法上也有可起诉罪,如果创设这些罪名的制定法规定要经过公诉程序对其适用刑罚的话。所谓"可速决罪"(Summary Offences),是指那些较轻微的、通过简易程序加以审判的犯罪。简易程序在治安法院进行,由治安法官单独审理案件。所有可速决罪都是制定法上的犯罪,罪名都由制定法创设。例如,根据1988年《道路交通法》产生的未能适当注意的驾驶罪,根据1968年《盗窃法》产生的未经授权取得自行车罪,等等。"既可起诉又可速决罪"(Offences Triable Either Way)指的是那些既可用公诉程序又可用简易程序审判的犯罪。这类犯罪由1980年《地方法院法》明白列举,

---

① 〔英〕鲁珀特·克罗斯、菲利普·A. 琼斯:《英国刑法导论》,赵秉志等译,中国人民大学出版社1991年版,第1页。

② 转引自徐尚清主编:《当代英国法律制度》,延边大学出版社1990年版,第195页。

③ D. G. Cracknell, *English Legal System Texbook*, HLT Publications, London, 1995. 17th edition, p. 169.

或由创设这些罪名的制定法明文规定,比如重婚、性骚扰等都是制定法明文规定的既可起诉又可速决罪。至于盗窃罪,则要视盗窃数额大小而定,数额大的是可起诉罪,数额小的就是既可起诉又可速决罪。

三、刑罚

英国历史上的刑罚较为严酷。由于长期盛行报复与威吓主义刑罚思想,死刑、苦役、肉刑等曾被广泛采用。19世纪以后,刑罚的严酷性大大缓和,苦役和肉刑被废除。死刑的存废问题在英国曾引起很大争议,自1965年《谋杀罪(废除死刑)法》颁布以后,英国已基本废除了死刑,但理论上仍保留对叛逆罪和暴力海盗罪的死刑。有意思的是,尽管英国实际上已不执行死刑,并且是首批加入1951年《欧洲人权公约》的国家之一,但却拒绝签署《欧洲人权公约第六议定书》,因为该议定书要求成员国在和平时期废除死刑。直到1998年9月,随着《犯罪和骚乱法》的生效,英国最终废除了死刑。现代英国的刑罚主要包括如下几种:

(一) 监禁(Imprisonment)

监禁的期限短则几天,长则终身。通过简易程序判决的监禁一般在5天到6个月之间;通过公诉程序判决的监禁一般不得超过法律规定的该项罪名的最高期限,但对惯犯可在法定最高刑之上加重处罚。终身监禁是英国现行刑罚体制下最严厉的刑罚,只适用于少数诸如叛逆、海盗、杀人等特别严重的犯罪。

(二) 缓刑(Suspended Sentence)

如果一项判决的刑期不超过两年,并且法官认为没有必要让罪犯在狱中服刑,该法官可宣告判决暂缓执行,缓刑期限为1年以上2年以下。如果罪犯在缓刑期内未犯新罪,该判决即告终止;若再犯新罪,则除了对新罪判刑外,原判决也必须执行。

(三) 罚金(Fines)

在现代英国,罚金是一种广泛采用的刑罚,除谋杀罪等极少数严重犯罪外,几乎所有犯罪都可适用。罚金既可作为独立刑,也可作为附加刑使用。法律对罚金的数额未作具体规定,而由法官根据犯罪的性质以及罪犯的社会环境、收支状况等酌情决定。

（四）社会服务（Community Service Orders）

即无偿劳动。这是对犯有轻微罪行者适用的刑罚。根据1972年《刑事审判法》的规定，对犯有应处监禁刑的16岁及16岁以上罪犯，如果法庭认为合适，在征得罪犯本人及缓刑官同意后，可发布社会服务命令，要求其从事一定时间的无偿劳动，其总和不少于40小时，不多于240小时。

（五）监督管制（Probation）

对于无须判处监禁的年满16岁的罪犯，如果法官认为不需要对其判处更严厉的刑罚，但又有必要继续对其监督，可以直接判处6个月至3年的监督管制。

（六）无条件或有条件释放（Conditional or Absolute Discharge）

对于某项法律未明确规定刑罚的犯罪，法院可根据罪行性质和罪犯的情况，如认为不适宜对其判处其他刑罚，可宣布对其有条件或无条件释放。无条件释放者即刻获得自由，案件终结；有条件释放者在规定期限内（不超过3年）如再次犯罪，原来的罪行也要重新判刑。

第九节 司法制度

一、法院组织

英国历史上曾长期存在普通法与衡平法两大法院系统。19世纪后期司法改革以后，取消了两大法院系统的区别，逐渐摆脱了旧的繁琐形式，形成了较为统一的法院组织体系。现行的英国法院组织从层次上可分为高级法院和低级法院；从审理案件的性质上可分为民事法院和刑事法院。

（一）高级法院和低级法院

英国的高级法院包括上议院、枢密院司法委员会和最高法院。上议院是实际上的最高法院，由大法官、前任大法官和法律贵族组成。它是英国本土民事、刑事案件的最高审级。依惯例，外行的贵族并不参加上议院的审判活动。最高法院名为"最高"，却并非民刑案件的最高审级。它包括上诉法院、高等法院和皇家刑事法院三个部分。枢密院司法委员会是英联邦某些成员国、殖民地、保护国和托管地法院的最高上诉审级,同时也受理教会法院、军事法院及其他专门法院的上诉案件。

低级法院包括郡法院和治安法院。

(二) 民事法院和刑事法院

民事法院系统由郡法院、高等法院、上诉法院民事分院和上议院组成。郡法院是处理民事案件的基层法院,有权审理标的在2.5万英镑以下及人身伤害赔偿要求在5万英镑以下的民事案件。高等法院设有三个法庭:王座法庭、大法官法庭、家事法庭。审理标的超过5万英镑的初审民事案件[①],亦有权受理不服郡法院判决的上诉案件。上诉法院民事分院受理来自郡法院、高等法院及全国劳资关系法院和各种行政裁判所的上诉案件,一般情况下其判决为终审判决。上议院虽为最高审级,实际上可上诉至上议院的民事案件极少。

刑事法院系统由治安法院、皇家刑事法院、上诉法院刑事分院和上议院组成。治安法院有权审理可速决罪和青少年犯罪案件,同时有权对可起诉罪进行预审,亦可兼理某些轻微民事案件。大约有98%的刑事案件都由治安法院通过简易程序加以审判。[②] 皇家刑事法院有权审理可起诉罪,是刑事法院系统中唯一适用陪审制的法院。它分散在全国各巡回审判区开庭审判。除初审管辖权外,皇家刑事法院亦可受理不服治安法院判决的上诉案件。上诉法院刑事分院主要受理来自皇家刑事法院的上诉案件。从理论上说,不服上诉法院刑事分院判决的当事人还可以上诉至上议院,但实际上这种可能性极小,除非是有重大影响的案件。

二、陪审制度(Jury System)

(一) 陪审制的起源及演变

一般认为,英国是现代陪审制的发源地。但英国的陪审制并非

---

① 根据1991年《高等法院和郡法院审判权规则》,对于标的在2.5万英镑和5万英镑之间的案件,当事人可自行选择在高等法院或郡法院起诉。

② D. G. Cracknell, *English Legal System Textbook*, HLT Publications, London, 1995. 17th edition, p. 179.

土生土长,而是从法兰克移植而来。法兰克的一些封建君主为了巩固王室权力,发展了一种调查程序,召集若干熟悉情况的地方人士,宣誓证明有关古代王室的权力,以削弱诸侯的势力。诺曼征服以后,这种制度被带到英国。1166年,亨利二世颁布了克拉灵顿诏令,将陪审制正式确立下来。它规定,发生刑事案件后,必须由熟悉情况的12名陪审员向法庭控告,并证明犯罪事实。这就是所谓的起诉陪审团,即大陪审团。由于同一批人既控告犯罪又证实犯罪,容易使被告陷入危险的境地,1352年,爱德华三世(1327—1377年在位)下令禁止起诉陪审团参与审判,要求另设一个12人的陪审团进行实体审理。相应的,它被称为小陪审团,后人所谓的陪审团一般指的就是小陪审团。至此,英国出现了两个陪审团:大陪审团负责起诉,决定是否对嫌疑人提出控诉;小陪审团负责审理,决定被告是否有罪。大小两个陪审团在英国共存了几百年,并因此构成英国陪审制的重要特点之一。

(二) 陪审制的运用

在历史上,陪审制曾被作为一种民主的象征广泛采用,几乎所有的初审民事和刑事案件都可要求陪审团参与审理。但是,随着社会的发展,审判节奏也要求加快,英国法就逐渐限制了陪审制的运用。根据1933年《司法管理(混合规定)法》,在民事审判中,当事人有权请求陪审团参与的仅限于欺诈、诽谤、诬告、非法拘禁案件。然而,根据1990年的一个判例,即使在这些案件中,如果法院认为陪审团参与审理会拖延对有关文件、账目的检查,或者对有关证据的科学的、地方性调查的话,可以决定不设陪审团。[①] 在刑事审判中,只有皇家刑事法院在审理可起诉罪时才召集陪审团。

陪审团的职责是就案件的事实问题进行裁决。在刑事案件中,陪审团必须就被告是否有罪进行裁决,一般不涉及量刑问题。如果裁决无罪,被告必须被当庭释放;如果裁决有罪,则由法官决定刑罚。在民事案件中,陪审团必须决定被告的责任程度和赔偿数额。陪审团的裁决在历史上必须是全体通过,现在一般案件只要求多数通过,

---

① D. G. Cracknell, *English Legal System Textbook*, HLT Publications, London, 1995. 17th edition, p. 218.

但仍有些案件要求一致通过。如果不能作出所要求的一致或多数裁决,法官将解散陪审团,重新组织一个陪审团。对陪审团的裁决一般不允许上诉。当然,如果法官认为陪审团的裁决存在重大错误时,可以加以撤销,重新判决。

(三) 关于陪审制的争论

陪审制曾被认为是保障个人政治自由和民主权利的重要手段,是实现民主司法的最佳途径,是英国法对世界法制的一大贡献。因为普通公民参与司法过程,可以防止法官徇私枉法,以及判决考虑不周等弊病;同时,由于陪审员是通过抽签的方法从社会各界选出来的,能够更清楚地反映出社会上普通人的观念。也有人对它进行批评,认为它脱离实际,办事拖拉僵化;增加了审判成本,从而加重了纳税人的负担;由于陪审员缺乏必要的知识而不能充分理解案件事实,或者不理解法官的指示;尤其是他的裁决不提供理由,容易造成不公正。总之,对于陪审制,各派观点针锋相对,莫衷一是。但作为一种有深刻社会背景的诉讼制度,短时间内完全被废除似乎不可能,关键是如何改进。

三、辩护制度

早在希腊、罗马时代,法庭辩论制度就已经出现,当事人既可为自己辩护,也可以委托他人为自己辩护。罗马帝国后期,职业法学家在法庭上为当事人辩护已十分流行。英国人继承了这项制度,并加以发展。由于英国普通法的形式主义及其程序的复杂性,职业律师参与诉讼更有必要。在长期的司法实践中,英国逐渐发展出一套与大陆法系国家完全不同的对抗制诉讼方式和独特的律师制度。

(一) 对抗制

对抗制(Adversary System)又称"辩论制",即民事案件中的原被告以及刑事案件中的公诉人和被告律师在法庭上相互对抗,提出各自的证据,询问己方证人,盘问对方证人,并在此基础上相互辩论。法官主持开庭,并对双方的动议和异议作出裁决,对违反命令者以"藐视法庭罪"论处。但法官不主动调查,一般也不参与提问,在法庭上只充当消极仲裁人的角色。这就是所谓的"对抗制"。与此同时,大陆法系国家则采用纠问制(Inquisitory System)的诉讼方式,对于诉讼的进行及证据的调查皆以法院为主,法官以积极审判者的形象主持法庭审理。

(二) 律师制度

英国律师制度的最大特征就是其律师分为两大类:出庭律师(Barrister)和事务律师(Solicitor)。事务律师主要从事一般的法律事务,如提供法律咨询、制作法律文书、准备诉讼、进行调解等,也可在低级法院如郡法院、治安法院出庭,代表当事人进行诉讼。但他们不能在高级法院出庭辩护,这一权利由出庭律师独享。出庭律师的主要职责就是出庭为当事人辩护,他们可以在任何法院出庭辩护。但他们与当事人之间不直接发生联系,而由事务律师出面为当事人聘请。事务律师向出庭律师介绍案情,为其准备材料,陪同其出庭辩护。两种律师之间界限分明,互不统属,各有自己的职业团体和从业规则。相比之下,出庭律师的地位较高,因为他们是法官的主要后备力量。他们执业10年或更长时间以后,可以被提名为巡回法官、高等法院法官或上诉法院法官,或者由大法官提名,由英王授予皇家大律师的头衔。而事务律师执业时间再长,只能被提名为低级法院的法官或皇家刑事法院的记录法官。

由于两类律师各有分工,当事人的诉讼费用就不可避免地增多了。在一般案件中,当事人都必须同时聘请两个律师,如果案件涉及皇家利益或者案情特别复杂,则必须再聘请皇家大律师,这样当事人就可能要同时负担三位律师的费用。因此,不同律师的划分受到很多批评。近年来,英国已对律师制度进行了许多改革,试图缩小两类律师之间的区别,如规定事务律师经过严格的培训和考核,也可以取得在高等法院辩护的资格。但迄今为止获得这种资格的事务律师仍寥寥无几。

第十节 英国法的历史地位和英美法系

一、英国法的影响

英美法系(普通法系)和大陆法系(民法法系)是当今世界各种

法律体系中影响最大的两大法系。而英国则是英美法系的发祥地,英美法的许多重要原则和制度都来源于英国的法律传统。英国法无论在发展方式还是结构体例、表现形式、分类方法、概念术语、思想观念以及具体制度上都与大陆法系存在巨大的差异,正是这些差异使英国法独具魅力,从而也使得英美法系与大陆法系具有完全不同的形式与内涵。此外,英国法始终是英美法系的核心,英美法系在其形成和发展过程中,始终是以英国为中心向外传播的:普通法是传播的基础和核心,英语是传播的媒介和工具。

二、英美法系

英美法系是指以英国普通法为基础建立起来的世界性法律体系。它是伴随着英国的对外殖民扩张而逐渐形成的,体现了英国法对世界法制文明的深远影响。现在世界上有近1/3的人生活在其法律制度受到过普通法影响的地区。[①]

(一) 英美法系的形成

英国大约从17世纪开始推行殖民扩张政策,相继在世界各地建立了许多殖民地,并在当地推行英国法。虽然英国在一定程度上允许殖民地适时制定一些法律,并相应建立了殖民地司法机构以行使审判权,但是,殖民地立法不得与英国法律相抵触,并且英国保有殖民地案件的最终审判权。经过几个世纪的殖民统治,英国法已深深融入当地社会,成为殖民地占统治地位的法律规范。到19世纪英国成为名符其实的"日不落帝国"时,英美法系也最终形成了。第一次和第二次世界大战以后,许多殖民地获得独立,但大都加入了英联邦,依然保留着殖民地时期的法律传统。英美法系非但没有解体,反而通过英联邦这条纽带得到进一步加强,英国法的许多新发展都可能对英联邦成员国产生重大影响,成员国彼此之间在法律上的变化也可能相互影响。

在英美法系的形成过程中,由于各殖民地的社会文化背景不同,接受英国法的途径和后果也不尽一致。大体说来,有如下三种类型:

---

① 〔德〕K.茨威格特、H.克茨:《比较法总论》,潘汉典等译,贵州人民出版社1992年版,第396页。

第一,殖民地社会尚未开化,在英国殖民者到来之前还没有国家和法律,美国、澳大利亚、新西兰等前英国殖民地就属于这种情况。由于殖民地领土广阔,土著居民稀少,社会发展水平低下,而英国移民却相对众多,这些地区对英国法的接受相对来说较为顺利,也比较全面,只在某种程度上根据自身发展的需要作了适当修改。

第二,殖民地原有社会发展水平相对落后,但已经存在粗浅的法律制度,亚洲、非洲的许多前英国殖民地就属这种情况。英国殖民者对这些地区一般采取间接管理的方法,既强行推行英国法,又在一定程度上允许原有习惯法和宗教法的适用。

第三,殖民地原有社会发展水平较高,已经存在较为发达的法律制度。如印度是文明古国,在沦为英国殖民地之前已经具备悠久而发达的法律传统;再如加拿大、南非等国原来分别是法国、荷兰的殖民地,在割让给英国之前已经建立了以大陆法为基础的法律制度。英国殖民者没有从一开始就强行推行英国法,而是表示尊重原有法律传统,通过逐渐引入英国法律原则和制度、对原有法律传统进行改造等方式,建立一种既与英国法相兼容、又保留原有法律传统的新秩序。从总体上看,这些国家的法律制度往往都带有混合的色彩,或者是英美法与传统法的结合,如印度法;或者是英美法与大陆法的结合,如加拿大的魁北克以及南非。

(二) 英美法系的特点

相对于大陆法系而言,英美法系具有如下基本特点:

1. 以判例法为主要法律渊源

受英国法的影响,英美法系国家的法律渊源一般都分为普通法、衡平法和制定法。有些国家如印度等并没有单独的衡平法院,但衡平法的规范依然存在。普通法和衡平法都是判例法,是通过法官的判决逐渐形成的,以遵循先例为基本原则。英美法系国家也有制定法,其中也有不少名为"法典"的制定法,而且制定法的数量日增,地位也越来越高。但英美法系的制定法大都是对判例法的补充或整理,往往缺乏系统性;其法典也不像大陆法系的法典那样高度概括、严密而富逻辑性,往往比较具体、细致,而且其内容往往比较狭窄,不能涵盖整个法律部门。

2. 以日耳曼法为历史渊源

英美法系的核心英国法是在较为纯粹的日耳曼法——盎格鲁-撒克逊习惯法的基础上发展起来的,日耳曼法的一些原则和制度对普通法的影响非常大。这与大陆法系以罗马法为历史渊源形成了对照。虽然英国法也曾受到过罗马法的影响,但只在契约、动产、商法、遗嘱等具体制度上借鉴了罗马法,并不像大陆法系那样从原则制度到结构体例、概念术语等各方面全面继承罗马法。

3. 法官对法律的发展举足轻重

由于英美法系以判例法为主要法律渊源,而判例法正是法官在长期的审判实践中逐渐创造的。一项判决既已作出,不仅对当时的案件具有拘束力,对以后相应的案件也同样有法律效力。也就是说,法官的判决具有立法的意义。此外,由于英美法系的制定法往往只是对判例法的重申和整理,对制定法的理解和适用自然就离不开法官的解释,以至于一项制定法的颁布本身已失去实际意义,只有在法官依据它作出相应判决以后,人们才能理解并运用它。因此,英美法系素有"法官造法"之说。

4. 以归纳法为法律推理方法

由于以判例法为主要法律渊源,法官和律师在适用法律时,必须通过对存在于大量判例中的法律原则进行抽象、概括、归纳、比较,然后才能将最适当的法律原则运用到具体案件中去。这一特点深刻影响了英美法系的法学教育方式。英美国家法学院培养学生要"像律师那样思考问题",因此主要运用案例教学法授课,学生通过阅读大量的判例和资料,讨论分析案情,掌握包含于判决中的法律原则。

5. 在法律体系上不严格划分公法和私法

英美法系受罗马法的影响较小,并不按照法律规范所保护的是公共利益还是私人利益,将各法律部门截然划分为公法或私法。但现代有些法学家为了阐述问题的方便,也引用公法和私法的概念。由于不严格区分公、私法,英国的行政法曾长期得不到应有的重视,也不存在单独的行政法院。相应的,英美法系很多国家都没有统一的民法部门,而是按照历史传统,将相关的法律划分为财产法、契约法、侵权行为法等部门。

第十章 美 国 法

美国法与英国法之间存在着历史渊源关系,美国在继承和改造英国法的基础上,形成独具特色的法律体系。《美国宪法》是世界上第一部近代意义上的成文宪法,其联邦制对美国法的发展有深刻影响;其分权制衡原则对近代资产阶级宪政理论与实践有重要意义。美国的立法和司法都是双轨制。联邦最高法院司法审查权的创立和实施,在美国政治制度发展史上有重要作用。美国的《统一商法典》是以成文法改造普通法的成功尝试。美国颁布了世界上第一部反托拉斯法。

第一节 美国法的形成和发展

一、殖民地时期的美国法(17世纪初—1783年)

美洲大陆原来是印第安人世代生息的地方。自1492年哥伦布发现美洲大陆后,欧洲殖民者蜂拥而至,进行探险和殖民开发。从1607年英国殖民者在弗吉尼亚建立詹姆士堡城起,英国人开始了对北美大陆的殖民地征服和统治。在殖民地开发和拓展中,它先后击败西班牙、荷兰、葡萄牙和法国等其他欧洲列强。至1733年英国在北美大陆已占据了东起大西洋沿岸,西至阿巴拉契亚山脉的狭长地带,在大西洋沿岸共建立了13个殖民地,它们就是美国的前身。

美国法律的历史始于殖民地时期。1608年的加尔文案所确立的"被征服土地"原则在整个17世纪对殖民地法律产生了巨大影响。根据此案,对被征服殖民地的居民只能适用英王制定的法律而不是英国普通法。在此法理依据背景下,由于移民的背景和英国政府的控制,英国的法律在各殖民地不同程度地生效。在立法上,英殖民者认为殖民地没有主权,不能要求和英国议会具有相等的立法权,而只能制定法令的细则。各殖民地议会制定的法案,须报呈英国枢密院审核,依据宗主国的法律高于属地立法的原则,如果该法案与英国的法律相冲突,则宣布其无效。在司法上,英国王座法院掌握殖民地法院的上诉管辖权。英国殖民者还通过任命总督,控制殖民地的行政权力。虽然北美殖民地也采用了普通法的某些制度,如令状、陪审、辩论制度等,但从总体上看,在整个17世纪,英国法律在北美殖民地并不占据支配地位。直至18世纪中期,各殖民地实行的法律还是比较原始、简陋的,有的殖民地甚至以《圣经》作为判案的依据。造成这一情况的主要原因是:第一,当时北美殖民地的社会经济条件与英国相距甚远,使以封建土地法为基础的英国普通法很难适用于殖民地人民的生活状况。第二,虽然英政府通过制定种种法律和法令,对北美殖民地进行压迫和掠夺,但在殖民地人民的强烈反抗下,各殖民地仍然根据各自的情况,制定了自己的法律。如1639年康涅狄格的《基本法规》、1641年马萨诸塞的《自由典则》、1668年卡罗来纳的《根本法》、1682年宾夕法尼亚的《施政大纲》等。第三,部分殖民地人民对英国法有着本能地排斥。殖民地当中的很多人最初是为了逃避宗教迫害才背井离乡的。1620年的"五月花号公约"即表明了他们对英国专制统治的不满和建立新政治体制的愿望。第四,普通法复杂烦琐的诉讼程序阻碍了它在殖民地的广泛传播,而殖民地缺乏专门的法律人才,也没有正式的法律教育。

  进入18世纪后,北美殖民地开始大规模的继受或移植以普通法为核心的英国法。随着英殖民者对殖民地控制的加强,以及殖民地政治、经济、文化的发展,原先各殖民地简单的法律已不能满足需要。北美殖民地人民均主张受普通法的保护是他们"与生俱来的权利"。而此时的英国法经过近一个世纪的演变,已经相当近代化并比较接近北美的状况。北美殖民地各地普遍设立法庭,适用英国普通法。普通法文献和知识被广泛传播,特别是18世纪中叶后布莱克斯东的《英国法释义》先后在英、美的出版,对美国法产生了深远的影响。通过对此书的研习,殖民地渐渐产生了一个以律师为主的职业法律阶层。至此,英国普通法在北美殖民地取得了支配的地位。

二、独立战争后的美国法(1783—1861年)

1775年至1782年的北美独立战争,扫除了美国法独立发展道路上的法理障碍。但是美国独立的法律传统的形成尚须一些时日。独立战争中和独立后的一个时期,英国法遭到美国人民的强烈抵制和反对。许多法官、律师拒绝援引英国法;有少数州如特拉华、肯塔基、新泽西和宾夕法尼亚禁止引用英国判例。《独立宣言》(1776年)、《邦联条例》(1777年)和《美利坚合众国宪法》(1787年)的制定和颁布更表明了美国法的独立化倾向。继成文宪法制定之后,美国掀起了一个改革法律、编纂法典的强大运动。1811年,英国法学家边沁向美国总统麦迪逊建议制定法典。1824年,爱德华·利文斯顿(Edward Livingston,1764—1836年)在路易斯安那州的新奥尔良地区,按照1804年《法国民法典》的模式制定了民法典。1846年,纽约州宪法规定编纂成文的、系统的法典。1847年,美国法学家戴维·达德利·菲尔德(D. D. Field,1805—1894年)被任命为纽约州法律编纂委员会的委员,先后编出《民事诉讼法典》、《刑法典》、《政治法典》、《民法典》和《刑事诉讼法典》五部法典,被称为"菲尔德法典"。纽约州采用了其中的民诉、刑诉和刑法典,其他各州,尤其是新加入联邦的西部各州分别采用了其中的一部或多部法典。所以,直到1856年英国著名法制史学家亨利·梅因(Henry J. S. Maine,1822—1888年)还预言美国将归附罗马—日耳曼法系。

然而,美国法最终还是保留在普通法系之中。其原因主要是:(1)胜利了的美国资产阶级要求迅速创立和完备法律制度,以便发展资本主义经济,调整日益复杂的社会关系。而18世纪、19世纪的英国法伴随着工业革命的开展不断完善,古老的法律原则和概念被赋予了全新的资本主义法的内涵,为美国提供了现成的法律规范。(2)英、美两国之间存在语言、风俗习惯和文化传统方面的渊源关系,便于英国普通法在美国的传播和适用。(3)独立后的美国人民同英国的民族矛盾逐渐缓和。(4)在殖民地后期形成的职业法律阶层除他们最熟悉的普通法传统外别无选择。

在美国法的形成和发展过程中,美国著名法学家的著作及其思想具有重要影响。19世纪上半叶是美国法学研究成果多产的时期。法学家中最有影响的人是詹姆斯·肯特(Kent,1763—1847年)和约瑟夫·斯托里(Story,1779—1845年)。1826年至1830年间,肯特模仿布莱克斯东出版了4卷本的《美国法释义》;1831年至1845年间斯托里的多卷本系列著作,包括《论宪法》、《衡平法》、《代理》、《合伙》、《冲突法》等问世。美国法专著的出现标志着美国法对英国法批判地吸收,并逐渐发展出自己的法律传统。

三、南北战争后的美国法(1861—19世纪末)

南北战争后,美国的资产阶级政权得到进一步巩固,人们的思想和政治观念发生深刻变化,产业革命深入广泛的开展为经济的迅速发展开辟了道路,而美国法此前所受的域外影响已基本结束,美国法本身也发生了系统化和理论化的重大变化。其主要表现是:第一,在普通法传统基础上,强调法律的客观性、确定性和统一性;第二,适应社会发展和技术革命的要求,完成了由封建的普通法向资产阶级法的彻底转变;第三,法学教育获得迅速发展,法律职业化最终确立。

美国法是一个以判例法为主体,又包含联邦和各州制定法的法律体系。南北战争后,美国加快了统一立法的进程。为实现普通法的法典化和各州法律的统一,于1878年成立的美国律师协会将推动统一立法作为它的主要工作目标。1892年,各州委员会代表组建了美国统一州法律全国委员会。该委员会对判例法和各州立法进行系统整理,先后制定出一百多部标准法案供各州采用。虽然这些标准法对各州不具有强制性的效力,但为各州的相关立法和司法提供了有益的参考和准则。

这一时期,美国法实现了由封建的普通法向资产阶级法的彻底转变。1865年,美国宪法第13条修正案宣布废除奴隶制度。1868年颁布的宪法第14条修正案通过对各州权力的限制,为公民权利提供了更充分的宪法保障。在财产法方面,取消了对不动产转让的特殊限制,确立了土地的自由转让制度。在合同法方面,发展出了以"意思自治"理论为核心的古典合同法体系。在侵权法方面,建立了以过失侵权之诉和过失责任原则为主体的近代侵权法律制度。在诉讼制度方面,对烦琐的诉讼程序进行了改革,逐渐废除普通法诉讼方式而代之以法典诉讼。这一时期美国还发展建立了一些如公司法等新的法律部门。在这一时期,法院和法官也最终取代了独立初期立法机关的地位,成为了影响和塑造法律发展的中心。

19世纪中叶以后,美国法律教育逐渐专门化,法律教育的中心由律师事务所转到法学院。哈佛大学法学院院长克利斯托弗·兰德尔(Christopher C. Langdell,1826—1906年)创造了判例教学法。所有这些,都有力地推动了美国法的发展。

四、现代时期的美国法(19世纪末至现代)

19世纪末20世纪初,美国进入垄断资本主义时期。与经济的集中相适应,国家的行政权力进一步加强;联邦的权力相对增大;国家对社会经济的干预明显增强。美国的法律较之19世纪末以前有了较大变化。

首先,成文法大量增加,法律的统一和系统化明显加强。美国统一州法律全国委员会制定的《统一流通票据法》(1896年)、《统一买卖法》(1906年)、《统一仓库收据法》(1906年)、《统一提单法》(1909年)、《统一合伙法》(1914年)、《统一信托收据法》(1933年)以及《统一商法典》(1952年)等,有的被多数州所采纳,有的得到各州一致采纳。1923年,美国成立法学会,其目的包括"法律的净化和简化"。法学会编纂出版的《法律重述》,将司法方面浩瀚的判例加以综合整理,对那些尚有适用价值和效力的法律原则和法律规范重新进行阐释,按照法典的形式,分编、章、节、条系统编排,分类编纂成册,更系统、明确地反映出普通法的规则。在联邦国会众议院的监督指导下,美国于1926年颁布《美国法律汇编》(或称《美国法典》),将历年联邦国会颁布的制定法整理编纂。从1928年起,《美国法典》每隔5年修订一次,每年有一补编,收入当年国会通过的法律。

其次,行政命令的作用和地位日益显著,委托立法出现。由于以总统为首的行政机关权力的扩大,行政命令越来越成为重要的法律形式。据统计,1933年至1934年间,罗斯福总统发布的行政命令达3703件,而同期美国国会通过的法案为4553件。此外,国会往往以委托立法的形式将某一特定事项的立法权交给总统或某一行政机构行使。

再次,新的法律部门的建立和民主性、科学性的加强。随着现代经济的发展,除了传统的法律部门以外,美国建立了许多新的法律部门。为了平抑以托拉斯为形式的垄断组织对生产流通领域的垄断现象,1890年,美国制定了世界上第一部现代意义的反垄断法——《谢尔曼法》,它与后来的《克莱顿法》《联邦贸易委员会法》等共同构成美国完善的反垄断法体系。1932年,联邦国会制定第一部现代劳资关系法——《诺里斯—拉瓜迪亚法》。以后,国会又制定了以1935年《国家劳工关系法》为代表的一系列劳工立法,从而形成劳工立法体系。1935年,美国制定了它的第一个社会保障方面的法律——《社会保障法》。20世纪中期,美国政府为遏制人民民主革命,制定了一系列旨在镇压工人运动、反对共产党的法律,如1947年的《塔夫脱—哈特莱法》、1948年的《颠覆活动管制法》、1950年的《国内安全法》和1954年的《共产党管制法》。50年代以后,随着世界范围内民主运动的高涨,美国制定了一系列民权法案和宪法修正案,强调对民权的确认和保护以及对公民的平等保护。行政法从以控制为中心转向以提供福利和服务为中心,完善了公众监督机制。刑事法律方面表现出轻刑化和非刑事化倾向。在私法领域,在继续肯定对私人利益的保护的同时,强调对社会公共利益的保护。新的科学技术在法律实践中得到广泛应用。

第二节 美国法的渊源

一、普通法

美国建国后接受英国普通法的传统经历了一个发展过程。在独立战争后曾出现过政治上反对英国、法律上排斥英国普通法的情况,有些州明文禁止继续适用英国法院的判例。虽然由于经济、文化等诸多因素,美国最终还是以英国普通法作为建立新法律的基础,但是正如1829年约瑟夫·斯托里大法官在"范内斯帕卡德"案的判例中指出的:"英国普通法并不是全部都可以作为美国的普通法,我们祖先把英国普通法的一般原则带过来,并且以此作为他们生来就有的权利,但是他们只带来并采用了适合他们情况的那一部分。"①

美国各州采用普通法时都根据各自的需要作了补充和修改,因此各州的普通法自成体系。由于美国联邦宪法明确规定了联邦法院对于联邦制定法上规定的犯罪的管辖权,因此,联邦法院在刑事案件方面不能行使普通法上的管辖权。根据美国联邦最高法院在1938年"埃里铁路公司诉汤普金斯"案的判决,联邦法院对于普通法上的民事案件也没有管辖权。

二、衡平法

在英国,衡平法上的救济是作为英王的恩赐给予的。因此,在美国独立前,首先在英王的直辖殖民地和特许殖民地采用了英国的衡平法,一些在英国由教会法院管辖的案件也由衡平法院管辖。美国独立后,联邦和各州都继续采用衡平法,但对于衡平法的司法程序作了较大改革。1789年的《司法条例》规定,衡平法上的案件统一由联邦法院兼管,联邦不另设衡平法院。1848年纽约州颁布的《民事诉讼法典》废除了普通法与衡平法在诉讼形式上的区别,此后,其他各州也作了类似的规定。现在只有少数几个州保留着普通法法院和衡平法法院之分。

三、制定法

美国的联邦和各州都有制定法。联邦的制定法包括联邦宪法和联邦法律。《美国宪法》第1条第8款明文列举了联邦国会的立法范围,包括:国防、外交、税收、货币、移民、专利、海商和破产等。《美国宪法》明文规定的国会立法权称作"明示权"。从形式上看,联邦国会拥有的立法上的"明示权"是有限的。但是,自1819年联邦最高法院在"麦卡洛克诉马里兰"案中确认了"默示权"的理论以来,联邦国会获得了从宪法"明示权"引申出的立法权,从而扩大了联邦的

---

① 转引自林榕年主编:《外国法制史新编》,群众出版社1993年版,第312页。

立法范围。联邦法律的效力遵守"后法取消前法"的原则,即联邦法律或在联邦权力下缔结的条约,不享有任何超过以后与它抵触的联邦立法的地位。

各州的制定法包括各州的宪法和法律。联邦宪法第10条修正案规定:宪法未授予合众国或未禁止各州行使的权力,皆由各州保留。据此,各州享有联邦宪法所规定的联邦立法范围之外的立法权力。

第三节 宪 法

一、联邦宪法的历史渊源

(一)《五月花号公约》

1620年,第一艘被获准运送清教徒移民到英属北美殖民地的英国商船"五月花号",在抵达科德角时船上的清教徒移民订立的自治公约,后称为《五月花号公约》。公约全文只二百余字。公约规定自由缔约,结成人民政治团体,随时制定和实施有益于本殖民地总体利益的公正的法律、法规、条令、宪章与职责。公约的签订者在普利茅斯登陆后,按公约规定建立了第一个殖民地。直至1691年普利茅斯并入马萨诸塞州为止,该公约一直是普利茅斯的基本法规。《五月花号公约》开创了北美殖民地制定公约的先例,它与弗吉尼亚议会一道被称为美国立宪政治的两大奠基石。

(二)《独立宣言》

从18世纪下半叶开始,英国加强了对北美殖民地的政治统治和经济掠夺,先后颁布了《印花税条例》(1765年)、《唐森德条例》(1767年)、《茶叶税法》(1773年)和《强制法令》(1774年),因而激起北美殖民地人民的强烈反抗。1775年4月18日,波士顿的列克星敦和康科德人民打响了美国独立战争的第一枪。1775年5月10日,在费城召开第二届大陆会议。1776年7月4日大陆会议通过《独立宣言》,代表北美13个殖民地对英国宣告独立。1783年,英美签订凡尔赛和约,英国被迫承认美国独立。

《独立宣言》是由美国的资产阶级民主派代表托马斯·杰斐逊(Thomas Jefferson，1743—1826年)等人起草的。它以资产阶级启蒙思想家的"天赋人权"思想和"社会契约"论为理论基础,宣称:人人生而平等,他们都被造物主赋予了某些不可转让的权利,其中包括生命权、自由权和追求幸福的权利。为了保障这些权利,所以才在人们中间成立政府。政府的正当权力,来自被统治者的同意。如果遇有任何一种形式的政府变成损害这些目的的,人民就有权改变或废除它,建立新的政府。《独立宣言》列举了英国在立法、司法、行政、军事、贸易等方面对殖民地实施的暴政,提出殖民地宣告独立是"合法"的,是"尊重人类公道"的正义行为;并向全世界郑重宣告:"它们解除对于英王的一切隶属关系,而它们与大不列颠王国之间的一切政治联系亦应从此完全废止"。

《独立宣言》是北美人民反抗殖民压迫、争取民族独立的宣言,也为日后诞生的美国宪法奠定了政治基础。在《独立宣言》的初稿中,曾有谴责奴隶制的条文,但由于南部奴隶主的反对而被删除。这表明,《独立宣言》有一定的历史局限性,但它仍不失为一部充满革命和创造精神的政治纲领。它是17—18世纪资产阶级革命最进步的文件之一,马克思称之为"第一个人权宣言"。

(三) 早期州宪法

早在1776年5月10日大陆会议就通过决议,建议各殖民地组建"必须最好地导致它们的选民幸福和安全"的新政府。《独立宣言》颁布后,绝大多数州都参照英国的经验并且依据殖民地时期的实践经验起草了州宪法。各州宪法的基本内容包括:导论式的前言;权利条款;政府组织;宪法修改的方式。各州宪法的特点有二:第一,为保障公民"不可剥夺的权利",在宪法中列入了"权利法案"。由乔治·梅森起草的弗吉尼亚州宪法《权利法案》,列举了自《大宪章》以来英国人一直争取实现的基本自由权利,包括合乎人道的刑罚制度、陪审制度等。该宪法中还列举了出版、选举、更换政府等新的自由权利。该宪法成为各州效仿的典范。第二,规定分权制度。各州宪法以孟德斯鸠的分权学说为指导,规定政府应分为立法、行政、司法三个部门,每个部门的官员都不应行使属于其他部门的职权。

（四）1781 年《邦联条例》

《独立宣言》发表后，各州纷纷宣布独立，并相继制定州宪法。与此同时，各州着手联合组成同盟。1777 年 11 月 15 日，大陆会议通过《邦联和永久联合条例》（通称《邦联条例》）。该条例于 1781 年经各州批准后生效。

《邦联条例》共 13 条，其核心问题是解决各州之间的权力关系。主要内容为：

1. 宣告美国的国家结构形式是"邦联"，名称为"美利坚合众国"。

2. 规定缔结邦联的目的是"为着它们共同的防御、自由保证和相互间的公共福利……彼此之间负有互相援助的义务等"。

3. 宣布"各州保留自己的主权、自由和独立"，以及其他一切非由该条例所明文规定授予合众国国会的"权力、司法权和权利"。

4. 邦联仅设一院制国会，没有常设的行政和司法机关，在国会闭会期间设置"各州委员会"，行使国会委托的权力，但以取得 9 个州的同意为限。

《邦联条例》的宗旨和内容表明，它所宣布的美利坚合众国在当时只是由 13 个独立的、拥有主权的州所组成的松散的国家联盟。这种状况反映出美国建国之初，各州想要尽量多地保持其独立地位和尽量少地受到中央国家权力限制的倾向。

二、1787 年联邦《宪法》

（一）联邦宪法的制定

根据《邦联条例》建立的邦联政府不是一个完整统一的中央政府，没能明显地加强各州彼此之间的联系。在社会动荡、政权不稳、内有关税竞争、外有商业劲敌的情况下，美国的工商业资产阶级和大农场主感到迫切需要建立一个强有力的中央政府，以巩固独立战争的胜利成果，发展资本主义经济。

1787 年 2 月 21 日，邦联国会邀请各州代表在费城召开会议，修改《邦联条例》，但与会代表超越了权限，讨论起草新宪法。会议于 5 月 25 日正式开会，后来被称作制宪会议。参加会议的共 55 名代表，来自12个州①,代表着不同统治集团的利益。其中奴隶主占15人,大地主占14人,其余是资产阶级代表。这些代表基本上包括了当时美国最重要的政治活动家,其中大部分人精通法律,有8人在《独立宣言》上签字署名。会议在极端秘密的情况下进行,没有记录。会议中,中央政府同州政府之间、大州同小州之间、北方工商业资本家同南方种植园奴隶主之间,在权力分配上表现出复杂的矛盾和斗争。经各方妥协,最后于9月15日通过宪法草案。9月28日该草案提交邦联国会批准后,送交各州批准。按宪法草案规定,须经13个州中9个州议会的批准,宪法方能生效。各州围绕宪法的批准,又展开激烈斗争,形成联邦派和反联邦派。直至1789年3月4日,第一届联邦国会开幕,正式宣布《宪法》生效。这是世界上最早的一部成文宪法。1789年4月30日,根据《宪法》成立了以华盛顿(George Washington,1732—1799年)为总统的第一届联邦政府。

(二) 联邦宪法的基本内容和原则

1787年联邦《宪法》由序言和7条本文组成。《宪法》序言简要阐明了宪法制定的宗旨。《宪法》第1条规定立法权;第2条规定行政权;第3条规定司法权;第4条规定授予各州的权力;第5条规定宪法修正案提出和通过的程序;第6条包括多项规定,主要是强调宪法和根据宪法制定的法律以及缔结的条约是"全国最高法律";第7条规定宪法本身的批准问题。1787年《宪法》确立了以下基本原则:

1. 联邦主义原则

为了消除《邦联条例》下各州分立的纷乱现象,《宪法》规定美国的国家结构形式是联邦制。主要内容是:

(1) 在联邦中央与各州的关系中,联邦宪法和法律是全国最高法律,联邦中央对各州处于最高地位,联邦保护各州。

《宪法》第6条第2款规定:"本宪法,依照本宪法所制定的联邦法律以及在联邦权力下所缔结或将缔结的一切条约,概应成为全国最高法律,每州的法官概应受其约束,不管任何州的宪法和法律中有任何相反的规定。"《宪法》规定限制各州的权力,禁止各州侵犯公民

---

① 罗德岛州未派代表参加制宪会议。

的自由平等权利。例如,规定各州不得缔结条约、联盟,不得颁发敌船捕拿许可状,不得铸造货币等;规定各州不得通过剥夺公民权案,不得制定追溯既往的法律等。《宪法》第1条第8款逐项列举了联邦的权力和为执行这些权力而制定"必要和适当的法律"的权力。《宪法》规定了联邦对各州应尽的义务,保证各州实行共和政体,不受外侮,应各州的请求平定各州内乱。

(2) 在联邦国会的立法权范围上,未经《宪法》列举的权力一概归各州保留行使。

《宪法》规定在联邦中央与各州的分权方式上,采取中央明文列举,各州概括保留的方式。凡联邦中央的权力由《宪法》明文规定,单独列举;未经列举的权力,均保留给州政府或人民行使之。《宪法》第1条第8款明确列举了授予联邦中央的17项权力,包括:以联邦的名义征税;管理对外贸易和州际商业;发行和铸造货币;统一度量衡;管理邮政、专利权和版权;建立陆、海军并供给军需;宣战、媾和;制定保障联邦行使宪法所赋予的权力的法律等。宪法第10条修正案规定:"凡宪法未授予合众国或未禁止各州行使的权力,皆由各州或人民保留。"这一条款使各州享有多种权力,如管理州的商业、劳工问题;组织警卫力量维持地方治安;制定民、刑事立法,处理民、刑事案件;管理州的文教卫生、公路交通事业等。

(3) 在各州之间的关系上,遵循相互信任、礼让、平等对待的准则。

《宪法》第4条第1款规定:"每州对于它州的法令、案卷及司法程序应有完全的信任。"第2款规定:"每州公民在各州概应享受公民所有的一切特权和特许",并作出各州相互引渡的规定。

2. "三权分立"和"制约与平衡"原则

《宪法》规定,美国国家的管理形式是总统制的共和国,国家机关按"三权分立"和"制约与平衡"的原则建立。

《宪法》规定由国会、总统、法院分别行使国家的立法、行政和司法权。国会由参议院和众议院组成;参议院由各州选派议员2人组成,任期6年,每两年更换其中的1/3;众议院由各州按人口比例选举产生,每两年选举一次。除立法权外,国会还有宣战、弹劾等权力。

总统是政府首脑,又是国家元首和武装部队的总司令,由选举产生,任期4年。总统拥有指挥和监督联邦全部行政的大权,有官吏任免权、发布行政命令权、外交权、军事权、事实上的提案权、赦免权等。联邦法院法官实行终身制,法院审理案件时不受总统和国会的干涉。1803年,联邦最高法院通过对"马布里诉麦迪逊"案的判决,确立了由最高法院解释宪法以及审查立法机关通过的法律是否违宪的先例,从此最高法院掌握了司法审查权。

美国宪法规定,国会有权在宪法授权范围内立法,但总统对国会的立法享有批准权或否决权。根据"马布里诉麦迪逊"案,联邦最高法院亦可利用司法审查权宣布国会立法违宪而使之失效。总统有行政权,但总统任命部长、最高法院法官和缔结条约,必须经参议院2/3议员的同意;总统虽可否决国会通过的法案,但国会两院如各经2/3议员再次通过,即可推翻总统的否决,当然生效;总统如有违法失职行为,国会则可进行弹劾。联邦最高法院以及依国会立法所建立的各级联邦法院有司法权,司法独立,但联邦法院的法官须经总统任命,国会批准;国会还可以弹劾联邦最高法院的法官。

"三权分立"、"制约与平衡"是美国国家权力的基本组织原则。它是按照资产阶级启蒙思想家孟德斯鸠、洛克等人的分权学说建立起来的,原则上是既要分立,又要相互制约,保持平衡,即每个权力机关都享有必要的宪法手段和权力,来对抗其他机关的权力扩张和侵犯,防止权力集中于某一个部门。

(三) 对1787年联邦《宪法》的评价

1787年联邦《宪法》是世界上第一部近代意义上的成文宪法。这部宪法使美国从一个松散的邦联转变为拥有统一中央政权机关的联邦,因而有利于维护独立战争的胜利成果,有利于促进美国资本主义的发展。《宪法》明确宣布在美国实行共和制,对于当时世界范围内占统治地位的封建专制制度是巨大冲击。《宪法》所确立的原则和政治制度,对美国的政治和经济的发展有促进作用,并对其他国家有借鉴意义。

但是,与《独立宣言》相比,1787年美国《宪法》不再强调人民主权和人民的权利,直至宪法通过后,才在人民的强烈反对和要求下,以宪法修正案的方式加以补充。1787年《宪法》背叛了《独立宣言》中"人人生而平等"的原则,确认了黑人奴隶制,这表明了它的阶级局限性。

三、宪法修正案

(一) 宪法的修改

美国宪法规定的修改宪法的唯一形式是宪法修正案。宪法第5条就修正案的提出和批准作出规定:修正案应由国会两院各以2/3多数议员通过后提出,或由国会应2/3多数州议会的要求而召开的制宪会议提出,应由3/4多数的州议会或3/4多数的州制宪会议批准。

迄今为止,国会共通过28条宪法修正案。① 至1955年为止,完成批准程序,生效的有26条。其中反映阶级力量对比的变化,具有重大影响的是:关于公民权利的宪法前10条修正案,又称《权利法案》;南北战争后关于废除奴隶制、承认黑人选举权的第13条、第14条、第15条宪法修正案;20世纪后关于扩大选举权、男女享受平等权利的修正案。

宪法修正案是美国宪法的重要组成部分,代表了美国宪法制度的基本发展方向。

美国宪法除通过上述制定宪法修正案的方式修改外,在长期的宪法实践中还确认和发展了其他方式。如:可以通过最高法院解释宪法和审查法律,使宪法条文的含义得到修正、扩充或改变;国会立法对宪法的补充,总统、政党创立的宪法性惯例也是改变宪法的重要途径。

(二)《权利法案》

1787年美国宪法草案公布后,联邦议会将其交各州批准。由于宪法本文中根本没有公民权利和自由的规定,在批准宪法的过程中

---

① 第27条修正案(关于男女平权)于1972年3月22日提交各州批准,至1982年6月终因未获得3/4同意而成废案。第28条修正案(关于哥伦比亚特区的选举权)于1978年8月22日经国会提出,至今未获得多数州的批准。

引起各州人民强烈不满。一些州的议会在人民的压力下提出要在宪法中增加公民权利的内容,作为批准宪法的条件。在这种情况下,1789年召开的第一届国会的第一次会议通过了宪法第1条至第10条修正案即《权利法案》。

《权利法案》的主要内容是:国会不得制定限制公民言论出版自由,或剥夺公民和平集会和请愿的权利的法案;公民的人身、住宅、文件和财产不受无理搜查和扣押的权利不得侵犯;无论何人不得因同一犯罪行为而两次遭受生命或身体的危害,不得在任何刑事案件中被迫自证其罪;未经正当法律程序,不得剥夺任何人的生命、自由或财产。

第四节 民 商 法

美国法和英国法一样,既没有"民法"的概念,也没有单独的"民法"部门。民法与商法没有严格区分,在法学著作中习惯上把民法和商法合称为私法。在传统上,美国法将属于民商法范畴的法律分作财产法、合同法、侵权法、继承法、婚姻家庭法、公司法、破产法等。

根据美国宪法的规定,民商法领域的立法权,由联邦和州分享;有关税收、通商、归化、破产、币制和度量衡、著作权和发明权的保护以及合众国已接受或购买的州领土范围内的一切事项的立法权由联邦国会行使,其他民商事问题的立法权由各州行使。

一、《统一商法典》

(一)《统一商法典》的制定

美国长期没有统一的商法,其概念和范围也不清楚。19世纪末,美国以统一法律为目的,兴起统一州法的运动。1892年成立的全国统一各州立法委员会拟定的单行商事法规草案经全体会议通过后,建议各州采用。在商法方面,英国于19世纪后制定了一系列成文法,如1882年的《汇票法》、1893年的《货物销售法》等。在此影响下,美国全国统一各州立法委员会起草公布了一系列单行商法草案,如:1896年的《统一流通票据法》、1906年的《统一买卖法》和《统一货栈收据法》、1909年的《统一提单法》和《统一股票转让法》、1918年的《统一附条件买卖法》、1933年的《统一信托收据法》等。它们的体制大都仿效英国法,内容较旧,各州并未普遍采用。

为了现代商事实践的需要,改变各州商法混乱的局面,进一步协调和统一商事法律,1940年,统一各州立法委员会主席施纳德(W. A. Schnader)建议,将过去的商事法规加以整理,编纂一部统一的商法典。此建议得到美国的现实主义法学家卢埃林(K. N. Llewellyn, 1892—1962年)的支持。1952年统一各州立法委员会和美国法学会共同制定了《统一商法典》。1957年、1958年和1962年相继发表了《统一商法典》的修正文本,推荐给各州。除路易斯安那州没有全部接受外,其他各州及首都哥伦比亚特区均基本采用。各州在采用时都作了或多或少的修改。经考察法典的执行情况后,法典常设编辑委员会又于1972年、1978年推出修订文本。

(二)《统一商法典》的基本内容

《统一商法典》分为10篇:总则;买卖;商业票据;银行存款和收款;信用证;大宗转让;仓单、提单和其他所有权凭证;投资证券;担保交易、账债和动产契据的买卖;生效日期和废除效力。法典不是对美国商事法律的全面编纂;其内容主要涉及商品买卖和与之相关的担保、票据等,不包括破产公司、合伙、海商法,并且有关买卖的规定并不适用于不动产买卖。

法典总则宣布的法典的宗旨是:使调整商业交易的法律更加简洁、明确并适应现代的要求;使商业行为能够通过习惯、惯例和当事方协议不断获得发展;使各州调整商业交易的法律归于统一。法典确认了美国商法的五项基本原则:商法应当合理并应承认商业习惯和惯例;奉行诚实信用原则;寻求简化商业交易方面的法律规则;当事人在合理且不损害州利益的前提下可自由修正法典的规定;补救应被解释为使信守契约的受损害方能够恢复到原来状态。法典强调保护消费者的权益;禁止订立违反公共政策或一方控制、压制另一方的不合理契约;规定对显失公平的契约,法院可以拒绝强制执行;在涉及州际和国际交易的问题方面,法典规定当事人可以选择适当的准据法。

（三）《统一商法典》的主要特点

《统一商法典》有力地促进了美国的商品流通,是美国统一州法运动迄今取得的最高成就。法典的主要特点是:

1. 法典适用的对象与传统的商法典不同,传统商法适用的对象只限于商人,而美国《统一商法典》中对商人概念的宽泛界定使得《统一商法典》既可适用于商人,也可适用于一般民事买卖行为。这既反映英美法民商合一的传统,也反映出当代民法商法化的倾向。

2. 法典的内容范围比传统商法要窄。法典以买卖为中心,只涉及动产交易,既无合伙的规定,又无海商、破产的规定。这是由于《统一商法典》属于州法律,根据联邦宪法关于立法权限的划分,海商和破产不属于州立法权限的范围之内。

3. 法典灵活实用,突破了普通法的许多传统原则,力求符合当代商事交易的要求,是以成文法改造普通法的成功范例。法典所规定的某些商事行为的法律原则已经成为国际上公认的准则。

二、公司法

按照美国1787年《宪法》的规定,有关公司的立法权属于各州,但联邦法律与公司法也有关系,这主要指反托拉斯法、联邦证券交易法。

（一）历史沿革

北美殖民地时期,只有少数以营利为目的的公司在获得英王颁发的特许状后成立,如1606年的弗吉尼亚公司和1629年的马萨诸塞湾公司。后来,公司的股东演化为选民,每年投票选举的董事组成殖民政府的立法机关及行政执行机构。独立前,美国没有一般性的公司立法,公司的成立须经英王、英国议会或当地总督、议会的批准。

美国独立后,公司的成立最初须由州议会通过特别法案授予特许状。19世纪后,公司得到迅速发展,客观上要求简化公司成立的批准程序,由一般性法律规定公司成立的条件。1811年纽约州颁布了一般性公司法,规定只要公司发起人签订了公司章程,向政府申请登记,政府就发给执照,准许成立。其他各州纷纷仿效。

由于对公司的管辖权属于各州,所以公司创办人首先要选择公司在哪一个州注册,并向该州的州务卿提出申请和公司章程等文件。以各州公司法中最具典型意义的特拉华州《公司法》(1899年)为例,公司章程规定的事项有公司名称、公司所在地址、经营业务的性质、批准发行的股份数额、公司准备开业的资本总额、创办人的姓名及住所、公司的营业时限。特拉华州的《公司法》允许依该州公司法成立的公司在其他州营业,为设立公司提供了更自由和便利的条件,所以许多公司涌入该州注册登记,这种状况久盛不衰,延续至今。纽约股票交易所上市出售有价证券的公司中,有近一半的公司是在特拉华州登记的。这个《公司法》后来经过几次修改,对其他州的公司法产生了重要影响。

20世纪以来,联邦政府加强了公司立法,其中重要的有1933年的《证券法》和1934年的《证券交易法》。1928年,美国统一州法全国委员会起草并推出《统一公司法》,得到一些州的采用。1950年,美国全国律师协会公司法委员会制定《标准公司法》,经多次修改,已为大多数州采用。

(二) 公司法的基本内容

1. 公司的基本特征

根据《标准公司法》的规定,公司的基本特征是:它是从事经营活动的资合公司;以自己的名义享受权利并承担义务;只能以公司的财产偿付其债务,而其股东并不承担公司债务;公司的股份可以自由转让,所以公司的存在不取决于特定股东的存续;代理权和业务执行权集中于董事会。

2. 公司的管理

《标准公司法》规定,股东、董事会和公司的执行机构参加公司的管理。股东是取得公司股份、作为公司成员的出资人,按拥有的股份数额享有权利、承担义务。股东大会是公司的最高权力机关。其主要权力是任命或解除董事,决定公司重大事宜,如章程的变更、资本的筹集、公司的解散及清算等。董事会至少由3名董事组成,全面负责公司的业务执行和代理。为了保障中、小股东的利益,采取比例投票制的选举方法选举董事,每一股份的表决票数与应选董事的人数相同。董事有权为了公司的利益提起诉讼。

3. 公司的解散

《标准公司法》规定，公司的解散有强制解散和自愿解散两种情况。前者是在检察官提出公司有违法行为，或无力偿还债务而由债权人向破产法院提出申请，或股东利用派生诉讼权提出诉讼的情况下，由法院裁决公司解散。后者是依据股东的自愿，结束公司业务。公司解散后，法人资格即终止，公司的权力由接管和清算公司资产的受托人行使，公司资产按法定程序进行清算。

(三) 20世纪美国公司法的特点

1. 美国公司一般指有限责任公司

凡股东负无限责任的属于合伙，法律不承认其为公司。

2. 封闭公司和开放公司的划分

美国公司法按公司股票掌握的对象，将公司分为封闭公司和开放公司。封闭公司的股票全部或几乎全部由建立该公司的少数人占有，股票不上市、转让或公开出售。封闭公司股东的最低法定人数为2人，总数限制在50人以下；开放公司的股东人数最低不得少于7人，没有对最高人数的限制。

3. 政府加强了对公司的控制

20世纪后，联邦政府加强了对公司的控制与管理，除制定与公司有关的法律外，还在统一各州公司立法方面有重大进展。

三、破产法

19世纪中期以前，美国曾分别于1800年和1841年颁布过两部联邦破产法，但都在实施后不久即被废止。当时，各州所实行的也都是一些有关无力清偿债务、延缓执行方面的法律，几乎没有关于企业破产的法律。

19世纪末，美国连续遭受金融危机的打击，许多大公司的债务得不到清偿，资金不能良性运转。这既直接损害债权人的利益，也使负债公司被强制性地拍卖财产或宣布停业，最终危及社会安定。1898年1月，美国国会通过《联邦破产法》，该法的目的是在全国建立起一个统一的破产制度。该法规定：任何一个欠有债务的人，都有自愿破产的权利；对主要从事农业种植的人和工薪阶层不能强制其破产;破产企业的工人和职员可优先获得破产前3个月或300美元以内的工资作为补偿。这部破产法的颁布实施,奠定了美国现代破产法的基础。

1978年,国会对《联邦破产法》进行修改,颁布了《破产改革法》。随后分别于1984年、1986年对该法进行两次修订。第一次修订的主要内容是界定破产法官与联邦地方法官的管辖权;第二次修订增设了联邦信托人和家庭农场破产法。此外,国会于1988年和1990年分别通过有关专利及知识产权破产事项的修正案和个人债务的债务解脱修正案。

《破产改革法》规定的破产程序分为直接破产程序和协商改组程序两种。直接破产程序由债权人或债务人向法院提出申请,依法宣布债务人破产并对其财产进行清算。协商改组程序是由债权人和债务人双方签订协商改组协议,改变债务人企业的经营机构,暂缓清偿债务,在继续经营一段时间后,若债务人仍无力偿债,可转为直接破产程序。这一规定的目的是在维护债权人的利益的前提下,给债务人一个通过对企业的调整或重组获得新生的机会。

第五节 反托拉斯法

美国是世界上第一个制定反垄断法的国家,资产阶级经济理论认为,自由竞争是促进经济发展的最有效的方法。19世纪下半叶,垄断已成为美国经济生活中的突出现象。托拉斯组织凭借其强大的经济实力,控制市场,规定市场价格,划分经营范围和销售地位,排挤和打击竞争者,损害中小企业及广大消费者利益,严重影响了自由经济的顺利发展,也与自由贸易、公平竞争观念形成冲突。面对这种状况,一方面,美国各州的立法不能有效地制止州际的或对外贸易上的垄断行为和不公平行为;另一方面,根据原有的普通法规范,法院对上述现象也缺乏有力的制裁措施,而遍及各州的反托拉斯运动则空前高涨。正是在这样的背景下,反托拉斯法应运而生。美国反托拉斯法主要是联邦立法,其立法依据是联邦宪法关于授予联邦管理州际商业和对外贸易权力的条款。联邦反托拉斯法主要有三部:

一、《谢尔曼反托拉斯法》

美国第一部反托拉斯法是 1890 年国会制定的《谢尔曼反托拉斯法》。该法因参议员约翰·谢尔曼(1823—1900 年)提出而得名,其正式名称为《保护贸易及商业免受非法限制及垄断法》。《谢尔曼反托拉斯法》是美国反托拉斯法中最基本的一部法律,全文共 8 条,其主要内容规定在第 1 条和第 2 条中。第 1 条规定:以托拉斯或任何类似形式限制州际贸易或对外贸易者均属非法,违者处以 5000 美元以下罚金,或 1 年以下监禁,或二者兼科。第 2 条规定:凡垄断或企图垄断,或与其他任何人联合或勾结,以垄断州际或对外贸易与商业的任何部分者,均作为刑事犯罪,一经确定,处罚与第 1 条相同。

《谢尔曼反托拉斯法》是美国历史上政府全面控制经济的首次尝试,因而向法院提出严峻挑战。首先,该法涉及大量的经济分析,其精密性要求远超过其他方面的案件;其次,该法所涉及的是庞大的公司、复杂的工业结构和广泛的商业活动,其档案材料浩如烟海;再次,该法本身措辞笼统,如"贸易"、"联合"、"限制"等词义不确切,给司法解释带来难度。《谢尔曼反托拉斯法》颁布后遭到大资本家的激烈反对,执行不利。1895 年联邦最高法院在"美国诉奈特公司"案的判决中宣布,制造业中的托拉斯并不从事商业,不属于联邦管理州际商业的权力范围,因而不适用《谢尔曼反托拉斯法》。1911 年联邦最高法院又在"美孚石油公司诉美国"案的判决中裁定,限制商业的活动是否非法,取决于这种限制活动是否"合理地进行"。至于哪些垄断行为"合理",哪些"不合理",则成为法院自由裁量的问题了。《谢尔曼反托拉斯法》还常常被法院用于反对工会组织,镇压工人罢工运动。工会不断被法院宣布为"特种托拉斯",是垄断组织;工会组织的罢工活动是"妨碍贸易的行为",是非法行为。仅 1890 年至 1897 年间,联邦最高法院就根据《谢尔曼反托拉斯法》作出 12 项不利于工会的判决。

二、《克莱顿反托拉斯法》

1914 年,美国国会制定了第二部重要的反托拉斯法,作为对《谢尔曼反托拉斯法》的补充。该法是由众议员克莱顿提出的,因此被称作《克莱顿反托拉斯法》。该法规定以下行为属于非法行为:(1)"可能在实质上削弱竞争或趋向于建立垄断"的商业活动;(2)价格歧视,即同一种商品以不同价格卖给不同买主,从而排挤竞争对手的行为;(3)搭卖合同,即厂商在供应一种主要货物时坚持要买方必须同时购买搭卖品的行为;(4)在竞争性厂商之间建立连锁董事会,即几家从事州际商业的公司互任董事的行为;(5)在能够导致削弱竞争后果的情况下购买和控制其他厂商的股票。

三、《联邦贸易委员会法》

1914年,美国国会还制定了《联邦贸易委员会法》。该法规定设立联邦贸易委员会,负责执行各项反托拉斯法律。其职责范围包括:搜集和编纂情报资料、对商业组织和商业活动进行调查、对不正当的商业活动发布命令阻止不公平竞争。

以上几项法律至今仍是美国反垄断、管理州际贸易和对外贸易的主要法律。1936年国会又通过《罗伯逊—帕特曼法》,对《克莱顿法》的若干规定加以修正;1938年制定了《惠勒—利法》,1950年又制定了《塞勒—凯弗维尔法》,分别对《联邦贸易委员会法》的第5条和第7条加以修正,1980年的《反托拉斯诉讼程序改进法》又对其第7条作出更严格的修改。通过这些立法的修正,上述三个主要反托拉斯法所确立的美国竞争法律制度得到补充和完善。

第六节 社会立法

美国的社会立法起步较晚,现有的社会立法多是20世纪30年代以后制定的。

一、劳工关系法

关于劳工关系的立法主要涉及工人劳动福利方面的立法(如工人的工时、工资标准、保护童工和女工、工伤事故、职业培训等)和有关劳资关系的立法。

(一) 关于工人劳动福利方面的立法

美国在19世纪前半期,联邦没有统一的劳动立法。只有少数州制定了限制童工工作时间的法律,如马萨诸塞州于1942年通过了第一个童工法,规定制造业12岁以下童工每日只准工作10小时,其他如康涅狄格、宾夕法尼亚、俄亥俄等州也先后制定了类似的限制童工和女工工作时间的法律。联邦有关工人工作时间的立法是直到19世纪末20世纪初才开始制定的。1912年马萨诸塞州率先通过了关于最低工资的法案,各州纷纷效仿,到1945年为止,已有26个州制定了最低工资的法律。联邦也在1936年的《全国产业复兴法》中规定了最低工资标准。但是这些涉及工人劳动福利方面的法律受到法院的强烈抵制,一再被宣布违宪,1905年的"洛克纳诉纽约州案"[①]就是这方面的典型案例。

1938年,美国国会通过《公平劳动标准法》对工人的工资与工时标准作出专门规定。二战以后,随着工业生产的发展,经济周期的变动和工人运动的起伏,国会对原有的联邦劳动立法作了多次修改,并通过许多新的法律。1942年政府颁布法令,规定建立有工资的休假制度和改善居住条件等。20世纪60年代后,美国施行促进就业和加强培训的政策措施。1962年通过《人力开发培训法》,规定由联邦拨款举办就业培训和在职培训;1964年通过《经济机会法》对开发人力资源作出规定;1971年的《紧急就业法》规定由联邦拨款给地方政府用于安置失业人员从事公益劳动。1973年国会通过《综合就业与培训法》将以上法律修改合并,成为开发人力资源的综合性法规。

(二) 有关劳资关系的立法

20世纪30年代,随着经济危机的日益严重,工人运动高涨。1932年,国会通过《诺里斯—拉瓜迪亚法》。这是美国联邦立法史上第一个调整劳资关系的法律。该法给予工会代表工人签订集体合同

---

① Loehner v. New York (1905, 198. U. S. 45)案情:一项纽约法令规定,禁止雇用任何人每周在面包房或糖果店工作60小时以上。美国联邦最高法院认为这项法令违宪,侵犯了个人签订合同的权利,而这项权利是宪法第14条修正案保护的个人自由的一部分。参见:《牛津法律大辞典》,光明日报出版社1988年版,第561页。

的权利,禁止法院对工会使用反托拉斯法。

1935年国会通过《国家劳工关系法》,又称《华格纳法》。该法规定,雇工有"组织、成立、参加或支持劳工组织,通过他们自己选出的代表进行集体谈判,以及为了集体谈判或其他互助或保护的目的而进行一致行动的权利",即承认工人有组织工会、进行集体谈判和举行罢工的权利。该法禁止雇主操纵或干涉劳工组织、歧视工会会员和工人、拒绝同工人选举的代表进行集体谈判。该法规定成立国家劳工关系局,作为执行该法律的政府机构,有权处理劳资纠纷,有权就雇主侵犯工会权利的行为向雇主发出禁令,由法院强制执行。第二次世界大战以后,垄断资本集团在国会掀起修改劳工立法的大规模活动,成为战后美国政治逆流的一部分。

1947年国会通过《美国劳资关系法》,通称《塔夫脱—哈特莱法》。这是一项以限制和镇压工人罢工为主要内容的反劳工法律,其主要内容有:禁止同业工人举行全国性的集体谈判;同一行业中两个工厂的工人不得同时谈判罢工,禁止以同情罢工彼此支援;禁止工会进行纠察和"一切非法的联合";在"危害国家安全"时,总统有权指令司法部长要求法院发布80天内禁止罢工的禁令;工会不得以自己的基金作政治活动之用;禁止共产党员或共产党的同情者在工会中工作。《塔夫脱—哈特莱法》颁布后,在最初的13个月中,国家劳工关系局就发布了29起针对工会的禁令,取消了50个进步工会的许可证。从1956年年底到1957年年初,有22名工会领袖以与共产党"共谋"的罪名被提起公诉。从1948年到1974年,国会对该法进行了近10次修订,1965年最高法院才在"美国诉布朗"案的判决中宣布禁止共产党人担任工会职务的规定违宪。

美国关于行政部门及政府官员和雇员的法律规定,禁止国家公务人员罢工,参加罢工的国家公务人员应"立即予以解雇,剥夺其国家公务人员身份,并在3年内不得在任何国家机关中复任公职"。1982年,美国发生各地机场塔台指挥人员大罢工,当局即依据此规定,将1300名参加罢工的国家雇员解雇。

二、社会福利法

第一次世界大战后,美国制定了一些有关社会福利的立法。社会福利法的适用委托给联邦和各州的专门的行政机构,诉讼由普通法院受理。

1935年,国会通过了被富兰克林·罗斯福总统称道为"新政"的"最高成就"的《社会保障法》,在美国历史上第一次建立了联邦的社会保障体系。该法也是历史上第一部正式以"社会保障"命名的法典。其主要内容包括:联邦政府资助各州对贫困老人、孤苦儿童和盲人提供救济,帮助残废者得到职业,对保健机构实行补助,对退休职工提供养老金,对失业工人提供救济费等。总之,该法由老年社会保险、盲人和残废者补助、老年补助、未成年补助和失业社会保险五大项目构成了补助劳动者生活的"生活安全网络"。

第二次世界大战后,1935年的《社会保障法》经过多次修改和补充,于1957年增加了"残疾人福利计划"(此前于1939年增加了"遗嘱抚恤计划"),1966年增加了65岁以上老人"医疗保险",从而进一步扩大了社会福利的适用范围,成为美国实行"福利国家"政策的重要内容。

第七节 刑 法

美国刑法在19世纪以前主要援用英国普通法。19世纪以后,美国联邦国会和各州的议会都制定了单行刑事法律,并对英国传统的普通法刑法原则进行了修正,从而使刑法体系日益完善。

一、刑法的渊源

(一)联邦宪法

按照联邦宪法的规定,在刑事立法方面,联邦国会享有宪法明文列举的立法权,包括:制定关于伪造合众国证券和流通货币的惩罚规则;规定和惩罚在公海中所犯的海盗罪与重罪及违反国际公法之罪;宣告和惩罚叛国罪;通过剥夺公权的法案、追溯既往的法律或损害契约义务的法律等。除宪法列举属于联邦立法范围以外的一切刑事立法权,凡宪法不禁止州行使的,均由各州议会行使。

联邦宪法直接规定了"叛国罪"的构成要件和审判程序。《宪法》第3条第3款规定:"背叛合众国的叛国罪,只限于发动反对合众国的战争,或者依附合众国的敌人,给敌人援助。无论任何人,非经该案证人2人证明或经其本人在公开法庭供认,不得受叛国罪的裁判。"联邦宪法规定的叛国罪以及同叛国罪相关的犯罪的司法管辖权属于联邦法院。

联邦宪法还规定了对特殊犯罪主体的"弹劾程序"。《宪法》第2条第4款规定:"总统副总统及合众国文官,受叛国罪、贿赂罪或其他重罪与轻罪的弹劾和定罪时,应受免职处分。"对于总统和副总统的弹劾,要求众议院提出弹劾议案,由参议院在联邦最高法院首席法官主持下进行事实和法律的审判,对弹劾案作出判决。

(二) 普通法

在司法实践中,联邦法院以判例形式吸收和运用普通法制度。19世纪后许多州都制定成文法,有些州通过制定法对普通法上的某些罪加以规定,使制定法成为刑法的主要形式;有些州则仍保留了较多的普通法传统。

(三) 联邦刑事立法

除了宪法列举的立法权范围以外,联邦国会还利用"默示权",通过宪法规定的商务条款、征税权、战争权、公民权利和管理邮政的权力等,制定了大量的联邦刑事法规。最早的联邦刑事立法始于1790年的《治罪法》,该法包括叛国罪、海盗罪、伪造罪、伪证罪、贿赂罪、公海上谋杀和其他犯罪、违反国际公法的犯罪。此后,在联邦制定单行刑事法规日益增多的情况下,美国对单行刑事法规进行了整理和编纂。1877年制定的《联邦修正法律》是第一部刑法典形式的法律,该法删除了某些过时和相互冲突的法律规范,第一次规定谋杀和过失杀人罪的定义,区分了重罪和轻罪的刑罚,并增加了妨害选举和公权罪这一新的罪名。这是南北战争后取消奴隶制,黑人获得解放、取得选举权在法律上的反映。1909年,国会通过了《编纂、修正、改订联邦刑事法规的法律》,其适用范围较之1877年的法律广泛,增加了妨害国际贸易和州际贸易罪与妨害邮政罪。1948年,美国将联邦刑事法规进一步整理和编纂,编成《美国法典》第18篇,即"犯罪与刑事诉讼"篇。自1948年后,该篇经过数百次修改,是美国现行有效的联邦刑法典。

(四)州刑事立法

美国的刑事立法权主要在各州,这是因为宪法规定除联邦享有的立法权外,一切立法权均由各州行使。从19世纪起,多数州的立法机关制定了刑事法规,其中许多法规是普通法的法典化。如1820年制定的《路易斯安那州刑法典》,1865年制定的《纽约州刑法典》。各州的刑事立法有两种情况:一种是将全部罪都规定在所制定的刑法典中,刑事控告完全根据刑法典进行,法官不能通过判例创造新的罪名;另一种是将部分罪规定在制定法中,对其他犯罪的控告仍然依据普通法。

20世纪50年代以后,美国开始了刑法改革运动,目的是制定一部真正的刑法典。1962年,美国法学会提出《标准刑法典》,为联邦和州刑法的修改和制定提供范本。此后,多数州以《标准刑法典》为蓝本制定了刑法典。1966年,美国国会建立"联邦刑法改革全国委员会",于1971年提出《联邦刑法典(草案)》,但法典的批准遇到巨大困难,至今未正式颁布。

二、刑法的基本特点

(一)刑法渊源具有多样性

美国是典型的联邦国家,法律体系复杂,除联邦的法律体系外,还有50个州和哥伦比亚特区(首都华盛顿市)的法律体系。除联邦法律外,每个法律体系都有制定法和普通法组成的刑事法律制度。制定法中,除联邦和各州立法机关制定的刑事法律外,还有行政机关制定的含有刑罚规范的法律文件,如行政条例、城市法令、地方法规等。普通法除判例外,还包括权威性法学著作中阐述的普通法原理。

(二)犯罪分为重罪和轻罪两种,各类罪又分不同等级

美国联邦刑法典和各州刑法典一般将犯罪分为重罪和轻罪两

类。重罪指判处死刑或 1 年以上监禁的犯罪,包括谋杀、强奸、抢劫、严重行凶、侵入住宅、偷窃、偷窃汽车。轻罪指被判处罚金或 1 年以下监禁的犯罪,包括少量金额的偷窃、情节不严重的行凶、非法使用车辆等。有些州的刑法典除规定重罪、轻罪外,还附加了微罪、违警罪。

美国刑法不仅根据罪行的不同严重程度分为重罪、轻罪、微罪、违警罪这样的"等",还将各类罪分为不同的"级",以使法官在判刑时便于掌握标准。如 1962 年的《标准刑法典》规定重罪分为 3 级,《伊利诺伊州刑法典》规定重罪分为 4 级。

(三)刑罚有死刑、监禁、缓刑和罚金等

1. 死刑。死刑的废存长期存在争议。美国联邦在 1967 年废除死刑,1977 年为有利于打击犯罪又恢复死刑。各州在刑罚制度上轻重悬殊,有的州废除了死刑,有的州则保留了死刑。死刑的执行方法有电椅、煤气窒息、绞首、枪决、注射剧毒药品等。

2. 监禁刑。各州所适用的监禁刑大体可分为不确定刑期、确定刑期和强制刑期三种。不确定刑期指规定刑期的最低限和最高限,在此期间如果犯人表现好,可以减刑或假释。确定刑期指刑期是固定的,亦可因犯人表现好而减刑或假释。强制刑期指法典明确规定必须判处规定刑期,法官无权改动。

3. 刑期幅度大,给予法官以广泛自由裁量的余地。如伊利诺伊州《犯罪法》规定,特级重罪的刑期是 6 年至 30 年。

4. 数罪并罚,采用相加原则,因此刑期可高达数百年。

此外,受社会法学派的影响,加强了对犯罪的预防,加重了对累犯的惩罚,广泛适用"保护观察"措施。

第八节 司法制度

一、美国联邦最高法院的司法审查权

"司法审查"是西方国家通过司法程序,审查和裁决立法和行政是否违宪的一种基本司法制度。这种制度在第二次世界大战以前主

要实行于美国,其后为世界上一百二十多个国家采用。

美国联邦最高法院的司法审查权,指美国联邦最高法院有权通过审理有关案件解释宪法,审查联邦和州立法机关颁布的法律、联邦和州采取的行政措施,宣布违反联邦宪法的法律和行政措施为无效。它是美国司法制度中最有特色的一项权力。

(一) 美国联邦最高法院司法审查权的起源

美国由最高法院负责违宪审查,并不是出自宪法的规定,而是司法实践的结果。它的政治理论基础是三权分立原则。1803年的"马布里诉麦迪逊"案的裁决是美国联邦最高法院运用司法审查权的首次实践。在世界范围内,该案例开创了违宪审查的先河。

"马布里诉麦迪逊"案发生在1801年,当时美国的党争激烈。在1800年年底举行的总统大选中,联邦党人约翰·亚当斯未获连任,民主共和党的候选人托马斯·杰斐逊当选为总统。联邦党人为了改变厄运,使其能控制司法机构牵制立法和行政,在总统权力交接之前,利用亚当斯手中的总统权力,对司法机构作了重大调整。亚当斯任命原国务卿约翰·马歇尔为联邦最高法院的首席法官,并迅速任命了一批联邦党人担任联邦法官。由于行事匆忙,在有些新任命的联邦法官虽已得到国会批准,却未得到正式委任状的情况下,亚当斯的职务就被杰斐逊取代了。马布里就是未接到委任状的新任命的哥伦比亚特区的法官之一。杰斐逊上台后,指使新任国务卿麦迪逊拒不颁发对马布里等人的委任状,以削弱联邦党人对司法权的控制。马布里向联邦最高法院提出申诉,要求根据1789年的《司法条例》第13条的规定发布执行命令,强制麦迪逊交出委任状。马歇尔在宣布最高法院的裁决时提出:联邦宪法在规定最高法院的管辖权方面,并未把向行政官员颁布命令状包括在内。因此,问题的关键在于最高法院究竟应当遵从联邦宪法,还是遵从1789年的《司法条例》? 马歇尔指出:"极为明显而不容置疑的一个结论是:宪法取缔一切与之相抵触的法案。"而判定何者符合宪法,当然属于司法部门的权限和职责。他宣布:由于1789年国会制定的《司法条例》第13条的规定超出了联邦宪法关于最高法院司法管辖权的规定,因而是违宪无效的。

"马布里诉麦迪逊"案确立的司法审查的宪法原则是:宪法是最高法律,一切其他法律不得与宪法相抵触;联邦最高法院在审理案件时,有权裁定所涉及的法律或法律的某项规定是否违反宪法;经法院裁定违宪的法律或法律规定不再具有法律效力。根据这一案件所确立的上述原则,美国联邦最高法院有权通过审理有关案件,解释宪法并宣布违反联邦宪法的法律或行政措施违宪。某项法律一经宣布违宪,下级法院便不能再援用。联邦最高法院在行使司法审查权时遵循的一项重要原则是:"政治问题回避",司法审查权的行使限于司法问题而不涉及政治问题。联邦最高法院自取自封的"司法审查"权,使它在美国历史上,以至于今,都具有举足轻重的地位。到 20 世纪 70 年代,被最高法院宣布违宪无效的联邦法律有 102 件,州法律有数百件。

(二) 美国联邦最高法院司法审查权的作用

司法审查权在美国政治制度发展史上发挥着重要作用,它使刚性的联邦宪法经最高法院的解释而富有适应性,提高了宪法在社会生活中的影响和作用。其主要表现是:

1. 联邦最高法院的司法审查权使司法部门有权制约立法和行政部门,是实现"分权制衡"宪法原则的有力手段。

2. 联邦最高法院利用司法审查权,通过对一系列重大案件的判决,调整了联邦中央与州的分权关系,扩大了联邦权力,限制了州权,确立了联邦中央在宪法明确规定的权限内至高无上的国家主权原则,维护了宪法的最高权威。

3. 联邦最高法院在不同历史时期,根据国际、国内形势的演变,阶级力量对比的变化以及经济发展的状况,灵活地解释宪法,以维护统治阶级的政治、经济利益。经常被联邦最高法院用来作为司法审查依据的宪法条款主要有:"法律的正当程序"条款、"贸易"条款、"平等保护"条款等,最高法院在不同时期根据需要赋予它们以新的解释。

二、法院组织

美国设有两套法院组织:一套是联邦法院组织;一套是州法院

组织。

(一) 联邦法院组织系统

联邦《宪法》第3条规定,合众国的司法权属于最高法院及随时设立的低级法院。1789年,美国第一届国会颁布的《司法条例》经过多次修改,基本部分至今有效。它规定美国联邦法院系统包括:联邦最高法院、联邦上诉法院、联邦地区法院和联邦专门法院。

1. 联邦最高法院

联邦最高法院成立于1790年,最初由首席法官1人和法官5人组成,后来法官人数几经变动,至1869年国会以法令规定由首席法官1人和法官8人组成,至今未变。最高法院法官由总统提名并经参议院同意后任命,可终身任职,除因"行为不当"受到国会弹劾,不得免职。最高法院审理涉外案件和以州为当事人的初审案件以及不服州法院裁决又涉及联邦法律问题的上诉案件。此外,最高法院还审理对联邦上诉法院或州最高法院判决不服,经过特别申请,最高法院法官投票表决获准,以最高法院调卷令的形式移送的案件。最高法院首席法官主持开庭,担负行政职责,他对法院的审判活动有重大影响。从1882年起,最高法院的判决编成《美国判例汇编》,对全国一切法院均有约束力。

2. 联邦上诉法院

联邦上诉法院亦称巡回上诉法院,成立于1869年。全美50个州分为10个巡回区,哥伦比亚特区作为一个巡回区,每一巡回区设立1个上诉法院,共11个上诉法院。法院设法官3人至15人,开庭审理案件的法官一般为3人,要案、难案由全体法官参加审理。上诉法院只有上诉管辖权,负责受理不服本巡回地区法院判决和联邦某些管理机构裁决的上诉案件。一般来说,上诉法院的判决为终审判决。

3. 联邦地区法院

联邦地区法院是联邦法院系统的基层法院,在各州设立1至4个不等,全美共有九十多个。每个法院的法官从1名至27名不等,全国共有四百多名地区法院法官。地区法院对于联邦司法管辖权限内的案件具有初审管辖权。重大案件要有3名法官审理,一般只由

1名法官独自开庭审理。地区法院是联邦法院系统中唯一实行陪审制的法院。

4. 联邦专门法院

除上述联邦普通法院外,美国联邦法院还另有专门法院。主要有联邦权利申诉法院、关税和专利上诉法院、税务法院、军事上诉法院。某些联邦行政上的独立管理机构也具有部分司法权,可以就它职权范围内的争议作出裁决,如联邦贸易委员会、全国劳工关系局等。

(二) 州法院组织系统

美国的州法院组织系统极不统一,各州的各级法院的名称、组成、管辖权均不一致。

州的最高一级法院一般称作州最高法院,只审理上诉案件,并且有权通过审理具体案件宣布州的立法是否违反州宪法。州的最高法院配置法官5人至9人,其中包括首席法官1人。法官多由选举产生,有的州则由州长任命、州参议院批准。各州对法官的任期规定不一,多数州为6年至10年。

州的正式的初审法院是地区法院,或称郡法院、巡回法院或高级法院。它负责一般民、刑事案件的初审,也处理治安法院的上诉案件。法官定期巡回,开庭时由1名法官主持,陪审团参加案件的审理。州地区法院对于认定事实的判决,即为终审;但不服关于法律问题的判决,则可上诉。

州的基层法院一般是治安法院,设于农村或市镇。法官多由民选产生,任期2年。治安法院只能处理一般民、刑事案件的预审,以决定是否送交上级法院审理。在市区,这种法院由各种市法院、警察法院、公证法院、青少年法院等代替。

三、联邦和州法院的司法管辖权

联邦和州法院在管辖权上没有从属关系,两套法院相互平行、独立,但两者之间又有联系。

(一) 联邦法院的管辖范围

根据《宪法》第3条第2款的规定,联邦司法管辖的范围依案件的性质可分为两类：其一，是发生在联邦宪法、法律以及美国与其他国家缔结的条约上的涉及普通法和衡平法的案件；其二，是关于海上法律及海上管辖权的案件。联邦司法管辖权的范围，依当事人的身份可分为七类：其一，是一切有关大使、公使及领事的案件；其二，是合众国为当事人一方的诉讼；其三，是州与州之间的诉讼；其四，是州与另一州公民之间的诉讼；其五，是一州公民与另一州公民之间的诉讼；其六，是同一州公民之间为不同州所让与土地而争执的诉讼；其七，是一州或其公民与外国政府、公民或其属民之间的诉讼。

由于对一州受他州公民或外国公民或属民控诉的案件的管辖权的宪法规定存在争议，1798年美国国会通过宪法第11条修正案，规定他州公民、外国公民或外国属民对美国某一州起诉的任何普通法或衡平法的案件，不得由联邦法院受理。据此，一州公民控诉另一州的案件，只能首先在州法院起诉，联邦最高法院对此类案件只有上诉管辖权。以宪法修正案的形式约束联邦司法权，在美国宪法史上仅此一例。

一般来说，发生在联邦法律下的刑事案件，以联邦为当事人的争讼、州与州之间的争讼、州与外国间的争讼，在联邦法律下发生的价值超过1万美元的诉讼，由联邦法院管辖。其他案件，国会允许各州法院有共同管辖权，可由当事人自由选择向何种法院起诉。

（二）州法院的管辖范围

美国宪法第10条修正案规定："举凡宪法未授予合众国政府行使，而又不禁止各州行使的各种权力，均保留给各州政府或人民行使之。"这一"保留条款"是划分联邦与州的权力，包括司法权的基本原则之一。凡宪法未规定属于联邦法院管辖又未禁止各州管辖的案件，皆由州法院管辖。所以，州的司法权较为广泛。由州法院审理的案件约占全国案件的9/10。

州司法权所包括的案件大多不涉及联邦问题，主要有：关于普通法上的案件，涉及州宪法、州法律、法令的案件，发生于地方政府颁行的特许状和命令上的案件，一州与本州公民之间的争执案件。联邦政府还准许州法院享有对归化、签发护照及破产事宜的管辖权。

第九节 美国法的基本特点及其历史地位

一、美国法的基本特点

（一）美国法与英国法的共同点

美国法与英国法之间存在着历史渊源关系，因此在许多方面是相同或相似的，主要表现为：

1. 以判例法为主要表现形式

英美法律的主体部分是判例法，法律的创制、法律原则的形成和发展以及法律的解释往往是通过判例形式实现的。尽管19世纪末以来，英、美两国制定法的地位日趋重要，但始终保持了判例法的主体地位。即便制定有法典，在体系、结构和适用方面也与民法法系国家的法典有重要区别。

2. 判例法的基本制度是实行"遵循先例"的原则

在此原则下，法院判决创制的先例对以后的同类案件具有拘束力。在司法实践中，法院和法官享有重要地位，法官不仅享有司法审判权，而且享有司法解释权以及由"先例"原则所决定的实际上的立法权。在审判风格上采用归纳的推理方式。

3. 强调程序法的重要性

虽然随着程序法的改革和制定法的增加，实体法越来越受到重视，但是传统的"程序中心主义"影响仍很强烈；"正当程序"原则得到充分强调。

4. 没有对法律部门进行系统分类

在英国和美国，没有一个统一独立的民法部门，而是分为财产法、契约法、侵权行为法等。行政法和商法也不是独立的部门，更没有与之相应的独立法院系统。

（二）美国法与英国法的不同点

1. 法律移植中的批判精神

美国法继承了英国普通法传统，英国的很多普通法判例被美国直接援用，但美国对英国法的运用，以符合美国的国情为前提，对不适合本国国情的普通法规则不予适用。如改革了英国法中的不成文宪法传统,创造了成文宪法和富有特色的宪法制度;改变了普通法的诉讼制度,取消了"普通法之诉"和"衡平法之诉"的区分,简化了烦琐的诉讼程序。美国还通过制定法,消除了土地法、家庭继承法中的封建因素(如废除英国法中的长子继承和限嗣继承制,规定所有子女都有平等继承权;废除土地占有的封建性附加条件,实行自由土地占有制等)。在适用"先例"原则时,美国法认为,如果固守先例会不利于案件的公正处理或不利于法律发展时,就不恪守先例,等等。

2. 立法和司法双轨制结构

美国是联邦制国家,联邦和各州有独立的立法机关和司法系统,因而,联邦和各州各有不同的制定法和判例法。在制定法方面,联邦和各州的立法权的划分由宪法规定。1787年《宪法》以逐项列举的方法规定了联邦立法权的范围(第1条第8款);以保留的方式规定了各州有权管辖的事项(第1条第10款)。1791年通过的宪法第10条修正案进一步肯定了这种规定各州权力的方式。这样,联邦除行使宪法规定的立法权外,没有统一的立法权,刑事和民商事务方面的立法权基本属于各州;但各州的立法不得与美国宪法或美国与他国订立的条约相抵触。在判例法方面,美国的司法机关是双重结构,联邦法院系统和各州法院系统的管辖权不等同于联邦和各州的权力划分。各州的普通法自成体系。

3. 判例法与制定法并重,理论和实践互补

美国法虽然以判例法为基础,但较早地表现出重视制定法的趋向。美国不仅颁布成文宪法,而且进行大量的法典编纂和法律汇编工作。特别是20世纪后,美国成文法的数量和范围都有大幅度的增加和扩展。除联邦法外,各州都有大量的成文立法。在强调法院和法官的作用和地位的同时,美国也注重法学家的作用,如由律师、法官和法学教授共同完成的"法律重述"对美国的司法实践就有一定影响。法官的培养也有赖于大学法学院的教育。

4. 制定法和判例法更具灵活性

英国强调议会主权原则,国会是唯一的立法机关,因此国会通过的法律具有优先于判例的效力,法院必须遵守。美国联邦最高法院

自 1803 年开创了具有解释宪法和违宪审查权的先例之后,美国的制定法较之英国更具有灵活性。英国自 19 世纪确立了判例法上遵循先例的原则,美国虽然也适用这一原则,却不如英国那样严格,联邦和各州的最高法院常常在不同时期作出前后矛盾的判决。

5. 种族歧视色彩

美国法律的这一特点不仅表现在美国独立前各州颁布的确定黑人奴隶身份、控制和镇压黑人奴隶的法典上,而且明显地表现在美国 1787 年《宪法》中。该《宪法》虽然没有使用"奴隶"一词,却使用了"其他人口"的词语,在计算各州选民人数时,奴隶按 3/5 人口计算。《宪法》中还规定国会在 20 年内不准干涉奴隶贸易。南北战争后,美国以宪法修正案形式废除了奴隶制,但以 1866 年密西西比州的《黑人法典》为开端,南部各州纷纷制定类似的对黑人实行歧视的法律。19 世纪末,联邦最高法院在"普莱塞诉弗格森"案的判决中,提出了"隔离但平等"原则,该原则认为对黑人实行隔离是合法的,只是要提供与白人一样平等的设施。这些立法和判例原则虽然在以后因遭到反对而被废除,但黑人的地位直到 20 世纪 60 年代才得到改善。

二、美国法的历史地位

独立战争以来的二百多年时间里,美国法律经历了独特的发展道路。美国在接受英国普通法传统的同时,以深刻的批判精神和创新精神建立了符合美国国情的、独具特色的法律制度。在普通法法系中,美国法占有重要地位,成为普通法系中与英国法并驾齐驱的又一代表性法律。

美国创造了对宪法产生深刻影响的近代宪政思想和制度。它制定了世界第一部资产阶级成文宪法,宪法中体现的分权、制衡和法治原则,奠定了资产阶级宪法的基本框架,并对整个近代时期的资产阶级宪法实践发生了深刻影响。

美国首创了违宪审查制度。这一制度将一切法律都置于宪法之下,一切法律权力都起源并归结于宪法权力,从而赋予宪法以根本法的地位。违宪审查制度的实施,不仅对维护法制的统一、调整各种社会经济关系及统治阶级的内部关系有着积极意义,而且创造出发展宪法、实现宪法监督和保障的模式。违宪审查制度为世界上许多国家效仿,建立起各具特色的宪法监督和保障制度。如英国、瑞士等国建立了议会立法监督制度,依照立法程序行使宪法解释权和宪法监督权。日本、加拿大、澳大利亚等国家建立了由普通法院行使违宪审查权的司法审查制度。法国、德国、意大利等许多欧洲大陆国家则在普通法院之外,设立专门的宪法法院来行使司法审查。美国的违宪审查制度开世界宪法监督和保障制度的先河,推进了宪法制度的发展。

美国根据宪法的分权原则结合本国实际,创造了立法和司法的双轨制法律体系结构,其体制和运作方式为政治制度中中央和地方关系的协调提供了经验。

美国颁布了世界上第一部反托拉斯法,最早建立了反垄断制度。美国的《统一商法典》是以成文法改造普通法的成功尝试。美国刑法率先创造了缓刑制度,并将教育刑观念引入刑法的改革。

所有这些都决定了美国法在普通法系,乃至世界法的发展中的重要地位。另外,美国在它的历史发展进程中,也曾以它的一些反民主立法对世界法的发展产生过消极影响。如它的反劳工立法和种族歧视性立法。

第十一章 法 国 法

　　法国封建制法是西欧封建制法的典型,代表了西欧封建法律的基本特征。拿破仑时期建立的"六法"体系标志着法国资本主义法律体系的确立,对世界上许多国家的法典编纂产生了深远影响,是大陆法系形成和发展过程中的一个里程碑。法国是制定宪法较早、颁布宪法较多的国家,《人权宣言》第一次明确和系统地提出资产阶级民主和法制的基本原则;法国是近现代行政法的主要发源地,其行政法原则和制度主要体现在行政法院的判例之中;1804 年《法国民法典》贯彻资本主义民法原则,成为许多国家私法编纂的典范。

第一节　法国法的形成和演变

一、法国封建制法的形成和发展

　　法国封建制法指 9 世纪至 18 世纪持续近一千年的法兰西王国时期的全部法律。其起讫时间的标志是公元 843 年法兰克查理曼帝国分裂为法兰西、德意志和意大利三个独立王国至 1789 年法国资产阶级大革命爆发。法国封建制法的形成和发展经过三个时期,从极为分散、不统一的习惯法,逐步发展成为成文化、统一化和民族化的法律,为近代法国法律制度的形成奠定了基础。

　　(一) 以习惯法为主的时期(9—13 世纪)

　　这一时期法国的经济和政治特点是分散的自然经济和封建割据。国王在形式上是一国之主,实际上与封建领主一样只能在自己所辖的领地上行使权力;大封建主在其领地上享有独立的政治、军事、财政和审判权力。与此相适应,这一时期法国法律发展的特点是:

　　1. 法律分散、极不统一,没有通行于全国的、普遍适用的王室立法和中央立法及司法机构。由于历史、经济和文化等原因,法国南部和北部的法律状况明显有别,分为成文法地区和习惯法地区:以罗亚尔河为界,法国南部地区工商业恢复较早,初期的城市大都集中在这一地区,在习惯法中罗马法因素较多,而且西哥特罗马法典等罗马成文法还在通行,称作"成文法区"或"罗马法区";法国北部经济比较落后,较多采用由日耳曼法演变而成的习惯法,被称作"习惯法区"或"日耳曼法区"。

2. 法律适用原则发生变化。11世纪前法兰西在法律的适用上"法随人定",仍采用属人主义原则。由于各日耳曼部族和罗马人及其他民族长期混居,文化的融合、渗透,以及经济、政治、法律向集中、统一方向的缓慢发展,12世纪后法律的属地主义原则逐渐取代了属人主义原则,各封建领地或城市都有自己的法律和习惯法,即"法随地定"。

3. 法律渊源极为多样,主要有教会法、商法、城市法、罗马习惯和日耳曼法等。

(二) 习惯法成文化时期(13—16世纪)

从13世纪起,手工业和商业的发展加强了区域间的经济联系。国王利用新兴城市和市民力量削弱封建领主的势力,强化王权,基本实现了政治上的统一,特别是三级会议(由僧侣、贵族和市民代表组成的国会)的设立,使法国进入到等级代表君主制时期。法律在这一时期的重大变化是:

1. 习惯法成文化,法律的分散性逐步缩小

法国在13世纪出现由私人编著的习惯法汇编,如诺曼人莫赛编著的《诺曼底大习惯法》(1225年)和波曼诺瓦领主腓力·德·雷米编著的《波瓦西习惯集》(1283年)。1454年,查理七世发布谕令,要求将所有习惯法成文化。此后,法国出现官方的习惯法汇编,至16世纪中叶先后完成《奥尔良习惯汇编》(1509年)、《巴黎习惯汇编》(1510年)和《不列塔尼习惯汇编》(1539年)等。这些汇编减少了习惯法的分散性,在审判实践中可被直接引用,在法国习惯法的发展中占有重要地位,特别是巴黎习惯法后来成为近代资产阶级立法的主要依据。

2. 罗马法复兴和商法的发展

12世纪由意大利最先发起的罗马法复兴运动在法国产生重大反响,大批法国学者到意大利研习罗马法,促进了法国法学的发展。16世纪人文主义法学派在法国崛起后,法国对罗马法的研究在整体上超过意大利,取得了在欧洲的领导地位,促进了罗马法在法国的传播和运用,并促使法兰西封建习惯法得到深刻改造。这一时期法国的商法、海商法也得到相应发展,中世纪西欧的著名商法典——《奥内隆法典》就是在法国的奥内隆岛编纂的。

3. 王室立法加强

随着王权的提高和政治的日趋统一,国王政府直接颁布的法令增多,如敕令(由三级会议和高等法院参与制定的法律)、诏书(由国王以个人名义颁布的法律)和公告(对法律的解释性文件)。王室立法的适用范围不限于国王所辖领地,在全国范围内发生法律效力。其内容主要是关于国家机关、司法组织和诉讼程序的规定。

4. 巴黎高等法院的建立

13世纪时,法国设立了王室法院,也称作巴黎高等法院。它有权管辖北部各地领主法庭的上诉案件,有权组织司法委员会,有权对地方法院法官行使任免权。高等法院的设立对统一全国法律体系尤其法国北部法律起到重要作用。

(三) 王室立法成为主要法律渊源时期(16—18世纪)

16世纪后法国工商业获得进一步发展,加速了全国统一市场的形成,城市和市民等级势力的不断增长,主权观念的传播以及宗教改革运动都有力地促进了国家权力的高度集中,法国进入专制君主制时期,法律制度发生了巨大变化。

1. 法律进一步统一

法律统一的途径主要是王室立法。巴黎高等法院的判例所具有的广泛影响、罗马法复兴以及罗马法的适用,则加强了法律统一的趋势。但直至资产阶级革命前夕,法国各地的习惯法汇编还有三百余种,法律的分散和混乱现象仍然严重。

2. 王室立法成为主要的法律渊源

君主专制的确立,使国王集立法、司法与行政大权于一身,路易十四的名言"朕即国家"是这种制度的最好写照。在君主专制体制下,国王颁布的法令通行全国,其效力超越了其他法律渊源。为了加强中央集权,王室立法的数量和涉及的部门法越来越多,颇具规模的立法活动逐步展开。法国大革命前已颁布的民事诉讼法令(1667年)、刑事诉讼法令(1670年)、商法典(1673年)和海商法典(1681年)等系统的王室立法,成为此后法国近代诸法典直接和重要的渊源,对法国资产阶级法律体系的确立产生了深远影响。

3. 教会法仍是重要的法律渊源

适用于西欧天主教各国的教会法尽管受到16世纪宗教改革运动打击,但由于法国于1598年颁布的"南特敕令"明确宣布天主教仍为法国的国教,恢复其原有特权,归还被没收的土地。因此,教会法在法国仍占重要地位,尤其在婚姻、家庭和继承方面更具影响。

二、大革命时期资产阶级法律制度初建

18世纪的法国大革命是彻底的资产阶级革命,在革命的各个阶段颁布了众多法律和法令,进行了一系列法制改革,提出了与封建法律原则和观念截然对立的、标志鲜明的资产阶级法制原则和观念,对资产阶级法制的建立发生了巨大影响。

资产阶级革命胜利初始颁布的多部宪法性文件和法令,反映了资产阶级推翻封建法制,创建资产阶级法律秩序的迫切要求。1789年6月17日,国民议会颁布法律,宣布唯有国民议会能够代表全国、能够在治理国家问题上行使全权;1789年6月23日,国民议会颁布"议员不可侵犯案",指出每一个代表的人身是不可侵犯的,任何人或团体均不得以代表在三级会议中的言论,对其实行控诉、追究、逮捕或拘留;1789年8月4日至11日,国民议会通过"永远废除封建制度"的法令(又称"八月法令"),宣布将封建制度全部予以废除,同时宣布将人身依附关系、教会和世俗封建主在法律上的特权,一概无偿废除,并确定制定"全国性的宪法";1789年8月26日,国民议会通过《人权宣言》,在提出反封建纲领的同时,提出一系列资产阶级法制的重要原则;1791年法国颁布第一部宪法,建立了君主立宪政权。

1793—1794年法国大革命的巅峰时期,雅各宾政权制定了关于分配和拍卖逃亡贵族和地主土地的一系列法令,以及关于取缔投机、限制物价等法令,体现了资产阶级革命中最激进的措施;1793年宪法在确认私有财产权为资产阶级权利核心的基础上,进一步强调了资产阶级的平等原则,并扩大了资产阶级民主权利。

法国大革命时期频繁的立法涉及各主要的部门法领域,把近代启蒙思想家倡导的自然法思想、人文主义思想创造性地具体化、法律化,体现了资产阶级的利益要求,阐述了资产阶级法制的基本原则,为法国资产阶级法律体系的全面确立积累了经验、奠定了基础。

三、19世纪初拿破仑全面立法

1794年雅各宾专政结束,大革命的急风暴雨已经过去,但革命的影响却十分深远。革命推翻了封建特权,建立了资产阶级政治统治;变革了封建所有制,建立了资产阶级私有制;摧毁了森严的等级制度,实现了资产阶级的权利平等。这些成果需要进一步用法律手段加以确认,以便把社会生活纳入资产阶级法制轨道。1799年,法国资产阶级政权遇到国内封建复辟势力和国际上英、俄、奥等国反法联盟的内外夹击,形势异常险峻。1799年11月9日(法国雾月18日),拿破仑(Napoleon,1769—1821年)发动政变上台执政,并于1804年称帝。为了肯定和巩固资产阶级革命的胜利成果,维护私有财产制度,消除以往因政局动荡和战争频繁造成的法律不统一的现象,拿破仑亲自领导进行了大规模的立法活动,编纂了一系列法典。

拿破仑统治时期制定过3部宪法:1799年《共和国八年宪法》、《1802年宪法》和1804年《共和国十二年元老院整体决议案》。三部宪法的核心内容是强化拿破仑的个人权力,建立独裁统治。

1800年8月,拿破仑任命波塔利斯(Portalis)、特隆歇(Tronchet)、马尔维尔(Malleville)和普雷阿梅纽(Bigot de Pre'ameneu)四位著名法学家组成法典编纂委员会,着手制定民法典。经过4个月的紧张工作,民法典起草完毕。1801年根据拿破仑命令,法典草案送交各法院征询法官意见,并由参政院逐条讨论修改。拿破仑亲自参加会议倾听讨论并发表意见,终于克服阻力,使民法典在

1804年3月15日得以全部通过。继《法国民法典》之后,拿破仑又制定了1806年的《法国民事诉讼法典》、1807年的《法国商业法典》、1808年的《法国刑事诉讼法典》和1810年的《法国刑法典》。这五部法典完成了拿破仑的法典体系,后来被统称为《拿破仑法典》。在法国法制史上,这五部法典加上拿破仑的宪法,被称作"法国六法"。"六法"体系是以宪法为根本法,以民法典为核心,各主要部门法领域都制定有相应法典的一整套体例完整的资产阶级的成文法体系。它的出现,标志着资产阶级法律制度的最终确立。"六法"颁行后,西欧大陆各国及世界其他国家和地区纷纷效法,特别是《法国民法典》成为许多国家的立法范本,并以此为基础,形成大陆法系。

四、"六法"颁布后法国法的发展

拿破仑系列立法后,法国法随着社会的发展演变发生了重大变化。1871年的巴黎公社是无产阶级专政的最初尝试,它在短暂的72天活动中颁布了一系列关于组织无产阶级政权的立法、保护劳动人民的立法以及镇压反革命的立法。这些立法为以后无产阶级革命的法制创造了范例。

19世纪是法国政治经济形势剧烈动荡的时期,随着各派政治力量对比关系不断调整,自拿破仑第一帝国结束至1875年,法国又先后制定了七部体现不同政体的宪法。最终在1875年《法兰西第三共和国宪法》中明确规定:共和政体永远不许变更。其他各部门法领域,在继续适用拿破仑时期编纂的各大法典的同时,颁布了大量单行法规,以适应不同时期的政治经济形势。如1898年《工业事故法》规定工人或职员在工作时发生事故,有权从企业主那里领取事故赔偿金。此外,法国出现了经济法、社会立法等新的部门法,颁布了如关于实行8小时工作制、禁止妇女儿童夜间劳动等方面的法令,用以缓和日益尖锐的劳资冲突,维护资本主义社会秩序。

20世纪以后,法国资本主义从自由竞争走向垄断。为了适应现代社会的内在需求,法国法发生了重大转变,其明显的表现是:法律出现社会化的倾向,在强调保护个人利益的同时,注重对社会利益的维护。由此,近代资产阶级法治原则有所修正,制定法的立法领域远远超出"六法"领域,出现了大量的行政立法、经济立法和社会立法;重新认识和评价判例的价值,吸收英美法系的某些成果,赋予判例以一定法律效力;通过增订特别法、修改原有的法典的条文,加强司法解释等方式使社会矛盾得到相应调整。在法律现代化的过程中总的倾向是,对法典的修订较为谨慎,动作不大。基本做法是在遵循传统法律原则和制度的基础上进行某种程度的改革,以法典作为各部门法的指导,大量的现实问题通过单行法处理。此外,法国作为欧洲共同体成员国,欧共体法也是构成法国现代法律体系的重要组成部分。

第二节 宪 法

法国是世界上制定宪法较早、颁布成文宪法较多的国家之一。1789年《人权宣言》的发表,标志着法国制宪活动的开始。自1791年制定第一部宪法以来,法国至今已制定了11部宪法(不包括4部宪法修正案)。它们是:《1791年宪法》;《1793年宪法》;《1795年宪法》;《1799年宪法》(该宪法于1802年、1804年、1815年三次修正);《1814年宪法》;《1830年宪法》;《1848年宪法》;《1852年宪法》(该宪法于1870年修正);《1875年宪法》;《1946年宪法》;《1958年宪法》。上述宪法出现在不同的历史时期,反映着当时的政治力量对比,并且受到某些政治人物的政治主张、统治方式以及国际因素的影响,其形式、内容各具特色。但是,它们大都承认《人权宣言》所宣布的资产阶级法制原则,都以维护资本主义制度为目的。

一、《人权宣言》

《人权宣言》,全称是《人权和公民权宣言》,是法国在1789年8月26日革命高潮中制定的第一部宪法性文件。它第一次明确和系统地提出资产阶级民主和法制的基本原则,是具有宪法性质的政治纲领。《人权宣言》后来被《1791年宪法》作为序文,几乎成为法国历史上每一部宪法不可或缺的内容。它对法国以致世界的人权、公民权、权力分立观念和法制的发展,都具有重大、深远的影响。

《人权宣言》以18世纪启蒙思想家的"天赋人权"、"主权在民"、

"三权分立"和其他法治思想为理论依据,并借鉴北美《独立宣言》的内容。全文由序言和17个条文组成。其内容主要涉及三个方面:资产阶级的人权理论,资产阶级的国家理论,资产阶级的法制原则。

(一)《人权宣言》阐述的资产阶级人权理论

人权是《人权宣言》的核心内容,集中反映在序言部分以及第1条、第2条、第11条、第17条中。《人权宣言》的序言中写道:"不知人权、忽视人权或轻蔑人权,是造成公众不幸和政府腐败的唯一原因,所以决定把自然的、不可剥夺的和神圣的人权阐明于庄严的宣言之中。"它宣告:"在权利方面,人们生来是而且始终是自由平等的"(第1条);"一切政治结合的目的都在于保存自然的、不可消灭的人权,这些权利是自由、财产权、安全和反抗压迫"(第2条);"自由交流思想和意见是最珍贵的人权之一;因此,所有公民,除了在法律规定的情况下对滥用自由应负责外,都可以自由地发表言论、写作和出版"(第11条);"除非在法律规定的情况下并且依照法律已经规定的程序之外,任何人都不受控告、逮捕或拘留"(第7条)。《人权宣言》在第17条中进一步强调:"财产是神圣不可侵犯的权利","除非由于合法证明的公共需要明显地要求的时候,并且在公正的、预付赔偿的条件下,任何人的财产权都不受剥夺"。

(二)《人权宣言》阐述的资产阶级国家理论

"主权在民"、"三权分立"是《人权宣言》的重要内容,集中反映在第3条、第16条中。《人权宣言》指出:"全部主权的源泉根本上存在于国民之中,任何团体或者任何个人都不得行使不是明确地来自国民的权力"(第3条)。《人权宣言》主张国家政权实行"三权分立"原则,指出"任何社会,如果在其中不能使权利获得保障或者不能确立权力分立,即无宪法可言"。

(三)《人权宣言》阐述的资产阶级法制原则

《人权宣言》的第5—10条,提出一系列资产阶级法制原则,如:法律面前人人平等、法无明文规定不为罪、法不溯及既往、无罪推定和不得非法逮捕。《人权宣言》规定:"法律是公共意志的表现","法律对一切人,无论是进行保护或者惩罚,都应当是一样的"(第6条)。《人权宣言》规定:"法律只有权禁止有害于社会的行动。凡未经法律禁止的一切行动,都不受阻碍,并且任何人都不得被迫从事未经法律命令的行动"(第 5 条)。《人权宣言》规定:"法律只应当制定严格的、明显的、必需的刑罚,而且除非根据在违法行为之前制定、公布并且合法地适用的法律,任何人都不受处罚"(第 8 条),"任何人在被宣判有罪之前都推定无罪"(第 9 条)。

二、《1791 年宪法》

《1791 年宪法》是法国历史上第一部宪法,也是法国大革命期间颁布的一部极其重要的法律文件,由制宪会议酝酿草拟,于 1791 年 9 月 3 日正式通过。

宪法由序文和正文两部分组成。序文即 1789 年《人权宣言》的全文。正文包括前言和"宪法所保障的基本条款"、"王国的区划及公民的资格"、"国家权力"、"武装力量"、"赋税"、"法国与外国的关系"、"宪法的修改"、"其他规定"等八篇内容。前言与正文相呼应,旗帜鲜明地宣布废除封建贵族爵位和特权,废除等级制度、卖官和官职世袭制度,废除封建行会制度。其余八篇确定了君主立宪制政体、三权分立的政权组织形式以及以资本主义私有制为基础的各项经济制度。

根据宪法,行政权属于国王,"国王是国家全部行政权的最高首脑"。他拥有广泛的权力:任命各部部长、驻外使节和高级文武官员;代表国家宣战媾和、缔结条约;对除宪法和有关财政法案以外的议会立法搁置、否决等。但是,国王不再是封建时代的专制君主,"国王只能根据法律来治理国家,并且只有根据法律才得要求服从"。国王的行为须经部长副署才能生效。对外宣战、缔结条约也应事先经议会同意。

立法权属于一院制的国民议会。它有权提议并制定法律、决定公共支出、创立赋税、决定官职的设立或废止等。同时,议会可以"向全国最高法庭诉追部长和行政权方面主要官员的责任","向全国最高法庭提起公诉并追究被控为侵犯或阴谋危害国家安全或宪法的人"。议会定期举行会议,可自行决定会议地点和会期长短,国王不得干涉,也不能解散议会。

议会选举沿用1789年旧制,把公民分为积极公民和消极公民。凡没有财产的人、被雇用的人、被提起公诉的人、破产和无力清偿债务的人都列为消极公民,消极公民没有选举权。积极公民的条件是年满25岁,有法国国籍,有法律所指定的一定时期的住所,能够缴纳相当于当地3个工作日收入的直接税,不是私人佣工。只有积极公民有选举权。议员由间接选举产生,每一百名积极公民中选出一名"选举人",再由选举人选举议员。"选举人"须有能力缴纳相当于10个工作日收入的直接税。当选议员则应有不动产,并能缴纳50法郎的直接税。宪法确立的这种以纳税为标准的选举制度完全把劳动人民排斥在国家政治生活之外,把国家权力由封建统治者转移到了富有的大资产阶级手中。

宪法规定,司法权由按时选出的法官独立行使,在任何情况下,不得由国民议会或国王行使之。

宪法维护法国的殖民统治,既肯定了亚洲、非洲和美洲的法国殖民地和属地是法国领土的一部分,但又不适用本宪法。

三、《1793年宪法》

《1793年宪法》又称《雅各宾宪法》、《第一共和国宪法》。它诞生于法国大革命高潮,由资产阶级民主革命激进派雅各宾党人制定。

1792年8月10日,巴黎人民第二次举行起义,推翻了国王,结束了君主立宪制度,选举了新的国民公会。同年9月21日,国民公会通过颁布《关于废除王权的法令》,宣布废除王权,实行共和制度。翌日,法兰西第一共和国成立,"自由、平等、博爱"被宣布为共和国的政治口号。1793年1月21日国王路易十六被判处死刑,同年6月雅各宾派开始执政。在法国革命面临严重危机,法兰西共和国处于内外敌人包围之中的形势下,雅各宾派为了发动群众,尽快表明自己的政治主张,迅速制定了新宪法,罗伯斯庇尔执笔为这部宪法写了新的《人权和公民权宣言》。同年7—8月宪法经公民投票批准。

《1793年宪法》由新的《人权和公民权宣言》和本文124条组成。其主要特点是:

第一,包括了一个更民主、进步,内容更为丰富的《人权宣言》。新的《人权宣言》中除列举 1789 年《人权宣言》中的自由权利和法制原则外,还对它们作出进一步解释,并且提出新的权利,如公民享有劳动的权利、享受公共救助权及提供救助的义务、受教育的权利、社会保障的权利、起义的权利等。

第二,废除了《1791 年宪法》确立的君主立宪政体,宣布法兰西是一个统一的不可分的共和国,其结构形式为单一制。

第三,按照卢梭"权力不可分割"的原则组织国家政权,否定了三权分立的政权组织原则,以任期一年的一院制的国民议会为国家最高权力机关。执行会议是最高行政机关,隶属于国民议会。法官也由议会选任。

第四,废除《1791 年宪法》有关公民等级的规定,主张"主权的人民包括法国全体公民"。议会代表由公民直接选举,不受财产限制。

第五,宣告法国人民是各自由民族的朋友和天然同盟者,并开创了国际关系互不干涉原则。

《1793 年宪法》是法国历史上最激进的一部宪法,尽管由于雅各宾政权的失败而未实施,但对法国的宪政运动和法制建设仍有深远影响。

四、《1875 年宪法》

1870 年爆发了普法战争,法国军队惨败,拿破仑三世被普军俘虏。9 月 4 日,巴黎人民发动武装起义,第二帝国被推翻,法兰西第三共和国宣告诞生,并组成临时政府。1873 年下半年,国民议会在人民群众的强烈要求下,成立宪法起草委员会。由于该委员会内部在确定政体的问题上斗争激烈,宪法起草工作进度迟缓。直至 1875 年 1 月 30 日,国民议会以 1 票多数(353 票对 352 票)通过将国家元首明确规定为"共和国总统"的议案,最终确认了共和政体。1875 年 2 月 24 日、25 日 和 7 月 16 日国民议会相继通过《参议院组织法》、《政权组织法》和《政权关系法》三个宪法性法律文件,史称《法国 1875 年宪法》,又称《法兰西第三共和国宪法》。

在形式上,《1875 年宪法》由三个法律文件构成,是法国历史上唯一不是系统完整的宪法典的宪法。宪法的内容也不完整,主要内容是政权的组织与分配,既没有宪法的一般原则,也没有专门规定司法权,特别是对公民权利缺乏系统规定。

宪法规定,立法权由参、众两院共同行使。参议院设议员300人,其中75人由国民议会选出,终身任职;其他225人任期9年,第3年改选1/3,由各省和殖民地选举产生。参议院除立法权外,还掌握最高司法权,有权组织最高法庭审理总统和内阁成员的弹劾案件及"危害国家安全罪"案件。众议院议员任期4年,由男性公民直接选举产生。妇女、军人、殖民地本地居民都不享有选举权。参、众两院都有立法权和行政监督权,但有关财政议案,应先送众议院进行表决;对总统和内阁阁员的弹劾权也属于众议院。

总统是国家元首,由参、众两院联席会议上选出,任期7年,连选连任。总统任命高级官吏;统率军队;批准国际条约;宣布大赦;有立法提案权;对议会通过的法案有1个月的延搁权;经参议院同意可以解散众议院。宪法赋予总统广泛的职权,但宪法公布不久,总统的权力实际上日渐削弱,国家权力明显转到内阁手中,使法国成为比较典型的议会共和制国家。

宪法规定法国实行责任内阁制。内阁是行政机关,内阁总理由总统任命,但其工作向议会负责而不向总统负责。总统颁发行政命令须有1名内阁成员副署方能生效,因此行政权实际操纵于内阁。此外,内阁成员还有权出席参众两院会议,协同讨论有关行政方面的立法提案。

宪法肯定了拿破仑一世创立的参政院这一国家机构。它是对立法和行政事务进行咨询的咨议机关,同时又是行政法院的最高审级,受理比较重要的行政诉讼和下级行政法院的上诉案件。

《1875年宪法》共适用65年之久,是法国历史上适用时间最长的宪法。它奠定了第三共和国政治制度的基础,确立了资产阶级共和制度,并在法国首次推行责任内阁制,在法国历史上产生了深远影响。1940年德国入侵法国,戴高乐组织的政府流亡英国伦敦,贝当在维希建立起傀儡政权。1940年7月10日法令废除总统并建立元首制度,法兰西第三共和国从此告终,《1875年宪法》实际被废止。

五、《1946年宪法》

反法西斯战争胜利结束后,在民主、和平、民族独立运动和社会主义运动空前高涨的历史背景下,法国在1946年经公民投票表决,通过宪法草案,基本恢复了《1875年宪法》确立的政治结构。《1946年宪法》又称《法兰西第四共和国宪法》。该宪法由序言和正文两部分组成:序言以《人权宣言》为基本内容;正文共12篇106条。宪法的基本内容特点如下:

1. 赋予国民议会最高和广泛的权力。议会由共和院(上院)和国民议会(下院)两院组成。在议会两院中,国民议会居于特殊地位。在立法方面,只有国民议会有权制定法律,单独享有议决法律提案的权力。共和院对立法只能提供咨询性意见,或对国民议会通过的法案予以短期搁置。在对内阁实行监督方面,国民议会有权批准政府的施政纲领,拥有倒阁权(如果国民议会以半数通过对政府的不信任案或否决了政府的信任案,则政府必须辞职)。

2. 规定内阁是最高行政机关,政府实行责任内阁制。内阁总理由国民议会投票通过后由总统任命,但政府工作不对总统负责。总理就任时须向国民议会报告本届内阁的政策、纲领,就任后的工作受议会监督,并且内阁成员对国民议会负连带责任。

3. 规定总统的实际权力较第三共和国总统小。总统由议会两院联席会议选举产生,是名义上的国家元首。总统颁布命令须经内阁总理和有关国务委员副署方能生效,总统对政府行为不承担实际政治责任。总统无权否决议会通过的议案。

4. 恢复和扩大了二战期间被法西斯践踏的资产阶级民主权利。宪法重申了《人权宣言》的基本精神,阐明公民享有的各项传统权利与自由。宪法进一步确认:公民有男女平等权、劳动权、受教育权;因争取自由而受迫害者,在共和国领域内有受庇护的权利;失去劳动能力的老弱病残者有接受国家照顾和救济的权利;工人有组织工会,通过代表参加决定工作条件和企业管理的权利,以及"在法律规定范围内"罢工的权利等等,特别规定妇女有选举权。

5. 宣告法兰西联邦各民族一律平等,永不使用武力侵犯其他民族的自由。

六、《1958年宪法》

《1946年宪法》实施后,由于宪法中关于议会与内阁相互制约权力的格局中,议会处于绝对优势而政府处于劣势地位,内阁极不稳定。① 20世纪50年代后,法国垄断资本,特别是新兴工业垄断财团的实力有很大发展,国内各种社会矛盾更加突出,政局更加动荡。统治阶级迫切要求制定新宪法,以满足建立稳定、有力的政权的需要。1958年5月13日,法国驻阿尔及利亚殖民军将领发动军事叛乱。对待这一事件各派政治势力持不同立场,法国面临内战危险。5月底,国民议会任命一贯主张扩大总统权力和行政权削弱议会权力的戴高乐组阁,授权他用6个月时间处理阿尔及利亚问题及制定新宪法。在戴高乐主持下,新宪法于1958年9月28日由公民投票表决通过,10月5日新宪法公布施行。按宪法建立的共和国称第五共和国,所以这部宪法又称《第五共和国宪法》,或《戴高乐宪法》。

《1958年宪法》由序言及15章92条组成。序言重申1789年《人权宣言》规定的原则。宪法内容反映了戴高乐一贯所持的制宪思想。其特点是:

1. 加强了共和国总统的权力。宪法将"共和国总统"作为第二章,置于第一章"主权"之后。宪法规定:共和国总统监督遵守宪法,保证公共权力机构的正常活动和国家的持续性。总统通过公民直接普选的方式产生,任期7年,可连选连任。总统除拥有原来作为国家元首的种种权力,如任命官吏、主持国务会议、公布法律、统率军队、缔结条约等外,不需经议会同意即可任命内阁总理并领导政府工作。总统有紧急措施权,当共和国受到威胁和国家权力正常行使受到阻碍时,得采取紧急措施保证权力机关的任务。总统还拥有牵制议会

---

① 参见由嵘、胡大展主编:《外国法制史》,北京大学出版社1989年版,第332页。"据统计,1946—1955年9月间,国民议会对内阁提出过118次不信任案。1945—1958年1月,内阁更替25届,每届内阁平均执政仅半年左右,最长的也不过1年多,最短的仅两天"。

立法的种种权力:他在公布议会通过法律之前(15日内)可以要求议会复议;可将某些法案提交公民投票表决;将法案提交宪法委员会审查是否违宪;在与总理及议会两院议长协商后,得宣布解散议会。总统权力扩大的结果导致了法国政治体制的重大变化。宪法规定的总统权力与美国相比较,可称"半总统制"(美国总统无须总理或部长副署而独立行使权力,法国总统则大多必须经总理或部长副署才能行使权力。美国总统兼政府首脑,法国总统则不兼政府首脑。美国政府向总统负责而不对国会负责,法国政府则对国会负责而不对总统负责)。

2. 稳定了政府的地位。宪法规定内阁总理由总统提名并任命,不需征求议会同意。内阁阁员由总理提名、总统任命。对议会对政府的不信任投票权设置种种限制:不信任案须经议会1/10的议员签署,并经议员半数同意才能通过;议案倘不通过,原签署议员在同一会期内不能再次提出。禁止议员兼任内阁阁员,以防止议员为求得阁员职位而策动倒阁。

3. 削减议会的权力。宪法规定议会采取两院制,上院为参议院,下院为国民议会。议会实际行使的权力已被明显削弱,其表现为:宪法将"条例性质"的立法权划归政府,议会只在"一般原则"范围内保留立法权,政府为执行施政纲领可以要求议会授予它制定法令;议会通过的法案须经宪法委员会审查,并经总统公布才能成为法律;总统有权将议会通过的法案提交公民复决。所以,法国这种政治体制有"半议会制度"之称。

4. 设立宪法委员会并赋予违宪审查职能。宪法委员会是法国的一个国家机构,兼有司法、监督、咨询多重职能。宪法委员会由9名委员组成,分别由总统、国民议会议长、参议院议长各任命3名。委员任期9年,不得连任,每3年更换1/3。宪法委员会主席由总统任命。宪法委员会有权监督选举,审查法律和法令是否合宪,总统在行使"非常权力"前,应正式征询宪法委员会的意见,并将其意见向全国公布。此外,宪法委员会仲裁政府和议会关于"一般原则"和"条例性质"的法律界限的争讼。

《1958年宪法》经过四次修改(1960年、1962年、1963年、1974

年),保留至今,是法国现行宪法。

第三节 行 政 法

法国是近现代行政法的主要发源地。自1789年法国大革命以来,特别是拿破仑一世统治时期奠定法国现代行政法基础以来,法国行政法沿革至今已有二百多年历史。法国行政法的发展与行政法院密切相关,具有鲜明的特色。

一、行政法的建立与发展

封建君主专制时期,法院利用职权干预行政事务,反对国王的改革政策。资产阶级大革命开始后,司法机关最初仍被封建势力所把持,政府颁布法律仍然受到法院的阻挠与破坏。吸取历史教训,资产阶级以"三权分立"为依据,屡次通过立法强调国家行政权、立法权对司法的独立,宣布普通法院不得干涉立法和行政权的行使。其中1790年8月制宪会议制定关于司法组织的法律规定:"司法职能和行政职能不同,现在和将来永远分离,法官不得以任何方式干扰行政机关活动,也不能因其职务上的原因,将行政官员传唤到庭,违者以渎职罪论。"从此,普通法院丧失了行政审判权。《1791年宪法》也以明文规定:"法庭不得干涉立法权的行使或停止法律的执行,不得侵犯行政职务,不得对行政官因其职务上的原因而将其传唤到庭"(第5章第3条)。这为法国行政法和行政法院的产生准备了条件。

1799年拿破仑取得政权后,取消了大革命初期的地方自治制度,推行地方行政长官负责制,行政人员由政府任命,而不通过民选,政府权力又最终集中于拿破仑一人手中,从而在法国建立了高度中央集权的行政制度。《1799年宪法》中规定:"在执政的指挥下,设一参政院担任撰拟法律草案和行政规章,以及解决行政上发生的疑难事件。"① 参政院由第一执政兼院长,下设五个小组,其中四个是执政

---

① 法学教材编辑部《外国法制史》编写组编:《外国法制史资料选编》(下册),北京大学出版社1982年版,第596页。

府的咨询机关,一个受理行政诉讼案件。参政院的这一职能使行政系统内部的行政任务和行政审判任务分离,执行行政任务的官员不从事审判活动,参政院事实上成了行政案件的专门裁决机构。但是这时国家元首仍保留行政裁判权,参政院只能以国家元首名义作出裁决。

普法战争结束时(1870年),参政院曾一度被废除。1872年5月24日法律在恢复参政院的同时,规定它以法国人民的名义行使裁判权。从此,行政审判成了法国人民委托给参政院的权力,而不再从属于国家元首。参政院成为最高行政法院,法国从此产生行政法院和普通法院并行的双轨制的司法制度。

19世纪前的法国行政法院(即参政院)只是行政诉讼的上诉机关,行政机关仍旧保持对于行政行为的司法管辖权。行政争议必须先由部长裁决,只有不服部长裁决才向国家行政法院申诉。这种制度被称作"部长法官制"。1889年12月13日,最高行政法院在卡多案件的判决中,否定了部长法官制。当事人不服行政机关的决定,可以直接向最高行政法院起诉,无须先向部长申诉。从此以后,最高行政法院对于行政诉讼案件,取得普遍的管辖权,并且以行政司法为基础发展起来一套独特的行政法律制度。

二、行政法的法律渊源

法国行政法不像其他部门法那样有完整的法典,其法律渊源呈现出多样化的特点。

1. 宪法。法国宪法是规定国家的重要制度的国家根本法,其中与行政有关的条文是行政法的最高法源。它不仅对行政法构成原则性的指导,而且其许多条款本身就构成行政法内容的一部分,如宪法对总统和政府的规定等。

2. 议会制定的关于行政组织和活动的法律、政府部门的行政条例、地方政府制定的行政规章。这些法律、条例、规章都是成文的形式,也是行政法的渊源。

3. 行政法院的判例。法国是成文法国家,但在行政法领域,行政法院的判例是仅次于宪法和法律,高于行政条例的重要渊源。行政法上的很多重要原则,在法律没有规定的情况下都是由判例产生的。在法律规定的情况下,判例又往往起着解释和适用法律的作用。而且有时候行政法的规定只限于某项特殊的行政活动,不能适用于其他事项,行政法上总的原则就由判例产生。

4. 法的一般原则。行政机关和行政法院在既无成文法又无判例依据时,通常就根据法的一般原则,决定应当遵守的法律规则。法的一般原则效力和法律相等,涉及范围很广,内容十分丰富。最经常引用的原则有:公民的基本自由权、公民的各种平等权、为自己辩护权、行政行为不溯及既往原则、既判力原则、不当得利返还原则、尊重既得权原则、行政机关采取对公民不利的行为不能超过达到合法目的必要的程度原则等。①

三、行政法的基本特点

法国行政法包括行政主体、公务员制度、行政行为、行政救济、行政诉讼等多方面内容。几乎每部分都有不同于其他国家或不同于法国其他部门法的特点,其中最主要的特点是:

(一) 法国行政法构成独立的法律体系

法国有明确的公法和私法的划分。行政法作为公法的部分,又是一个独立的法律部门和体系。凡属行政机关和公民间的法律关系,适用行政法或公法的一般原理,适用普通法是例外。这一特点在很大程度上是由于行政法院受理行政诉讼的结果。这与政府活动和私人活动受同一种法律调整的英美国家不同。

(二) 法国有独立的行政法院体系

在司法体制上,法国是典型的二元主义制度的国家,行政案件与普通案件分别由行政法院和普通法院审理。行政法院和普通法院是互不隶属的两个法院系统,普通法院无权受理行政争讼,当诉讼案件在管辖权的问题上发生争议时,由专门设立的权限争议法庭裁决。

(三) 法国行政法的重要原则来自行政法院的判例

在法国行政法中判例具有重要意义,因为行政事项极为繁多和

---

① 王名扬:《法国行政法》,中国政法大学出版社1989年版,第203页。

复杂,行政法官经常遇到无法可依的情况,不能不在判决中决定案件所依据的原则,从而使行政法的重要原则,几乎全部由行政法院的判例产生。例如,行政行为无效的理由、行政赔偿责任的条件、公产制度、行政合同制度、公务员的法律地位等极为重要的法律原则都由判例产生。判例中的原则有些被成文法吸收,大部分至今仍然处于判例状态。

(四) 法国行政法没有编纂完整的行政法典

法国属于典型的法典国家,有系统而完备的民法典、刑法典和刑事、民事诉讼法典,但没有行政法典和行政诉讼法典。虽然现代法国也编了不少行政法典,如矿业法典、森林法典、市镇法典等,但都不是完整意义上的行政法典。其原因主要是受制于其行政法和行政法院发展的历史,也由于行政活动的广泛、复杂及其多变性。

第四节 民 法

一、1804 年《法国民法典》

1804 年的《法国民法典》又称《拿破仑民法典》,是法国资产阶级建立统一的资产阶级法律制度,巩固大革命的胜利成果的产物。它是资本主义社会的第一部民法典,也是世界范围内影响广泛的一部民法典。该法典虽经修改但至今仍在法国施行。

(一) 1804 年《法国民法典》的制定

1789 年《人权宣言》及《1791 年宪法》在宣布平等、自由、安全、财产等权利的同时,确立了民事权利平等、契约和贸易自由、财产权神圣不可侵犯等资产阶级民法的基本原则。此外,大革命时期的历届资产阶级政府制定的大量民事立法,变革了包括土地制度、赋税制度、婚姻家庭、继承制度等在内的各项封建民事法律制度,反映了资产阶级发展经济和统一法制的要求。但是,法律统一的目标并未实现,民事法律的分散性及其封建特质仍然阻碍着资本主义的商品生产和交换。为了进一步统一法制,巩固大革命的成果,资产阶级迫切需要制定一部大规模完整的民法典,系统而周密地从社会生活的各个方面维护资产阶级私有财产权,促进资本主义商品生产和交换的顺利进行。

《1791年宪法》正式提出"制定一部为全国所共同遵行的民法典"。然而发展迅猛的法国革命使政局动荡不定,在制定什么样的民法典这一问题上,各种派别和思想难于统一。1793年、1796年和1799年由著名法学家康巴塞雷斯(J. J. R. de Cambaceres,1753—1824年)提出的三次民法典草案,均未获得议会通过。1799年,拿破仑建立执政府后着手进行政治经济改革,法国出现了较为稳定的政治局面,为资产阶级进行大规模立法创造了有利的社会环境。1800年起,拿破仑领导了全面立法活动,《法国民法典》的制定是其中最重要的组成部分。他任命波塔利斯(高级行政官、委员会负责人)、特龙谢、比戈·德·普雷·阿梅纳和马尔维尔4人组成法典编纂委员会,开始民法典的起草工作。曾由康巴塞雷斯起草的三个民法典草案也交委员会审议。拿破仑本人多次主持和出席审议法典草案的会议,他的思想主张对法典产生了很大影响。在拿破仑的直接干预下,1803年民法典全文陆续通过。1804年3月21日,拿破仑签署命令公布施行,定名为《法国民法典》。由于拿破仑本人对《法国民法典》的制定有着特殊贡献,所以这部法典分别于1807年和1852年被命名为《拿破仑法典》。1870年又被正式称作《法国民法典》。

(二) 民法典的渊源和特点

1. 民法典的渊源

《法国民法典》的渊源主要是:(1) 革命初期的各种民事立法和法制原则。如关于废除封建制的法令、废除封建义务的法令、实现婚姻世俗化的法律等。(2) 革命前的王室法令。如君主专制时期国王的民事告示、敕令,条例中关于遗嘱、遗赠、证据等规定。(3) 习惯法。法国习惯法对民法典影响极大,特别是其中关于夫妻财产制度、亲权和继承规则。(4) 罗马法。《法学阶梯》的结构和许多内容、形式为《法国民法典》所模仿和吸收。法国中世纪后期杰出的私法学家朴蒂埃(Robert Joseph Pothier,1699—1772年)在其著作中,将罗马法和地方习惯法融于一体,加以阐发,为民法典的制定奠定了基础。[①] (5) 革命前巴黎高等法院的判决和教会法。前者关于失踪、无人继承规则,后者的某些结婚和立嫡规则均为民法典参考吸收。(6) 自然法学和启蒙思想的影响。

《法国民法典》由复杂多样的因素所构成,辑集了多种法律、法令、习惯法、法学原理和原则,因而被近代德国著名法学家萨维尼(F. C. von Savigny, 1779—1861 年) 称为"辑集者的成果"。

2. 民法典的特点

(1) 法典是典型的资本主义社会早期的民法典。与资本主义早期发展的自由竞争经济条件相适应,民法典以个人最大限度自由、国家和社会最小限度干预的理念为基础,以资产阶级个人主义、自由主义、营利主义为立法指导思想,用经典的法律条文系统、准确地表达并强调了民事权利平等、私有财产无限制和不可侵犯、契约自由和过失责任等近代民法的基本原则。法典里没有关于法人制度的规定,雇用关系的规定极为简单。法典对农业财产,特别是其中的土地所有权制度作出详细规定,但却很少涉及工业财产权,更没有知识产权的规定。法典注重维护小生产者利益,有大量对小农和手工业者所有制具有重大意义的条文规定,诸如所有权、役权、用益权等。

(2) 法典贯彻资产阶级民法的基本原则。作为典型的资产阶级民法典,《法国民法典》全面贯彻资产阶级民法原则,体现了资产阶级的革命精神。法典的人法、物法与取得财产的各种方法三编,集中反映了民事权利平等,私有财产无限制和不可侵犯、契约自由以及过失责任原则。

(3) 法典保留了旧制度的若干残余。法典在全面贯彻资产阶级民法原则的同时,保留了若干封建法残余。这集中体现在婚姻家庭制度方面。法典部分恢复了亲权;夫妻关系依旧保留了固有的夫权传统;规定了夫妻离婚的不平等条件和对非婚生子女的身份权和财产权的歧视。民法的革命原则和传统之间的这种妥协,是法国社会历史发展的阶段性所决定的。

---

① 何勤华:《西方法学史》,北京大学出版社 1989 年版,第 120 页。

(4) 法典注重实际效用,通俗易懂。法典起草者遵循的宗旨是法典的内容表达尽可能为一般人理解和运用,因此,法典以经验为基础,注重实用,没有过多的抽象概念,不过于追求科学性和严密性。法典很少用弹性概念,执法时自由裁量的余地不大。法典表述通俗,言简意赅。

(5) 法典继承了罗马法传统。民法典的渊源是多元化的,但其中最重要的是罗马法。法典的体例仿照了《罗马法大全》中《法学阶梯》的模式。它的很多制度、原则,乃至法律概念、术语都来自罗马法,特别是关于所有权和债权的内容更直接源于罗马法。

(三) 民法典的基本内容和主要原则

1. 民法典的基本内容

《法国民法典》由总则和三编组成,共2281条。

总则共6条,规定法律的公布、效力及其适用范围。法典强调适用法律人人平等。它的第1条、第3条规定法律公布后,在法国全境内有强制力,自公布可为公众知悉之时起发生强制力。对一切居住在法国境内的人和全体法国人(即使其居住于国外)都有强制力。第2条规定法律仅适用于现在,没有追溯力。第4条规定法官不得以法律不完备为借口而拒绝审理案件。第5条规定法官对其审理的案件,不得用确立一般规则的方式进行判决。其目的在于划清立法权与司法权的界限。第6条规定个人不得以特别约定违反有关公共秩序和善良风俗的法律。对私法自治原则作出总的限制性规定。

第一编编名为"人",是关于民事法律关系主体及其婚姻家庭关系的规定,包括民事权利的享有及丧失,身份证书,住所,失踪,结婚,离婚,父母子女,收养与非正式监护,亲权,未成年、监护及亲权的解除,成年、禁治产及裁判上的辅助人,共11章。第二编编名为"财产及对所有权的各种限制",是关于民事法律关系客体的规定,包括财产的分类,所有权,用益权、使用权及居住权,役权或地役权,共4章。第三编编名为"取得财产的各种方法",是关于民事权利转移的各种可能性的规定,包括继承、生前赠与及遗嘱、契约或合意之债的一般规定、非因合意而发生的债、夫妻财产契约及夫妻间的相互权利、买卖、互易、租赁、合伙、借贷、寄托及讼争物的寄托、赌博性的契约、委任、保证、和解、民事拘留、质押、优先权及抵押权、对于债务人不动产的强制执行及债权人间分配的顺位、时效等,共20章。

2. 民法典的主要原则

法典虽然篇幅庞大,条文很多,但其基本原则主要有4个:

(1) 民事权利平等的原则。《法国民法典》第8条规定:"所有法国人都享有民事权利"①;第488条规定:"满21岁为成年;到达此年龄后,除结婚章规定的例外,有能力为一切民事生活上的行为"②。这些规定取消了由身份、地位决定民事权利的有无和多少的封建制度,确认了民事权利平等的原则。这是"天赋人权"理论在法典中的反映。

然而,法典中某些条文的规定直接违背了民事权利平等的原则。例如,在雇用关系方面,《法国民法典》第1781条规定,当雇主与受雇人之间发生纠纷时,雇主可以用誓言证明事件的真实性,而受雇人则没有这个权利。在婚姻家庭方面,法典贯彻丈夫支配妻子,父亲支配子女的原则。第213条规定:"夫应保护其妻,妻应顺从其夫。"③第217条、第215条规定,未经夫的许可,妻不得取得和转让财产,亦不得进行诉讼。第148条、第150条规定,男女经父母或祖父母同意才能结婚,父母或祖父母意见不一致时,只要父或祖父同意即可。在亲权关系方面,第373条规定,"父母婚姻关系存续中,亲权由父单独行使之"④。

(2) 私有财产权无限制和不可侵犯原则。法典不仅维护资产阶级对土地和其他生产资料的所有权,而且也确认农民获得土地所有权的合法性。第一,关于所有权的概念。第544条规定:"所有权是对物有绝对无限制地使用、收益及处分的权利,但法令禁止的使用不在此限。"⑤这就给所有权以明确的定义,并强调所有权具有绝对无

---

① 李浩培、吴传颐、孙鸣岗译:《法国民法典》,商务印书馆1979年版,第2页。
② 同上书,第65页。
③ 同上书,第28页。
④ 同上书,第49页。
⑤ 同上书,第72页。

限制的特征,从而确保绝对的个人私有制,为资本主义的自由发展提供充分条件。第二,关于所有权的范围。第 546 条规定:"物之所有权,不问其为动产或不动产,得扩张至该物由于天然或人工而产生或附加之物。"①此种权利称为"添附权"。添附权包括:土地产生的天然果实或人工果实;法定果实;家畜繁殖的小家畜。添附权归属原物所有人(第 547 条)。第 552 条规定:"土地所有权包括该地上空和地下的所有权。"②这些内容充分体现了资产阶级民法最核心和最基本的一项原则,即私有财产权无限制原则。第三,关于对所有权的保护。第 545 条规定:"任何人不得被强制出让其所有权;但因公用且受公正并事前的补偿时,不在此限。"此类规定从法律上保障了私有财产的神圣不可侵犯。第四,对所有权的调整。法典十分注意调整私有者之间的相互关系,要求一方所有权必须尊重他方所有权,对地势、水流、道路等相邻关系都作出相应规定,进行适当制约和必要的调整。这有利于维护资本主义私有制,并保障了小农经济的发展。

与无限私有制相适应,在继承方面,法典规定了法定继承和遗嘱继承相结合的制度。允许自由遗嘱处分其财产,但对自由遗嘱作一定限制。

(3) 契约自由原则。对于契约制度,法典作出极其广泛而详尽的规定,契约条文从 1101 条到 2281 条,占法典条文一半以上。关于契约的订立,第 1101 条规定:"契约是一种合意,依此合意,一人或数人对于其他一人或数人负担给付、作为或不作为的债务"③。这表明,契约是由"合意"所产生的权利和义务关系,双方当事人意思表示一致时才能成立。关于契约的效力,第 1134 条规定:"依法成立的契约,在缔结契约的当事人间有相当于法律的效力"④。这表明契约内容必须合法,契约一经成立不能随意变更。

(4) 过失责任原则。关于侵权行为的赔偿责任,法典适用过失责任原则。第 1382 条规定:"任何行为使他人受损害时,因自己的过

---

① 李浩培、吴传颐、孙鸣岗译:《法国民法典》,商务印书馆 1979 年版,第 72 页。
② 同上书,第 73 页。
③ 同上书,第 148 页。
④ 同上书,第 152 页。

失使损害发生之人,对该他人负赔偿的责任。"第 1383 条规定:"任何人不仅对因其行为所引起之损失,而且对因其过失或疏忽所造成之损害,负赔偿责任。"①

(四) 民法典的意义

《法国民法典》是在大革命宣告结束,资产阶级取得政治上的统治地位的背景下制定的,它从社会生活的各个方面肯定和维护了资本主义社会的财产关系,用法律形式巩固了法国资产阶级革命的成果和资本主义早期社会的经济基础,对于促进资本主义的发展起了重要作用。

法典是资本主义社会第一部民法典,它对 19 世纪在许多国家发生的法典编纂运动颇具影响。它以罗马法为基础,将罗马法的许多原则、原理和形式资本主义化、法国化了,成为当时最完整、最典范的法典,使那些和罗马法有历史渊源的国家,特别是急需制定新法典的国家,竞相效仿。

法典的巨大影响还在于:由于法国在大革命胜利后成为世界资本主义的政治和文化中心,法国的法学研究和教育引人注目,因此《法国民法典》得到广泛传播。由于拿破仑一世对外征服和法国殖民势力的扩张,法典的影响不断扩大,遍及欧、亚、美洲许多国家。在欧洲,比利时、意大利、西班牙、希腊、丹麦、罗马尼亚、葡萄牙等国,或者采用这部法典,或者在制定本国民法典时程度不同地参考这部法典。在拉丁美洲,智利、阿根廷、巴西等国,民法典的编纂程度不同地受到《法国民法典》的影响。在北美,法国的某些前殖民地中,如加拿大的魁北克、美国的路易斯安那州,《法国民法典》经过修改和补充,仍在施行。在亚洲一些法属殖民地,如中东、印度支那地区也接受了它的影响。《法国民法典》对日本和旧中国的民法典也直接或间接地发生过影响。恩格斯评价这部法典是典型的资产阶级社会的法典。直到现在还是包括英国在内的所有其他国家在财产法方面实行改革时所依据的范本。正是在《法国民法典》的基础上,形成了大陆法系。

---

① 李浩培、吴传颐、孙鸣岗译:《法国民法典》,商务印书馆 1979 年版,第 189 页。

二、《法国民法典》的修订和民法的现代发展

在保留法典原结构体例不变的前提下,《法国民法典》经过多次修订,但最初70年修订极少,第三共和国以后修订频繁,涉及许多重要内容。1945年法国曾组织起草新民法典的委员会,起草了新民法典的部分草案,但这项工作后来被放弃。迄今为止,在民法典2281条条款中约有1/3被修改或被补充。法典修改最多的部分是第一编,去除了其中封建保守性的规定,使法典更适合现代社会。

在对民法典不断增补、修订的同时,法国颁行了大量的单行民事法律。如第二次世界大战后制定了相当完备的专利法、商标法、著作权法,以及大量有关贸易、工业、交通运输、环境保护、医疗卫生、国民教育、社会保险等方面的法律。法官通过引用民法典中的"一般条款",或推广适用、扩大解释著名条款,或依据《法国民法典》第4条作出判决,发展司法实践。

现代法国民法发展的突出特征是,传统的民法原则及重要制度发生了变化,其主要表现是:

1. 民事法律关系主体和客体的范围扩大

法人日益成为最主要的民事权利主体,法人最基本的形式是私人股份公司,第二次世界大战以后由于推行国有化政策,出现了国家所有制法人和公私混合法人的形式,合伙也被纳入法人的范畴。民事客体由物质财富扩展至非物质财富即智力成果。

2. 所有权的变革

变革的主要表现是:其一,所有权的含义有所扩展,知识产权成为一种重要的财产权。其二,在所有权制度方面,民事立法的指导思想由注重个人行使所有权不受任何限制转变为更加注重国家、社会干预私人经济生活。在立法上出现了所有权"社会化"的趋势,对个人所有权的行使,尤其对不动产所有权的行使设置了若干限制。如对矿山、土地、草原、森林、土地上空权、电力分配等,均以法律对其所有权加以限制,改变了民法典规定的土地所有权的范围上达天空、下

至地下的原则。同时,集体所有权开始复兴。《1946年宪法》序言中规定:"一切其经营活动具有社会公用或事实上垄断特点的企业,均须成立集体所有权。"由于国家干预经济,所有权人对动产的自由支配权也受到限制。如1937年11月23日法令规定,粮食贸易委员会有权强制建立商品储备,强制储备持有人将储备卖给政府指定的买主。其三,动产所有权的地位和功能发生了变化。现代社会改变了传统民法偏重不动产的状况,动产的地位发生了重要变化。如对航空器、船舶等动产的注册;有价证券及其他证券的发展;对工业设施、商品储备的确认;计算手段和财会制度的发展;对各类非物质的所有权的确认;等等。就功能而言,动产所有权在广泛的领域内成为重要的信用手段。其四,私人所有权在宪法和国际法上的地位有所增强。如私人所有权得到国内宪法、国际人权宣言及《欧洲人权公约》,特别是欧洲人权法院的保障。

3. 意思自治原则受到冲击,契约自由受到限制和干预

主要表现是:其一,出现了"强制契约"、"定式契约"和"集体契约"等新形式。"强制契约",即国家对某些种类的契约制定出命令性规范,订约当事人必须遵守。如1918年3月9日和1919年10月23日两项法律规定了房屋租赁的强制出租,严禁非法抬高租金;两次大战期间和二战后,又颁布过许多这方面的法律,以稳定社会秩序;1948年9月1日将这类法律汇编成调整住房租赁关系的专门法律。"定式契约",即契约不是由双方自由协商签订,而由经济上强有力的一方提出,他方不能要求变更条件,只能同意或不同意。如航空、铁路、电力、煤气、自来水等垄断性公司和用户之间订立的契约,就属于这类契约。垄断公司对于价格、使用程序、违约处罚等都事先规定,用户只能接受。"集体契约",即由工会团体和雇主协会订立的一种雇用契约。它不是雇主和雇工之间按个人意志达成的自由协议,而是由工会团体代表工人按法律规定的原则同雇主签订的契约。所有这些契约的新形式,都使个人意思自由的契约原则发生变化。此外,新的立法还扩大了法院对订约自由的限制。如1975年7月9日法律规定,法官有权增减当事人原来约定的赔偿数额。其二,确定契约的效力以当事人的外部意思表示为准,而不强调传统的

当事人的内心意志。契约被法律要求采用书面形式。其三,由于保护消费者利益立法运动的兴起,传统的契约概念、订立过程、契约制度的构成及适用范围都发生了变化。其四,契约解释原则由传统的以探寻当事人真实意志为唯一目的向为维护社会公正的需要转变。

4. 侵权损害赔偿的归责原则转向兼采过失与无过失责任原则

产业革命后,法院在受理工伤事故时,援引《法国民法典》第1384条①适用严格责任原则。1898年4月9日《工人赔偿条例》及1906年、1909年对该条例的补充,均确认了严格责任原则。它们规定,工人在工厂、商店、农场和家内的劳动中遭到意外损害,雇主无须有过失也应负赔偿责任,除非他能证明损害的发生是由于工人的故意。1946年以后,法国实行国家强制保险制度,赔偿责任由劳资双方共同负担,这对于侵权行为的归责原则产生很大影响。

5. 婚姻家庭继承方面发生变化

其主要表现是:(1) 在婚姻关系上,削弱了夫权,使已婚妇女获得了完全的权利,实现了男女平等。1927年8月10日法律废除了《法国民法典》第12条、第19条关于妻从夫的国籍的规定。1938年2月18日法律废除了《法国民法典》第213条关于妻应顺从夫的规定;1970年6月4日法律再修订为夫妻平等地位。1942年9月22日法律系统修订了《法国民法典》第212—226条关于夫妻相互权利和义务的条款;1965年7月13日法律又对这些条款全面修订,规定夫妻各方享有完全的法律权利。(2) 离婚从传统的过错原则向破裂原则过渡。1816年5月8日,法律以违反天主教教义为理由废除了民法典肯定的离婚。1884年7月27日,法律恢复离婚。1941年4月2日,法律规定拖延离婚案件的审理,以利于双方考虑和解。1975年7月11日,《离婚改革法》规定,判决离婚的理由是双方相互同

---

① 《法国民法典》第1384条:"任何人不仅对其自己行为所致的损害,而且对应由其负责的他人的行为或在其管理之下的物件所致的损害,均应负赔偿的责任。"——引自李浩培、吴传颐、孙鸣岗译:《法国民法典》,商务印书馆1979年版,第189页。

意、共同生活破裂和错误。(3)取消了父权和家长权,实现了家庭成员的平等关系。如保障未成年人的利益,以教育取代惩罚;逐渐取消家长干预结婚的"同意权",废除"尊敬请求"制度,子女婚姻自主无须父母批准;维护非婚生子女的平等权利。

第五节 商 法

一、1807年《法国商法典》

1807年《法国商法典》是法国第一部统一的商法典,也是最早的一部资产阶级商法典。它是在法国1673年《法国商法典》和1681年《海商法典》的基础上,吸收流行于地中海和北海沿岸城市解决商业和海事纠纷的惯例编纂而成的。法典于1807年9月通过,1808年1月1日施行。法典由4编组成,共648条。第一编为商事总则,包括商事主体和商业事务。其中规定,商人是以从事商业活动为惯常职业的人,凡年满18岁不受法律限制者,均可经营商业。商事主体还包括合伙和公司。商人的商事交易称作商行为。商人有责任保存好商业账册,使商业活动受到监督,以便保障商人及参与商业活动人的利益。此编还对合伙公司、股份公司以及交易所、经纪人和汇兑、票据等作出规定。第二编为海商法,包括商船的法律地位、船长的责任、船员的雇用及海上保险等内容。第三编为破产法,详细规定了财产分散、通常的破产和诈骗破产应负的责任。第四编为商事法院及诉讼程序等方面的规定。

1807年《法国商法典》实现了商事法的基本原则和基本精神的近代变革,从总体上促进了19世纪法国的经济交流和商品贸易,保证了法国资本主义的发展。它确立了民、商分立的立法模式,开创了私法体例二元化的先河,对大陆法系各国的商事立法产生了重大影响。

二、商法的变化

《法国商法典》颁布后,在经济迅速发展的条件下,未能有效地适应社会发展,因而出现了大量商事单行法。主要的商事法律如票据法、银行法、证券法、保险法、合伙法、航空法、运输法和海商法等,都是现代商法体系不可缺少的部分。1807 年的《法国商法典》在进入现代社会后只起到商法通则的作用。而将上述商事法的内容全部纳入一部商法典,全面修改商业法典已很难做到。

现代法国商法的主要变化是:以商行为概念作为规定商事主体的基础,以适应现代社会"商"范围进一步扩大的需求。在商法的功能上强调促进交易迅捷灵活和保障交易安全。

1. 商人责任

1919 年 3 月 18 日法律强化了商人责任,要求商人向商业局登记,并为第三人提供信息。二战前后的法律要求商人负有维持公平竞争的责任。

2. 合伙公司

19 世纪末以后出现这方面的大量立法。1867 年 7 月 24 日《商业公司法》是当时重要的法律。1893 年 1 月法律对股份有限公司作出补充。1966 年 7 月 24 日和 1967 年 3 月 23 日法律确认了合伙和公司的新变化。将合伙分为普通合伙和有限合伙,对公司也作出多种分类,上市股票公司非常普遍。由于公司类型增多,有关立法应运而生。

3. 合同和票据

随着商业集体合同、定式合同的涌现,商事立法中限制合同当事人自由的倾向有所加强,特别是对买卖合同当事人身份、合同的标的和形式,履行形式的限制。由于法国参与国际条约,又是欧盟成员国,商法国际准则对它有影响。法国票据法的很多准则来自在日内瓦签订的《统一汇票本票法公约》。

4. 破产法

经过 1838 年、1889 年两次修订,商法中改变了严格的破产程序的规定。1889 年的《破产法》增加了和解制度。1955 年 5 月 20 日法令又恢复了早期严格的破产程序。1967 年 6 月 13 日法律区分了商号和个人破产。

第六节 刑 法

一、1810 年《法国刑法典》

（一）刑法典的制定

法国资产阶级革命以前的刑事法律制度以维护封建贵族统治秩序、巩固以国王为首的各级封建主专制统治为主要目的。其特点是残酷、罪刑擅断和公开的等级不平等。在这种刑法制度下，资产阶级深受其害，因而强烈要求改革。一些进步思想家和刑法学家提出了系统的刑法理论和改革意见；意大利刑事古典学派的代表贝卡利亚（Beccaria，1738—1794 年）在其著作《论犯罪与刑罚》中，第一次明确提出了犯罪的概念、分类和刑罚的目的以及一系列刑法原则，对法国的刑法改革颇具影响。革命前夕第三等级在数以万计的"陈情书"中也提出许多刑法改革的意见。在舆论的压力下，专制政府不得不作出调整。如 1780 年 8 月宣布废除拷问制度；1788 年 5 月 8 日公告宣布改革刑法和刑事诉讼法，其中包括禁止使用跪椅、有罪判决须宣布理由、死刑判决在宣告后一个月执行、被宣布无罪的人有权要求恢复名誉等。

最先宣布新刑法原则的法律文献是 1789 年《人权宣言》，这些新原则包括罪刑法定主义、法不溯及既往、罪刑相适应和刑罚人道主义等原则。1790 年 1 月 20 日和同年 8 月 16—24 日法律对这些原则作出具体规定，主要有：法无明文规定不为罪；犯罪和刑罚必须公平划一，不论犯罪者的等级和身份如何，凡属同种犯罪，均处同种刑罚；刑罚的后果只能触及于犯罪者本人，不能株连家庭成员，不能有损于他们的人格和名声，不能影响他们的职业；刑罚必须与犯罪相适应，而且必须限制在需要的范围内等。

革命时期最重要的刑事立法是 1791 年颁行的刑法典草案。这部草案以古典刑法学派的理论为指导，在很大程度上减轻了封建刑法的残酷性，首次以制定法的方式规定了犯罪和刑罚种类，在立法技术上把刑法分为总则和分则。这部法典虽未正式施行，却为 1810 年刑法典提供了立法经验。

拿破仑执政后,在制定民法的同时,着手制定刑法典。他设立了起草刑法和刑事诉讼法的委员会,经过10年的讨论和修改,于1810年2月12日最终通过,2月22日公布。刑法典和1808年制定的刑事诉讼法典一起从1811年1月1日起正式实施,称1810年《法国刑法典》。

(二) 刑法典的结构与特点

1. 刑法典的结构

1810年《法国刑法典》由总论和4卷组成,共484条。总论(第1—5条)把犯罪分为重罪、轻罪和违警罪,并确定了处刑原则。第1卷"关于重罪、轻罪之刑及其效力"(第6—58条)规定了刑罚的种类及其效力。第2卷"关于重罪、轻罪之处罚、宥恕与刑事责任"(第59—74条)规定了从轻从重处罚的情节、刑事责任能力、刑事责任年龄等。第3卷"重罪、轻罪及其刑罚"(第75—463条)。第4卷"违警罪及其刑罚"(第464—484条),分别规定了各种重罪、轻罪、违警罪应当判处的刑罚。

2. 刑法典的基本特点

(1) 贯彻罪刑法定主义和法不溯既往原则。刑法典对定罪量刑作出明确规定,犯罪是指法律所禁止并应受惩罚的行为。法典规定,"法律以违警刑所处罚之犯罪,称违警罪。法律以惩治刑所处罚之犯罪,称轻罪。法律以身体刑或名誉刑所处罚之犯罪,称重罪"(第1条)。[①] 惩治刑为:定期拘押;定期禁止行使某些公民权、民事权或亲属权;罚金。身体刑为:死刑;无期重惩役;流放;有期重惩役;轻惩役。名誉刑为:枷项;驱逐出境;剥夺公权。法典规定:"不论违警罪,轻罪或重罪,均不得以实施犯罪前法律未规定的刑罚处之。"[②]这些都表明,法典贯彻《人权宣言》中宣布的"法无明文不为罪"、"罪刑法定"和"法不溯既往"等刑法原则。法典在第3卷中把罪刑法定原则具体化时,没有硬性规定犯罪的刑罚,而是规定了刑罚的最高和最

[①] 法学教材编辑部《外国法制史》编写组编写:《外国法制史资料选编》(下册),北京大学出版社1982年版,第610页。

[②] 同上。

低限度,由法官在法定量刑幅度内自由裁量。

(2) 对危害国家、危害财产安全的行为,给予极严厉的惩罚。法典将重罪和轻罪分为危害国家之重罪与轻罪和危害私人之重罪与轻罪两部分。在危害国家罪中又分危害国家安全、危害宪法和危害公共安宁之重罪与轻罪。这三种罪占法典条文的2/3;其中危害国家安全罪处刑最重。在34条有关规定中,有17条处死刑。对所谓"大逆罪",即以暴力或阴谋威胁皇帝或皇族统治的行为,也适用死刑或没收全部财产。危害私人罪分危害人身和财产之重罪和轻罪。危害人身罪中以杀人罪处刑最重。法典对危害财产罪规定条文多且惩罚重。如对盗窃罪,法典规定具备下列5种情况者处死刑:① 夜间窃盗者;② 二人以上窃盗者;③ 窃盗犯中有一人携有武器者;④ 非法进入住宅或假冒公职人员行窃者;⑤ 以暴行或恐吓使用武器行窃者(第381条)。这些规定体现了资产阶级私有财产神圣不可侵犯的原则,把刑法典的实施看做是民商法典实行的保证。

法典规定了"流氓罪"和"乞丐罪"。凡乞丐或流浪汉持有刀、钩和其他适于犯盗窃罪的工具者,不论有无犯罪意图,都处以2年至5年的拘役(第277条);凡乞丐或流浪汉持有价值超过100法郎的物品而不能证明其来历,处以6个月至2年的拘役(第278条)。这些条文直接违背了《人权宣言》和《刑事诉讼法》中宣布的无罪推定的原则,实行有罪推定。

(3) 巩固和维护宗教信仰自由。为了巩固宗教自由和政教分离原则,刑法典规定了许多限制、反对教会反动势力和取缔宗教师违法、叛国行为的条文。法典的这一特色是法国革命具有反封建的彻底性的反映,这使法国这样一个宗教传统很深的国家,建立起宗教自由的法制原则。

(4) 刑罚残酷。法典规定的刑罚具有残酷性和威吓主义性质,因袭了封建的刑罚方法。死刑一般规定是斩首。对杀害尊亲属或谋害皇帝罪判处死刑的,应穿单衣,赤足,头披黑纱,押赴刑场。犯人暴露于刑台时,执行员应当众宣读判决书,然后斩断犯人右手并立即斩首。法典保留了示众、刺字、烙印、枷项、带镣链等刑罚,恢复了1791年刑法典草案已废除的无期徒刑、终身苦役和终身流刑。

(5) 规定了国家官吏和政府工作人员执行公务时的犯罪和刑罚。刑法典第3卷以近五十个条文规定了国家官吏和政府工作人员执行公务时的犯罪和相应的刑事惩罚措施。第114条规定,国家官吏、政府代理人员或其他工作人员以某种专横或暴戾的行为危害个人自由,判处剥夺公民权。第177条规定,凡行政官吏、司法官吏、行政机关的代理人或其他工作人员在执行职务中收受贿赂,处以枷项刑,并课处罚金。其数量相当于收受贿赂数额的两倍,最少不得低于200法郎。法典这些规定的实质是为了提高国家行政效能,维护资产阶级统治。

(三) 刑法典的意义

1810年《法国刑法典》是资产阶级国家最早制定的一部有代表性的刑事法典,它巩固和发展了大革命时期刑事立法特别是刑法典草案的成果,在法国刑法史上起到承前启后的作用。它贯彻了资产阶级的刑法原则,立法技术较好,条文简明,其影响虽然不如《法国民法典》那样广泛深远,但它奠定了资产阶级的刑法体系,是19世纪自由资本主义时期的刑法典型。正因为如此,法典对大陆法系许多国家的刑事立法有很大影响。荷兰、比利时直接采用它作为本国的刑法典,西班牙、葡萄牙等国把它作为自己制定刑法典的蓝本。

二、刑法典颁布以后法国刑法的发展

(一) 19世纪刑法的修改及刑事立法

19世纪法国对刑法典进行了两次比较大的修改。第一次是1832年的修改,这次修改受1830年革命后人道主义思潮的影响,修订了90个条款,主要是削减刑罚的种类和减少酷刑。例如,死刑减到9种,废除了死刑前的断手或戴脚镣服刑等。此外,这次修订增加了法官的酌情减轻之权,弥补了法典的不足;严格区分主犯与从犯和重罪的既遂与未遂;加重了对公务人员侵犯公民住宅、通讯的犯罪的处罚。第二次是1863年的修改,涉及65项条款,主要内容是再次减轻刑罚、规定对政治犯适用特殊的刑事制度、增补了关于累犯的规定和一些新的犯罪种类,如索贿罪等。

19世纪末,受实证主义法哲学的影响,法国以单行法的形式对

法典作出补充修改,实现了刑法制度的改革。改革的内容包括:

(1) 假释制度。1885 年 8 月 14 日《累犯防止法》规定:凡判处 6 个月以下监禁,服刑已满 3 个月者,或判处 6 个月以上监禁,服刑已满 1/2 者,累犯服刑 2/3 者,可以有条件地实行假释。如果假释期间内重新犯罪,即取消假释。

(2) 缓刑制度。1891 年 3 月 26 日关于减轻和加重刑罚的法律规定:缓刑只适用于被判处监禁和罚金而没有前科的犯罪人,对累犯则加重刑罚。

(3) 免除未成年人的刑事责任。1912 年 7 月 20 日法令规定:凡未满 13 岁的未成年人免除刑事责任,只对他们采取教育措施。

(4) 惩治累犯制度。1885 年 5 月 25 日《累犯惩治法》规定:累犯在服完主刑以后,还要服"流刑",即无定期监禁于法国本土以外地区。

(二) 20 世纪刑法的发展

1. 20 世纪前半叶刑法的变化

20 世纪初期,法国政局平稳。1901 年和 1905 年的法律废止了非法结社或集会罪。两次世界大战期间,法国加强了刑事镇压的立法,如 1934 年 3 月 29 日法律宣布,凡携带武器和任何可以"用作危害社会治安的武器者"都是犯罪。1935 年 10 月 23 日关于加强维护社会秩序的法律限制了游行和集会的自由,规定游行集会必须事先申请批准。1939 年恢复了《1848 年宪法》废止的政治犯死刑,并对 1810 年刑法典关于"危害国家外部安全之重罪与轻罪"诸条作了重大修订。1932—1934 年曾先后公布《法国刑法典改革草案》总则部分和草案全文,但未引起重视。

2. 20 世纪后半叶的刑法改革

20 世纪中叶在全世界范围内兴起的刑法改革运动,对法国刑法的发展产生很大影响。1945 年法国建立了刑法改革委员会,提出系统改革的方案。以后又颁行了许多单行刑事法律、法令和条例,并且对刑法典加以修订。根据《1958 年宪法》,"违警罪"不属于法律范围,而归于"条例性质"事项。这使法国刑法通过行政法规获得较快发展,关于违警行为的法律改革幅度也因此加大。例如,过去作为轻罪的过失犯罪、轻微伤害罪改为违警罪；凡因违警罪产生的公诉可由罚金代替。

1957年，法国制定了新的刑事诉讼法典，这对刑法的发展有重要意义。为了适应刑法个别化的要求，便利犯人重返社会恢复正常生活，刑法制定了若干新制度。例如，1972年12月19日法令规定，服刑允许"监外执行"和实行"半自由"制度，即犯人可以半自由地被许可外出，与自由工作者在同样条件下从事职业活动，或接受教育、职业训练、治疗，但当天必须返回监狱。1975年5月23日法律规定，从监禁到假释必须经过半自由刑阶段。受社会防卫思潮的影响，法国刑法对犯罪受害人的权益保护也作出一系列新规定。例如，1970年7月17日法律要求犯罪嫌疑人提供担保以赔偿因犯罪造成的损失；1977年1月3日、1988年7月8日以及1990年7月6日的法律均规定对某些犯罪受害人实行国家赔偿。1981年9月18日的《废除死刑法》废除了死刑。

三、1994年《法国刑法典》

1810年《法国刑法典》问世后，法国曾数次起草新的刑法典草案，1992年终于完成制定和颁布新刑法典的工作。1994年3月1日，新《法国刑法典》在全法国施行。

1994年《法国刑法典》共6卷。第1卷为总则，其余各卷相当于刑法的分则部分，卷名分别为："侵犯人身之重罪、轻罪"；"侵犯财产之重罪与轻罪"；"危害民族、国家及公共安宁罪"；"其他重罪与轻罪"；"违警罪"。新《法国刑法典》的体系与旧《法国刑法典》相近。总则部分再次重申刑法的基本原则，这些原则包括：罪刑法定原则、刑法不溯及既往原则、刑法应作严格解释原则、刑事法院对行政行为的合法性进行监督的原则、刑罚个别化原则，以及保安处分等。分则部分在排列顺序上与旧《法国刑法典》相比有些变动：新《法国刑法典》分则首先是关于侵犯人身权犯罪的规定（第2卷），其次，是关于保护财产权的规定（第3卷），再次，才是旧《法国刑法典》首先加以规定的惩治危害民族、国家、公共安宁的犯罪。

1994年《法国刑法典》在适用刑法的基本原则、基本制度以及刑法概念、术语等方面和旧《法国刑法典》之间保持了继承与被继承的关系,体现了法国刑法发展的历史延续性。新《法国刑法典》坚持了上述刑法的基本原则,保留了犯罪分为重罪、轻罪、违警罪的分类方法,承袭了传统的刑法概念和术语。

1994年《法国刑法典》是继1810年《拿破仑刑法典》之后近二百年刑法改革运动的集大成者,改革的成果在法典之中有所体现。例如,新《法国刑法典》确认了以往法律中规定的"反人类罪"、"未经本人同意在其身体上进行试验罪"等概念;增加了一些新的罪名,诸如"恐怖活动罪"、"置他人于危险罪";取消了某些犯罪,如"妇女自行堕胎罪"等。

新《法国刑法典》在继承旧《法国刑法典》的同时,又体现出符合时代发展的创新精神。其主要表现是确认了法人对相应的犯罪应负刑事责任的制度。1994年《法国刑法典》对法人犯罪规定了一系列刑罚,包括罚金、解散、禁止从事某种职业或社会性活动、关闭用于实施犯罪行为的企业机构、实行司法监督、禁止参与公共工程、禁止公开募集资金、禁止签发支票或使用信用卡付款、没收旨在用于实施犯罪之物或犯罪所生之物,张贴或公布对法人犯罪的判决等。[①]

第七节 司法制度

一、民事诉讼法典

(一) 1806年《法国民事诉讼法典》

法国在1667年即通过王室立法颁布了民事诉讼法令。资产阶级革命后即对旧的民事诉讼程序和法院组织进行改革,但是直至拿破仑法典编纂时期,于1806年2月24日才制定出《法国民事诉讼法典》,次年1月1日生效。

法典共两编1042条。第一编关于法院程序,规定了诉讼的审级和起诉、传唤、证人、鉴定人、回避、辩护、调解以及收取诉讼费用等程

---

① 何勤华主编:《外国法制史》,法律出版社1997年版,第340页。

序。第二编关于各种程序的规定,包括继承开始的程序、仲裁程序、共同规则等。法典的主要依据是1667年的民事诉讼法令,同时吸收了革命时期在民事程序方面改革的成果。法典的基本特点是:

1. 法典确立了民事诉讼的当事人主义原则和口头辩论原则

根据当事人主义原则,除涉及公共秩序的案件外,案件一般由当事人提起。诉讼中当事人掌握诉讼的进行,有权放弃诉讼和同意对方当事人的主张。法官基本保持中立,其行使职权受到限制,例如,不得传唤未经当事人指定的证人,不得索取当事人隐藏的书面材料等。根据口头辩论原则,除最高法院外,其他法院在民事诉讼中不实行书面审理。

2. 法典为维护债权人的利益作出详细规定

例如,第656—779条规定用债务人的财产偿还债务的问题;第780—805条规定了债权人有权要求法院拘留债务人的问题等。此外,对受理夫妻间的财产纠纷、分居、离婚以及禁治产等诉讼程序作了规定。

3. 规定国家机关在某些情况下应干预诉讼

如果案件关系国家安全、政府、国家土地、房产、人身安全以及因法院判决不公正而引起的诉讼时,法院须报告检察官,由检察官行使干预权。

1806年《法国民事诉讼法典》的制定,标志着法国民事诉讼法发展史上的重大进步。法典施行长达170年之久,期间经历若干次修改。

(二) 1975年《法国民事诉讼法典》

从1935年至1944年,《法国民事诉讼法典》进行了较大修改,强调了法院介入的必要性。1944年设立了民事诉讼法典修改委员会,但工作进展缓慢,1955年才公布修正草案,后未经立法程序通过。第五共和国以后,法国一方面继续以法令形式对法典进行修改,另一方面准备起草新的民事诉讼法典。1969年根据政府命令,成立了新民事诉讼法典修改委员会。经过3年时间,新《法国民事诉讼法典》于1975年12月5日公布,1976年1月1日生效。此后,对该法典的修改频繁。1977年修改了裁判文书的收费制度,免除了当事人交纳裁判文书费用的义务;1979年明确规定了占有权诉讼;1980年增加了仲裁制度;1981年颁布了新民事诉讼法典的第二卷和第三卷。1991年和1992年法令对执行程序作了修改。

根据1991年法国司法部司法法政调查部编的《注释法国新民事诉讼法典》,1975年《法国民事诉讼法典》共三卷1490条。第一卷是关于所有法院的共同规定,相当于法典的通则,包括民事诉讼的基本原则、管辖、证据制度、诉讼参加、辩论程序、诉讼中止、诉讼终结、判决、上诉、再审和执行等内容;第二卷是关于适用各法院的不同程序的特别规定;第三卷是关于人身案件的特别程序,如婚姻关系的案件、亲子关系的案件、收养关系的案件和监护关系的案件等的程序。

1975年《法国民事诉讼法典》是在对1806年《法国民事诉讼法典》不断修改的基础上成就的。其主要特点是:(1)在其结构上,采取一般与特殊、抽象与具体规定双重结构体系;(2)在其模式上,实行当事人主义,诉讼的主导权在于诉讼当事人;(3)在其内容和制度上有特色,如民事裁判机构的多元化和程序多元化、诉权的制度化和具体化、事前程序与审理程序的分离、书证优先原则、审级的多元化、紧急审理程序的设置等。

二、刑事诉讼法典

(一) 1808年《法国刑事诉讼法典》

在拿破仑系列立法的过程中,法国于1808年11月7日制定了《法国刑事诉讼法典》,27日公布施行。法典由总则和两篇组成,共643条。总则是关于起诉和侦查的规定,第一篇是搜查程序,第二篇是审判程序。这部法典与民事诉讼法典一样,既体现了大革命后刑事审判制度的改革精神,又接受了旧制度的影响,许多内容来自1670年路易十四时代的刑事诉讼法。

这部法典的主要特点是:(1)确立了起诉、预审和审判职能分立的原则。实行审检合一,在法院中设立相应级别的检察官,行使公诉职权;预审法官行使法院开庭前的审判权,包括收集犯罪证据、认定犯罪事实及其性质;审判法官独立行使审判权。(2)兼采纠问式与控告式的诉讼程序。表现在法院庭审前的纠问式和庭审时的辩论式。庭审中,证据的提交和法庭辩论类似英美法系的做法,实行宣誓作证、交叉询问和最后陈述。(3)刑事案件按照不同的案件类别分别由违警罪法庭、轻罪法庭和重罪法庭受理。对重罪规定了特别程序,只有重罪才实行陪审。刑事案件可附带民事请求。(4)确立了自由心证证据制度。法典规定在各级各类刑事法庭中,"罪行可通过各种证据予以确定,法官根据其内心确信判决案件"(第427条)。

(二)刑事诉讼法典的修改与1957年《法国刑事诉讼法典》

1808年《法国刑事诉讼法典》在法国一直适用到1957年颁布新刑事诉讼法典为止,其间经历了多次修改,其内容主要集中在加速审判进程和维护被告权利方面。1935—1945年,法西斯统治时期,刑事诉讼法表现出反动倒退。

1958年宪法的制定促使新的刑事诉讼法出台,1957年12月31日,《法国刑事诉讼法典》公布,并于1959年3月2日生效。它是拿破仑时代5部法典中最先完成全面修改的一部。

法典由卷首和5卷构成,共802条。卷首规定了公诉和刑事诉讼的一般原则;第一卷规定公诉和自诉;第二卷规定重罪法院、轻罪法院和违警罪的审判程序;第三卷规定非常上诉;第四卷规定特别诉讼程序;第五卷规定执行程序。法典承袭了旧法典的基本原则和制度,如预审程序、审检合一、刑事程序可附带民事请求和重罪陪审等,但也做出许多新规定,如预审程序从书面秘密审理改为当面讯问并进行对质,讯问和对质时应有辩护人在场。

三、法院组织

法国的法院系统复杂,其表现为:(1)处理刑事、民事案件的普通法院与处理行政案件的行政法院彼此分立,互不隶属。(2)普通法院系统由最高法院、上诉法院(包括重罪法院)、基层法院(包括初审法庭和大审法院)组成。但实际的结构体系不易分辨,诸如大审法院、初审法院、商事法院、劳动法院、社会保障法院、农事租赁法院、违警罪法院、轻罪法院、预审官法院、追诉法院、重罪法院、上诉法院和最高法院等。行政法院系统较整齐,由最高行政法院、上诉行政法院和行政法庭组成。(3)有许多用以处理轻微民刑事案件和纠纷的非正规法院,如民事仲裁所。

(一) 普通法院

1. 基层法院

基层法院包括初审法庭和大审法院:初审法庭审理小额经济案件、普通民事案件和违警罪,实行简易诉讼程序,不设陪审,可不委托律师代表诉讼,实行独任法官制;大审法院审理诉讼标的较大或案情较复杂的民事案件以及轻罪案件,大多设置于大城市,不服大审法院的判决可向上诉法院上诉。

2. 上诉法院

上诉法院是普通民事、刑事案件的上诉审级,有权直接审理重大的民事和刑事案件。

3. 最高法院

最高法院是普通法院系统的最高审判机关,下设民事庭、商事庭、社会庭和刑事庭,实行合议制和刑事案件陪审制。最高法院受理任何法院或法庭的民刑事案件的上诉案件,只对适用法律是否适当进行审查,而不对原审法院的判决所基于的事实进行审理。

(二) 商事法院

商事法院被认为是非职业法官组成的法院。其法官从商业共同体成员中选举产生,一般任职 2 年。其上诉审级是普通民事上诉法院,终审法院是最高法院。商事法院的司法管辖范围主要是:有关商人间的诉讼、有关商行为的诉讼、有关商事破产的程序及诉讼、有关商业公司之间的诉讼、有关商事判决执行的诉讼。

(三) 行政法院

法国行政法院的体系自上而下有:最高行政法院、上诉行政法院、行政法庭和行政争议庭。

1. 最高行政法院

最高行政法院是政府的咨询机关,行政诉讼的审判机关,同时又是全部行政法院的上级(最高)法院。它的职能包括四个方面:咨询、审判、裁决行政法院系统内部管辖权、指导下级行政法院工作。

最高行政法院的咨询职能分别规定在各种法律之中,主要适用于政府提出法律草案和制定行政条例的行为。审判是最高行政法院最主要的职权;最高行政法院享有初审管辖权、上诉管辖权和复核审管辖权。最高行政法院是全部行政法院的共同最高法院,因而也是行政法院系统内部管辖权的调整者;管辖权调整的方式有:管辖的合并、管辖的指定、管辖的移送。最高行政法院作为全部行政法院的上级法院,负有指导下级行政法院工作的经常性任务。

最高行政法院设4个行政厅和1个司法厅。行政厅负责行政立法和立法咨询工作,司法厅主管审理行政案件。最高行政法院直接隶属于总理府,院长名义上由总理担任,实际上由司法部长代表总理出席重要会议。

2. 上诉行政法院

上诉行政法院依1987年12月31日的行政诉讼改革法而创设。创设上诉行政法院的目的,是为了减轻最高行政法院的负担,加快行政诉讼的进度。法国共设5个上诉行政法院,分别设在巴黎、里昂、波尔多、斯特拉斯堡、南特等大城市内。根据1987年法律,上诉行政法院的权限为受理地方行政法庭的上诉案件。没有初审管辖权。

3. 行政法庭和行政争议庭

行政法庭是法国本土和海外省的地方行政诉讼机构,1953年以前称为省际参事院。法国共有31个地方行政法庭,其中本土26个,以所在城市命名,海外5省各设1个。一切行政案件,除非法律有相反规定,一律以行政法庭为初审法院。行政争议庭是没有建省的海外领地的行政诉讼机构,现在仅在瓦利斯群岛(Walis)和马约特(Mayotte)设有行政争议庭。[①]

第八节 法国法的历史地位和大陆法系

一、法国法的历史地位

恩格斯曾经指出,法国在中世纪时是封建制度的中心,从文艺复

---

① 何勤华主编:《外国法制史》,法律出版社1997年版,第316页。

兴时代起是统一的等级君主制的典型国家,它在大革命时期粉碎了封建制度,建立了纯粹的资产阶级统治,这种统治所具有的典型性是欧洲任何其他国家所没有的。法国封建统治和资产阶级统治的典型性,导致了法律制度的典型性,因而对世界法律的发展产生重要影响。

(一) 法国法是西欧封建法的典型,资产阶级革命后又成为大陆法系的典型代表

法国封建法典型地体现了西欧封建法的基本特征。在法律渊源方面,法国封建法有习惯法、罗马法、国王敕令、教会法等,几乎囊括了西欧封建制法的各种形式。它们在法国封建制法发展的各阶段上占有不同地位,明显地体现出西欧封建制法发展的一般规律。在法律内容方面,法国封建法以维护封建土地所有制以及在此基础上建立的封建等级结构为其根本任务,体现出封建法的本质特征,具有典型意义。

近代法国法的产生与革命同步齐驱,迅速形成完整的法律体系。它系统并且直接地反映出反封建的革命成果,适应并促进了资本主义关系,因而是早期资产阶级法的典型。《法国民法典》成为许多国家立法的范本,是大陆法系发展的里程碑。

(二) 法国法以启蒙思想家的自然法学说为指导,其结构以成文法为表现形式,基本原则明确,具体制度完整系统

法国是资产阶级启蒙思想的发源地之一,伏尔泰、卢梭、孟德斯鸠等资产阶级启蒙思想家所倡导的"天赋人权"、"社会契约"、"人民主权"、"三权分立"等学说,为法国大规模编纂成文法典奠定了理论基础,法国法的体系、结构、基本原则和具体制度无不打上理性主义的自然法学说的深刻烙印。启蒙思想家从理性主义出发,相信人类可以在"理性"的指引下制定出清晰、严密、体系完整的法典,使每个公民预知自己的行为将产生的法律后果,同时防止法官擅断,铲除封建的司法专横和不法状况。1789 年《人权宣言》即明确宣布:每个人的自然权利"只能够由法律确定"。大规模法典的编纂排斥了以法官的判决作为法律渊源的可能性。立法权与司法权的严格区分,势必要求法典完整、清晰、逻辑严密。正是在启蒙思想家的理性主义的

自然法学说的指导下,形成了以法国法为代表的大陆法系共同的法律观念以及法律的基本原则和制度。

(三)法国法沿袭罗马法传统,确立了公法与私法的分类,并且出现了社会经济立法的新领域

法国法是在继承罗马法的基础上发展起来的成文法体系,沿袭了罗马法区分公法与私法的传统。在启蒙思想家提倡理性主义和自然法、主张个人权利、反对封建专制的时代,公、私法的划分成为法国资产阶级创建其法律制度的理论基础。公法和私法分别代表两个不同的主体,即国家和个人。构成私法关系的是彼此平等的个人,民法、商法属于私法范畴;公法关系是国家机关之间或国家机关与个人之间的权力服从关系,宪法、行政法、刑法等属于公法范畴。法国普通法院和行政法院双轨制的法院系统的建立,也促进了公、私法之分的确立。20世纪后,法国与大陆法系其他国家一样,公、私法相分离的传统有所动摇。在公法与私法之间出现了公私兼备的法律部门,如劳动法、经济法、社会保障法等。

(四)法国的法院组织被分为普通法院和行政法院两大系统,奉行普通司法权与行政裁判权分立的原则

18世纪末法国建立起大陆法系国家的第一个行政法院,将行政司法置于普通司法的控制之外,形成普通法院与行政法院的双轨制体系。普通法院与行政法院在人员设置、职能及适用法律等诸方面截然不同。法国行政法院的设立维护了三权分立以及公法与私法相分离的传统,对其他国家的司法制度产生了深远影响。

二、大陆法系

(一)大陆法系的形成和发展

大陆法系又称罗马—日耳曼法系、民法法系或成文法系。它是指以罗马法为基础形成和发展起来的、有着共同法律文化传统或共同的表现形式的法律制度的总称。大陆法系以欧洲的法国和德国为代表,是世界法系中历史悠久、分布广泛、影响深远的法系。

大陆法系是社会历史发展的产物,经历了长期的形成过程。大陆法系渊源于罗马法,在古罗马全盛时期罗马法被广大被征服地区

适用和接受,成为商品生产者社会的第一个世界性法律。日耳曼人入侵罗马建立国家后,采取法律的属人主义原则,罗马法与日耳曼法并存发展,既有"蛮族法典",也有简明的罗马法典。9世纪后随着封建制度的发展,属地主义的法律适用原则逐渐推行,罗马法与日耳曼法、地方习惯法、教会法等日渐融合。12世纪至16世纪的罗马法复兴是世界法律史上具有划时代影响意义的法律文化运动,使经过改造和发展的罗马法成为欧洲的普通法,具有共同的特征和法律传统。在资产阶级革命取得胜利,西欧许多国家的资本主义制度确立并巩固以后,其法律制度相互间的联系和共同特征获得进一步发展。19世纪欧洲大陆各国普遍展开广泛的立法活动,其基本形式是编纂法典。首先在法国,以资产阶级革命为动力,在古典自然法学和理性主义思潮的指导下,在罗马法的直接影响下开创了制定有完整体系的成文法的模式,标志着近代意义上大陆法系模式的确立。随后在德国,在继承罗马法、研究和吸收法国资产阶级立法经验的基础上,制定了一系列法典。德国法典成为资本主义从自由经济到垄断经济发展时代的典型代表。伴随着资本主义全球性的发展,19世纪、20世纪后,立法和法典化运动跨越了欧洲的疆土传遍世界各地,大陆法系逐渐成为具有世界性影响的法系,与英美法系并称为两大法系。

大陆法系以1804年《法国民法典》和1900年《德国民法典》为代表形成两个支系,前者包括拉丁语系各国,即法国、比利时、西班牙、葡萄牙、意大利等,后者包括日耳曼语系各国,即德国、奥地利、瑞士、荷兰等。除欧洲大陆国家外,属于或基本接近大陆法系的国家和地区还有在近东、亚洲、非洲,特别是中、南美洲的一些国家和地区。此外,北欧各国即斯堪的纳维亚法律也接近大陆法系。

(二) 大陆法系的基本特点

1. 在历史渊源上,大陆法系是在罗马法的直接影响下发展起来的,它不仅继承了罗马成文法典的传统,而且采纳了罗马法的体系、概念和术语。如《法国民法典》以《法学阶梯》为蓝本,《德国民法典》以《学说汇纂》为模式。英美法系则是独立于罗马法之外的法律体系,是在日耳曼法的基础上发展起来的、以普通法为基础的法律制度。英美法系虽然受到过罗马法的影响,但并没有系统地接受罗法,而是只在遗嘱继承、商法等领域,不系统地吸收了罗马法的若干原则和制度。

2. 在法律渊源上,大陆法系国家一般对主要的部门法领域制定了法典,并辅之以单行法规,构成较为完整的成文法体系。资产阶级启蒙思想家鼓吹的自然法思想和理性主义是大陆法系国家实行法典化的原因之一,1791年法国宪法中的《人权宣言》明确宣布,每个人的自然权利,"只有成文法才能加以确定"。以法国革命为代表的欧洲大陆国家的资产阶级革命具有彻底性,革命在法律上的表现是开展大规模的法典化运动,排斥以法官的判决作为法律渊源的可能性。立法权与司法权的严格区分,要求法典必须完整、清晰、逻辑严密。法典一经颁行,法官必须忠实执行,同类问题的旧法即丧失效力。英美法系国家则将判例法奉为主要法律渊源,以"遵循先例"原则为主要特征,上级法院尤其是最高法院的判例对下级法院具有拘束力。除个别领域外,基本没有像大陆法系那样的系统部门法典。

3. 大陆法系国家将全部法律划分为公法和私法两类,法律体系完整。传统意义上的公法指宪法、行政法、刑法、诉讼法;私法主要指民法和商法。英美法系以判例法为基础,以制定法、习惯法、惯例等作为补充,法律体系庞杂。判例法是法官在长期的司法活动中创建发展的,一项判决一旦作出,即成为具有法律效力的判例,不但对该案有效而且对此后的案件也同样发生法律效力。因此,法官的判决具有立法作用,英美法也被称作"法官法"。

4. 大陆法系的法院一般采用普通法院与行政法院分离的双轨制。法官经考试后由政府任命。严格区分实体法与程序法,认为程序法是适用实体法的工具,一般采用纠问式诉讼程序,法官在法庭审判中起主导作用,往往通过解释扩大适用法律条款。英美法系在19世纪80年代以前,采用普通法法院与衡平法法院平行的法院体系。行政诉讼和普通诉讼不分,由普通法院管辖。法官从律师中选拔者居多,等级森严。长期以来奉行"程序中心主义",强调程序法的重要性,实行对抗制诉讼。

5. 大陆法系国家在法律制度的发展中,重视法律理论的概括,法学有重要推动作用。在概念、术语和技术风格上,大陆法系比较注重法典的体例排列,讲求规定的逻辑性、概念的明确性和语言的精练性。在法律推理形式和方法上,大陆法系的法官对法律的分析实行从一般规则到个别裁决的演绎推理法。英美法系国家一般强调法律的实际效用和经验,重视解决实际法律问题。在法律推理的方法上采用归纳法。

  尽管大陆法系和英美法系之间存在差异,但仍有许多共同之处。其一,本质相同,都是建立在近代资本主义生产方式之上的法律体系。其二,传统要素接近,都是近代以前的罗马法、日耳曼法和教会法,只不过在以何为主方面不同。其三,法律的指导思想相同,都深受近代资产阶级思想家洛克、孟德斯鸠和卢梭等人的学说的深刻影响。其四,法律背景相同,都以资本主义商品经济、资产阶级民族统一国家、资产阶级的意识形态为基础。正是这些共同点,使两大法系在20世纪以后有相互影响和沟通的趋势。

第十二章 德 国 法

德国法以概念精确、法理精深、立法技术高超、法律体系完备而著称,因其具有鲜明的民族个性和时代特色,推动了大陆法系的现代发展,成为继法国法之后大陆法系的又一分支。以《德国民法典》为代表的一系列规模宏大、规范详尽的成文法典,对世界上许多国家的立法产生了深远的影响。

第一节 德国法的形成和发展演变

一、德国封建法律的形成和演变

德国原是封建法兰克王国的一部分,公元843年,法兰克王国分裂,东部法兰克逐渐演变为德意志王国。公元919年,萨克森公爵一世(876—936年)创立了德意志封建王朝,开始了封建德国的历史。公元962年,德王奥托一世(912—973年)接受了罗马教皇的加冕,建立"德意志民族神圣罗马帝国"。从公元11世纪至12世纪以后,德意志便分裂为许多独立的封建领地,处于割据状态。1806年这个名义上统一的帝国被法国拿破仑一世推翻,从而结束了近八百年之久的德意志民族神圣罗马帝国的历史。1814年拿破仑失败。1815年成立的德意志联邦,包括34个封建君主国和4个自由市,仍然是一个松散的政治联盟。其中占主导地位的是普鲁士和奥地利两个专制王国。与这种分裂割据的社会政治经济环境相适应,德国在1871年统一前,即近代法制建立前,始终以其法律的分散性和法律渊源的多样性为主要特征。

纵观德国封建法律的发展,大致可分为以下三个阶段:

(一) 日耳曼法占统治地位时期(15世纪以前)

这一时期,德国主要沿用由法兰克时代的日耳曼法演变而来的地方习惯法(邦法)。由于农村公社的长期存在和封建制确立的缓慢,无文字记载的习惯法得以长时间保留,邦国林立的状态也使法律制度极不统一。至13世纪,德国开始编纂习惯法法典,较为著名的有《萨克森法典》和《士瓦本法典》。前者主要论述了法院适用的刑事、民事和诉讼规则以及调整封建土地关系的采邑法;后者汇集了德意志南部地区的习惯法以及查理大帝的敕令、罗马法和教会法的某些内容。这两部习惯法汇编曾在德国境内广泛流传,成为各地法院判案的根据。

14世纪前后,德国境内城市兴起,随之开始出现城市法。德国各地的城市法是在国王或各地领主恩准取得自治权的文件基础上,参照习惯法和法院判例编制而成的。最早的城市法汇编是《萨克森城市管辖法》,它是一部判决汇编,编末附有关于城市法院管辖权和诉讼程序的论文集,其规定大部分为各城市法院所援用。其他较为著名的城市法还有《科伦法》、《汉堡法》、《马德堡法》等。

(二) 全面继受罗马法时期(15世纪以后)

在罗马法的复兴和注释法学派的影响下,15世纪的德国开始了对罗马法的全面继受。1495年帝国法院正式确认罗马法为德国民法的有效渊源,各邦法院也相继对罗马法加以正式援用。至17世纪末,德国采用罗马法已不仅限于个别条文而是全部内容了。德国法学家对继受罗马法起了重要作用。15世纪末叶,随着罗马法成为德国各大学校的必修课程,研究罗马法蔚然成风,涌现出许多德国的罗马法学家。他们特别关注对优士丁尼《学说汇纂》的注释与研究,由于中世纪初期广泛流传希腊文版的《学说汇纂》(Pandectae),德国法学家将其译为德文Pendekten(潘德克顿)。在德国,潘德克顿成了罗马法的代名词。德国法学家还将罗马法的主要原则汇集成《罗马法简编》,在各地法院中加以适用,并根据《学说汇纂》拟定法律的编纂体系,这对后来的德国立法有很大影响。此外,罗马法中的君权至上的观念,对于论证德国专制政体是极其有利的,而且德国统治阶级极力宣扬德意志民族的"神圣罗马帝国"是古罗马帝国的延续,也为继受罗马法提供了"合法"的理论依据。

不过,德国对罗马法的继受并没有完全排斥固有的日耳曼法。

16世纪中叶,日耳曼习惯法在吸收罗马法和教会法的某些原则和制度的基础上,形成了一种通行于全国的普通法,一直适用至19世纪。但普通法对地方特别法仅有补充的效力,未能起到统一法律的作用。1532年,帝国国会颁布了《加洛林纳法典》,这是一部刑法和刑事诉讼法典,共179条。有关刑事诉讼的规定有103条,采用纠问主义原则,有关刑法方面的规定有76条,无次序地列举了犯罪及对犯罪行为的各种惩罚,以刑罚异常残酷为特色。这部法典虽然并不是全帝国必须适用的法典,但被作为范本加以推行,在德国法制史上具有重要的地位。

(三) 法典编纂时期(18世纪中叶至德国统一)

从18世纪中叶开始,德国许多邦进行了法典编纂。巴伐利亚邦率先编纂了刑法典(1751年),接着制定了诉讼法典(1753年),1756年又完成了《马克西米利安—巴伐利亚民法典》。在普鲁士邦,1781年公布了《弗里德里希法令大全》,而其中最具有代表性的则是1794年制定的《普鲁士邦法》,也称《普鲁士民法典》。这是一部实体法汇编,分2编43章,一万九千余条。上编是私法,包括人、债、物权各章;下编包括亲属法、商法(票据、保险、海商)以及公法(宪法、行政法、刑法、警察法等)。它是以罗马法和各种地方法为基础,加进一些自然法思想而制定的。法典内容庞杂,一方面确认君主专制、农奴制和贵族特权等,另一方面也注重调整封建的民事法律关系,并开始采用所有权、契约等法律概念。法典的民商法部分曾在普鲁士施行一百余年,直到1900年才为《德国民法典》所取代。1851年,普鲁士还制定了刑法典。奥地利于1781年制定刑法典,1811年颁布《奥地利民法典》。其他各邦国如萨克森、汉诺威、巴登等也都相继制定了法典,实现了主要部门法的法典化。

二、德国近现代法律制度的发展与演变

(一) 德国统一与近代法律制度的建立

19世纪中叶,随着德国资本主义的发展,消除封建割据、实现国家统一成为德国人民的迫切要求。1848年3月,德国爆发了资产阶级民主革命,但由于德国资产阶级的软弱与妥协,这次革命既没有完

成国家的统一,也没有彻底摧毁封建制度。此后20年间,德国工业经济迅速发展,缩短了同其他先进国家的距离,很快进入工业强国之列。德国的封建农业经济也逐渐走向资本主义农业发展的道路。资本主义经济发展的客观需要,使实现国家统一成为德意志民族势在必行的首要任务。普鲁士邦以其强大的经济实力和雄厚的军事力量取得了统一德国的领导权。1862年,普鲁士亲王威廉一世任命俾斯麦为普鲁士首相,俾斯麦公开宣称以"铁与血"的政策解决德国统一问题。自1864年起进行了三次战争,先后打败了丹麦、奥地利和法国,为德国的统一扫清了道路。1871年1月18日,统一的德意志帝国宣告成立,普鲁士取得了在帝国内的统治地位。统一国家的建立,为消除以往因政治割据所造成的法制混乱奠定了政治基础。统一后,德国立即进行了大规模的统一法制的建设。在3个月内,便制定了宪法和刑法典,以后又陆续制定了民事诉讼法典、刑事诉讼法典和法院组织法。到20世纪初,颁布了民法典和商法典。经过30年的努力,德国建成了比较完整和颇具民族个性的近代资产阶级法律体系,成为大陆法系国家的又一个典型。

德国近代法制建设具有鲜明的特征。其一,德国近代法律体系创建之时,资本主义已在世界范围内从自由走向垄断,德国法在研究和吸收法国立法经验的基础上,对发展起来的资本主义经济和社会关系给予了充分反映。从内容上看,既保留有自由资本主义时期的传统特征,又体现出了垄断资本主义阶段的时代色彩。如:虽仍保留个人对财产享有无限制私有权的原则,但已经有所限制;其创立的法人制度则适应了垄断阶段迅速发展起来的各类公司的需要。其二,公法建设受到封建专制主义思想的强烈影响。德国的统一是通过自上而下的王朝战争实现的,封建专制主义思想没有受到根本性的冲击与批判,君主专制仍被视为国家政治生活中的最高原则,从而使近代德国的公法建设必然以维护高度集权的君主专制政体为核心。其三,立法技术发达,风格独特。近代德国十分重视法律科学的发展,在立法技术上已取得较大成就。这些成就在德国近代法制建设中得到运用与体现,并形成独特的风格,如讲究法律语言技术构成,注重体系严谨,善于抽象概括等。德国法的立法风格使其在大陆法系中独树一帜,成为与法国法相并列的一个支系。

(二) 魏玛共和国时期法律制度的发展

1918年,德意志帝国在由自己挑起的第一次世界大战中节节败退,陷入重重危机。同年,柏林爆发了大规模的人民革命运动,推翻了德皇威廉二世的帝国政府。1919年在德国中部的城市魏玛召开了国民会议,制定宪法并组建政府,魏玛共和国宣告成立。

魏玛共和国存在的时间虽然只有十几年,但却是德国历史上第一个民主共和国,它宣告君主专制政体在德国的终结,开始按照资产阶级法制原则进行民主政治建设的初步尝试,其法制建设在德国法制史上也具有重要地位。魏玛时期的法律发展主要集中于宪法、社会化立法两个方面。通过《魏玛宪法》规定的具体制度,首次在德国实践了共和制和资产阶级民主政治,充分保障公民的各项民主权利,并首创公民参与企业管理的制度。在社会化立法方面,适应垄断资本主义发展的需要,加强了国家干预社会经济、限制私有财产权、规范经济秩序以及保障劳工权益等方面的规定。德国的社会立法和劳工立法不仅出现较早,特色鲜明,而且相对比较发达,德国法律制度得以进一步发展和完善。

(三) 法西斯专政时期对法制的破坏

1933年1月,魏玛共和国总统兴登堡根据宪法任命德国纳粹党头目希特勒为总理,组织纳粹政府。希特勒上台执政后建立了法西斯专政,并制定和推行了一整套法西斯法律制度,从而结束了魏玛共和国的历史。

法西斯专政的建立有其深刻的政治、经济根源。1929—1933年,资本主义世界发生空前严重的经济危机,对德国的冲击极为强烈。德国政府一方面采取措施,大幅度提高征税额,大规模削减失业救济金,克扣养老金,降低工人工资,提高物价,使人民生活陷于困境;另一方面以补贴和贷款方式扶持垄断资本集团。阶级矛盾更加尖锐激化,社会秩序陷入混乱。德国统治阶级感到已经不能依靠魏玛共和国的民主和法制进行统治,于是与纳粹右翼反动势力相勾结,力图扼杀民主制度,策划建立公开的独裁统治。1933年,共和国总统兴登堡任命纳粹党头目希特勒出任总理,组织政府,标志着德国法西斯统治的建立。希特勒上台后,迅速制定一系列法律、法令,在德国建立起公开的独裁恐怖统治。在宪政制度方面,颁布了《保护德意志人民紧急条例》(1933年)、《消除人民和国家痛苦法》(1933年)、《禁止组织新政党法律》(1934年)、《德国改造法》(1934年)等一系列法西斯法律、法令,废除了资产阶级议会民主制和联邦制,维护希特勒个人独裁和纳粹一党专政。在民事法律方面,法西斯政权一方面通过《卡特尔变更法》(1934年)、《强制卡特尔法》(1934年)等法令加强对垄断组织的扶持,强化垄断资产阶级对国家政治经济生活的全面控制;另一方面通过《世袭农地法》(1933年)、《德意志血统及名誉保护法》(1935年)等推行种族歧视和种族灭绝政策,巩固法西斯政权的统治基础。在刑事法律领域,原先刑法中的民主原则被彻底抛弃,代之以种族主义和恐怖主义的原则和制度。

(四) 德国现代法律制度的重建与发展

1945年5月8日,纳粹德国战败投降。同年6月和8月,美、英、法、苏四国根据《柏林宣言》和《波茨坦协定》,分别对德国实行军事占领。由四国代表联合组成盟国管制委员会,接管德国最高权力。1949年5月,美、英、法三国占领区宣布成立"德意志联邦共和国";同年10月,苏联占领的德国东部地区也宣布成立"德意志民主共和国"。至此,德国分裂为两个国家。

德意志联邦共和国成立后,废除了法西斯时期的法律制度,重新构建起适应德国社会发展现实的新型的资产阶级法律制度。1949年颁布的基本法,以国家根本大法的形式彻底消除法西斯专政死灰复燃的可能性,保障公民广泛的民主权利和自由,确立了三权分立的政治体制,重建德国的民主政治制度;在民法和刑法领域,继续沿用19世纪末20世纪初颁布实施的刑法典、民法典、民事诉讼法和刑事诉讼法,并适应现代经济生活和政治生活的需要,对它们进行了频繁的大量的修改,同时制定了大量的单行法规以弥补法典的不足;承袭魏玛时期的立法传统,德国形成了数量繁多、体系完整、内容丰富的经济法体系,以及有关社会福利与救济的功能完善的社会立法系统。

德意志民主共和国按照社会主义原则对社会政治、经济进行了全面改造,根据公有制和民主集中制原则组织和管理国家的政治经济事务,并形成了由民法、刑法、经济法、民事诉讼法、刑事诉讼法、教育法、版权法、家庭法等十多个法律部门组成的较为完善的法律体系。

1990年10月3日,德国结束了近半个世纪的分裂,重新实现了国家和民族的统一。德意志民主共和国并入德意志联邦共和国,根据《统一条约》的规定,德意志联邦共和国的法律全面适用于统一后的德国。德国法制建设出现了新的发展和变化:一方面,原来施行于联邦德国的1949年《基本法》、1900年的《民法典》和《商法典》、1877年《民事诉讼法典》和《刑事诉讼法典》等成为整个德国法律制度的基础;另一方面,为适应统一后出现的新情况和新问题,德国也对统一前的各项法律制度作了必要的修订,并且根据需要制定了若干单行法规。如1994年对《基本法》和《刑事诉讼法典》进行了修订。

第二节 宪 法

一、《德意志帝国宪法》

1848年革命时期,德意志同盟各国在法兰克福同盟议会上制定的《法兰克福宪法》是全德统一宪法的开端。由于革命的失败,这部宪法未能实施。1850年普鲁士颁布了一部以树立国王绝对权威和加强军国主义势力为主要内容的宪法。以普鲁士为首的北德意志联邦建立后,在普鲁士领导下又于1867年制定一部《北德意志联邦宪法》。这部宪法的基本内容来自普鲁士宪法,也可以说是普鲁士宪法的扩大适用。在统一的德意志帝国正式宣告成立的前夕,1871年4月16日,新选出来的帝国国会批准了在俾斯麦领导下制定的、以1867年《北德意志联邦宪法》为蓝本的《德意志帝国宪法》。这是一部反映容克贵族与资产阶级共同意志、混杂着封建因素的资产阶级性质的宪法,从生效后一直到第一次世界大战期间没有做过重大修改。

1871年《德意志帝国宪法》共14章,78条。其主要内容和特点是:

1. 宪法规定德意志帝国为联邦制国家,由22个邦和3个自由城市组成。帝国中央享有极大权力。在立法方面,帝国中央制定的法律有优先于各邦法律的效力,并可以取消各邦与其相抵触的法律。在国家行政、军事、外交、税收、铁路、邮电等重要领域,帝国中央握有相当广泛的权力。各邦失去了原有的独立性,实际上已成为联邦政府的地方自治单位。上述规定加强了中央权力,消除了小邦分立状态,为加速德国资本主义的发展提供了条件。

2. 宪法规定,帝国的政权组织形式为君主立宪制。根据宪法规定联邦元首为德意志帝国皇帝,由普鲁士皇帝担任,从而保证了普鲁士在帝国中的统治地位。宪法赋予皇帝的权限极其广泛,他有权提出立法提案;公布及监督帝国法律的执行;有权召集联邦议会和帝国国会,并可根据联邦议会的决议提前解散帝国国会;他还作为帝国行政的最高首脑、军队的最高统帅,有权任命国家各级官吏;对外代表帝国,以帝国名义宣战、媾和、缔约、建立联盟、任命驻外使节等等。

帝国首相由皇帝任命,是从属于皇帝的最高行政官吏。他以皇帝的名义主持帝国的行政,并仅对皇帝负责。帝国首相兼任联邦议会主席,有权确定联邦议会开会日期并监督其工作。皇帝公布帝国法律须有首相副署,并因副署而负其责任。可见,首相在国家机构中占有特殊地位,是帝国政治的实际领导者。自帝国建立至1890年,帝国首相一职均由俾斯麦担任。

3. 宪法规定,议会由联邦议会和帝国国会两院组成,共同行使立法权。联邦议会议员由帝国各邦君主和自由市参议院从本邦高级官吏中任命,共58名。其中普鲁士占17席,其他各邦按其大小各占1至6席不等。目的是保证普鲁士对宪法修改的决定权。因为根据《德意志帝国宪法》第78条规定,有关修改宪法的议案,只要有14票反对就不能通过。联邦议会的职权广泛,有权提出和通过法案,批准和否决帝国国会的法案,颁布为执行帝国法律所需要的行政法令;皇帝对外宣战、缔结条约,须经联邦议会同意;联邦议会还决定帝国的财政预算和决算,并作为最高司法审级解决各邦之间的争端。值得提出的是,联邦议会经皇帝同意还有权解散帝国国会,它的议员可以出席帝国国会,并随时可请求发言陈述本邦政府的意见。

帝国国会议员直接由选民选举产生,任期5年。但根据1869年通过的选举法,妇女、25岁以下的男子、破产者、受救济者和现役军人均无选举权。帝国国会的职权极其有限,所有法律均须经联邦议会通过,并经皇帝批准方能生效;帝国首脑及各部大臣不对国会负责而只对皇帝负责。首相还可利用兼任联邦议会主席之便,控制国会活动。

4. 宪法以专章规定了帝国的军事制度,把普鲁士的全部军事法律制度迅速施行于全帝国。这一规定加速了军国主义在德国的发展进程。马克思在《哥达纲领批判》中指出:1871年宪法所确定的德意志帝国是"一个以议会形式粉饰门面、混杂着封建残余、已经受到资产阶级影响、按官僚制度组成、以警察来保护的军事专制国家"①。

二、《魏玛宪法》

《魏玛宪法》是德国第一部资产阶级共和制宪法,也是资本主义进入垄断时期产生的第一部现代宪法。1918年,历时4年的第一次世界大战以同盟国的失败而告终,战争加深了德国的政治、经济危机。

1919年1月德国召开国民会议,改组政府,着手制定正式宪法。宪法草案经过7个月的反复讨论和修改,六易其稿。由于当时柏林工人运动处于高潮,为使制宪工作免受其影响,国民会议在远离柏林的魏玛城召开制宪会议,于1919年7月31日通过新宪法,并决定8月11日颁布施行。这就是《德意志共和国宪法》,简称《魏玛宪法》。

《魏玛宪法》分为两编,181条,1.4万余字,是当时世界上最长的一部宪法。第1编规定了联邦的组织和职权,第2编规定了人民的基本权利和义务。宪法的主要内容是:

1. 宪法宣布德国国家结构形式仍采用联邦制,由18个邦组成。宪法规定各邦宪法、法律不得与联邦宪法、法律相抵触。立法权分为联邦专有和与各邦共有两部分。有关外交、殖民、国籍、关税和货币等重要立法为联邦所专有;刑法、民法、出版、卫生、商业等立法权为

---

① 《马克思恩格斯选集》第3卷,人民出版社1995年第2版,第315页。

联邦与各邦共有,但联邦享有优先权。

2. 宪法规定国家管理形式为总统制共和国。以分权原则组成政权机关。

立法机关为联邦议会,由联邦参政会和联邦国会组成。联邦参政会由各邦政府的代表组成。同1871年宪法相比,普鲁士的特殊地位受到限制,但并未取消,仍占总数63票中的25票;联邦参政会的权力也大为削减,不再凌驾于联邦国会之上,但历届政府根据宪法(第69条)提出的法案须先交给联邦参政会审议,因而它在立法中仍起重要作用。联邦国会议员由年满20岁的男女公民按比例选举制普选产生,任期4年。联邦国会有立法、修改宪法和监督政府的权力,但其权力受种种限制;联邦参政会在一定条件下可以否决联邦国会通过的法律;总统有权公布法律,在公布前可以用"交付国民表决"的方式否决或延缓法律生效;联邦参政会、总统也有权参与宪法的修改。此外,宪法也没有赋予联邦国会解释宪法和法律的权力。

行政权由联邦总统和政府行使。总统由选民直接选举产生,任期7年,连选连任。总统对外代表国家,对内任命包括总理在内的文武官吏,统帅军队,并有相当大的参与立法和监督权力,有提起召开或解散国会的权力。尤其是《魏玛宪法》第48条还赋予总统"强制执行权"和"独裁权"。"强制执行权"指总统有权使用武力强制各邦遵守宪法和法律。"独裁权"指总统有权使用武力恢复"公共安宁与秩序",临时停止宪法规定的公民权利。正是这一规定为后来希特勒建立法西斯独裁政权提供了法律依据。

联邦政府由总理和各部部长组成,总理由总统任命,各部部长由总理提请总统任命。联邦政府及其成员均向国会负责,如果国会对政府明显表示不信任,应即辞职。联邦政府主持日常行政工作,有权提出法案和颁布行政法规。

司法权由联邦法院行使,法官由总统任命。宪法规定了"法官独立"和"终身制"原则。

3. 宪法对公民基本权利义务作出极为详尽的规定,共5章57条,成为同时代资产阶级宪法中最具民主色彩的宪法。宪法规定公民在法律面前一律平等,男女平等,公民依法享有言论、迁徙、人身、住宅、秘密通讯、选举、集会、请愿、结社、学术研究和宗教信仰等自由。宪法同时还标榜"社会主义"原则,规定国家保护公民的工作权和休息权,保护劳动力,主张生产者(资本家和工人)共同合作(第156条),对失业者实行救济。列举了对家庭、婚姻、子女及青年的保护条款,规定婚姻以两性平权为根据,私生子女与婚生子女享有相同权利。此外,宪法还将"教育及学校"专列一章,规定接受小学教育为国民的普遍义务,并将教育事务置于国家的监督之下。

4.《魏玛宪法》将"经济生活"列为专章,详细规定了公民的经济权利,因而又有"经济宪法"之称。宪法规定了"经济自由"、"工商业自由"、"契约自由"、"所有权受宪法保护"等原则。同时不再强调私有财产神圣不可侵犯,而是强调"社会化"原则。宪法规定,所有权负有义务,所有权之行使同时应当增进公共福利(第153条);土地的分配和利用,受联邦监督,因需要土地所有权得征收之(第155条);联邦得依法律按"征收"规定,将私人企业"收归公有"(第156条)。此外,宪法对公民的著作权、发明权、美术权、科技创作等知识产权,也予以保护和支持。

《魏玛宪法》第165条规定了"劳工会议制度"和"经济会议制度"。劳工会议制度确认工人依公共经济原则与企业主"共同管理企业",由双方组成劳工会议,"制定工资劳动条件及生产力之上全部经济发展的规章"。经济会议制度则确定工人、工会、重要的职业团体代表和企业主代表按经济区组成经济会议。全联邦又有"联邦经济会议",负责审议和提出关系重大的社会或经济法律草案,并派一名代表出席联邦国会。宪法规定"劳工会议和经济会议,在该管辖范围内,有监督及管理之权"。

《魏玛宪法》反映了资本主义社会宪法的现代发展,它不仅对德国二战后宪政原则的确立和发展有深远影响,而且为其他各国现代宪政原则的确立和宪法的制定提供了范例。

三、纳粹德国的根本法

1933年年初希特勒就任德国政府总理后,2月4日便迫使总统颁布《保护德意志人民紧急条例》,授予政府解散、禁止政治集会和停止报刊发行的权力。1933年2月27日,又制造"国会纵火案",并在国会大厦被焚的次日,通过总统发布《保护人民与国家条例》,取消宪法关于公民权利条款,并授权联邦政府在必要时接管各邦的全部权力。上述两项条例标志着德国法西斯专政的开始。

1933年3月颁布的《消除人民和国家痛苦法》,即"授权法",是法西斯专政的根本大法。该法共5条,规定:政府有制定法律的权力(第1条);政府颁布的法律可与宪法相抵触(第2条);政府总理起草法律、公布法律,并使法律生效(第3条);政府不经立法机关同意,得自由订立对外条约,发布施行命令(第4条)。这项法律使希特勒集行政、立法和外交大权于一身,成为独裁者,并使依据分权原则建立起来的议会制遭到彻底破坏,《魏玛宪法》名存实亡。

此后,希特勒政府又先后颁布一系列旨在强化独裁统治的法律。1933年4月的《文官任用法》,是一项典型的种族主义和排斥异己的立法,它以非日耳曼人、"不被信任"、"不称职"及"缺乏必要教育和训练"为由,清洗一切非纳粹人员特别是进步人士,使其不得担任国家公职。并且法律规定的文官范围十分广泛,包括国家机关、军队、警察、地方自治机构、企事业等。这项法律使纳粹党基本控制了国家机关。1933年12月颁布的《关于政党及国家之保障的法律》,明确规定国社党的法西斯主义是德国国家的指导思想,确认了党政合一制度。1934年1月颁布的《德国改造法》,废除了各邦人民代表制,取消各邦权力,并将邦政府变为直属联邦政府的行政机关,官吏由中央统一调配,实现了法西斯的中央集权制。1934年7月颁布的《禁止组织新政党法律》,使纳粹党成为德国唯一政党,凡坚持原政党或组织新政党者,均以谋叛罪论处,甚至曾一度与纳粹党合作过的非纳粹党议员也难免于难。1934年8月《关于帝国最高领袖的法令》,取消了总统一职,把总统和总理的职权合二为一,称为"元首",由希特勒担任,终身任职,并得指定继承人。

上述法律全面剥夺了德国人民的基本权利和自由,取消了联邦制,在德国公开建立起极端反动、极端沙文主义的恐怖野蛮的法西斯一党专政。

四、《德意志联邦共和国基本法》

1949年5月8日,由各州议会代表组成的制宪会议制定并通过宪法草案。该法经当时美、英、法三国占领当局批准后,经2/3州议会同意,于同年5月24日生效。这就是《德意志联邦共和国基本法》,又称"波恩宪法"。

基本法宣称,它不是正式宪法,只是"为了建立过渡时期国家生活的新秩序"而制定的"基本法"。实际上,几十年来,基本法在联邦德国法律体系中的地位与作用完全相同于宪法。

基本法共11章,146条,有些内容承袭了《魏玛宪法》,但又有许多新的发展变化。

1. 基本法以大量篇幅对公民基本权利与保障和平问题作了规定。第1条明确宣布"人的尊严不可侵犯,尊重和保护它是国家的义务",规定公民在宪法和法律范围内享有广泛的民主权利和自由,如自由发展个性权、人身不可侵犯权、法律面前人人平等权、男女平等权、公民享有集会结社权等。鉴于法西斯专政的深刻教训,基本法还特别强调指出,人权是人类社会和平与正义的基础,不得强制任何人违背其良心"服使用武器的兵役",妇女不得受雇和被迫在武装部队服务。任何试图破坏和取消现存民主和自由的基本秩序、破坏和平、准备进行侵略战争的行为,均属违宪并应受到惩罚。

2. 基本法规定的国家结构形式为联邦制,由各成员州组成(第20条)。法律对联邦和州的权限作了规定,将保持各州一定程度的独立地位作为联邦原则予以确认。各州有自己的宪法、政府、议会、最高法院等。同时规定联邦权力高于各州权力,联邦法律高于州法律(第31条),各州宪法必须符合基本法的原则(第28条)。在州不履行基本法或联邦其他法律所规定的义务时,联邦政府有权以必要的强制措施来保证州履行其义务。

3. 基本法重新确立三权分立原则,恢复了多党制,并规定了有关政党的组织和活动的原则。根据分权原则,立法权由联邦议院和联邦参议院组成的联邦议会行使。联邦议院议员由选民依普遍、直接、自由、平等和秘密的原则选举产生,任期4年。联邦参议院议员由各州政府委派的州政府成员组成,无固定任期,他们代表各州参与联邦的立法,每州至少有3票表决权。立法程序采"联邦议院中心主义"原则,参议院虽对联邦立法有审议、通过与否决权,但联邦议院在联邦立法中居主导地位并起决定作用。联邦议院还有权监督政府,选举产生联邦总理,对联邦总理表示不信任或否决联邦总理要求信任的提案。

联邦总统为国家元首,对外代表联邦。基本法吸取《魏玛宪法》规定总统权力过大导致独裁的教训,对总统的权力作了较大的限制。总统由联邦大会选举产生,任期5年,只能连任一次(第54条)。总统缔结重大条约须获得有关主管机关的同意或参与(第59条);对内发布命令须经联邦总理或主管部长副署方为有效(第58条)。总统不再拥有与议会并列的权力,而受议会监督,联邦议院或参议院可以联邦总统故意违反基本法或其他联邦法律为由,向联邦宪法法院弹劾联邦总统(第61条)。联邦宪法法院"可以宣告联邦总统丧失职权","可以以临时性命令决定联邦总统暂时停止职权"。

联邦政府是国家最高行政机关,由联邦总理和联邦各部部长组成(第62条)。联邦总理由联邦总统提名,经联邦议院选举产生后,再由总统任命。一般由联邦议院多数党领袖担任。联邦总统作为政府首脑,有权任命各部部长和其他政府官吏,负责制定政府对内对外政策,统一领导各部的工作,并向联邦议院负责。联邦议院可通过不信任票迫使总理下台。但为了保证国家政局的稳定,基本法规定只有在联邦议院预先以超过半数票选出新总理的情况下,原政府才可以被推翻。

基本法确认了司法独立原则,并规定了违宪审查制度。1951年建立联邦宪法法院,用以解决法律规定不明确而出现的纠纷,实行宪法监督。主要权限为,解决联邦与各州之间及各州之间的争端;解决联邦各机构之间的矛盾;审查联邦及州法律的合宪性;受理公民个人或团体的宪法控诉。

第三节 民 商 法

一、《德国民法典》和民法的发展

(一) 民法典的制定

德国统一以前,各邦都有自己的法律,民法尤为纷繁杂乱。直至19世纪初期,各地区在民法适用上仍存在很大差异,有的采用《法国民法典》,有的采用《普鲁士民法典》,有的则采用罗马法和教会法等。这种局面严重阻碍了德国经济的发展。

1815年德意志联邦成立后,随着德国民族统一运动的兴起和资本主义经济的发展,制定全德统一民法典的问题日益引起重视。但围绕这一问题,统治阶级内部和法学界存在着激烈的斗争和长期的争论。一些小邦的统治者担心制定统一民法典会削弱本邦的自治权力和封建特权,反对编纂统一的民法典。法学界则分别形成了以蒂伯特(A. F. J. Thibaut,1772—1840年)和萨维尼(F. K. Savigny,1779—1861年)为代表的两派斗争。蒂伯特是海德堡大学法学教授、德国法学流派中自然法学派的主要代表。他在1814年出版的《论统一德国民法典的必要性》一书中,积极主张制定全德统一的民法典,认为法律的统一是实现民族统一和国家复兴的基础,民法的统一会促进德国的统一。他认为,编纂德国统一民法典的条件已经成熟。他还认为立法是人们理性的产物,凭借理性就可制定法典。支持蒂伯特主张的法学家形成了"法典编纂派"。与此相对立的是萨维尼等为代表的历史法学派。萨维尼在《论当代立法和法理学的使命》一书中认为,法律是世代相传的"民族精神"的体现而不是理性的产物;当前制定统一德国民法典的条件远未具备,德国法学家的任务是对德国历史上的各种法律渊源追根究底,进行深入研究,而各种法律渊源中主要的并不是古日耳曼法,而是古代罗马法的"原典",研究的任务就是要恢复罗马法学的本来面目。为此,萨维尼派极力反对急于制定统一的民法典,尤其反对以自然法理论为指导的《法国民法典》的模式。两派在制定民法典的问题上的长期争论,不仅是当时德国矛盾的反映,实质上也是一场究竟以什么样的法学或法律学说为指导思想建立德国民法体系的论战。在两派长期的相互争鸣中,历史法学派曾一度处于优势地位,从而延缓了法典的编纂过程。但随着民族统一运动的发展,要求制定统一民法典的势力逐渐占了上风。此后,围绕民法典的制定,历史法学派中还出现了日耳曼法学派(其主要代表人物为祁克[O. F. Von. Gienke, 1841—1921年])与罗马法学派即"潘德克顿"法学派的斗争。"潘德克顿"法学派主要以温德海得(B. Windscheid, 1817—1892 年)为代表,是在研究罗马法《学说汇纂》的基础上形成的,他们抛弃了旧的注释法学派研究罗马私法的方法,将历史主义与实证主义以及对罗马私法原则的研究与现实社会的研究结合起来,通过逻辑抽象和理论概括,推导出法律概念和原则。例如,该学派的创始人胡果(G. Hugo, 1764—1844 年)在历史上首次提出了"法人"和"法律行为"这两个现代民法学上重要的概念,从而形成了高度概括和系统化的法学理论体系。此外,这个学派在坚持维护私有制和个人私有财产原则的同时,还强调个人利益与社会利益相结合,强调人的社会责任和社会义务,从而反映了在民法领域,法律从以个人为本位向以社会为本位原则的转变。"潘德克顿"法学为德国民法典的制定奠定了理论和体系的基础。1871 年德国统一后,帝国宪法把制定民法典列入帝国权限,这就为制定统一的民法典提供了法律依据。

1874 年联邦议会成立了 11 人组成的法典编纂委员会,历经 13 年完成民法典的第一个草案。这个草案受到多方批评。日耳曼法学派认为它过分偏重罗马法原理而忽视了德国固有的法律传统,这种法律传统植根于日耳曼法的"团体本位"精神之中。社会民主党人则提出抗议,认为草案注重维护资本家的利益而损害了劳动者的利益。也有人抨击草案的语言过于专业化,难以为非法律专业的人所理解。在这种情况下,1890 年联邦议会又成立了新的法典编纂委员会,经过 5 年时间制定出第二个草案。这个草案经联邦议会审查修改后,作为第三个草案提交帝国国会讨论。在资产阶级和容克地主妥协的基础上,帝国国会作了若干修改,于 1896 年 7 月 1 日通过,同年 8 月 18 日经德意志帝国皇帝正式批准,8 月 24 日公布,于 1900 年

1月1日起正式施行。

(二) 民法典的结构和主要特征

《德国民法典》以罗马法的《学说汇纂》为蓝本加以编纂,共分5编,35章,2385条。这是资产阶级国家制定的规模最大的一部民法典,其结构体系与1804年《法国民法典》有很大不同。

第1编总则(第1条—第240条),规定了民法的基本要素,包括民事权利主体——自然人和法人、权利能力的享有与丧失及行为能力、民事权利客体(物)、法律行为、时效等内容;第2编债务关系法(第241条—第853条),包括债的通则以及买卖、赠与、租赁、借贷、雇用、承揽、委任、合伙、寄托、不当得利、侵权行为等各种具体的债务关系;第3编物权法(第854条—第1296条),规定了动产与不动产所有权、所有权的取得与丧失、占有、共有、地上权、役权、抵押权和质权等内容;第4编亲属法(第1297条—第1921条),对婚姻关系、夫妻财产制、婚生与非婚生子女的法律地位、收养与监护等作了规定;第5编继承法(第1922条—第2385条),规定了继承人的范围和顺序、继承人的法律地位、遗嘱、继承权的丧失与放弃、保留与处分,以及继承财产的买卖等内容。

《德国民法典》是19世纪末自由资本主义向垄断资本主义过渡时期制定的法典,也是德国资产阶级和容克贵族妥协的产物,具有时代的法律特征和自己的特点:

1. 法典适应垄断资本主义经济发展需要,在贯彻资产阶级民法基本原则方面已有所变化

首先,法典肯定了公民私有财产所有权不受限制的原则。《德国民法典》第903条指出:"物之所有人,在不违反法律或第三人权利之范围内,得自由处分其物,并得排除他人对物之一切干涉。"第99条规定:"物的果实为物的出产物及依物的使用方法所取得的其他收获物。"法典还规定,土地所有人的权利不仅"扩及于地面的上空和地面的下层"(第905条),而且包括"定着于土地的物,特别是建筑物及与土地尚未分离的土地出产物",以及"与土地所有权结合的权利"(第94条、第96条)。显然,这些规定确认了资本主义无限私有制原则,目的在于维护资产阶级和容克贵族的私有财产权。但

同时,由于《德国民法典》制定于资本主义由自由竞争向垄断过渡的阶段,资本主义经济已由资本家个人经营方式开始转变为资本家集体经营的垄断方式。为适应大企业、大公司、垄断组织兴办铁路、运输、航空、采矿及冶炼等工业的需要,维护垄断资产阶级的利益,民法典不仅摒弃了《法国民法典》在所有权上使用的"神圣"不可侵犯和"绝对"无限等字眼,而且对所有权的行使增加了某些限制性规定。如第 226 条规定:"权利的行使不得只以损害他人为目的。"第 228 条和第 904 条规定:因正当防卫或消除紧急损害而破坏或损坏他人所有物,在必要限度内者,不为违法行为,物的所有人不得拒绝他人干涉其物的权利。第 905 条和第 906 条还规定土地所有人对于他人在其土地上空或地下的干涉如果不会给所有者带来任何损害,或不妨害土地的使用,或妨害甚微,土地所有者均不得禁止这种干涉。这些规定说明《德国民法典》的所有权观念和《法国民法典》相比已有所变化,也反映了资产阶级民法思想从个人本位向社会本位的转变。

其次,法典肯定了资本主义"契约自由"原则,并直接保护资产阶级和容克贵族对雇用劳动者的剥削。第 145 条规定:"向他方要约成立契约者,因要约而受约束。""要约人在承诺前死亡或丧失行为能力者,不妨碍契约的成立"(第 153 条)。对要约立即承诺或在承诺期限内作出承诺,契约即告成立(第 147 条、第 148 条)。这说明契约经"合意"即告成立,合法成立的契约必须履行,非经当事人同意,不得修改或废除,肯定了契约自由的原则。与《法国民法典》注重保护当事人的内心本意不同,《德国民法典》只承认当事人意思表示的外部效力,在当事人本来意思与表示出来的意思不一致时,以表示出来的意思为准(第 116 条)。这一规定适应了发达资本主义经济条件下,生产与交换日趋频繁,要求准确迅速完成商品流转及设立或变更法律关系的要求。

最后,法典在民事责任方面,也确认了"过失责任"原则。但与传统奉行的有过失方有责任的做法不同,实行过失责任与无过失责任原则并存。法典规定,因故意或过失不法侵害他人的生命、身体、健康、自由、所有权或其他权利者,负赔偿责任。并规定行为人虽无过错但有违反法律的可能时,亦按过失情形负赔偿的义务(第 823

条)。这与传统的严格过失责任原则相比,是一个进步,扩大了企业主和政府部门的责任,使大工业化生产带来的众多的工伤事故和其他意外事故的受害者,因此而获得赔偿。

2. 法典规定了法人制度

德国虽是一个后起的资本主义国家,但在公元1871年统一后,资本主义经济得到迅速发展。到19世纪末,随着生产和资本的高度集中与垄断,大公司、大企业和垄断组织已经在国家政治经济生活中起重要作用。这些大大小小的资本家联合组织,必然要求得到法律上的确认和保护,而且法人理论经德国法学家的论证已至成熟。于是《德国民法典》在人法编中单独规定了法人制度,承认法人为民事权利主体,依法独立享有民事权利和承担民事义务。法典规定:"以经营经济事业为目的的社团,如帝国法律无特别规定时,因邦的许可而取得权利能力"(第22条)。并规定不以营利为目的的社团,因登记于主管部门而取得权利能力(第21条)。法典还对法人的成立和消灭、法人的组织机构等作了较为详尽的规定,有关法人的条款达六十余条。这是资产阶级民法史上第一部规定法人制度的民法典。

3. 法典保留了浓厚的封建残余

民法典虽然本质上是资产阶级性质的,但由于是资产阶级与容克贵族相妥协的产物,因而在某些内容上保留了浓厚的封建残余。主要表现在:

第一,以大量篇幅对容克贵族的土地所有权以及基于土地私有而产生的其他权利,如地上权、地役权等加以特别保护。并且,为了保护地主、富农和高利贷者对农民土地的掠夺,法典还规定,土地抵押债务期满,债权人通知土地所有人之后,即可通过土地登记机关进行所有权登记,取得抵押土地的所有权(第1141条)。

第二,在亲属法方面保留有中世纪家长制残余。从形式上看,法典中关于妻的法律地位比《法国民法典》的规定有所提高,妻开始有了行为能力和诉讼能力。但从法典对亲属法的整个规定来看,只要婚姻成立,妻原有的财产即归夫占有、使用和管理(第1363条、第1373条)。妻不经夫的许可不能处置自己原有的财产,而夫处置妻原有的财产可不必经妻的同意(第1375条、第1376条)。有关夫妻共同生活的重大事情,夫有决定权。妻只可订立与对夫所负义务不矛盾的契约(第1353条)。可见,夫妻间的民事权利仍不平等。父对子女有惩罚的权利,婚生子女在未满21岁前结婚必须得到父亲的同意。总之,法典所规定的亲属法带有明显的中世纪封建家长制的色彩。

4. 法典在立法技术上讲究逻辑体系严密、概念科学、用语精确

在这方面,《德国民法典》比《法国民法典》更加成熟、合理,被西方法学界誉为19世纪"德国法律科学的集成","异常精确的法律的金线精制品"。但由于过分注重这一点,使这部法典语言晦涩难懂,特别是过多的使用"参照条款",前后反复参照,使法典远不如《法国民法典》那样简明扼要,通俗易懂。此外,法典在表述上还过多地使用了一些抽象和富有弹性的概念,即"一般性条款",如规定"契约违反善良风俗的无效"(第138条);"当事人应依诚实信用及交易习惯履约"(第242条)等,从而使司法机关在复杂的经济活动中,握有自由裁量权,可以对案件作出灵活的裁判,以维护垄断资产阶级的利益和需要。

《德国民法典》是资产阶级民法史上的一部重要法典,它的颁行对统一德国法制作用巨大,并成为德国民法发展的基础。直至当代,经多次修改,仍然是德意志联邦共和国民事法律规范的核心部分。

(三) 法西斯专政时期的民事法律制度

法西斯专政时期,仍然采用1900年民法典,但由于法典许多条款已不能适应法西斯统治需要,为此,希特勒政府一方面通过颁布单行民事法规,对民法典进行补充和修改;另一方面也贯彻法律社会化的立法原则,采取国家干预经济的手段,颁布了大量的经济立法,将原来属于民商法调整的许多社会关系纳入经济法领域,对国家经济生活进行直接的控制。

1933年9月29日颁布的《世袭农地法》,是一项旨在培植富农阶层以稳固法西斯政权在农村统治基础的典型的法西斯民事立法。该项法律规定:面积在75—125公顷之间的农业用地为"世袭农地";"世袭农地"的所有者为农民;只有日耳曼人和"有人格者"才有资格称为农民。法律对日耳曼人种作了严格的规定:凡1800年1月

1日以后,父母双方不与犹太人种或有色人种混血者为纯日耳曼人。法律还规定,"世袭农地"不能因遗嘱而变更,不能出售、抵押或因无力偿债而被没收;所有人死后,只能由长子或幼子1人继承,不得分割,其他子女和亲属只能继承"世袭农地"以外的遗产,另谋职业。该法实施的结果,一方面促进了富农经济的发展,造就出一个强大的富农阶层,成为法西斯政权的社会基础;另一方面迫使无土地继承权的人进入工厂或军队,使正在发展中的垄断企业获得充裕的劳动力;同时也保证了正在扩充的法西斯军队有足够的兵源。

婚姻家庭法突出贯彻了法西斯种族主义理论,认为日耳曼人是世界上最优秀的人种,只有保持其血统的纯洁,才能保持其优秀的民族精神。而婚姻关系是维系日耳曼人种并将其血统和民族精神传续下去的重要保证。为此,颁布法律严格规定日耳曼种族内婚制,禁止德国人与异族,特别是犹太人和有色人种结婚。如1935年9月19日的《德意志血统及名誉保护法》不仅明文禁止犹太人与德国人结婚,还禁止犹太人雇用35岁以下的日耳曼女佣人,以防止因产生私生子而引起血统的混乱。

法西斯立法还取消了《魏玛宪法》关于男女平等的原则,恢复了男尊女卑、家长制的婚姻家庭关系。1933年6月1日的《失业缓和法》将女工从工厂赶回家庭,以扩充男工的劳动市场,政府对失业的女工也不给任何救济。

(四) 战后德国民法的发展和变化

1900年施行的《德国民法典》仍为联邦德国的现行法典。由于法典历时久远,已不能适应社会政治经济发生的巨大变化,为此,联邦德国在保持法典原有结构体系的情况下,一方面对法典本身进行修改,并通过司法解释,扩大原法典"一般性条款"的适用范围,使之适应现实生活的需要;另一方面也通过制定单行法规,来弥补民法典的不足。据统计,《德国民法典》原2385条中已有八百多条被修改、废除或更换为新条文。民法方面的发展变化主要表现在以下几个方面:

在婚姻家庭方面,1949年制定的《德意志联邦共和国基本法》第3条和第117条废除了一切与夫妻间平等原则相抵触的规定,强调"男女享有同等权利"。1957年6月18日的《男女平等权利法》,使根本法的规定具体化,规定婚姻关系成立必须基于男女双方意愿一致,维持共同婚姻生活为夫妻双方义务;双方都有处理自己财产和选择职业的自由权利,丈夫不再享有对妻子财产的管理和收益特权;扩大了生存配偶的法定继承权,如有子女,生存配偶可得财产一半,如无子女,可得75%;废除了原来由父亲单独对子女行使亲权的规定,改由父母双方共同对子女行使亲权。1975年的法律,将成年的年龄从21岁降为18岁,并且降低了婚龄。只要男女一方达到成年年龄,经法院同意,另一方16岁也可结婚。1977年的《婚姻法》对因婚姻关系破裂导致离婚的妇女、儿童的权益保护给予了特别强调。《德意志联邦共和国基本法》第6条规定婚生子女与非婚生子女有同等地位。1969年8月19日颁布的《关于非婚生子女法律地位的法律》,进一步改善了非婚生子女的社会地位,确认其对生父的遗产享有继承权。1997年制定的《亲子关系改革法》、《继承权地位平等法》以及1998年的《子女抚养法》,进一步对非婚生子女的权益予以保护。

在契约法方面,广泛运用民法典中"一般性条款",通过司法解释使其适应战后新的民事法律关系。司法机构凭借"善良风俗"、"诚实信用"和"交易惯例"这类没有准确含义的条款用来开创和适应新的原则,以限制契约自由。在法定之外,还颁布一些单行法,如竞争法、租赁法和雇用法等,使契约关系更加适应垄断资本主义经济发展的需要。

在侵权行为的责任原则方面,1952年12月9日的陆上交通法、1959年1月10日修订的空中交通法等,对公路、铁路、交通、飞行事故以及电力、煤气、核电站和工矿企业事故等领域,适用"严格责任"即无过失责任原则。此外,通过建立劳动保险制度,将国家和垄断资本承担的责任和风险转移到社会和分散到劳动者身上。

二、《德国商法典》

德国统一前曾于1861年颁布过一部商法典,1896年民法典通过后,两部法典规定的内容,如契约和买卖关系等出现重叠,同时旧商法典已不能适应国家统一后迅速发展的商业流通的需要,迫切要求重新修订商法典。1897年5月10日新修订的《德国商法典》获得通过,并于1900年1月1日与民法典同时实施。

《德国商法典》只涉及调整商业关系的特殊法规,仅适用于商人,凡在商法典中未作规定的,一律适用民法典以及商业惯例。

法典共分4编,905条。第1编商事,包括商人的概念、商业注册、商号、商业账簿、商事代理、店员和经纪人等。法典把商人解释为经营商业事务的人(第1条),对商业事务的范围作了划分,并规定了商号真实原则,自然人的商人必须以姓名为商号,其他商号的选用应与营业的范围和种类相称。第2编商业公司与隐名合伙,规定了公司的种类和形式,主要有无限公司、两合公司、股份公司和股份两合公司,说明19世纪末叶商业流通的主要活动已非单个商人,而是以资本家的聚集为基础的各种公司了。法典还规定了隐名合伙。隐名合伙人以投资方式加入他人经营的企业,分享盈利并分担亏损,但不直接对外负责,对企业也享有某些监督权。第3编规定了商业合同的一般条款,并对商品买卖、批发、运输、仓储、委托等作了详细规定。第4编为海商及有关商业航海的专用法规。

第四节 经济法和社会立法

一、魏玛共和国时期的经济法和"社会化"立法

经济立法在大陆法系通称为"经济法",这一概念首先由德国学者于1906年提出,用来说明国家为加强对社会经济生活的干预而制定的与经济有关的各种法规。魏玛共和国时期,为了摆脱第一次世界大战后出现的经济困难,制定和颁布了一系列经济立法,其中1919年颁布的《煤炭经济法》是世界上第一次以"经济法"命名的经济立法。有关"社会化"立法,其中最具有代表性的是1919年3月22日颁布的《关于社会化法律》。它规定了私人企业实行社会共有的几种形式:(1)全部社会化,即国家对已经征收的企业,接管全部所有权,并由国家自行管理;(2)部分社会化,即国家取得企业部分所有权(如占有部分股份)和部分管理权;(3)强制卡特尔,即企业

的所有权仍属企业主,但国家将同类企业联合起来,设立公共机关统一管理。私营企业的社会化是德国垄断资本主义发展的要求,也是德国社会民主党的主张,其性质属于国家资本主义。

1920年2月4日国民会议又根据宪法的有关规定,通过了《企业劳工会议法》,对劳工会议的组织原则、形式和权力作了规定。企业劳工会议依对等原则,由工人代表和企业主组成,共同管理企业。劳工会议享有所谓社会权力和经济权力,包括监督法令、协定和裁决的执行,协助解决有关工资、劳保及其他工作条件等问题;反对雇主任意开除工人,有权派代表参加企业的行政会议,向厂主提供新的工作方法等。实际上所谓社会权力和经济权力,只是以咨询性质协同厂主解决有关问题。

二、法西斯专政时期的经济、社会立法

为促进垄断组织的发展,加速资本的集中,实现国民经济军事化,希特勒政府于1934年7月15日颁布《卡特尔变更法》和《强制卡特尔法》,取消了魏玛共和国时期对卡特尔协定的限制,规定联邦经济部长认为必要时,有权在特定生产部门强制建立辛迪加、卡特尔、康采恩协定,并有权对这种协定变更和监督执行。这项法律施行后,数以十万计的中小企业、商店因此而倒闭,德国的垄断组织陡然增加。

1934年11月27日颁布的《德国经济有机建设法》,进一步从法律上强化了垄断资本的权力,使国家经济转向战争经济。该法重新调整了德国的经济结构,按行业系统把全国经济分为:工业、商业、银行、保险事业、动力经济和手工业6个大组,全国所有企业都必须加入这个统一组织。各组负责人由卡特尔领导人兼任,领导制定各行业的生产发展政策。同时设立帝国经济商会,下设18个地方经济商会,商会有权分配原料和订单,统制各企业的供销数额。这项法律使全国经济组织及其下层经济小组、经济商会都具有国家机构的性质,使垄断资本与国家权力合为一体,不仅为垄断组织挣得巨额利润,而且通过这些经济机构把资金、设备、原料和劳动力等优先供给军事生产部门,使德国经济按照法西斯军事扩张的要求运转。

为了争取中等资产阶级的拥护,希特勒政府还在1933年5月

12日颁布所谓《小商人保护法》,无限期地禁止百货商店的新建与扩建,并禁止已有的商店经营摄影、理发、食堂和茶馆等业务。但中等阶级并未从中获得利益。1933年10月制定的《股权改革法》把资本不足10万马克的股份公司一笔勾销,并规定新办企业至少须有50万马克的资本,从而导致了中产阶级的毁灭。从1937年开始,政府又强迫上万个零售商店歇业。手工业作坊也逐渐被消灭。

法西斯统治时期,还通过一系列劳动立法,取消了《魏玛宪法》规定的劳工会议制度和经济会议制度。

1933年的《劳动管理官法》规定,由联邦总理在每个大经济区任命一名劳动管理官。劳动管理官有维持劳资和平的责任,为此可以采取适当措施。法西斯政府通过劳动管理官对劳资关系进行严密的管理和监视。

1934年1月20日颁布的《国民劳动秩序法》是典型的法西斯劳动立法。规定企业主是企业的领袖,职工是"服从者"、"下属",领袖决定企业中的一切事务,下属不得过问,而应对企业主保持企业协调所必需的忠诚。企业主有权决定劳动条件、劳动时间、工资、雇聘、解雇与惩罚等。为了在工厂中推行军事苦役制度,监视工人言行,该法还规定"企业领袖从企业下属中找出一些亲信的人来供咨询,这些人与领袖一起组成企业机密委员会,由领袖领导"。

1935年2月26日法律规定了男女青年普遍劳动义务制。1938年颁布的《为了完成具有特殊政治意义的任务而保障对劳动力的需要的决议》,规定政府主管机关有权调派任何一个国民去从事任何劳动。

三、战后经济法的发展

1949年联邦德国正式建立后,就将实行社会市场经济作为国家经济政策的指导原则。所谓社会市场经济,实质上是由国家调节的资本主义市场经济。在这种经济政策的指导下,颁布了大量的经济法规,用以改革、调整和管理国家经济,并取得显著成效,使联邦德国成为战后经济发展最快的国家之一。从1949年以来,制定颁行的经济法规已达数千件,从而形成了内容广泛、种类繁多的经济法体系。

(一) 有关经济改革的法律

1. 币制改革法

为制止通货膨胀,稳定物价,控制市场,改变经济混乱局面,1948年6月20日,占领当局颁布《币制改革法》,禁止旧马克流通,以新马克取代之。每人可按1∶1的比率兑换60新马克,超过部分和银行存款一律按10∶1的比率兑换。币制改革的强制推行,虽然使劳动者和小资产者遭到巨大损失,却使不少固定资产雄厚的重工业企业的资本扩大了几倍,同时也使货币流通量骤减93%,通货膨胀得到制止,市场经济趋于活跃。与此同时,1948年6月18日还颁布《货币改革后经济政策指导原则法》,取消了战后定量配给制和对物价、工资的控制,提倡自由贸易,并放开了90%以上商品的价格,使商品自由流通,依靠价格波动达到市场经济自由化,为社会市场经济的建立奠定了基础。

2. 农业立法

德国是个以重工业为主导的国家,农业相对落后,农产品历来依赖进口,成为经济发展的障碍。为此,从1955年开始实施加速发展现代化农业和畜牧业的经济计划,并颁布一系列经济法规,大力推行和扩展农场和畜牧业的经营规模,排挤小生产经营方式,例如,制定《土地出租奖金法》,对为期12至18年的长期出租给予鼓励。此外,在加速农业集中的过程中,还实施"改行奖金制"等法规,鼓励农户提前退休、让地弃农。对这类农户提供多种形式的津贴和补助;采取措施扶助农民采用先进技术和设备,加速实现农业现代化。

3. 国有化法

根据基本法的规定,联邦德国采取多元化的经济形式,以发展私人垄断资本为主。但国家也从发展社会市场经济的角度出发,将一些投资大、利润薄、私人资本不愿经营的部门,如水电、煤气、城市交通、铁路、邮电、航空等,在进行补偿的情况下收归国有,并用收购股票等方式使20%的工业和一些银行变为国有经济。同时,还通过经济立法实现财产再分配,大力扶植私人垄断资本。1949年8月建立专门紧急援助基金,基金来自所有产业主财产价值的提成。1952年通过《关于对第二次世界大战的后果平衡负担的法律》,以国家立法的形式转嫁负担,将广大银行开户者和土地所有者也列为财产提成的对象,提成额定为财产价值的5%,并专门设立"平衡负担银行"负责基金的筹集和支配。至20世纪60年代,筹集资金的范围又扩大到普通纳税者身上。事实上,银行筹集的资金大部分用于扶植垄断资本。1952年还制定旨在加速重工业部门积累的《投资援助法》,以第二部类企业为基金筹集对象,设立10亿马克资金,为煤炭、冶金、动力、煤气、车辆制造工业和供水企业提供长期的投资贷款。

4. 促进经济稳定发展的法律

为求得经济的稳定发展,减少生产的盲目性,1963年8月制定《成立专家委员会的法律》,规定由经济专家组成委员会,对国家经济生活的各个领域定期作出行情预报,以便给国家和企业提供经济信息,避免或减轻经济发展的不相协调,防止经济出现大的波动。1967年6月8日制定了《促进经济稳定和增长法》,把持续增长、稳定物价、充分就业、外贸平衡作为国家经济发展战略的总目标,并规定"必须注意通过联邦和各州的财政、经济措施达到经济平衡",各州和联邦政府的财政预算须有一项综合性的五年计划,联邦政府有权通过行政命令和条例制定各项措施以指导经济活动。

(二) 有关维护竞争秩序的法律

联邦德国把维护正常的竞争秩序,视为进行社会市场经济的重要问题。为此,建立了专门的机构联邦卡特尔局;颁布了一系列维护竞争秩序,限制垄断发展的法规。

1.《反对不正当竞争法》

这项法律始于1909年,修订了多次,目前实施的是1975年3月修订后的法律。所谓不正当竞争,包括用欺骗和假资料招揽顾客;盗用、模仿他人商标;强使顾客接受其没有订购的附加物件;损害别人的广告;散布有关竞争对手的不符合事实的流言飞语;阻止第三者同竞争对手的正常业务往来;不正当的压价供应等。以上行为均属违法。1976年还通过《调节一般业务条件法》(1977年生效),作为对上述法律的补充。这项法律进一步限制企业或个人任意对待顾客和将风险单方面强加给弱者的可能性。

2.《折扣法》

1974年3月实施。该法规定了提供给最终消费者所允许的折扣限度,最高为3%。此法也是为了维护正当的竞争,因为如果允许不受限制的提供折扣,就不能保证真正的价格竞争。同时还颁布了《关于附加赠送物品条例》,反对以赠送物品为竞争手段,致使竞争受到歪曲。

3.《反对限制竞争法》

1957年7月27日制定,后于1965年、1974年、1976年和1980年作了较大的修订。这项法律原则上禁止卡特尔;禁止大企业之间在产品和提供劳务方面订立限制竞争的垄断性协定;反对大企业控制市场;限制大企业的合并;并规定了具体标准,作为认定是否构成垄断的依据。但对市场有影响的一些卡特尔,却不在禁止之列,如,协调业务条件的"条件卡特尔"、为推进统一技术和标准的"标准化和典型化卡特尔"、"提高合理化程度的卡特尔"等,均允许成立。同时允许中小企业为提高经营管理水平,在适当限制竞争的情况下订立卡特尔合同。

4.《专利法》

联邦德国为推动科学技术进步,促进经济发展先后于1968年和1976年颁布《专利法》。设国家专利局和专利法院,专门审理有关专利方面的案件,形成较完善的专利制度,根据《专利法》,专利有效期为20年。但在下列情况下,专利垄断也可取消或削弱:第一,专利持有人自己申请提前取消专利;第二,该项专利应用于公众福利或涉及国家安全利益;第三,专利持有人自愿发布许可证或有偿地提供给第三者利用自己的专利;第四,为了公众利益,在得到适当报酬的情况下,必须允许另一方利用专利。为使专利持有人早日放弃这种法律允许的垄断专利法,规定了高额保护专利的费用,以便使专利持有人提前取消专利。

(三) 有关改善企业经营管理的法律

为改善企业管理,提高劳动生产率,提高劳动者的生产积极性。1951年制定了《矿冶参与决定法》,1952年制定《企业委员会法》。这些法律恢复并扩大了魏玛共和国初期工人参与企业管理的制度。

规定凡雇有5名以上职工的企业均应成立有1/3职工代表参加的监督委员会,参与企业的经营管理。1972年1月15日又颁布新的《企业章程法》,对上述法律作了修改,加强了职工代表在企业管理中的作用,并保护工人的各项权利。1976年5月4日制定了《共同决定法》,进一步完善职工参加企业管理的制度。这种制度通过设立监事会和企业委员会两种形式来实现。监事会由劳资双方代表对半组成,它作为企业领导机构之一,负责监督企业的经济活动和财务问题,任免董事会成员。董事会对监事会负责并管理企业的日常工作。企业委员会完全由职工组成,有权监督企业的福利、人事、工资、劳保等涉及职工切身利益的事务,对劳动和生产计划等有咨询权,并有权要求企业主帮助解决职工的困难等。

四、战后社会立法的发展

德国的社会立法最早可以追溯到19世纪末德意志帝国时代。1883年,俾斯麦政府面对日益壮大的工人运动(德国社会民主党在议会选举中获得55万多张选票),实施"鞭子和糖果"策略,把各地工人自动组织的互助补助基金"国有化",制定了世界上第一部《疾病保险法》,其后又分别于1884年和1889年相继颁布了《工伤保险法》和《养老、残疾、死亡保险法》,从而奠定了德国社会保险法的基础,成为世界上第一个建立社会保险制度的国家。

二次世界大战后,根据基本法确立的原则,联邦德国在经济高速发展的基础上,广泛推行社会福利主义,以保障和改善社会成员的生活,稳定社会秩序。1950年以来,先后制定了劳动就业法、青年福利法、儿童补助法、住房补助法、社会保险法等。并且自20世纪70年代起,开始对社会立法加以汇编。1983年7月1日陆续公布《社会法典》,采取成熟一编生效一编的办法。从已公布的法典的内容来看,主要包括职业教育和培训补助、劳动补助(失业保险)、社会保险(医疗保险、事故保险、退休保险)、残疾救济、家庭最低生活费补助、住房补助、青少年补助、社会补助、康复等。法典的目标是要把各个不同的时期颁布并且继续有效的社会立法全部汇编起来。

联邦德国社会立法的内容大体分为社会保险、社会补偿和社会救济三个方面。社会保险实行法定保险,凡在联邦德国生活的居民,均须参加一至数项社会保险。除政府提供部分保险基金外,其余部分由社会提供。其中公务员的保险费由国家支付,其余的保险费由雇主和雇员分担。社会补偿主要是用于对公民从事就业训练、技术培训及住房和生育子女的补助。社会救济主要是对没有达到政府规定的最低生活水准的家庭及发生特别困难的公民提供帮助。

第五节 刑 法

一、1871年《德意志帝国刑法典》

1871年《德意志帝国刑法典》是在原北德意志联邦刑法典基础上重新修订而成的。刑法典由总则和分则两编构成,共370条。总则规定了罪的分类、刑法适用的原则和范围等。法典将犯罪分为重罪、轻罪和违警罪三类。第一编"刑例"规定刑罚的种类有:死刑、无期徒刑、有期徒刑、苦役、拘留、罚金和剥夺公民权等,并对刑罚的适用、未遂、共犯、一罪和数罪俱发、正当防卫、刑事责任年龄等作出规定。第二编"罪及刑",列举了各种犯罪及其处罚,相当于刑法分则。

刑法典主要有以下特点:

1. 刑法典在承袭《法国刑法典》的基础上,在资产阶级刑法的一般原则、具体制度以及结构体例方面都有新的发展

例如,法典在总则中不仅肯定了"法无明文规定不为罪"、"法不溯及既往"的原则,并规定了议员的豁免权原则(第11条、第12条)、保护帝国公民不受外国政府引渡原则(第9条)以及适用法律从轻原则(第2条)。法典对未遂、共犯及数罪俱发等的规定,也比《法国刑法典》更为系统完善。法典在分则中对犯罪进一步分类,规定了29种罪名及其相应的刑罚,使法典的结构和体例更为完整。

2. 刑法典对德意志皇帝和各邦国王的人身予以特别保护,保留了浓厚的封建残余

法典规定:凡谋杀德意志皇帝和联邦各国国君,或欲谋杀而未遂

者,构成大逆罪,处死刑(第80条)。凡企图以暴力紊乱德意志帝国与各邦宪法或变换皇统者,也按大逆罪处无期徒刑或无期苦役(第81条)。此外,法典为维护帝国皇帝和各邦国君的尊严,还特别规定了"不敬罪",对皇帝和各邦国君有不敬行为者,处5年以下苦役或有期徒刑(第95条)。

3. 刑法典以严酷的刑罚维护私有财权

法典将窃盗、强盗和霸占私有财产的行为视为重罪。规定凡损坏门户或墙壁进入他人房屋窃盗者;伪造钥匙或其他器物打开他人加锁的房屋进行窃盗者;两人以上共同为窃盗并欲继续进行窃盗或强盗者,均处10年以下苦役(第243条)。规定持凶器强盗者;2人以上共同为强盗者;在大路、街道、公园、水路为强盗者,均处5年以上苦役(第250条)。法典还对欺诈及背信、伪造文书、诈欺破产等罪作出详细规定。

4. 用专章规定宗教罪及其制裁措施

法典规定,凡亵渎神灵、侮辱教会戒律、扰乱宗教场地秩序等行为,均处3年以下苦役(第166条、第137条)。这些规定说明法典偏重于保护教会和宗教信仰在德意志帝国的特权地位,具有鲜明的保守性。

5. 规定了职务犯罪

对违反职责,接受他人赠物或其他利益的官吏,按贿赂罪处5年以下徒刑。对行政官吏滥用职权及司法官吏徇情枉法的,均以职务罪予以处罚(第332条、第334条、第339条)。此外,法典广泛适用死刑,反映了法典的残酷性。

1871年《德意志帝国刑法典》是19世纪资本主义国家制定的一部有代表性的法典。它承袭了近代资产阶级刑事立法的基本原则和制度,保持了德国刑法的传统和特点,又反映了现代刑法理论的新发展,因此在资产阶级刑法史上占有重要地位,日本1901年的刑法草案就是以它为蓝本拟定的。

二、法西斯专政时期的刑事立法

法西斯统治时期,1871年《德意志帝国刑法典》仍然被保留,但对其进行了重大修改和补充,并颁布了一系列法西斯刑事法规。1933年发表的《国社党刑法之觉书》(以下简称《觉书》)虽非正式法典,却集中反映了纳粹党刑法的基本思想和基本原则,是最重要的法西斯刑事立法。法西斯刑法的基本特征归纳如下:

1. 以类推原则取代罪刑法定主义原则

《觉书》认为,"罪刑法定主义的命题,可以使公共危险者,潜伏法网,以达成反国民目的的可能性",主张如果某种行为法律没有明文规定处罚的,法官可以采用类推原则进行处罚。1935年6月28日的法律,公开修正了1871年《德意志帝国刑法典》第2条关于罪刑法定主义原则的规定,授权司法机关可以根据"刑事法律的基本原则"和"人民的健全正义感",对法律未加规定的"犯罪"行为进行处罚。

2. 以"意思刑法"取代"结果刑法"

《觉书》提出了"意图行为"的概念,认为只要有犯罪的意图和思想,即构成犯罪,就应受到惩罚。1933年4月24日的法律,对刑法典中有关内乱罪、国家机密罪及外患罪的规定作了修正,大量采用"企图行使"、"着手实行"等词语,注重对罪犯的主观意图论罪科刑,并且规定的刑罚多是死刑、无期重惩役或有期重惩役。这些规定,使任何在思想上不满或反对纳粹党的人都可以成为刑事处罚的对象,遭到残酷镇压。

3. 贯彻种族主义的"素质论"

"素质论"是法西斯刑法种族主义理论的核心。《觉书》认为,人类的素质是人类行为的原因,犯罪是由人的素质决定的,不同人种具有不同的素质。素质高贵者的犯罪具有偶发性,是可以改造好的,因此应以"防卫为主"或科以轻刑。素质低贱者的犯罪是惯常的,危险性大且无法改造,对这类犯罪须处死刑、无期拘禁等重刑,使其与社会隔绝。1933年11月24日,《对于危险的习惯犯之法律》规定了对"危险的习惯犯"处以重刑或加重处刑,对于"习惯犯",无论其犯罪与否都可给予包括阉割在内的保安处分。

4. 刑罚残酷

法西斯统治时期广泛适用死刑,并认为刑罚的目的在于给罪犯以痛苦,因而增加了体刑。1933年11月24日的法律规定了阉割刑,从而使这一中世纪野蛮的刑罚得到恢复并广泛应用。

三、二战后德国刑法的发展

第二次世界大战后联邦德国在刑事立法领域进行了一系列改革。首先,根据《波茨坦协定》废除了法西斯刑法,恢复1871年《德意志帝国刑法典》,继而根据1949年《基本法》确定的刑事立法的基本原则,对1871年《德意志帝国刑法典》进行了较大的修订。与此同时,先后提出多个刑法典修改草案,着手制定新刑法典。1975年1月1日正式颁布新的刑法典,即《德意志联邦共和国刑法典》。新刑法典的全文共358条,体例上仍保留了1871年《德意志帝国刑法典》的形式,以《刑法典通则的第1编》取代了原来的总则部分。分则部分的结构和罪名种类变动不大,增加了危害和平罪、危害民主、政治和国体等罪,取消了决斗罪和违警罪。

新刑法典反映了垄断资本主义时代刑法的新动向。除严格贯彻罪刑法定主义等资产阶级刑法基本原则和保护私有财产外,比较明显地反映了轻刑主义倾向,并在一定程度上体现了刑罚应以防范和改造罪犯为目的的刑法思想。表现如下:

1. 法典根据《基本法》第102条规定,废除了死刑,将无期徒刑定为最高刑,并仅适用恶性罪行,如灭绝种族罪、叛国罪及造成严重后果的投毒、绑架、纵火等罪。法典统一了徒刑的执行方式,除无期徒刑外,有期徒刑最高为15年,最低为1个月。

2. 严格限制适用短期徒刑(6个月以下)而代之以罚金。并实行"日数罚金制",即法院在判决时,根据罪行和被告经济状况,在法定幅度(5—360天,每天2—1000马克)内,宣告被告应处若干日罚金,每日罚金额为若干马克,共应缴纳罚金若干马克。

3. 扩大缓刑适用范围,只要对社会无危害性的犯罪都可适用缓刑,由社会监督,以利于罪犯的改造。

4. 规定了"改善及保安"处分。包括:剥夺自由的强制措施,如,收容于精神病院、强制禁戒所、社会矫治机构和实行保安监置等;不剥夺自由的强制措施,如行为监督、剥夺驾驶执照、禁止从事某种职业,但对罪行比较严重或具有一定危险性的人不适用这种处分。

1976年,德国颁布《经济犯罪对策法》。该法规定了经济犯罪的概念、种类、制裁和程序。除规定不正当竞争犯罪、利用公司犯罪、侵害和环境污染犯罪等以外,新设了骗取信贷罪,并规定了破产犯罪,统一了高利贷的犯罪标准等。这是德国第一部比较系统的惩治经济犯罪的立法。1986年颁布的《经济犯罪对策法》又增加了利用计算机犯罪、滥用信用卡罪、伪造支票罪、欺诈投资者罪、骗取国家资助罪等罪名,重点惩治利用计算机犯罪,同时增加了对侵犯商业秘密、金融、证券交易领域犯罪的打击,扩大了刑法的保护范围。惩治经济犯罪,已经逐渐发展成为德国刑法中相对独立的一个重要分支。

第六节 法院组织与诉讼法

一、德意志帝国的法院组织和诉讼法

1877年1月27日颁布《法院组织法》,确认了司法独立原则。规定审判权由独立的法院行使,审判只服从法律,法官实行终身制。设置了由区法院、地方法院、高等法院和帝国法院构成的普通法院体系,帝国法院为全德的最高司法审级。

1877年2月1日颁布《民事诉讼法》和《刑事诉讼法》,分别规定了民事诉讼和刑事诉讼的程序和原则。

《民事诉讼法》共10编,1084条。主要规定了总则、第一审程序、上诉、再审程序、证据制度、强制执行和仲裁程序等。民事诉讼始于当事人的起诉,原告起诉后不得擅自改变或撤回提出的诉讼请求。法官负责调查搜集有关事实材料,掌握诉讼程序。当事人要为自己的权利主张提供证据,证据的取舍、证据力的大小由法院决定。审理时,法官一般先行调解,调解不成,再作判决。当事人或其代理人在法庭上可以进行辩论。当事人不服初审判决的,可以上诉、请求再审或抗告。

《刑事诉讼法》共 7 编,474 条。主要规定了总则、第一审程序、上诉、对已发生法律效力的判决案件的再审、特种形式的诉讼程序、刑罚的执行和诉讼费用等。刑事诉讼由检察官提起,个别情况下被害人及其代理人或行政官吏也可以告发或告诉。检察机关和警方均可侦查犯罪事实,搜集证据,但警察侦查的结果由检察官审查,决定是否提起公诉。凡重罪案件均先预审,一般案件无须预审,但检察官或被告要求预审者例外。检察官提起公诉后,即进入审理阶段,庭审中法官掌握主动,查明案情,证实犯罪,检察官与被告进行辩论。最后,法官对案件作出判决。不服第一审判决的被告或检察官,可以向高一级法院上诉或抗告。

二、法西斯专政时期的法院组织和诉讼法

1933 年 3 月法律规定设立特别法庭,凡"阴险地攻击政府"的政治案件归其处理。特别法庭不设陪审团,由三名法官组成,法官必须是可靠的纳粹党党员。在特别法庭被判处短期监禁的人,刑满后即被送往集中营。

1934 年 4 月又设立所谓"人民法庭",用以取代最高法院审理"叛国案件",由 2 名专职法官、5 名纳粹官员以及党卫队和武装部队中选出的人组成。表决时,2 名专职法官是绝对少数。它的判决是终审判决。审判通常采取秘密方式,无须证据即可轻易判决被告有罪,判处死刑或重刑。希特勒曾叫嚣:"我就是德国人民的最高法官",他可以中止任何诉讼,也可以改变任何判决。

1933 年建立起秘密警察——盖世太保。它具有最高警察权,不受法律任何约束,可以随意采取行动,并有自己直接管辖的监狱和集中营,实施所谓"第三级审讯",即包括水审监禁、强光照射、铁丝鞭刑、模拟枪决及其他残酷刑罚。

1936 年 2 月的法律规定,法院对盖世太保的任何行动绝对不得干预。

三、战后德国的法院组织和诉讼法

根据《基本法》和 1975 年的《法院组织法》,联邦和州设有 6 种

法院:宪法法院、普通法院、劳工法院、行政法院、社会法院和财政法院。宪法法院主要解决联邦与各州之间关于宪法的争议,受理违宪案件。普通法院主要审理专门法院管辖以外的民事、刑事案件。劳工法院负责审理劳资纠纷、工会与其成员间的纠纷及有关劳工参与企业管理权利的争议案件。行政法院审理一切行政诉讼案件。社会法院审理有关社会保险和社会福利方面的案件。财政法院审理有关财政税收纠纷案件。

1877年实施的《民事诉讼法》和《刑事诉讼法》,仍沿用至今。经过修改,基本结构未变,内容有了变化。民事诉讼,以职权主义代替当事人主义,并加快与简化了诉讼程序。刑事诉讼实行检察机关公诉制,庭审采"纠问式"程序,被告、辩护人均有权提起上诉。

第七节 德国法的基本特点及其历史地位

一、德国法的基本特点

德国法和法国法同属大陆法系,具有大陆法系国家法律的一般特征。德国法是在全面继受罗马法的基础上逐步建立、发展和完善的成文法体系。在法律观念、法律结构、法典体系、法律原则乃至具体的制度上,德国法都与罗马法有着不可分割的联系。1900年《德国民法典》是全面继承优士丁尼《学说汇纂》的结果,因此有"现代学说汇纂"之称。德国法以制定法为主要法律渊源,受到近代法国开创的六法体系的直接影响,是法典法的典型代表,在各个重要法律部门几乎都以一部综合全面的法典为核心,辅之以单行法规。与此相应,德国法强调立法与司法的明确分工,强调制定法的权威,否定法官的造法功能,否认判例作为法律渊源的地位。

由于德国法和法国法在法律产生、发展中所处的具体历史条件不同,以及民族个性、文化传统等差异,德国法与法国法相比较,也存在巨大差别:

首先,德国法比法国法更多地保留了日耳曼法的因素。虽然法国法与德国法都是在罗马法的基础上建立和发展起来的,但德国法在全面继受罗马法的同时,又较多地保留了日耳曼法的因素,这与法、德两国的政治和法律文化传统有着密切的联系。相对说来,法国大革命是一场彻底的资产阶级革命,它以人民主权、三权分立、自由平等原则在法律上的最终确立为目标,因此,在它的整个法律体系中,封建法制的残余影响较小。德国资产阶级革命则是一场自上而下的不彻底的革命,不仅保留了浓厚的封建专制制度因素,还在很大程度上保留了容克贵族的土地特权,这必然影响到法律制度的价值取向。与此同时,以萨维尼为代表的历史法学派在德国长期占据统治地位也深刻影响了德国法的发展。该学派强调法律必须体现民族精神,而日耳曼法则被认为是"民族固有法",《德国民法典》即较多地保留了日耳曼法的因素。

其次,德国法更注重法典的逻辑性、科学性。德国法具有深厚的哲学背景,以"潘德克顿"法学为理论基础,加之德国法律体系建立较晚,使德国法学家有充分的时间对法律的体例、概念、原则进行精雕细琢。所以相对而言,德国的法典更注重概念的准确性、条文的逻辑性和结构体系的严密性,有时甚至令人感到深奥晦涩。而法国的法典则讲究实用易懂,言简意赅,并不刻意追求概念的准确性和条文的逻辑性。

再次,德国法更强调国家对经济的干预。法国法诞生在自由资本主义上升时期,法国革命对自由、民主、法治的刻意追求,使法国法带有浓厚的个人主义、自由主义色彩,体现了"个人最大限度的自由,法律最小限度的干涉"这一自由主义法制的基本要求。与此形成对比的是,由于德国统一时资本主义经济已经开始向垄断阶段过渡,其法律制度必然要在肯定财产权无限私有、契约自由等基本原则的前提下,对国家利益和社会利益予以更多关注。尤其是20世纪以后,在社会化思潮的影响下,德国从宪法到民商法,无一不体现出国家对经济社会生活的全面干预,并在世界范围内最早形成了国家干预经济的直接产物——经济法。

二、德国法的历史地位

德国法虽然起步较晚,但它以深厚的哲学底蕴、坚实的法学基础、严谨科学的法律结构、博大精深的法典化技术,在世界法律史上占据了重要地位。在当今世界两大法系之一的大陆法系的发展上,是"德国法进一步推动了大陆法系的繁荣,形成了大陆法系发展过程中的第二个高潮,成为该法系内的第二个核心,并吸引了一批追随者,形成了'德国支派'"①。奥地利、瑞士、土耳其、希腊、日本、巴西以及民国时期的中国等都先后以德国法为楷模,制定或修改自己的法律制度。1900年《德国民法典》成为继1804年《法国民法典》后大陆法系的又一面旗帜,也成为20世纪以来众多国家编纂民法典的主要范本,它确立的总则、债、物权、亲属、继承五编结构及其以社会本位为基础的民法原则被广泛接受。1871年《德意志帝国宪法》确立的政体对日本和旧中国的宪政制度产生了不可低估的影响。1919年的《魏玛宪法》则成为1919年芬兰《宪法》、1920年捷克《宪法》、1921年波兰《宪法》和南斯拉夫《宪法》等许多宪法的范本,而且其所包含的"社会化"原则和措施对20世纪西方宪政与民商法、经济法、劳动法的发展也产生了重要影响。此外,德国法学对各国的影响也十分明显,各国在模仿德国法律制度的同时,都积极引入德国法学,纷纷开展对德国法学的研究。实际上,充分研究和掌握德国法学也是成功模仿德国法律制度的关键。

然而,德国在法西斯专政时期的法律制度在世界范围内也曾造成很坏的影响。第二次世界大战时期,德国法西斯法律制度成为意大利、日本等国政府模仿的对象,不仅严重破坏了这些国家原有的资产阶级民主和法制,也给这些国家的人民带来无尽的灾难。第二次世界大战以后,包括德国在内的各国认真汲取历史教训,对法西斯法制进行了清算,恢复或重建了资产阶级法律体系,并以各种具体法律规定保障社会在法治轨道上的运行。

---

① 何勤华主编:《德国法律发达史》,法律出版社2000年版,第110页。

第十三章 日 本 法

日本法在形成和发展的过程中,以吸收和借鉴外来发达法律制度见长。日本以中国隋唐法律为基础构建了封建法律体系,以法国法和德国法为蓝本完成了法律近代化变革,二战后又参照美国法推动了法律的现代化发展。融大陆法系与英美法系为一体,兼具东西方法律元素,使日本法在世界法律体系中独树一帜。

第一节 日本法的形成和演变

一、日本古代法律制度的形成和发展

公元3世纪初,日本九州北部地区出现了最早的奴隶制国家称邪马台国。公元3世纪中期以后,位于日本本州中部地区的大和奴隶制国家逐渐强盛起来,通过不断扩张和征服,以其强盛的国势,兼并了许多部落,于公元5世纪统一了日本。日本奴隶制国家适用的法律,主要是以不成文的习惯和命令为表现形式的固有氏族法,内容相当简陋。

(一) 日本封建法律制度的确立

645年,大和国新兴封建势力发动宫廷政变,拥立孝德天皇,定年号为"大化"。次年孝德天皇颁布《改新之诏》,仿照中国隋唐制度进行政治、经济改革,确立了以天皇为中心的中央集权统治,史称"大化革新"。通过"大化革新",日本不仅完成了由奴隶制向封建制的过渡,而且创建了以隋唐法律为模式的封建法律制度,进行了以律、令、格、式为主要表现形式的法典编纂工作,其中以《大宝律令》和《养老律令》最为重要。《大宝律令》颁布于701年,以中国唐朝《永徽律》为蓝本,是一部以刑法为主、诸法合体的法典。这部法典是"大化革新"后国家颁布的法律法令的集大成者,使革新以来巩固

封建制度的措施以法典形式确定下来。《养老律令》颁布于718年，是在《大宝律令》的基础上编纂完成的，内容并无大的变动。除了律以外，日本还陆续颁布了一系列"格"和"式"，从而形成了一套完整的成文法体系，标志着以中国法为模式的日本封建法律体系的初步确立。在律、令、格、式等成文法体系之外，在实际生活中还存在若干习惯法，以弥补成文法的不足。

（二）日本封建法律制度的演变

1192年，武士集团首领源赖朝任幕府首脑征夷大将军，建立了镰仓幕府政权，日本进入以幕府为中心的"武家政治"时期。这一时期天皇的权力为将军所挟持，以将军为首的幕府成为实际上掌握国家最高权力的机关，幕府依靠一定的武士集团，不执行朝廷的政令和法律，实行武家专制统治。与政治体制的变化相适应，律令格式的作用迅速减弱，渐被废弃，武家法典作为幕府基本法律被广泛推行。所谓武家法典，又被称为幕府法，是幕府根据武家的习惯和先例制定的调整武士集团内部关系的基本法规。1232年，镰仓幕府颁布的《御成败式目》是日本最早和最著名的武家法典，以《大宝律令》和《养老律令》的法律原则和模式为基础制定，较多地吸收了武家的社会生活习惯，被公认为武家所有法律之基础。因其颁布于贞永年间，故又称《贞永式目》，由于当时日本皇权的颓废，《贞永式目》逐渐成为全国性的根本法。1742年，德川幕府仿照中国的明律制定了《公事方御定书》，分为上下两卷，共103条，俗称"御定书百个条"，是幕府统治刑事法律的基础，一直沿用至德川幕府末年，是日本封建社会后期的一部重要法典。此外，日本固有的习惯法在调整一般的民事法律关系方面起着重要的作用。

日本封建法律体系以律令、式目、御定书等三种基本法典为主要渊源，并辅之以日本固有的习惯法。其中，除了固有的习惯法较多地保留了日本的传统与习俗以外，律令、式目以及御定书都深受中国封建法律的强烈影响，打下了儒家思想的深刻烙印，日本封建法因此而成为中华法系的一个重要组成部分。

二、日本近代法律体系的确立

19世纪中期,西方列强用武力打开了日本闭关锁国的大门,各种社会矛盾迅速激化,代表封建腐朽势力的幕府统治成了众矢之的。1867年,日本明治天皇即位,在"倒幕派"的支持下,颁布"王政复古"诏书,宣布废除幕府制度,建立天皇政府,并以西方国家为模式进行政治、经济、文化、司法等多方面的改革,史称"明治维新"。明治政府于1868年4月先后颁布"五条誓文"及"维新政体书",表示新政府要"广兴会议,万事决于公论"、"求知识于世界"等,正式宣布借鉴西方资本主义,建立新型国家制度,为初期社会经济和政治法律制度的改革确立了基本原则。为了彻底铲除地方封建割据势力,1869年,明治政府宣布实施"版籍奉还"政策,将原属封建主管辖的土地和人民归还天皇,1871年进一步在全国"废藩置县",废除藩国制度,规定地方官员由天皇任命和统辖,从而确立了以天皇为中心的统一的近代中央集权国家。在此基础上,明治政府通过颁布一系列政策及法规,进行了更为广泛的社会改革,消除封建制度的影响,为资本主义的发展开辟道路,实现日本社会的近代化。一方面,"明治维新"在日本历史上具有划时代的进步意义,促进了日本社会的迅速发展,是日本由封建社会迈向资本主义社会的转折点,在法制史上则是从中华法系走上法律西方化的开端。另一方面,"明治维新"又是一场不彻底的资产阶级革命,未能从根本上铲除封建势力及其影响,反而保留了大量的封建残余,使日本日后成为军事封建的帝国主义,也使日本近代资产阶级法律制度具有鲜明的军事封建制色彩。

明治维新后,日本开始进入法制西化的历史时期。法制西化是明治政府的既定方针之一,但是导致日本法制西化的直接动因,是资本主义列强的压力。明治维新以后,日本同各国交涉,要求修改德川幕府与西方列强签订的不平等条约,收回关税自主权和领事裁判权,而西方列强则提出修改条约的前提条件是日本法制的全面西化。因此,在西方列强的压力下,明治政府着手组织起草法律,在西方法学家的指导下,短期内制定了一系列的西方式法典。

日本近代法典编纂最初主要以法国法为模式,明治政府特地聘请法国巴黎大学教授保阿索纳特担任日本政府的顾问,直接指导法典编纂,先后制定了刑法、治罪法、民法、商法等主要法典。但是由于这些法典过于法国化,有的甚至完全照抄法国的法典,并不符合当时仍有封建残余的日本国情,因而遭到日本舆论和各界的普遍反对和抵触,不久就酝酿修改或宣布延期实施,这几部法典在日本法制史上称为"旧刑法"、"旧民法"、"旧商法",以区别于后来的法典。

1889年,以《明治宪法》的颁布为标志,日本法的西方化又进入德国化阶段。日本通过考察和研究,发现日本和德国在许多方面有相似或共同之处,德国法更适合日本的国情,《明治宪法》就是以普鲁士王国的宪法为蓝本制定的。继宪法之后,日本政府又按照德国法的模式,先后编纂颁布了商法、民事诉讼法典、刑事诉讼法典、民法典、法院组织法和刑法典,以大陆法系为模式的日本近代资产阶级法律体系终于得以确立。

三、两次世界大战期间日本法律制度的演变

第一次世界大战开始到第二次世界大战结束期间,日本法律制度发生了较大变化,这种变化以1932年为界,可以分为两个阶段:

(一)1932年以前日本法律制度不断完善

第一次世界大战后,日本垄断资本主义获得进一步发展,为了适应政治、经济形势的新变化,日本在对明治维新以来建立的资本主义法律体系进行修改的同时,主要是通过颁布大量详密的单行法规的形式来推动日本近代法律制度的改革与完善。

为了适应经济政治形势的变化,一些学者提出"国家法人说"、"天皇机关说",宣扬国家犹如扩大了的法人,天皇并不等于国家,天皇和内阁、议会一样,只是国家机关之一,国家主权不属于天皇个人,天皇只能依据宪法行使国家主权。虽然这种主张只限于对宪法的解释,并未改变议会的法律地位和天皇、内阁之间的关系。但由于这种理论具有广泛的社会基础,议会对内阁的影响也日益增强,此间议会频繁与内阁发生矛盾,甚至导致内阁辞职,说明议会的地位确实比以前有所提高。这一时期,日本通过对宪法的解释和具体适用以及改

革选举法等,进行一些带有资产阶级民主因素的改革,不仅提高了议会的地位,而且使政党政治得以实施,选举资格也逐步放宽,许多中产阶级因此获得了选举权,选民人数大量增加。

这一时期,日本开始尝试引进英美法律制度,如1922年颁布《信托法》、《少年法》,1923年颁布《陪审法》等,虽然部分制度的引进未能实现预期效果,但是这些引进尝试对后来日本法律制度的发展具有重要影响。此外,为适应战时的需要和避免经济危机的加深,一些新的法律部门,如经济立法、社会立法等逐步得以确立和发展。

(二) 1932年以后日本法的法西斯化

1931年,由军部挑起的"九一八"事变和1932年日本政友会首相犬养毅被少壮派军人暗杀,标志着日本法西斯独裁政治体制的确立。1937年,建立天皇和军部共同组成"帝国大本营",1943年,东条英机内阁颁布《战时行政职权特例》,赋予首相即军部首脑"禁止、限制或废除现行法律"的专断大权,从而以法律形式公开肯定了军部的法西斯独裁统治,与此同时法律制度也逐步法西斯化。

日本法律制度的法西斯化主要是通过制定单行法规和战时国家主义统制立法逐步完成的。所谓战时国家主义统制立法,是指日本于1937年到1938年颁布的国家干预经济使之转上战时轨道的一系列法律。战时国家主义统制立法不仅数量大,而且效力高于普通法甚至法典。1938年颁布的《国家总动员法》是日本战时国家主义统制立法的核心,规定由政府对工业、交通运输、金融、贸易及科学技术、文化教育、新闻报道等实行统制,政府有权调整物价、利润、工资和企业投资以及征用一切人力与物力,从而将日本的经济、科技、文化教育全部纳入战争轨道。此后,日本根据《国家总动员法》陆续颁布各种统制法令,将国家统制扩大到国民生活的各个方面,从而实现了日本社会的政治、经济、思想、文化的全面法西斯化。

四、二战以后日本法律制度的发展

二战结束以后,根据《波茨坦公约》,日本作为战败国,被置于盟国远东委员会的控制之下,美国军队进驻日本,开始了为期长达7年的占领时期。这一时期,在盟军总部的监督和指导下,日本进行了全面的法律改革,废除了包括旧宪法在内的原有军事法西斯法律制度,重新制定宪法以及其他法律,对民法、商法、刑法、诉讼法等主要法典进行较大修改,摈弃其中封建色彩较浓的内容,彰显了资产阶级的民主与法治精神。

1952年,占领时期结束后,随着日本社会政治经济的发展,日本法制建设进入一个新的历史时期。一方面日本对原有法典作出进一步修改,使之更趋完善,另一方面适应经济恢复和发展时期的不同要求,制定颁布了大量单行法规,确立了高度发达的现代法律体系,有力地推动了日本经济的高速发展。

战后日本法的发展主要有以下几个特点:第一,在保持大陆法系基本风格的基础上,更多地吸收了美国法的一些原则和制度。由于占领时期的特定背景,美国法成了战后日本最主要的借鉴和模仿对象,特别是在宪法、商法、诉讼法等领域,美国法的影响最为深入,判例在司法实践中也占有重要地位。日本法对于美国法的吸收并不意味着对大陆法系传统的抛弃,在刑法和民法领域仍然以大陆法系的法律传统为基础,成文法的主导地位并没有动摇。日本法因其兼有英美法系和大陆法系的特征,而被称为"混合法"。第二,战后日本法的发展较多地体现了资产阶级民主原则。为了吸取法西斯法的沉痛教训,适应战后国际国内政治力量对比关系的变化,日本通过新宪法确认了和平主义、国民主权、三权分立等基本宪政原则;对各大法典进行了多次修改基本肃清了其中的封建残余;颁布了一些单行法规强调对公民民主自由权利和人身权利的保护。第三,确立了高度发达的经济法律体系。战后日本为适应现代资本主义经济高速发展的需要,进行了大规模的经济立法活动,形成了门类齐全、内容详尽、较为完整的经济法律体系。经济法成为战后日本发展最快的法律部门,为日本战后经济高速发展提供了有力的法制保障。

第二节 宪 法

一、1889年《明治宪法》

(一) 宪法的制定

明治维新以后,新兴的资产阶级在经济上采用西方资本主义生产方式的同时,在政治上也接受了资本主义的宪政制度。1874年日本出现了要求实现资产阶级自由、人权、议会制度、宪政制度的自由民权运动。慑于蓬勃兴起的自由民权运动,同时迫于西方列强要求实施宪政和法制西化的压力,1881年,天皇政府正式宣布在10年内召开"民选议会",颁行宪法。1884年,设立制度调查局,由伊藤博文等人负责起草宪法,1889年宪法草案经天皇顾问机关枢密院审议后公布,名曰《大日本帝国宪法》,又称《明治宪法》,1890年正式生效。

明治政府在宪法起草之前,曾派伊藤博文赴欧考察各国的宪政制度,作为立宪的参考。伊藤博文认为德国君主制比较适合日本的国情,适宜作为日本立宪的参照,这一思想贯穿了其后整个制宪过程。因此,《明治宪法》深受德国《普鲁士宪法》的影响,整个宪法76条中有46条抄自《普鲁士宪法》,几乎是《普鲁士宪法》的翻版。另外,《明治宪法》的起草工作是在绝对秘密情况下制定的,枢密院的讨论也是秘密进行的,未履行任何民主程序,是一部典型的钦定宪法。

(二) 宪法的主要内容及其基本特点

《明治宪法》共76条,分为7章:天皇、臣民权利义务、帝国议会、国务大臣及枢密顾问、司法、会计、补则。《明治宪法》依照资产阶级近代宪法原则,在形式上规定了立法、行政、司法三权分立的宪政体制,但是其根本宗旨是维护天皇专制统治,其主要表现是:

第一,宪法规定国家主权属于天皇,天皇总揽统治权。《明治宪法》第1条开宗明义地指出"大日本帝国由万世一系之天皇统治",第3条宣称"天皇神圣不可侵犯",从而确立了天皇主权地位和最高权威,肯定了日本固有的神权天皇制;天皇居于国家统治权的中心地位,"天皇为国之元首,总揽统治权"(第4条),有最高的立法、行政、司法权和军队的最高统帅权。

第二,宪法规定内阁是从属天皇的最高行政机关,只对天皇负责。根据《明治宪法》,内阁由国务大臣组成,首相经元老推荐由天皇任命,各部大臣由首相提名天皇任命。与资产阶级国家通行的责任内阁制不同,日本内阁的特点是完全不受议会的控制,只对天皇负责,而不对议会负责。《明治宪法》第55条规定"国务大臣辅弼天皇,负其责任",表明内阁并无独立的行政权,仅在天皇行使行政权时行使辅弼之职,但是这种辅弼也是极其有限的,有关皇室和军队事务均不在辅弼范围。内阁之外,另行设立总管军事事务的军部,由参谋本部、海军军令部、陆军省和海军省四个机关组成,隶属于天皇,凡重大军事行动都直接上奏天皇,内阁和议会无权过问,这就是所谓的"二重内阁"。

第三,议会只能在天皇行使立法权时起协助和赞同的作用,并非真正意义上的立法机关。《明治宪法》第5条规定"天皇以帝国议会之协赞,行使立法权",表明天皇有权立法,议会只是协赞天皇的立法机关,而且天皇对议会通过的法律有裁决权,并可发布代替法律的敕令和为执行法律的命令。议会不仅无法牵制和决定内阁去留,而且在财政监督方面也无权过问皇室费用和军事开支,不能拒绝指定的拨款。《明治宪法》规定:"帝国议会,以贵族院、众议院两院构成之。"贵族院议员的来源由以下几种:来自皇族公爵、侯爵的终身议员;每7年从伯、子、男爵中选出议员;由天皇任命有"功勋"的官僚的议员;高额纳税者(大地主、大工商业资本家)互选一部分代表的议员组成。众议院由选举产生,但选举权有各种限制,如必须每年缴纳一定数额直接税,年满25岁以上的男子才有选举权,由于这种限制,日本第一届议会仅1%的居民有选举权。

第四,宪法规定的人民权利极其有限。宪法虽然列举了臣民享有居住、迁徙、通信、言论、出版、人身及私有财产受保护等自由,以及非依法律不受逮捕、拘禁、审判、处罚等权利,但是宪法没有使用近代宪法通用的"公民"一词,以"臣民"取而代之,表明臣民权利来自于天皇的恩赐。这些权利不仅范围狭窄,而且随时可以加以限制,天皇可以以战争或事变为由,取消臣民所享受的宪法所规定的自由权利。

《明治宪法》作为日本历史上的第一部资产阶级宪法,是明治维新和法制西化的主要成果,对于进一步打破封建制度,创建日本近代法律体系及推进日本政治的近代化有重要作用。但是,由于明治维新本身就不是一场彻底的革命,《明治宪法》不可能不体现这一特点,宪法以维护天皇专权为核心,并保留了封建军国主义的残余,体现资产阶级宪法的民主、自由原则的内容相当有限。因此,《明治宪法》是一部带有封建性和军事性的资产阶级宪法,颁布后就遭到日本人民的强烈反对。日本大资产阶级正是利用这部宪法,以忠于天皇的名义,与军部势力相勾结在一起,推行反人民的对内对外的政策。

二、1946年日本《宪法》

（一）1946年《宪法》的制定

1945年8月15日,日本向同盟国宣布接受《波茨坦公告》实行无条件投降,美军进驻日本。根据同盟国签订的1945年《波茨坦公告》和其他有关国际协定的规定:在日本新秩序没有建设完成前,战争能力没有被粉碎前,联合国占领日本领域内所有的地方;日本国军队完全解除武装以后,应该各自复归家庭,给予经营生产和生活的机会;日本国政府,应该把加强日本国民民主主义倾向的所有障碍一概除去,应该尊重他们的言论宗教和思想的自由及基本人权。由此可见,以《波茨坦公告》中的资产阶级民主主义为基础的日本与以天皇专制主义的旧宪法为基础的日本是有区别的。就日本国内形势而言,二战后阶级力量对比关系发生巨大变化,和平民主的力量空前强大,要求重新制定宪法的呼声高涨。此外,美国出于其全球战略目的的考虑,也积极推动日本的"非军事化"、"政治民主化"改革,因此制定新宪法就成为历史的必然。在美军占领军最高统帅麦克阿瑟的直接授意之下,日本币原内阁组成了以国防大臣松本丞治为首的"宪法问题调查委员会",开始了起草新宪法的准备工作。1946年1月,日本内阁发表了根据松本丞治修改宪法的四项原则拟定的"松本草案"。这一草案的基本思想是:(1) 天皇为统治权的总揽者;(2) 扩大帝国议会的决议权,但对于涉及天皇大权的事项则加以限制;(3) 扩大国务大臣的辅佐权,但国务大臣须对帝国议会负责;(4) 给予日本国民某种人权与自由保障。

由于该草案与《明治宪法》相比,没有多大实质性差别,因此遭到盟军统帅部的否决。麦克阿瑟直接提出修改宪法的三项原则:(1) 保留天皇,但天皇权力必须受宪法的限制;(2) 放弃国家的交战权;(3) 废除所有封建制度。在麦克阿瑟的亲自主持下,1946 年 2 月,由盟军总司令部政治局拟定并起草了宪法草案(即"麦克阿瑟草案"),作为示范交给日本政府。日本政府迫于压力,予以采用,并在此基础上拟定了《日本改正宪法草案纲要》。该纲要共 11 章,95 条。从内容上看比原草案的资产阶级民主色彩更浓。纲要发表后,得到占领军最高司令部认可,并由日本政府对文字作进一步的整理,形成正式草案。按照旧《宪法》第 37 条修改宪法的手续,咨询枢密院后,送交众议院和贵族院审议通过,于 1946 年 11 月 3 日由日本天皇裕仁公布,公布后满 6 个月开始施行。这部《宪法》全文 103 条,共分 11 章:天皇、放弃战争、国民的权利和义务、国会、内阁、司法、财政、地方自治、修订、最高法则、补则。

(二) 1946 年日本宪法的基本内容及特点

1946 年《宪法》是日本在二战结束后国际国内民主进步力量空前强大及美军占领的条件下颁布的,因此日本 1946 年的《宪法》与《明治宪法》有显著的不同,在体系和内容上都有较大进步。概括而言,1946 年《宪法》具有以下特点:

1. 确立君主立宪的国家基本制度

鉴于天皇在日本社会中深刻的传统影响,天皇被保留下来,但是天皇主权以及天皇总揽统治权的规定均已被废除,天皇不再是统治权的中心,不再具有超越其他国家机关的至高权力。《宪法》规定,日本"国家的主权属于全体国民",天皇只是"日本国的象征,是日本国民整体的象征",天皇只能"依内阁建议与承认"行使有关国事的权能,如公布法律和国际条约、解散众议院、任免高级官吏等,并由内阁负其责任。这些规定说明天皇虽被保留下来,但日本天皇的地位已经发生了实质性变化,其权力从根本上被削弱,成为象征性的国家元首和"统而不治"的虚君,与英国的女王颇为相似。

2. 实行三权分立和责任内阁制

新《宪法》明确规定,立法权、行政权、司法权分别由国会、内阁和法院行使,三者之间互相牵制。关于立法权,国会为国家的最高权力机关和唯一的立法机关行使立法权、财政权、监督权和国政调查权,不再像《明治宪法》中的"帝国议会"那样仅仅起协助的作用,国家所有的立法只能通过国会的议决才能成立。国会由参、众两院组成,议员均由普遍选举产生。关于行政权,内阁作为行使行政权的中央机关,对国会负连带责任,废除了战前的内阁大臣和枢密院。内阁总理具有较大的实权,他不仅可以对内阁成员进行任免;而且可以代表内阁解散国会,并持有立法提案权,甚至可以直接间接影响法院的司法工作,内阁成为独自掌握行政权,不再对天皇起辅弼作用而只对国会负责的最高行政机关。司法权属于法院,法院独立审判,宪法还借鉴美国宪法,规定最高法院有制定法院内部规则和违宪审查的权力,从而实现了立法、行政、司法的相互牵制。

3. 规定了极为广泛的国民权利和自由

《宪法》第3章"国民权利与自由"共31个条文,占整部宪法条文总数的1/3。从在用词上,用"国民"取代"臣民"一词,表明国民的权利并非天皇恩赐,乃是不容侵犯的永久权利。从《宪法》规定的国民权利自由的内容来看,不仅自由权利的种类和范围较以前大大增加,而且自由权利的实施规定了比较切合实际的保障内容。《宪法》除了对有关居住、财产、人身、集会、结社、言论、出版、通信、宗教信仰等传统自由和权利作了严密规定外,还增加了选举罢免公务员权、参政权、受教育权、劳动权、要求赔偿权等,新规定了思想及良心自由,择业自由等等。同时《宪法》对公民行使基本权利和自由所加限制较少,仅在《宪法》第12条规定"受宪法保障的国民的自由与权利,国民必须以不断的努力保持之。国民不得滥用此种自由与权利,而应经常负起用以增进公共福祉的责任"。如此详细而切实的规定,在资本主义国家宪法中是很突出的,体现出该部宪法带有较多的资产阶级民主自由的色彩。

4. 宣布放弃战争和不得保持武装力量,仅保留自卫权

新《宪法》最引人注目的内容当属其所宣布的和平原则,《宪法》第二章以"放弃战争"为专章标题,第9条规定:"日本国民衷心谋求基于正义与秩序的国际和平,永远放弃作为国家主权发动的战争、武力威胁或使用武力作为解决国际争端的手段。""为达到前项目的,日本不保持陆海空军及其他战争力量,不承认国家的交战权。"根据这些规定,战前的海军省、陆军省及陆军参谋部、海军军令部等军事机构被撤销。宣布放弃战争和不保持武装力量的规定颇具特色,在资产阶级宪法史上还是第一次,是战后日本特殊的历史条件的产物,一方面反映了日本人民痛恨战争,追求和平的良好愿望,另一方面也是美国出于试图防止日本军事力量再度对自己构成威胁的考虑。

1946年日本新《宪法》贯彻了民主、人权与和平三大原则,是一部带有较多资产阶级民主自由色彩的宪法,在资产阶级宪法中占有重要地位,它为日本战后重建法制社会,实现政治民主化和非军事化,肃清封建主义和军国主义残余,集中力量发展经济并保持高速发展起到了极大的推动作用。

第三节 民 商 法

一、民法

(一) 1898年日本《民法典》

1. 1898年《民法典》的制定

日本近代法制西化,以大规模的法典编纂为主要特征,其中民法典的编纂是最早进行的,也是最富争议和历经周折的一项工作。明治维新之初,日本就成立民法典编纂委员会,着手开始翻译《法国民法典》,并称"但求速译,错亦无妨",迫切之情可见一斑。随后日本又聘请法国法学家保阿索纳特主持起草民法典,民法典制定后提请元老院讨论通过,并于1891年公布,预定1894年起施行,这就是所谓日本法制史上的"旧民法"。该法典分为人事、财产、财产取得、债权担保和证据共五编,一千八百余条。该法典不仅在体例上借鉴了

《法国民法典》,而且在内容上也与《法国民法典》大体相同,因而被称为是《法国民法典》的翻版。虽然其中有关家族法的内容保留了一些日本固有的风俗传统,如家督继承等,但总体而言,《民法典》是以《法国民法典》的自由主义和个人主义精神为指导的。《民法典》颁布后立即引起了轩然大波,日本一部分学者和政界人士认为《民法典》破坏了日本固有的淳风美俗,特别是破坏了家族制度的传统习俗,甚至提出"民法出,则忠孝亡"的警告,强烈要求延期施行。1892年,保守派人士占据绝对优势的议会两院以压倒多数通过决议延期施行《民法典》,此后,随着新民法典的诞生,旧民法未及实施就被废止。

1894年,以首相伊藤博文为总裁的民法典调查会成立,参照《德国民法典》,同时结合日本国情,重新起草民法典。同年起草完成并公布了前3编,即总则、物权、债权,1898年才公布后两编,即亲属和继承,并同时公布《民法典施行法》,确定全部5编于1898年7月16日开始实施。这部民法典就是"明治民法典"。

2. 1898年日本《民法典》的基本特点

《明治民法典》共5编36章1146条,其基本特点有二:

其一,《明治民法典》的体例和立法技术主要以《德国民法典》为蓝本。设置总则和实行5编制,与《德国民法典》的体例基本相同,只不过将物权放在债权之前,用以强调物权的重要性和债权得以产生的依据。就立法技术而言,也仿照《德国民法典》,使用了大量德国式的专门术语、抽象概念,以及"公序良俗"、"善良风俗"、"诚实信用"等一般条款,如"凡法律行为,以违背公共秩序,或者善良风俗之事项为目的,均属无效"。虽然《明治民法典》仍然保留有《法国民法典》的诸多痕迹,但是《德国民法典》仍是其最主要的参照对象。

其二,就内容而言,《明治民法典》最大的特点就是财产法的资本主义性质和家族法的封建主义性质并存。

《明治民法典》的前三编,即总则、物权、债权,集中反映了资本主义的传统民法原则,即公民民事权利平等原则、私人财产所有权无限制原则、契约自由原则以及过失责任原则。总则编规定"私权的享有始于出生之时",人生来就享有民事权利,体现了公民民事权利平等的原则;物权编规定"所有者于法令限制内,有自由使用、收益及处分其所有物的权利","土地之所有权,于法令限制内,及于其土地的上下",体现了资本主义无限私有制原则;债权编规定,凡是按照规定的要求和期限作出要约和承诺,契约即告成立,契约只能依照契约本身或法律规定,经双方意思表示而解除,说明契约因合意而成立,并在双方当事人之间具有法律效力,体现了契约自由原则。在民事责任问题上,原则上肯定了过失责任原则,规定"因故意或过失而侵害他人权利者,对因此产生的损害责任要负赔偿责任"。同德国民法一样,关于无过失责任主要是通过单行法规来确立的。

《明治民法典》的后两编即亲属和继承,则以家族主义为思想基础,具有极强的封建性,因而被称为封建主义身份法。旧《民法典》遭到反对的一个重要原因就是对封建身份制度反映不够,新《民法典》基本上沿用了德川幕府时代以男性为中心的家族制度,把户主和家族列在亲属编的首部,说明对家族制度的保护。法典规定户主对家族成员行使户主权,在整个家族中处于支配地位,家族成员必须在户主指定的地点居住,家族成员结婚或收养子女都必须得到户主的同意,否则户主可以使其离籍(赶出家族),户主的权利不得任意抛弃;在家庭关系上,公开确立夫妻之间的不平等,妻子的行为能力受到限制,其财产由丈夫管理,如果妻子承受赠与、拒绝赠与、订立各种契约都需得到丈夫的许可,未得到许可的行为,夫有权撤销。在离婚问题上,妻与人通奸可构成离婚原因,但夫与人通奸,只有夫被处刑时,妻才能请求离婚。亲属编的这些规定肯定了以男性为中心的封建家族制度;法典将继承分为家督继承(即户主身份的继承)和遗产继承,前者实际上肯定了日本封建时代的嫡长继承制度,以维护贵族的身份地位,保持封建家族制度,后者虽然规定诸子平分,但是嫡庶之间仍不平等,庶子及非婚生子的继承份额为嫡子的一半。

法典的前三编也有一些明显维护封建关系的因素,如对土地所有权的规定非常详细,占了所有权一节条文的绝大部分,但总的来说,前三编的核心是调整资本主义财产关系,特别是体现了资产阶级的民法原则,是适应资本主义发展需要的。因此,可以说前三编基本属于资本主义财产法,后两编则基本属于封建主义身份法。在一部民法典中体现两种截然不同的法制原则,是日本法律移植过程中的一大特点。

(二) 两次世界大战期间民法的变化

1898年日本《民法典》实施后,特别是第一次世界大战以后,为了适应日本资本主义迅速发展的要求,日本通过颁布单行法规的形式对该法典中有关财产法的部分加以补充或调整。在1900年、1902年制定了《建筑物保护法》和《工场法》,后来又公布了《借地法》、《救护法》、《户籍法》、《不动产登记法》、《遗失物法》等等,这些单行法规的颁布实际上对民法典传统原则设定了许多例外。这一时期,日本还通过颁布单行法规的形式,建立了调停制度和信托制度,民事调停法是日本传统的民间和解制度的进一步发展,而信托制度则是日本从英美国家引进的。

在身份法方面,由于《明治民法典》表现了明显的不平等原则并带有浓厚的封建色彩,早在明治时期就遭到社会的批评,要求修改。1919年日本政府组成临时法制审议会,商讨修改事宜。1927年公布了亲属法改正纲要34项,继承法改正纲要17项。修改的要点主要是:(1) 成年男子、有独立生活能力,要求分出家族,可以不必征得户主的同意。(2) 户主对家族成员的离籍,须征得家庭法院的许可。(3) 扩大了家庭中妻子的权利,如母对子有亲权。并将不利于妻子提出离婚的理由作了修改。(4) 在继承方面,家族继承的原则没有变化,只是有关财产部分,家族继承人应分一些给户主的配偶和自己的兄弟姐妹。遗产继承,提高了妻子和女子的继承地位。

(三) 二战后日本民法的发展

1. 对民法典的修改

二战后,日本垄断资本主义迅速发展,日本社会发生重大变化,原有民法典的内容很难适应,民法的基本原理也受到挑战。因此,日本政府于1947年开始根据新宪法的精神,主要对《明治民法典》中保留大量封建残余的亲属编和继承编进行了多次重要修改。亲属编中具有浓厚封建色彩的"户主及家族"一章被全部删除,户主的权力、亲属会等各项封建家族制度完全废止。在婚姻制度方面,婚姻以双方合意为基础,提高了结婚年龄,限制了父母的同意权;夫妻双方具有平等权利和义务,规定了男女双方姓氏要经协议决定,废除了同居只是妻子的义务的不平等的规定,制定了婚姻生活费用相互分担的条款;在离婚理由上,废除了有利于丈夫的规定,夫妻双方都可以以同样的理由诉请离婚,扩大了妇女诉请离婚的权利。继承编也有较大变动,主要是废除了家督继承制度。家督继承是继承户主的家长地位,同时继承家的全部财产。废除家督继承必然使单独继承变为共同继承。新民法规定:"被继承人之直系卑亲属;依照下列规定,为继承人:(1)亲等相异者间,以近为先。(2)亲等相同者间,为同顺位之继承人。""直系卑亲属,直系尊亲属,或兄弟姐妹有数人时,其继承份相等",这就改变了长子在财产继承权上的优越地位,实现了子女平分遗产的原则。此外,生存配偶的继承地位得以提高。通过修改,家族法中的封建性内容已基本被废弃,成为名副其实的资本主义家族法。

2. 民事特别法的颁布

除了对《民法典》本身进行修改以外,日本战后还颁布了大量的民事特别法,主要针对《民法典》有关总则、物权、债权等财产法部分进行修改,以适应日本社会经济的重大变化。几部重要的民事特别法有1951年《宗教法人法》、1955年《汽车损害赔偿保障法》、1958年《企业担保法》、1961年《关于原子能损害赔偿的法律》、1962年《关于建筑物区分所有的法律》、1972年《大气污染防治法》和《水质污染防治法》、1977年《假登记担保契约法》、1994年《制造物责任法》等等。这些民事特别法的规定表明无限私有制和契约自由的传统原则已经得到修正或加以必要的限制,有关无过失责任原则的适用领域也越来越广泛,充分反映了日本民法的现代发展。

除了修改民法典、颁布民事特别法,判例也是日本修改民法的重要途径。日本属于大陆法系国家,在理论和原则上不承认判例的拘束力,但在实践中最高法院的一些经典判例在限制私权、禁止滥用私权以及保护公共利益等方面有力地推动了民法的发展。

二、商法

（一）明治维新后的商事立法

明治维新之初，为适应资本主义商业发展的需要，明治政府先后颁布了多项单行商事法规，涉及银行、票据、保险、公司等领域。1881年日本聘请德国专家起草日本商法典，1884年完成商法典草案，并于1890年公布。该法典分为总则、海商法、破产法三编，共1064条，其内容主要来自法国商法典，由于不符合日本传统的商业习惯，脱离了日本国情而遭到激烈批评，不久便被修改，被称为"旧商法"。

1899年新的商法典取代旧商法颁布并实施，分为总则、公司、商行为、票据、海商5编，共689条，被称为"明治商法"。《明治商法典》在日本传统商事惯例的基础上，主要仿效1897年《德国商法典》，同时吸收了法国商法、英国商法的部分内容。在体例上，《明治商法典》将票据列为独立一编，是日本商法的创新之作，同时破产法被排除在外，单独立法；在内容上，明治商法强调商业习惯法的特殊效力，确认商业习惯优于法典，同时肯定了公司的自由设立主义原则。

（二）商法的发展

明治商法颁布以后，为了适应资本主义发展到垄断阶段的现状，1911年日本对商法典的二百多个条文进行了修改，修改集中在公司法部分，主要是强化了对董事的规制和监事的责任。此后，为了同国际公认的商事规则相适应，日本于1932年和1933年分别颁布《票据法》和《支票法》，同时明治商法中的票据一编被删除，商法典因此而由5编制改为4编制。1938年日本对公司法的总则和公司两编进行修改和补充，扩大了股东大会的权限，限制了董事的权利，并强化了董事的民事、刑事责任，增加了有关发行股票和债券的规定，确立了特别清算制度，从而完成了日本股份制公司法的近代化演变，修改后的公司法内容扩大了近一倍，《明治商法典》的条文也增加到了851条。

二战以后，《明治商法典》一直保持着四编制的体例，法典各编的内容则经过多次修改发生较大变化，较为重要的修改出现在1950

年、1981年、1990年和1994年。战后对商法典的屡次修改仍然集中在公司法领域,特别是有关股份制公司法的修改最为突出。在日本战后经济腾飞的背景下,商法中股份制公司的变化和发展最为迅速和活跃,日本商法的不断调整和改正充分反映了这一特点。

第四节 经济和社会立法

一、经济法

作为后起的资本主义国家,早在明治维新时期,日本就已经出现了作为国家干预手段的经济立法,以保护和促进工商业的发展,如《造船奖励法》、《生丝直接出口法》、《远洋渔业奖励法》等,可以被认为是早期经济法的萌芽。

两次世界大战期间,为了应对经济危机和发动侵略战争的需要,日本推行战时统制经济政策,颁布了大量战时统制经济法。特别是第二次世界大战期间,日本实行了彻底的战时统制经济,用国家主义经济统制取代了市场经济体制下的私人自治,国家将经济领域完全置于自己的统制之下,并为此颁布了大量的战时经济统制法规,用法律手段自上而下地对经济活动实行直接管制,经济统制法发展到了高峰,这一时期颁布的《国家总动员法》是日本战时国家主义统制立法的核心。为保证全社会的人力、物力资源投入战争,日本同时还颁布了涉及农业、工业以及物价等各个领域的战时经济统制法令,从而将全部经济转向战时轨道,为侵略战争和法西斯统治服务。

二战结束后,日本开始在战争的废墟之上恢复和重建经济。根据美军占领当局推行的经济非军事化、确立和平经济和实现经济民主化等三大经济政策,日本废除了战时统制经济法规,同时为了确立新的经济法律体系,实现社会经济的民主和自由化改革,日本政府颁布了一系列经济法规。1947年颁布的《禁止垄断法》影响深远,其在日本经济法体系中的核心地位为日本学界所公认,素有"经济宪法"之称。该法是美军占领当局为了配合解散财阀政策,防止垄断组织复活,作为经济民主化的措施而颁布的,它禁止私人垄断,禁止不正当竞争的交易限制和不公正的交易方法,防止事业支配力的过度集中,促进公平而自由的竞争。该法后来几经修改,成为保障战后日本实施的禁止垄断、保护自由竞争政策的重要经济法规。类似的法规还包括1945年"解散财阀"的法律等。战后初期颁布并实施的经济法规涉及各个领域,为日本摆脱战时国家主义统制经济法的消极影响,实现经济民主与自由,确立现代意义上的经济法律体系奠定了基础。

20世纪50年代中期以后,是日本经济高速发展时期,也是日本独立自主进行大规模经济立法的重要历史时期。为了进一步促进经济民主化,保证市场上的自由竞争秩序,日本对《反不正当竞争法》和《禁止垄断法》作了多次重要修改,加强了对垄断的规制。为了促进技术进步和革新,加快现代化的进程,日本有针对性地进一步制定了一系列单行经济法规,涉及经济生活的各个领域,从生产的组织与管理、资源与市场的控制、商品货币关系的调节,到消费政策以及保护消费者的利益等,都包括在内,标志着现代意义上的日本经济法律体系建设基本完成。日本经济立法数量巨大、种类繁多、内容广泛,各部经济法均有明确的目标和相应的措施,并且几乎都列有罚则专章,因此被称为"经济刑法"。经济法成为日本战后发展最快的法律部门,国家通过经济立法的途径,实现了国家干预经济的目的,有力地促进了日本经济的高速发展。

二、社会立法

日本的社会立法肇始于明治时期,但由于日本资本主义发展的后进性,以及封建主义残余的长期存在,社会立法的整体水平相对比较落后,二战后日本的社会立法才真正开始,经过半个多世纪的发展,终于达到相对完备的程度。一般认为,日本社会立法主要由劳动法和社会保障法组成。

(一) 劳动法

明治时期,废除封建身份关系、确立劳动自由原则的有关法令即为日本劳动法的萌芽。随着资本主义的发展,纺织等工业行业迅速兴起,各种劳资关系问题逐渐增多,为了应对日益高涨的工人运动,明治政府开始了劳动立法的尝试。1911年制定了《工场法》,对劳动条件、劳动基准等作了规定;为了促进就业,相继颁布了《职业介绍法》(1921年)、《船员职业介绍法》(1922年)、《劳动者募集取缔令》(1924年)、《营利职业介绍事业取缔规则》(1925年)等,这些法规为解决失业问题起到了一定作用;1922年的《健康保险法》将劳动者的医疗纳入保险体制;1926年颁布的《劳动争议调停法》确定了劳动争议的调停原则,一般企业的劳动争议采取任意主义,公益事业的劳动争议则采取强制主义。这些劳动立法基本上是在工人运动的压力下出台的,缺乏运行环境和有效保障,而且也并未形成系统完整的劳动法体系。二战期间,因侵略战争的需要,劳动立法进入劳动统制阶段,劳动者的权利与自由被剥夺殆尽。

二战以后的新宪法规定"全体国民都有劳动的权利与义务,有关工资、劳动时间、休息及其他劳动条件的基本标准,由法律规定之","保障劳动者的团结权、集体交涉及其他集体行动的权利",这就为劳动立法的发展提供了宪法上的保障。日本劳动法在二战后的发展首先表现为"劳动三法"的相继迅速制定,即1945年《工会法》、1946年《劳动关系调整法》、1947年《劳动标准法》,上述三法构成了日本现代劳动法的基本体制。在日本经济高速发展时期,劳动立法相应发生了变化,加强了促进就业、改善劳动安全条件、提高劳动标准等方面的立法,如1959年《煤炭业离职临时措施法》、1961年《雇用促进事业团体法》、1960年《身体障碍者雇用促进法》、1966年《雇用对策法》、1974年《雇用保险法》、1964年《劳动灾害防治团体法》、1972年《劳动安全卫生法》、1959年《最低工资法》、1970年《家内劳动法》、1995年《病人看护休假法》,等等。以上劳动立法构建了比较完整的劳动法律体系,而且至今仍在不断被修改和完善。

(二) 社会保障法

日本的社会保障立法同样萌芽于明治时期,1874年制定的《恤救规则》规定对残废者、70岁以上的重病衰老者、因病不能劳动者、13岁以下的幼弱者等实施救济,如给予一定标准的买米钱等等,以体现天皇的仁政和慈善,不过该法强调这种救济应该通过人民之间的友谊来解决,并不是纯粹的国家福利保障。此外,1875年《穷民一时救助规则》、1880年《备荒储蓄法》、1899年《遇灾救助基金法》等一些临时性措施相继出台,以备临时之需。

日本战前最重要的社会保障法是1929年制定的《救护法》,该法不仅明确了国家的救济义务,而且救济范围扩大,救济种类和内容也相对丰富。其后,《虐待儿童法》(1933年)、《母子保护法》(1937年)、《医疗保护法》(1941年)、《国民健康保险法》(1938年)、《船员保险法》(1939年)、《劳动者养老金保险法》(1941年)等法规得以颁布,不过其中不乏服务于侵略战争目的的立法。

二战后,遭受战争创伤的日本满目疮痍,到处是穷困潦倒的贫民,急需救助和扶持。根据占领当局于1945年发表的"关于社会救济及福利的备忘录",日本政府于当年年底发布了"生活困难者紧急生活援助纲要",并制定了《生活保护法》,规定对需要生活扶助的人,实行平等的保护,扶助费用的80%由国库负担,此后该法被多次修改。1946年新宪法规定"全体国民都享有最低限度的健康和文化生活的权利。国家必须在生活的一切方面努力于提高和增进社会福利、社会保障以及公共卫生的工作",从而为日本社会保障法的发展提供了宪法依据。1947年日本制定了《儿童福利法》将保护所有儿童的健康成长作为立法目的,为儿童权益提供完善的法律保护。1949年制定了《身体障碍者福利法》不仅为身体障碍者提供生活资助,而且提供就业保障帮助其自食其力。这两项立法与《生活保护法》习惯上被称为"福利三法"。进入20世纪60年代,日本又制定了1960年《精神障碍者福利法》、1963年《老人福利法》和1964年《母子福利法》,与上述"福利三法"一起,被称为"福利六法"。日本社会保障法在二战后获得充分的发展,构筑了相对完善的社会保障法体系,包括"福利六法"在内的日本社会保障法律体系包括社会保险、社会福利和社会救济三个方面,几乎涵盖并惠及了日本社会的各个群体,实现了普遍的社会福利保障,标志着日本开始进入福利型社会。

20世纪90年代以来,随着日本经济实力的进一步增强,日本的社会保障立法开始酝酿新的改革,大多数立法都得到了进一步的修正与完善,以适应日本社会的现代化变迁,其基本精神是加强社会保障机制,取代正在衰退的传统家庭保障机制;提高社会保障标准,优化生活质量,等等。

第五节 刑　　法

一、1907年日本刑法典

(一) 1907年刑法典的制定

明治维新初期,日本政府先后制定了《假刑律》、《新律纲领》和《改定律例》三部临时性法典。这三部法典无论内容还是形式,仍然仿照明清律,没有脱离中国封建法律的窠臼,保留着与近代法典相去甚远的大量封建刑法的内容,实质上是对封建时期刑律的改良,并没有实现刑事法律制度的近代化变革,具有明显的过渡性。

1875年明治政府聘请法国法学家保阿索纳特着手进行西方式刑法典的起草工作,1880年颁布并于1882年实施,此即"旧刑法"。旧刑法主要仿照1810年《法国刑法典》,由4编430条构成。第1编为总则;第2编侵犯公益的重罪、轻罪;第3编侵犯身体、财产的重罪、轻罪;第4编是违警罪。刑法典不仅在体例上追随西方刑法典,而且在内容上也体现了资产阶级刑法的一些基本特点,如确立罪刑法定、法不溯及既往、罪刑相适应等资本主义刑法原则。与此前颁布的三部临时性刑事法规相比,旧刑法摒弃了封建刑法的旧有模式,是日本历史上第一部资产阶级性质的刑法典,具有较大的进步意义。但是旧刑法施行不久,就因过于法国化脱离日本国情而招致社会舆论的反对,在实施的过程中多次酝酿修改。1884年,日本政府再次聘请保阿索纳特主持对旧刑法典的修改,经修改后提交的刑法草案仍未能摆脱法国刑法典的模式,与旧刑法典相比并无太大变化,因此未获通过。

1892年,司法省重新设立"刑法修改审查委员会",开始起草新的刑法典,并于1901年将刑法典草案提交议会审议,由于当年议会中途停会而未获审议通过,该草案为1907年新刑法典的制定奠定了基础。日俄战争结束后,日本政府于1906年成立新的法律调查委员会,对上述刑法典草案进行若干修改后,经议会两院审议通过,此即日本1907年的"新刑法"。

(二) 1907年刑法典的特点

新刑法是日本效法德国进行法制西化的一个重要成果,它以1871年《德国刑法典》为蓝本,共2编264条,第1编总则共13章,规定了刑法的适用范围、刑罚种类、缓刑、假释、未遂、并合、累犯、共犯等内容,第2编共40章,列举了40种犯罪及其刑罚。与旧刑法相比,新刑法典有以下特点:

第一,新刑法在贯彻资本主义刑法基本原则的同时,保留了浓厚的封建残余。除了罪刑法定原则被删除以外,其他资产阶级刑法原则和制度基本都得到了体现。罪刑法定原则被删除,原因是立法者认为法律没有明文规定的不构成犯罪和不受到处罚是不言自明的道理,而且《宪法》第23条也有体现,因此新刑法中没有规定的必要。封建内容主要体现在"对皇室之罪"、"杀害尊亲属罪"、"通奸罪"等条文中。按照法典规定凡对天皇及天皇的亲属有加害或欲加害者,都应处以死刑;对天皇及其亲属和对皇宫、皇陵有不敬行为者,甚至对皇族有不敬行为者,均处惩役刑;对杀害尊亲属者加重处刑,上述规定带有明显的封建色彩。

第二,新刑法反映了欧洲刑事法律改革的新成就。新刑法的制定深受欧洲新派刑法学理论的影响,在刑罚方面的规定尤为突出,如扩大刑罚的量刑幅度,规定惩役可长达1年以上10年以下,使法官有广泛的自由裁量的余地;加重对累犯的处罚,同时也规定了对犯罪未被发现前自首减刑和犯罪行为未遂自首免刑的内容;规定了缓刑和免刑制度;对既遂和未遂同等看待,等等,体现了新刑法学派重视主观故意、主张刑罚个别化,以达到预防犯罪的理论观点。

第三,新刑法的规定多采用概括抽象的表达方式,彰显了刑事立法技术的进步。新刑法采用概括的方式列举犯罪罪名,废除了旧刑法中的重罪、轻罪、违警罪的划分,并把违警罪从法典中剔出,单独制定《警察犯处罚令》加以规范,从而简明了犯罪的区别,并且改变了旧刑法规定罪名过于具体琐碎的状况,对各种犯罪罪状的描述也比较简洁,刑名也被简化,主刑由原来的16种缩减为6种。由于新刑法改用概括性规定,条文比个别化规定的旧刑法显著减少。

总之,新刑法基本上体现了资产阶级刑法原则,但同时也保留了一定的封建残余,加之量刑幅度扩大,有些罪的规定不明确,该法典实施后即受到指责。

二、两次世界大战期间日本刑法的变化

自1907年刑法典颁布一直到二战结束前,对刑法典的修改只有两次。第一次是在1921年,仅将刑法典第253条关于业务侵占罪的法定刑由"1年以上10年以下惩役"改为"10年以下惩役"。第二次修改是在1941年,新设了"危害安宁秩序罪"、"妨害强制执行罪"和"妨害拍卖、投标罪和非法协议罪"等,加强了对失火罪、公正证书原本不实记载罪的刑罚处罚,将贿赂犯罪的犯罪类型具体化并提高法定刑,扩大了没收和征收的范围。这次修改主要是为了适应战时统治体制的需要,强化了对国家利益的保护。

这一时期日本还颁布了大量单行法规,使日本刑事法律制度发生了较明显的变化。这些单行刑事法规大体上分为两类:

一类单行刑事法规反映了日本刑事立法改革的主要成就和发展趋势,如1922年制定《少年法》,规定了对少年的保护处分、刑事处分和少年法院的审判等事项。保护处分是指18岁以下少年,犯罪情节轻微或有可能犯罪者,给予训诫、写悔改书,交付给保护人或送感化院的处分。刑事处分是指对未满16岁者不处死刑和无期徒刑,改判10年以上15年以下的苦役和监禁;对其他应处长期刑的严重犯罪,最低减刑不超过5年,最高减刑不超过10年。而且除死刑和无期徒刑外,当刑罚执行终了或免予执行时,当做没有被判刑者看待。该法吸收了欧美国家的立法经验,针对少年犯的特点采取特殊的方法科处刑罚和进行矫正,以达到教育改造的目的。1922年修订的《感化法》、1923颁布的《矫正法》是《少年法》实施的配套法规。1931年《假释审查规程》补充修正了刑法典关于假释的规定,使其更加具体化。

另一类单行刑事法规是法西斯的反动刑事立法,主要有:1925年《治安维持法》、1937年《思想犯保护观察法》和1942年《战时刑

事特别法》等,这些法西斯刑事法规旨在限制人权与自由,控制"危险思想",对威胁和反对法西斯统治的反抗行动予以严厉制裁,从而实现了刑事法律制度的彻底法西斯化。

三、二战后刑法典的修改

二战结束以后,由于日本社会政治形势的变化和新宪法的颁布,对刑法典的修改势在必行。一方面,为了彻底消除日本刑事法律体系中的封建军事法西斯余孽,日本政府宣布废除包括《治安维持法》、《思想犯保护观察法》、《战时刑事特别法》等一系列法西斯主义的单行刑事法规,同时对刑法典中不合时宜和违背新宪法精神的条文进行了清理,如删除危害皇室罪;删除妨害安宁秩序罪;取消通奸罪,等等,为以后的刑事立法改革扫清了障碍。另一方面,为了适应日本社会的逐步现代化,日本吸收外国刑事立法经验,迎合时代发展的潮流,一直致力于对刑法典的全面的或局部的修改。自1952年占领时期结束直至2004年,对刑法典的修改达17次之多。二战后日本刑法典的修改主要表现为:第一,重新肯定一度被取消的罪刑法定主义原则。第二,废除了具有封建尊卑等级观念的杀害尊亲属罪。第三,量刑上更加突出了刑法的主观主义思想。强调在刑法适用和量刑幅度上,充分考虑犯罪者的年龄、性格、经历及环境;犯罪动机、方法、结果及影响;犯罪后的表现等等,主张以预防犯罪和有利于犯罪者的改过自新为目的,并用专章加以规定。第四,顺应时代的发展,增设了一些新罪名,如不正当制作和提供电磁记录罪、损害电子计算机等妨害业务罪、使用电子计算机诈骗罪、危险驾驶致死伤罪等等。第五,实现了刑法典表述的通俗化,不再使用较难的汉字,便于大众阅读和查询。第六,加重了对性犯罪、杀人罪、伤害罪以及各种交通犯罪的法定刑,同时强化对受害人的保护。以上修改,充分反映了日本社会的现代化发展和日本刑法的重大进步。

此外,战后日本还颁布了大量单行刑事法规,并不断对其进行修改。

第六节 司法制度

一、司法组织制度

日本近代司法组织的创建可以追溯至明治维新初期,1871年成立司法省统一管辖民刑事案件,地方则仍由地方行政兼任司法官。1875年制定《大审院各级法院职制章程》,设立了大审院作为全国最高司法机关,大审院之下设立高等法院、巡回法院、府县法院,禁止地方官兼任府县法院的法官,从此初步确立了司法与行政分离的原则。

日本近代司法制度的正式确立是在《明治宪法》颁布之后,根据《明治宪法》精神,日本法院分为普通法院和行政法院两个系统,据此,1890年颁布了《法院构成法》和《行政裁判法》。《法院构成法》是以1877年德国《法院组织法》为蓝本制定的,共分4编:即法院及检事局、法院及检事局官吏、司法事务之处理、司法行政之职务及监督权等共144条。该法规定实行四级三审制,法院由区法院、地方法院、控诉院、大审院组成。大审院是全国最高的裁判机构,它对审判上的见解,对下级法院均有约束力,有权审理一般上诉案件以及危害天皇等重大案件的一审案件。《法院构成法》还规定实行审检合一制,各级法院内均附设检事局(检察院),它的主要任务是提起公诉及监督判决的执行等,但不参与审判活动。《行政裁判法》由德国学者参照奥地利的制度制定的,由4章47条组成,主要规定了行政法院组织、权限以及诉讼程序,规定在东京设立一所行政法院,主要审理依法律、敕令及有关行政裁判文件所规定的行政违法案件。该法改变了行政诉讼由普通法院兼管制度,以大陆法系为模式,建立了普通法院与行政法院并行的法院组织体系。

此后一直到二战结束,日本法院组织没有发生太大的变化,1913年对《法院构成法》作了局部修改,扩大了区裁判所的案件管辖权;1922年《少年法》虽未直接修改《法院构成法》,但据此成立的"少年审判所"的性质为行政机构,由推事兼任少年审判官。法西斯统治时期颁布的主要法规有《法院构成法战时特例》、《战时刑事特别法》、《战时民事特别法》等，规定了简化判决程序，限制辩护权以及限制上诉等内容。

二战以后，是日本法制的改革和完善时期，日本的法院组织发生了很大变化。1946 年新《宪法》为战后法院组织的确立与完善奠定了基础，确定了方向。新《宪法》第 96 条规定："一切司法权属于最高法院以及由法律规定设置的下级法院"，从而使最高法院、国会和内阁一起被同等地列为宪法上的国家机关，体现了三权分立的原则。根据宪法的规定，日本于 1947 年先后颁行《法院法》和《检察厅法》。《法院法》共 7 编 73 条，废除了明治宪法体制下设立的行政法院和特别法院，实行单一的法院体系，将法院分为五级，即最高法院、高等法院、地方法院、家庭法院和简易法院；最高法院设于东京，作为最高审判机关受理上诉和抗告，还被赋予司法审查权、规则制定权，包括司法行政权；规定法官独立审判案件，并对各级法官的任用规定了严格的资格。《检察厅法》规定检察院单独设置，不再附属于法院，实行审检分立制。检察厅分为最高检察厅、高等检察厅、地方检察厅、区检察厅，分别与法院的审级相对应。根据新宪法和《检察厅法》的规定，检察官成了国家行政官吏而不再是司法官，检察厅也就作为统一行使国家检察职能的机关而出现了。同年，《法院施行法》、《关于下级法院的设立以及管辖区域的法律》也作为配套法规得以颁布。1948 年对《法院法》进行了修改，增设家庭法院，主要审理家庭案件和少年犯罪案件。《律师法》也于 1948 年颁布，规定在地方法院的辖区内设立律师会，在全国设立律师联合会。律师、法官、检察官一起被称为"法曹三者"，成为日本法制建设的三大支柱，享有极高的声誉和威望。

二、诉讼制度

（一）刑事诉讼制度

日本近代第一部刑事诉讼法是 1880 年与旧刑法同时颁布的《治罪法》，该法以 1808 年《法国刑事诉讼法》为蓝本，在保阿索纳特的主持下制定，共 6 编 480 条。它从根本上废除了封建刑事诉讼制度，规定禁止刑讯逼供,强调以证据为依据的审判法则;将诉讼分为公诉和私诉,公诉以证明犯罪、适用刑罚为目的,采用国家追诉原则,私诉以赔偿犯罪所造成的损害为目的,采用不告不理的原则,这表明日本诉讼制度近代化的开始。由于该法的部分内容脱离其时保留大量封建残余的日本国情,而且包括了法院组织的规定,内容体系颇显杂乱,因此颇受争议。此后,日本在编纂《法院构成法》的同时,以德国 1877 年《刑事诉讼法》为蓝本,开始起草《刑事诉讼法》,于 1890 年 10 月公布。《刑事诉讼法》共分 8 编 15 章 334 条,第 1 编是总则,规定了公诉、私诉、诉权消灭等一般原则,主要是肯定了国家追诉原则;第 2 编法院,规定了法院管辖及回避制度;第 3 编是关于犯罪的侦察、起诉及预审,确定资产阶级"自由心证"原则;第 4 编为公判,规定了审判的一般程序,贯彻了重口供不重证据的原则;第 5 编为上诉,规定了上诉的通则,控告、上告、抗告的条件及其程序;第 6 编再审,列举了再审的种种理由;第 7 编是大审院特别权限的诉讼程序;第 8 编是裁判的执行及特赦。《治罪法》中有关法院组织的相关规定被纳入《法院构成法》中,体系更为规范和合理,内容也更符合日本国情。

两次世界大战期间,日本重新公布了刑事诉讼法,1924 年开始正式实施。新的刑事诉讼法扩大了检察、侦查机关的强制权,在紧急情况下,可以自行拘提、羁押和搜查,并将提起公诉作为预审的绝对条件;扩大了被告人的权利,被告可以随时选任辩护人,可以随时撤回自己的诉状或上诉状,强制羁押期限被减少,原则上规定 2 个月为限;扩大了上诉审的职权,不仅可以就法律适用是否适当进行审查,也可以对上诉案件的全部事实予以重新认定,对其量刑是否恰当进行审查,并对案件可自行重审。1922 年刑事诉讼法,虽较前具有更多的资产阶级自由主义色彩,但在日本法西斯统治时期,由于一系列刑事特别法的颁布,该刑法典仅有的自由主义色彩不仅未能实行,反而遭到极大破坏。

二战以后新宪法的颁布对于日本诉讼制度的变革产生了深远影响,新宪法所确立的一系列诉讼原则使日本刑事诉讼法的修改势在必行。1947 年日本制定了"伴随日本国宪法的施行刑事诉讼法的应急措施的法律"(简称"刑诉应急措施法"),同时着手制定新的刑事诉讼法典,于1948年7月10日新的《刑事诉讼法》公布,翌年1月1日开始施行。新《刑事诉讼法》共7编506条。第1编总则,下分15章。第2编下分搜查、公诉、公判3章。第3编上诉,下分通则、控诉、上告、抗告4章。第4编再审。第5编非常上诉。第6编简易程序。第7编裁判的执行。新《刑事诉讼法》强调保障被告的基本人权,规定各种强制处分都必须有令状,新设宣告拘留理由制度,特别对羁押人犯规定了严格的条件,例如,被羁押的被告或有关人,有权要求开示羁押理由,并可在法庭上陈诉对羁押理由的意见;废除了预审制度,实行公判集中原则,即案件的审理全靠法庭解决,第一审以公开审理为主;实行"起诉状一本主义",即检察官提起公诉时只能向法院提交一份起诉状,禁止将侦查文件随起诉书移送法院,以免对法官的判断产生影响;引入英美对抗制,贯彻以庭审为中心和辩论原则,等等。该法反映了新宪法的基本精神,是英美诉讼制度与大陆诉讼制度相融合的产物。

(二) 民事诉讼制度

日本于1876年开始民事诉讼法的编纂,最初以1806年《法国民事诉讼法典》为模式出台一个草案,但是未能提交审议,因为日本政府准备仿效1877年《德国民事诉讼法》起草新的民事诉讼法典。1884年聘请德国法学家泰哈喔帮助起草,1890年新的《民事诉讼法典》颁布,是日本历史上第一部民事诉讼法典。该法共分8编12章805条,主要特点是:在民事诉讼中贯彻"当事人本位主义"和法院不干涉的原则;肯定了通过和解处理民事纠纷的传统做法,规定在诉讼程序的任何阶段,法官对整个诉讼或某些争执点都有权试作调解,和解是由法官主持实施的,因此又称和解裁判,和解不再形成判决;上诉审只能在原审提出的请求和上诉申请的范围内进行,等等。与民事诉讼法相配套,还公布了《关于婚姻事件、收养养子事件及禁治产事件的诉讼规则》和《非诉讼事件程序法》,作为民事诉讼法的补则。

两次世界大战期间,日本于1926年对《民事诉讼法典》作了修改,修改后的《民事诉讼法典》加强了法院的职权,改变了过分依赖当事人的规定;以书面材料作为审理案件的基础,加快了诉讼审判速度;创设了职权证据调查制度;废除了缺席判决、证书诉讼制度等。

二战以后,1890年《民事诉讼法典》一直沿用下来,但在美国法的影响下,进行了多次重大修改。修改后的《民事诉讼法典》在减轻诉讼各方的负担、引入当事人主义和促进诉讼程序民主化方面有一定成效。1951年颁布《民事调停法》,规定所有的民事案件都可以适用和解程序,充分发展了这一传统制度,使日本民事诉讼制度颇具特色。1979年将民事诉讼法第6编"强制执行"独立出来,另行制定了《民事执行法》,专门规定了强制执行问题。1998年新的民事诉讼法开始实施,共有8编400条,它是日本引进西方诉讼制度进行民事诉讼改革的成果,反映了日本民事诉讼法的现代化发展。

第七节 日本法的基本特点和历史地位

一、日本法的基本特点

第一,日本法是在借鉴外来发达法律制度的过程中不断发展和完善的。日本法以善于吸收外来法律制度见长,其封建法律文化从体系到内容都深受中国隋唐和明代法制的影响,承袭了中国法律传统的衣钵,成为中华法系的重要成员;而近代日本的法律文化是在学习借鉴西方法律文化的基础上形成和发展起来的,明治维新以后,主要是以大陆法系为模仿对象,先是以法国,后来又以德国法为模式,不仅是日本的各主要法典,如1889年《明治宪法》、1890年《刑事诉讼法》、《民事诉讼法典》、1889年《民法典》和1899年《商法典》等,还包括一些小的条例和规定,如1889年《皇室典范》等都模仿了法德两国的立法,构建了资本主义的法律体系。不仅如此,日本对于当时西方流行的法学理论、学说也十分热衷,翻译了许多西方学者的法律著作,为日本法律文化的全面近代化起到了重要作用;二战以后,日本又吸收了英美法的许多精华,法律风格有所变化,反映了日本法的现代发展。在全世界范围内,日本法一直被看成法律移植的成功范例。

第二,日本法巧妙地融合了两大法系的特点,被称为"混合法"。日本在借鉴西方法律文化的过程中,虽然在不同的历史时期,对两大法系的效仿的侧重点有所变化,但并没有拘泥于两大法系的差异,而是采取了兼容并蓄的态度,将两大法系融为一体。如虽然以大陆法系的六法体系为基础,但是判例在司法实践中的作用越来越突出,特别是战后宪法模仿美国赋予最高法院以违宪审查权,使司法机关通过宪法判例解释宪法,对美国宪法的发展具有重要意义;英美法的许多制度和原则在制定法中的反映也日渐明显;在诉讼制度上,引进了英美法的庭审中的对抗制,注重保护双方当事人的对等权益,同时以大陆法系的职权主义作补充,充分发挥司法机关的职能优势,两种诉讼体制的融合,更有利于查清案情。日本学者认为,如果单独强调任何一个方面而忽视另一个方面,都不能保证审判的正确。从更广泛的意义上看,这也是日本融两大法系于一身的理论构想的出发点之一。

第三,日本法是东西方法律文化的有机结合。如前所述,日本在法律近代化的过程中,主要是以西方法为参考模式,制定了一系列西方化的法典,但是对于作为东方国家所固有的一些传统法律内容和习惯,也并没有完全放弃。如作为日本流传久远的法律习惯,特别是调停制度不但没有因为法律的西化而消亡,反而在日本法不断完善的过程中愈发显示出生命力,始终发挥着重要的作用。事实上,日本在任何历史时期,都没有放弃对固有优秀法律传统的继承。

第四,完备的日本经济法对于战后日本经济的高速发展具有重要意义。明治维新以来,日本经济法得以确立和发展,特别是二战以后,伴随着垄断资本主义的全面确立,国家干预经济的力度不断加大,日本经济法受到特别重视,迅速发展起来,大规模的、目的性极强的经济立法活动一直在进行,虽然没有形成统一的经济法典,但也很快形成数量庞大、门类齐全、比较完整的经济法律体系。这些经济法,是根据各个时期经济发展的不同状况而制定的,针对性极强,成效卓著,为战后日本经济的腾飞起到了至关重要的作用,这在资本主义国家具有一定的代表性,从一个侧面论证了法律在经济发展中的作用。

二、日本法的历史地位

通过法律移植完成的日本法律近代化变革,使日本成为东亚各国法律近代化的摹本,特别是与日本有着紧密联系和共同传统的中国和韩国,都以日本法为借鉴和模仿对象,推进本国的法律变革与转型。无论是在法律概念、术语、体系等方面,还是在法律原则、制度以及法学理论等方面,中韩两国都受到日本法的深刻影响。

日本法以其独有的特征,在世界法律文化中占有重要的地位,尤其作为成功进行法律移植的国家,其吸收借鉴外来法律文化的经验和方法值得借鉴;日本法在促进社会经济发展中所起的重要作用,也越来越受到重视;日本在法律演化过程中融汇大陆法系和英美法系,连接东西方法律文化,一定程度上代表了世界法律文化的发展趋势。

第十四章 俄罗斯法

俄罗斯法在世界法制史上占有重要地位。苏联时期,创造了新的法律思想,制定了新的法律制度,构筑了新的法律体系并不断完善,成为第二次世界大战以后一定时期各社会主义国家制定和发展本国法的典范,从而在世界范围内形成社会主义法系。苏联解体后,处于社会转型时期的俄罗斯民主法治建设丰富了人类法律文明。

第一节 十月革命前的俄罗斯法律制度

一、俄罗斯封建制法的形成和确立

公元8—9世纪,许多东斯拉夫人的部落联盟发展为国家,称为公国。其中较大的是罗斯和诺夫哥罗德。传说诺夫哥德王公奥列格,经过长期征战,完成了统一大业,于公元882年以基辅为中心确立了统治,因首都设在基辅,历史上称"基辅罗斯"。这是俄罗斯最早的国家形态。

古罗斯国家时期(9—14世纪),是俄罗斯封建制法形成时期。这一时期成文法已经出现,但法律渊源仍以习惯法为主。基辅罗斯加强了同拜占庭的联系,引进拜占庭文化,接受希腊正教为国教,以教会条例的形式确认和巩固教会的地位。公元11世纪上半叶,国家开始陆续发布法令和法规,进行成文立法活动,如雅罗斯拉夫在位时期(公元1019—1054年)编成《雅罗斯拉夫法典》(又称《雅罗斯拉夫真理》)。该法典确认了封建农奴制,对王公、贵族和教会等大土地所有者的财产利益加以保护,规定对破坏田界、盗窃牲畜和纵火焚毁庄园者都处以重刑。① 约公元 11 世纪下半叶,俄罗斯历史上一部重要的封建法律文献《罗斯真理》产生。《罗斯真理》(又译《罗斯法典》)是一部集习惯、王公法令和司法判例的汇编,其内容和形式都受到拜占庭法的影响,明显的特征是:编纂体例上的诸法合体;其简单的内容反映了封建制早期低下的生产力和落后的社会制度;其具体规定体现了不平等的阶级地位和封建特权及对封建社会关系的维护②;法律所适用的范围是地域性的。《罗斯真理》是古罗斯时期最为重要的法律渊源,它反映且促进了氏族制的最终解体和封建主义形成的进程,标志着俄罗斯封建国家制度和封建法制已初步形成,为其后俄罗斯法的发展奠定了重要的法律基础和立法模式。《罗斯真理》流传下来许多版本。

公元 12 世纪初,罗斯进入封建割据时期,分为基辅、诺夫哥罗德、斯摩棱斯克等十余个公国。14 世纪末,东北罗斯的社会经济进一步发展,日益强大起来的莫斯科公国成为政治上的中心。莫斯科大公伊凡三世(1462—1505 年)凭借其强大的国力对大封建主展开了长期的斗争,到 15 世纪末,俄罗斯集权制基本形成。伊凡四世(1533—1584 年)在位时期,自称沙皇,对内加强中央集权,对外极力扩张,使俄罗斯成为统一多民族的沙皇中央集权制国家。这一时期,作为等级代表机关的"杜马"已经出现,俄罗斯从早期封建君主制演变成为等级代表君主制,其封建制法迎来了更广阔的发展契机。从 15 世纪到 17 世纪,俄罗斯颁布的重要的立法有《1497 年律书》、《1550 年律书》和《1649 年会典》,此外还建立了国家法院体系与世袭领地法院体系二元并存的司法体制。上述立法和司法制度的颁布与设立,标志着俄罗斯封建制法的完全确立。

二、俄罗斯封建制法的发展

1689 年,彼得一世(1682—1725 年)继位,通过合并西伯利亚、

---

① 周一良、吴于廑:《世界通史》(中古部分),人民出版社 1962 年版,第 66 页。
② 如规定地主杀死农民与农民杀死地主的赔偿金额是不同的;农民死后无嗣,其财产归其主人所有;封建主享有对其领地上的农民的司法裁判权。参见周一良、吴于廑:《世界通史》(中古部分),人民出版社 1962 年版,第 66 页。

乌克兰等地,建立起君主专制的俄罗斯国家,俄罗斯以其军事强国而进入帝国时期(17世纪下半叶—俄国十月革命)。这是俄国资本主义萌芽与农奴制解体时期,也是俄罗斯封建制法走向成熟的黄金时代。这一时期,国家相继制定一系列立法,如《军事条例》(1716年)、《海上条例》(1720年)、《票据条例》(1729年)、《整饬条例》(1782年)和《俄罗斯帝国法令全集》(1830年)、《俄罗斯帝国法律全书》(1833年)、《刑罚与感化法典》(1845年)等。其中,1833年《俄罗斯帝国法律全书》,是在《俄罗斯帝国法令全集》的基础上经过清理、删除和补充编纂而成的,是俄罗斯帝国当时绝大部分有效法律的系统汇编,于1835年生效。据1881年版本,《法律全书》共分8个部分,15卷42,000条,其体系结构为:3卷"根本法"、5卷"国家制度"、1卷"身份法"、1卷"民法"、4卷"国家治安法"、1卷"刑法"。其规模极其宏大,是俄罗斯帝国最具代表性的立法汇编,一直实行到1917年十月社会主义革命爆发。该法律全书的特点主要是:体例上按部门法加以排列;条文附有注释和原法令的年月日及编号;规模宏大,兼收并蓄;只是法规汇编而非立法;其私法原则及精神更接近于普鲁士的普通法[①];公法内容居多。

三、资本主义性质的立法改革

亚历山大二世(1855—1881年)在位时期,俄罗斯推行了一系列具有资产阶级性质的自由主义的立法改革运动。主要的法制成就有:1861年《改革法令》、《废除农奴制度宣言》、《司法条例》(1864年)及《刑法典》(1903年)。立法改革虽不彻底,但具有资本主义意义的革命性质,为俄罗斯资本主义化扫清了道路。1864年又颁布《司法条例》,其主要目的在于改革封建司法制度及建构近代国家司法体制。如确立陪审法院、检察机关和律师团体,明确了各级法院的司法管辖权及审级,规定实行司法审查制、审判公开制和辩论制。1870年成立了由全体纳税人选举的"市杜马"。同时,组织起草具有

---

① 〔法〕勒内·达维德著:《当代主要法律体系》,漆竹生译,上海译文出版社1984年版,第155页。

资产阶级性质的民法、刑法和诉讼法等基本法典。

综上所述,十月革命前俄罗斯的法律制度经过一千多年的发展演变,逐步完备。俄罗斯封建法律制度以维护农奴制为基本目的,1861年宣布废除农奴制后,经过改革的法律增加了一些资本主义的原则和内容,但仍然保留了大量封建残余。俄罗斯是信奉东正教的国家,长期受拜占庭教会的控制,因此,拜占庭教会法对俄国封建法律制度产生过深刻影响。同时,俄罗斯的私法也接受了许多罗马法的原则和制度。总之,俄罗斯封建法的传统、教会法的影响、罗马法的渗透,三者结合构成俄罗斯封建法的特色,因其形式和内容都带有大陆法系的色彩,通常被列入大陆法系的范畴。

第二节 苏联的法律制度

一、苏联的立法概况

伴随着1917年10月社会主义革命的胜利及苏维埃社会主义国家的出现,俄罗斯的法律制度发生了前所未有的深刻革命,一种新型的法律类型即苏维埃社会主义法诞生了。苏维埃社会主义法是在列宁领导下俄国十月社会主义革命后由苏维埃社会主义国家创制和实施的法律制度,是人类历史上第一个社会主义法律制度,其起讫时间为1917—1991年。苏联的立法概况依其历史发展的进程及形成和发展的不同程度大致分作以下三个阶段:

(一) 苏维埃社会主义法的初创(1917—1919年)

这一时期的立法,是在国内战争频繁及新生政权处于极为不稳定的条件下进行的。其立法意义在于:这一时期的立法是人类历史上第一批社会主义性质的法律,以法律形式确认了社会主义革命的成果,打击一切反抗革命的敌人,并为一个全新的社会主义法律体系的建立奠定了基础。此时期主要的立法成就有:

1. 宪法性文件

《告工人、士兵和农民书》、《和平法令》、《土地法令》、《俄国各民族权利宣言》、《被剥削劳动人民权利宣言》。这些宪法性文件的主要内容为:宣布资产阶级临时政府已被推翻,宣布苏维埃国家的建立、新国家的体制和政策的基本原则及国家全部政权一律转归工农代表苏维埃行使,并对苏维埃政权的性质和任务作出法律上的规定;阐明苏维埃国家的民族政策、对外政策的基本原则及不同社会制度可以和平共处的思想,主张实现正义、民主及和平;确认土地国有化、银行国有化及逐步将其他生产资料收归国有的国有化经济措施;明确苏维埃政权的主要使命是消灭阶级、消灭剥削、建立社会主义社会。这一批宪法性法律向全世界宣告,苏维埃国家是一个在本质上不同于以往社会的、新型的民主革命的社会主义国家。它们对于确认十月革命的成果,巩固新政权具有深远意义。

2. 创立社会主义国家政权组织构架的法令

1917年11月9日,第二次全俄苏维埃代表大会正式通过了成立人民委员会的法令,确立人民委员会是国家最高管理机关,行使政府职能,同时拥有立法权。1918年人民委员会颁布《工农红军法令》,决定成立新型的社会主义革命军队以保卫革命成果。1917年12月,人民委员会通过成立"全俄肃反委员会"决议,专理惩办阴谋推翻苏维埃政权的敌人,巩固新生的无产阶级政权。1917年年底至1918年年初发布的关于法院的第一、二和三号法令,是废除旧司法制度和旧的司法体系、建立新型苏维埃司法制度的重要立法文献。

3. 1918年《俄罗斯苏维埃联邦社会主义共和国宪法》(简称《苏俄宪法》)

《苏俄宪法》是世界上第一部社会主义类型的根本法。它规定俄罗斯共和国是各苏维埃民族共和国联邦,是各自由民族自由志愿的联盟;确认苏维埃政权是无产阶级专政的政权,在劳动人民的监督之下具有立法、执法和管理国家的无限权力;确认无产阶级专政的最高原则是工农联盟,其主要任务是消灭一切人剥削人的现象;规定了政治制度、过渡时期的基本任务、中央与地方的权限及关系、劳动人民的权利和自由;规定了基本生产资料实行公有制;宣告所有公民一律享有平等权利。《苏俄宪法》是第一个宣布国家政权属于劳动人民的宪法,为劳动人民和公有制的确立提供了法律保障,为社会主义法制的进一步发展奠定了根本法基础。

(二) 苏联社会主义法的确立和发展(1920—1950年)

在1922年12月30日召开的第一次苏维埃代表大会上决定成立苏联,其全称是苏维埃社会主义共和国联盟,成立时由俄罗斯、乌克兰、白俄罗斯和南高加索四个加盟共和国组成。从20世纪20年代起,由于国内战争的胜利及新经济政策的实施,国家由战时共产主义进入和平时期的国民经济恢复阶段。这一时期,苏联进行了大规模、全方位的立法活动,苏联社会主义法律体系得以全面确立和发展。

1. 1924年《苏联宪法》和1936年《苏联宪法》

1924年《苏联宪法》全称为《苏维埃社会主义共和国联盟宪法》,于1923年7月由苏联中央执委会通过,1924年1月31日,苏维埃第二次代表大会批准。《苏联宪法》由"苏联成立宣言"和"苏联成立盟约"两篇组成。宣言强调苏维埃国家的民族平等政策与资本主义世界的民族压迫政策的根本对立,说明了各苏维埃共和国联合成为联盟国家的原因及其联合的原则是自由、平等及确保每一个共和国的主权及自由退出苏联的权力。盟约由11章组成。宪法确认各共和国自愿平等地结合成联盟国家的原则,规定了苏联最高国家权力机关(即苏维埃代表大会)和管理机关(即苏联人民委员会)的结构和权限,规定了苏联中央执委会(苏维埃代表大会休会期间的苏联最高权力机关)实行民族院和联盟院两院制,其中的民族院体现各民族的特殊利益,规定了各加盟共和国的权限。宪法体现了无产阶级国际主义、各共和国平等、自愿、统一和民主集中制的原则,巩固了苏联的成立,为建设一个统一的、多民族的社会主义国家提供了根本法依据。

20世纪30年代中期,因苏联国内政治、经济基础和社会阶级结构的新变化,需要制定一部新的宪法。在斯大林的主持下,对1924年的《苏联宪法》进行修订,于1936年12月5日由苏联最高苏维埃第八次非常代表大会通过《苏维埃社会主义共和国联盟宪法》(以下简称1936年《苏联宪法》)。这部宪法共13章146条,无序言。新宪法规定苏维埃全部权力属于城乡劳动者,由劳动者代表苏维埃行使;苏联公民的平等自由权由国家提供物质保证;确认社会主义公有财产神圣不可侵犯;宣布实行"各尽所能,按劳分配"的社会主义原则。宪法反映了社会主义在苏联的初步胜利、消灭了剥削阶级和生产资料私有制、新的社会主义民族的形成及新的社会关系的出现的事实。这是一部彰显社会主义民主和社会主义制度优越性的标准的社会主义宪法,它实施了41年,极大地推动和保障了苏联社会主义事业的建设和发展,深刻地影响了第二次世界大战后兴起的各社会主义国家的基本法及其宪政制度,在社会主义宪法史上具有划时代的意义。

2. 大规模法典的颁布

在苏联法律史上这一时期是国家立法活动非常活跃的时期,被称作"法典化"时代。这一时期颁布的法典主要有:1922年的《苏俄民法典》、《苏俄刑法典》、《苏俄土地法典》和《苏俄劳动法典》;1923年的《苏俄民事诉讼法典》、《苏俄刑事诉讼法典》和《苏俄森林法典》;1926年的《苏俄婚姻、家庭和监护法典》以及其后的《苏俄劳动改造法典》、《苏联海商法典》和《苏联海关法典》。

3. 单行法规的制定

这一时期制定和颁布了大量单行法规,主要有:1922年的《苏俄法院组织条例》和《苏俄检察机关条例》;1924年的《苏联和各加盟共和国法院组织原则的决议》、《苏联和各加盟共和国刑事立法纲要》和《苏联和各加盟共和国刑事诉讼纲要》;1926年的关于变更现行司法机关体系的《法院组织条例》;1930年和1935年的《农业劳动组织章程》;1934年和1937年的《特别刑事诉讼程序法》;1938年的《苏联、各加盟共和国和自治共和国法院组织法》以及《苏联、各加盟共和国和自治共和国检察院组织法》。

上述立法成就使苏联在短期内迅速走上社会主义法制化的轨道,保证了内战后国民经济的顺利恢复和社会主义工业化和农业集体化运动的顺利开展,并且为第二次世界大战中抗击法西斯的卫国战争的胜利及一个发达的社会主义国家的建成创造了基本条件。同时,苏联的法制模式和立法经验对其他社会主义国家的法制建设产生了深刻影响。

(三) 苏联社会主义法的改革及终结(1950—1990年)

苏联在20世纪30年代至50年代建设起来的社会主义政治、经济模式,曾经对推动苏联经济的发展发挥过积极作用。为了使苏联的法律制度朝着进一步完善化和统一化的方向发展,50年代后期始,苏联最高苏维埃又颁布了15部全苏联的立法纲要,包括《法院组织立法纲要》(1958年)、《刑事立法纲要》(1958年)、《刑事诉讼纲要》(1958年)、《民事立法纲要》(1961年)、《民事诉讼纲要》(1961年)、《婚姻和家庭立法纲要》(1968年)等。在这些立法纲要的基础上,各加盟共和国制定了相应的法典。全联盟的法律在各加盟共和国境内有同等效力,加盟共和国法律同全联盟法律发生抵触时,以全联盟法律为准。同时,允许各加盟共和国法律在不违背全联盟法律精神的前提下,保留本民族的传统和地方特点。

1977年10月7日苏联第九届最高苏维埃第七次非常会议通过了《苏维埃社会主义共和国联盟宪法》(以下简称1977年《苏联宪法》)。这是全苏第三部、也是最后一部宪法,其结构由序言和9部分、21章组成,共174条。较之1936年《苏联宪法》,这部宪法有一些引人注目的变化:第一,在宪法制定程序上,突出了共产党的领导作用和民主性。① 第二,继承和发展了列宁主义关于社会主义国家建设原则,继承和发展了前几部宪法的思想和原则。同时,宣布苏维埃国家在已完成无产阶级专政的任务后进入全民国家,以"人民"的概念扩大了苏联的政治基础。第三,规定和确认了苏联已建成发达的社会主义社会。第四,强调发展和发扬民主、发展和发扬人民权力。1977年《苏联宪法》是苏联宪政史上新的里程碑,反映了苏联的社会生产力及其生产关系的发展程度,确认了成熟社会主义社会的建成,规定了进一步完善社会主义制度的方针,为加强社会主义法制、确保公民权利创造了必要条件。

1977—1988年的10年间,苏联共通过全苏立法文件约四百个,苏联部长会议决议和指示五千多个。同时,通过清理、编纂和出版了

---

① 宪法草案的起草工作委托于苏联最高苏维埃组织的宪法起草委员会,党和国家领导人组成制宪委员会,宪法草案在全民广泛而自由的讨论下,经过反复修改而成。

《苏联现行法规汇编》以及各加盟共和国和自治共和国现行法规汇编多卷,在此基础上,编纂和出版了《苏联法律全书》和《各加盟共和国法律全书》[①],并逐步废除了过时的各级、各类法律、法规约十多万项,使得苏联法律朝着进一步完善化和统一化的方向发展。苏共第27次代表大会以后,苏联最高苏维埃制定了1986年至1990年立法规划,主要着眼于:进一步发扬社会主义民主,增加社会自治、公民权利与自由以及社会福利等方面的立法;完善经济机制和国民经济管理的立法;加速科技进步的立法、国家基本建设的立法、保护与利用自然的立法、社会发展和文化的立法以及国家安全的立法等。在其立法改革过程中,将过去由行政命令和政策调整的关系法律化,扩大了法律调整的范围,在国家政治经济和法律文化领域产生了一系列深刻的变化。20世纪80年代末,因国际国内政治形势的急剧变化,苏联的法律制度不可避免地发生深刻危机,随着1991年苏联的解体,全苏法律体系遂告终结。

(四) 苏联法律制度形成发展的特点

1. 苏联法律制度以马克思列宁主义为指导思想和理论基础。马克思列宁主义强调法与阶级、国家的密切联系,认为法体现的是统治阶级的意志,是在阶级社会中国家用以实现其政治经济统治并维护其统治利益的强制性工具,其最终的决定因素和动力是统治阶级所生存的社会物质生活条件。在马克思列宁主义指导之下,苏联创建和发展了第一个社会主义法律体系。

2. 苏联社会主义法的产生,以十月革命的胜利和世界上第一个无产阶级专政的苏维埃政权的建立为前提条件,是产生最早的社会主义法,也是人类历史上一种前所未有的法的新模式。因此,苏联社会主义法被认为是世界法律史上开创的又一个法系即社会主义法系,它在本质上完全不同于资本主义法,是根本区别于当代西方两大

---

① 参见〔苏〕A.C.皮弋尔金著:《现阶段苏联立法的完善》,梁溪译,载《法学译丛》1988年第3期。

法系的一个独立法系。① 其主要表现是：反映法的政治意识形态的法律原则、反映法的本质的公法及私法理念以及直接影响其经济基础的法律制度。

二、苏联宪法制度

（一）苏联宪法渊源

苏联宪法渊源为成文宪法典。主要有三种类型：苏联宪法、加盟共和国宪法和自治共和国宪法。苏联宪法共有三部，即1924年《苏联宪法》、1936年《苏联宪法》和1977年《苏联宪法》，这些宪法在整个苏联主权范围内生效，属全国性宪法。根据苏联宪法制定了各加盟共和国宪法和自治共和国宪法，它们在各自共和国境内生效，属地方性宪法。苏联各个历史时期还制定了一系列宪法性文件。

（二）苏联宪法的基本内容

1. 国家性质

苏联国家的社会主义性质主要由三个因素所决定：政治上实行以工人阶级为领导、工农联盟为基础的无产阶级专政，是其国家政权的阶级本质；经济上实行社会主义生产资料公有制、国民经济的计划管理及"各尽所能，按劳分配"的分配原则；在精神文明建设方面，为促进社会全面和谐的发展，实行统一的国民教育制度，繁荣和加强社会主义文化建设和思想道德建设。苏联宪法体现了社会主义国家不仅仅代表人民掌握政权，而且是基本生产资料的所有者，为全体苏维埃人民谋利益。

2. 国家形式

苏联国家形式是其社会主义国家本质的反映，主要包括政权组织形式、国家结构形式、选举制度和国家象征。

第一，苏联国家的政权组织形式即政体，是苏联国家的根本政治制度。苏联各部宪法对最高国家权力机关的组织形式，包括政权的

---

① 参见〔美〕格伦敦、戈登、奥萨魁著：《比较法律传统》，米健等译，中国政法大学出版社1993年版，第178—179页。法国比较法学家勒内·达维德也持这一观点，参见其著作《当代主要法律体系》。

构成、组织程序和最高权力的分配情况以及公民参加管理国家和社会事务的程序和方式作了明确的规定。概括地说，国家一切权力由属于"城乡劳动者"发展为属于"人民"，人民通过苏维埃充分行使全部国家权力(1977年《苏联宪法》第2条)；实行民主集中制原则；工人阶级的政党即共产党是国家的执政党。各部宪法都确定共产党在全苏一切工作的领导地位，是整个政治体制的核心。具体而言，苏联各部宪法都规定并确认了苏联国家的政权组织形式是苏维埃代表大会制度，该制度依据民主集中制原则，通过选举产生全国和各加盟苏维埃代表大会，集中统一行使国家权力，其他国家机关都由苏维埃代表大会产生并受之监督，且对苏维埃代表大会负责，最终实现人民当家做主，这是一项根本政治制度。

第二，苏联国家的结构形式采用的是联邦复合制，宪法规定，苏联由各权利平等的15个加盟共和国按自愿联合原则结成，是一个统一的多民族联盟国家。宪法保证充分尊重各加盟共和国的自主性、自愿性和平等性，在联盟与各共和国的相互关系中实行民主集中制原则。各加盟共和国有权根据其特殊性制定自己的宪法和法律，但要符合苏联宪法，联盟宪法和法律享有优先权。苏联最高苏维埃主席团有权废除不符合加盟共和国法律的加盟共和国部长会议的法令，苏联部长会议在全联盟的问题上，有权中止各加盟共和国部长会议的法令。

第三，苏联的选举制度是苏联国家社会主义民主制度的有机组成部分，是宪法的重要内容。民主性、平等性、普遍性和直接性是其基本原则。1936年《苏联宪法》首次规定，苏联人民享有普遍、平等、直接和无记名投票的选举权。1977年《苏联宪法》第95条规定，各级人民代表苏维埃的代表，均按照普遍、平等和直接选举原则，采用无记名投票方式选举产生，并将享有被选举权的苏联公民年龄从23岁降低到年满21岁。

3. 公民的基本权利和义务

1936年《苏联宪法》明确规定，苏联公民不分民族和种族，在经济生活、国家生活、文化生活、社会和政治生活各方面一律平等；苏联公民享有劳动权、休息权、物质抚恤权、教育权、物质保障权和受教育权;苏联妇女享有与男子平等的权利。宪法还保证公民享有信仰、言论、出版、集会、结社、游行及示威的自由权并由国家提供物质保证。1977年《苏联宪法》在确认上述权利的基础上,首次规定公民享有家庭权、住房权、保健权、私生活秘密权及文化成果权和技术创造、艺术创作自由等。

4. 苏联国家机构

按照国家机关的职能不同,苏联国家机构分为权力机关、行政机关、司法机关和军事机关;按照国家机关的等级不同可分为中央国家机关和地方国家机关。苏联国家机构的组织活动实行的原则是:民主集中制原则、党的领导原则、民族平等原则、社会主义民主和法制原则。根据苏联宪法,苏联最高苏维埃、15个加盟共和国最高苏维埃、20个自治共和国最高苏维埃、6个边疆区和121个州、8个自治州和10个自治专区人民代表苏维埃及其所辖市、镇和村的人民代表苏维埃,以民主集中制和社会主义民主的组织和活动原则构成统一的国家权力机关体系。苏联最高苏维埃即人民代表苏维埃,由联盟院与民族院组成,是最高的国家权力机关和立法机关,是整个国家的组织基础和政治基础。根据苏联宪法,国家管理机关体制包括苏联部长会议、加盟共和国和自治共和国的部长会议、各部各国家委员会以及其他中央和地方的行政部。苏联最高国家管理机关为苏联部长会议,由最高苏维埃两院联席会议负责组织,对最高苏维埃和最高苏维埃主席团负责。苏联部长会议在全国范围内统一领导苏联各部、各国家委员会以及其他所属机关的工作。作为国家行政机构,政府执行立法机构颁布的法律和实施共产党制定的政治、经济、文化和外交发展的纲领和政策。宪法列举的政府职权主要有:制定和发布行政决议和命令,提出议案权,对全部国家行政机关的领导和监督权,对国防、外交、军事、民政、文教、科技及经济等各项工作的领导和管理权,以及最高苏维埃授予的其他职权。

(三) 苏联宪法的主要特点

第一,苏联宪法是社会主义性质的宪法。苏维埃宪法的产生和发展反映并促进了苏维埃社会主义国家发展的历程,确认了苏联每一历史发展阶段的社会、政治和经济关系与社会秩序,指明了苏维埃社会主义国家奋斗的近期和远期目标即建设社会主义和实现共产主义,并且提供了达到这些目标的政治法律手段。它依据劳动人民的意志和利益,将苏维埃社会主义的社会制度基础和政治基础,将公民的基本权利和义务,将国家的多民族一体、联邦制的国家结构,将国家机关的民主集中制组织和活动原则,以及和平、民主、进步的国际主义原则以根本法的形式确认和固定下来。这种社会主义宪法在理论上被认为是体现了阶级性、人民性和科学性,是最民主、最高形态的宪法。

第二,苏联宪法确认共产党领导一切。苏联所有宪法文件都确认了苏联共产党是苏维埃社会的领导力量和指导力量。1977年《苏联宪法》规定:"用马克思列宁主义学说武装起来的苏联共产党规定社会发展的总的前景,规定苏联内外政策路线,领导苏联人民进行伟大的创造性活动,使苏联人民争取共产主义胜利的斗争具有计划性,并有科学根据。"[①]作为全国人民战斗先锋队和最高的社会政治组织,苏联共产党是体现并实现工人阶级在社会生活中的领导作用和地位的最重要的形式。因此,国家政权不是通过三权分立原则组织和运行的,而是在权力是不可分割的理念之下,依据民主集中制的原则,在共产党的统一领导下组织并开展其活动、实现其职能的。

第三,苏联宪法的思想理论基础是马克思列宁主义。在苏联法理上,苏联所有的宪法都是基于马克思列宁主义的理论制定的,都体现了科学社会主义的思想。它肩负着使马克思列宁主义政党领导下的工人阶级和全体劳动人民实现解放全人类的历史使命,顺利完成社会主义建设和进入共产主义社会,最终实现个人的全面发展。

三、苏联民法制度

苏联的民事立法主要有:《关于国家工业托拉斯的法令》(1923年)、《关于发明专利权的法令》(1924年)、《关于著作权的纲要》(1925—1928年)、《关于废除继承限额的法令》和《关于集体农庄和国营农场的法令》(1926年)、《关于信贷改革的法令》(1930—1931

[①]《宪法选编》第3册,中国人民大学出版社1980年版,第97页。

年),以及苏联、各加盟共和国和自治共和国先后制定的民法典和民法纲要,如《苏俄民法典》(1922年、1964年)、《苏联和各加盟共和国民事立法纲要》(1961年)。

(一) 1922年《苏俄民法典》

在各加盟共和国民法典中,1922年《苏俄民法典》是第一部社会主义类型的民法典,其主要特点是:(1) 法典在体例上独具特色,其表现是民事法律关系(如民事财产关系和人身关系)规定不完全,没有一体化,法典由总则、物权、债和继承四篇组成,将大陆法系民法典中的其他制度①以另典处理,而没有在民法典中加以规定。(2) 法典开创了社会主义民法的新原则,如规定公民不分性别、种族、民族、信仰都享有平等的民事权利的原则;对财产所有权特别是对社会主义公有财产严格保护的原则;契约自由限制的原则;财产继承限制的原则等。(3) 法典凸显的一个重要原则是,民事权利的行使只有与社会经济发展的目的相一致时,才受到保护。(4) 法典强调其社会主义公有制的性质,规定扩大和加强国家对私法关系的干预,绝对保护社会主义公有制、国家所有权和国家利益。(5) 法典的编纂借鉴和吸收了其他国家的有关立法经验,特别是大陆法系民事立法的经验。1922年《苏俄民法典》是苏联各加盟共和国民事立法中最具有代表性一部民法典,该法典被广泛适用于部分加盟共和国和自治共和国,并为其他社会主义国家的民事立法树立了典范。

(二) 1961年《苏联和各加盟共和国民事立法纲要》

1961年《苏联和各加盟共和国民事立法纲要》(以下简称《民事立法纲要》)的主要特点为:(1) 体例结构较为严整,由序言和8章129条组成。各章分别为:总则;所有权;债权;著作权;发现权;发明权;继承权;外国人和无国籍人的权利能力、外国民事法律、国际条约和国际协议的适用。(2) 民事关系内容的规定较为原则。主要是有关社会主义民事立法基本的、原则性的规定。(3) 明确了民事立法的任务。即调整财产关系以及与财产关系有关的人身非财产关系,以促进共产主义物质技术基础的建立,日益充分满足公民的物质和

---

① 如《法国民法典》和《德国民法典》中的土地制度、婚姻家庭制度和监护制度。

精神需要。同时规定苏维埃民法调整的关系是横向、独立、平等的私法关系,即国家组织、合作社组织、社会团体相互之间的平等关系,公民与国家组织、合作社组织、社会团体之间的非隶属关系,公民相互之间的关系。(4) 详细规定了社会主义所有制形式的概念,且提出社会团体所有制形式。

1973年和1977年,苏联最高苏维埃主席团曾对此纲要进行过补充和修改。

(三) 1964年《苏俄民法典》

根据1961年《民事立法纲要》,苏俄于1964年实施了新的《苏俄民法典》。较之于1922年《苏俄民法典》,1964年《苏俄民法典》的主要变化在于:在体例结构上有所突破,它按照上述《民事立法纲要》的模式由同样标题的8编共569条组成,编下设42章。法典将著作权、发现权和发明权单独列编,显然是因社会之需求而加强了对这些权利的调整与保护。1964年《苏俄民法典》继承了1922年《苏俄民法典》的原则,同时将1961年《民事立法纲要》中的一些基本原则载入法典。在调整对象和具体规定方面,1964年《苏俄民法典》细化并发展了1961年《民事立法纲要》中的一般性规定,扩大了原民法所调整的关系范围。

(四) 1990年《苏联财产所有权法》

1990年3月6日,苏联最高苏维埃通过《苏联财产所有权法》,这是苏联立法中第一个规定所有权制度的单行法。较之以前的民事立法,该法的主要特点是:(1) 对所有权概念的界定作了新的表述,规定所有权是在法律规定的范围内、所有人按自己的意愿实现属于所有人的占有、使用和处分财产的三项权能。所有人在实现自己法定权能时,对属于自己的财产有权实施不与法律相违背的任何行为,可实施法律不禁止的任何经济活动或其他活动。同时规定,所有人在行使所有权时不应给周围环境带来损害,不应破坏受法律保护的他人权益。这样的规定显然体现了现代社会不仅确保个人权益而且要确保社会利益的理念。(2) 对所有权的形式作了新的规定,第一次将公民所有权排在集体所有权和国家所有权之前。这是个人本位价值观的体现。(3) 规定公民可以拥有生活资料和生产资料,可以雇用他人劳动。首次认可雇用劳动的合法性。同年12月24日,《俄罗斯苏维埃联邦社会主义共和国财产所有权法》颁布。该法以前述的《苏联财产所有权法》为基础,其立法精神和基本内容大致相当。1991年5月31日,苏联最高苏维埃通过《苏联和各加盟共和国民事立法纲要》,对物权作出新的规定,并发展了上述有关所有权形式。

(五) 婚姻家庭法

苏维埃政权对婚姻家庭制度极为重视,早在1917年12月,全俄苏维埃中央执行委员会和人民委员会即颁行了《关于公民婚姻、子女和户籍登记》和《关于离婚》的法令,废除了帝俄时代封建性和宗教性的婚姻家庭法。1918年颁布了第一部《苏俄婚姻、家庭与监护法典》,共246条。这是人类立法史上首次将婚姻和家庭法单独编纂的法典。

1926年颁布的《苏俄婚姻、家庭与监护法典》是苏联各加盟共和国早期婚姻家庭立法中具有代表性的一部立法。该法典的内容包括婚姻、父母子女及其他亲属间的相互关系、监护及保佐和户籍等。法典确认婚姻自主、男女平等、离婚自由的原则;规定事实上的婚姻关系与登记婚姻同等看待;特别注重对妻子权益的保护,包括对妻子财产关系的平等保护;规定亲权的行使基于对子女利益的保护,不得滥用亲权;婚生子女与非婚生子女享有同等权利;监护人应保障被监护人的人身和财产权益。

根据1968年《苏联和各加盟共和国婚姻和家庭立法纲要》,1969年苏联制定了《苏俄婚姻和家庭法典》。与1926年《苏俄婚姻、家庭与监护法典》相比较,该法典的主要变化为:在体例上,增加了总则编和第五编即对外国人和无国籍人的法律适用,以及对外国婚姻和家庭法、国际条约和国际协定的适用;取消了监护和保佐编。

四、苏联刑法制度

(一) 1922年《苏俄刑法典》

十月革命后,为了巩固新生的无产阶级政权,保卫社会主义革命和建设,苏维埃政权颁布了一系列惩罚反革命罪和各种刑事犯罪的法令。1919年,苏俄公布了《苏俄刑法指导原则》。依据该指导原则以及列宁的意见和无产阶级专政学说，1922年制定了《苏俄刑法典》。法典由序言、总则与分则构成，共13章270条。其基本特点为：

1. 明确规定刑法典的目的是实行无产阶级专政，保护劳动人民的利益

明确规定刑罚的任务是将一般预防与特殊预防相结合、惩罚与感化相结合。这种任务规定反映出刑法典的社会主义性质。

2. 界定了犯罪的定义，揭示了犯罪的阶级实质

法典规定："凡威胁苏维埃制度基础及工农政权在向共产主义过渡时期内所建立的革命秩序的一切有社会危险性的作为或不作为，均为犯罪行为。"

3. 刑罚种类多样化并采用社会保卫方法

法典规定了11种刑罚类别：定期或不定期驱逐出苏俄境外；隔离或不隔离的剥夺自由；不拘禁的强制劳动；缓刑；没收财产；罚金；剥夺权利；免职；舆论谴责；责令赔偿损失；枪决。社会保卫方法主要有4种：送往专为精神上有缺陷者准备的处所；强制治疗；禁止担任某种职务或从事某种活动或经营某种事业；放逐于指定地区以外。

4. 法典规定了类推原则

法典规定："凡对个别种类的犯罪行为没有直接规定的，它的刑罚或社会保卫方法，可比照在犯罪的重要性和犯罪的种类上同法典最相似的条文，并遵照本刑法典总则的规定来决定。"

1922年《苏俄刑法典》是苏维埃国家、也是人类法制史上第一部社会主义刑法典，它不仅为全苏联和各加盟共和国的刑事立法奠定了基础，而且对恢复国民经济和社会主义法制建设发挥了作用。

（二）1926年《苏俄刑法典》

在苏维埃社会主义共和国联盟成立之后，1924年由联盟立法机关制定了《苏联及各加盟共和国刑事立法基本原则》，以规定全联盟统一的刑事立法基本原则和划分苏联与各加盟共和国有关方面的立法权限。依据该基本原则，于1926年制定了《苏俄刑法典》。该法典有总则和分则两编，共15章。该法典是对1922年《苏俄刑法典》的修正和补充，是创造性地运用上述富有弹性的基本原则的结果。

其新的变化是:第一,以"附则"的形式发展了犯罪的实质概念,对划分罪与非罪的司法实践具有重要意义。第二,具体、明确了对"未完成犯罪"的处罚,有利于实践中划清犯罪的预备、未遂和中止。第三,对某些犯罪类别以不同的章节作了科学的区分。如将反革命罪与妨害管理秩序罪以不同的章节加以规定。该法典曾多次修改,共实施了34年。

（三）1960年《苏俄刑法典》

1953年斯大林逝世后,在赫鲁晓夫的领导下进行改革和推行新政。经过国家大规模地批判个人崇拜和史无前例的拨乱反正,制定了1958年《苏联和各加盟共和国刑事立法纲要》。依据这一总则性的纲要的精神,制定了1960年《苏俄刑法典》,并以此取代1926年《苏俄刑法典》。1960年《苏俄刑法典》分为总则和分则,共206条。该法典对各种犯罪规定得更为全面、具体,准确地说明和区分了犯罪构成。该法典对斯大林时期一味追求强制和镇压的刑事立法加以否定,显得比较进步和民主。但它仍旧是集权主义和行政命令的产物,有着过分的意识形态化和政治色彩。

进入20世纪70年代,苏联社会主义刑事立法进行了与当时的社会发展相适应的调整。主要表现为:一方面,对某些刑事制度作出更加缓和的调整,如扩大罚金的适用范围、扩大延缓执行判决的范围、增补新的缓刑制度和假释制度、免除刑事责任代之以行政责任等。另一方面,扩大死刑的适用范围、扩大特别危险的累犯的范围、增补"严重犯罪"的概念等。至1996年被废止时,1960年《俄罗斯刑法典》一共被修订和增补了七百多条。

五、苏联司法制度

（一）法院与检察院组织系统

苏维埃政权成立之初,根据关于法院第一、二、三号法令,摧毁了旧法院,建立了苏维埃法院体系。为了进一步完善法院和检察机关的组织体系和活动原则,苏维埃国家通过了一系列关于法院和检察院的组织法规。其中较重要的有:1922年《苏俄法院组织条例》和《苏俄检察机关条例》,1924年"苏联和各加盟共和国法院组织原则"的决议,1926 年关于变更现行司法机关体系的"法院组织条例",1938 年《苏联、各加盟共和国和自治共和国法院组织法》以及《苏联、各加盟共和国和自治共和国检察院组织法》。这些法律文件,对法院和检察院的任务、组织、活动原则等问题都作了明确规定,其基本原则和主要特点是:

1. 法院与检察院单独设置,实行审检分立制

审判权由苏联最高法院、加盟共和国最高法院、边区及省法院、自治共和国和自治省法院、州法院,依苏联最高苏维埃决定建立的苏联特别法院以及区人民法院行使;监督各级各类国家机关、企业组织、公务员及公民是否严格遵守法律的检察权由检察院行使。

2. 法院实行双重领导,检察院实行垂直领导

苏联各级法院均由同级苏维埃选举产生,接受同级苏维埃领导和苏联最高法院的监督,审判员独立,只服从法律;苏联总检察长由苏联最高苏维埃任命,以下各级检察长由苏联总检察长任命或由苏联总检察长批准后任命,各级检察长独立行使职权,不受任何地方机关干涉,只服从苏联总检察长。

3. 各级法院审理案件,除法律有特别规定外,均实行陪审制、公开审理制和辩护制

人民陪审员由选举产生,审判公开进行,并保证被告人的辩护权。诉讼用当地大多数居民的语言进行,保证不通晓该种语言的当事人通过翻译完全了解案情,并有权使用本民族的语言在法庭上陈述。

1958 年 12 月 25 日,苏联最高苏维埃颁布了《苏联和各加盟共和国法院组织立法纲要》,经过修改、补充,1980 年 6 月 25 日,又颁布了新的《苏联和各加盟共和国法院组织立法纲要》,纲要进一步完善了苏联的法院系统;强调切实依据法律进行审判,维护当事人的诉讼权利;设立律师协会;加强了检察长的监督权。根据纲要的精神,各加盟共和国先后修订或制定了各自的法院组织法。

(二) 诉讼制度及其原则

苏联时期,在制定实体法的同时,确保实体法得以实现的程序法也相应推出。苏联及各加盟共和国的主要刑事诉讼和民事诉讼立法

文件有:1923年《苏俄刑事诉讼法典》和《苏俄民事诉讼法典》、1924年《苏联和各加盟共和国刑事诉讼的基本原则》、1958年《苏联和各加盟共和国刑事诉讼纲要》、1961年《苏联和各加盟共和国民事诉讼纲要》、1960年《苏俄刑事诉讼法典》、1964年《苏俄民事诉讼法典》及有关各法典的修改法令。苏联刑事和民事诉讼审判主要的制度及其原则如下:

1. 社会主义法制原则

这一原则贯穿于一切刑事和民事诉讼的全过程,要求切实依据法律进行诉讼和审判,对犯罪的侦查、起诉、审判及证明等所有的诉讼活动都必须在严格遵守法律的基础上进行。非依法定根据并符合法定程序,不得进行刑事追究。

2. 诉讼公开原则

公开原则指导着整个司法过程:第一,除非法律有特别规定,各级法院审理案件必须依法在公开的审判庭进行;所有证据要在法庭上公开出示;公开宣布对案件的判决。第二,司法机关有义务依法定的形式和程序吸收社会团体代表参与揭发、审判和预防。第三,人民陪审员体现了公民普遍参加国家管理事务包括法庭管理的社会主义民主制,有利于对诉讼主体权利的保护。

3. 审判和检察独立原则

只有法院才能行使审判权,审判员独立,只服从法律。检察长在刑事诉讼中独立行使职权,不受任何机关和公职人员的干涉,只服从法律并遵循总检察长的指示。检察机关的独立原则还体现于其集中行使的权力依法不受地方机关干涉。

4. 案件的审理实行合议制和人民陪审员制原则

十月革命后发布的第二、三号法令中宣告这一原则,并在其后的宪法和诉讼法中确认这一原则。一切刑事、民事案件的初审,除由法律特别规定的场合外,均由法院法官和人民陪审员合议审理。在审判中,人民陪审员与法官一样具有同等的地位,享有同等的权利和义务,一起决定事实和法律问题。

5. 公民在法律和法院面前一律平等原则

根据宪法及有关法律审理刑事和民事案件,一切公民不分出身、社会地位、财产状况、种族、民族、性别、教育程度、语言、宗教信仰、职业的种类和性质、居住地以及其他情况,在法律和法院面前一律平等。任何诉讼者都不享有任何特权。

6. 保障刑事被告的辩护权原则

这一原则在十月革命后所发布的第二号、第三号法令中已明确宣告,实质是平等原则的具体化。法律规定,刑事被告人和辩护人是拥有广泛权利的诉讼参加人,作为平等的诉讼主体,在刑事诉讼每一阶段和每一环节,享有与公诉人和被害人同样的诉讼权利和义务。其后的法律特别加强了对他们所享有的权利的保障及扩大了辩护人活动的范围。在各部宪法及诉讼法中都确认了无罪推定原则,给予被告的合法权利和自由以保护。

7. 诉讼制度具有浓厚的职权主义色彩

刑事诉讼中司法机关主动调查、收集证据、提起公诉、惩罚罪犯;民事诉讼中国家、社会积极进行干预,贯彻调解原则。苏联的诉讼制度与大陆法系的诉讼程序十分接近。

第三节 苏联解体后的俄罗斯联邦法律制度

1991年12月25日,独立的俄罗斯联邦共和国以主权国家的姿态诞生,1993年12月12日以全民投票公决方式通过《俄罗斯联邦共和国宪法》。在新的历史时期,在国家组织进行的国家社会化、经济市场化、政治民主化及文化多元化的过程中,俄罗斯通过立法改革确认、保障、推进和实现其政治体制、经济体制、文化精神及社会全面改革,以建设一个自由、民主和法制的国家。20世纪90年代,俄罗斯联邦共和国制定和颁布的法律主要有:1990年《俄罗斯苏维埃联邦社会主义共和国财产所有权法》,1991年《俄罗斯联邦土地法典》,1991年《俄罗斯联邦总统法》,1993年《俄罗斯联邦共和国宪法》,1994年《俄罗斯联邦共和国民法典》,1995年《俄罗斯联邦总统选举法》,1996年《俄罗斯联邦家庭法典》,1996年《俄罗斯联邦刑法典》,此外,还制定和颁布了大量有关经济法、劳动法、环境法、科技法、行政法、司法和社会立法及其他规范性法律文件。这些法律、法规基本上构成了一个在根本上区别于苏联的、以实现现代人的最高价值为理念的全新的法律体系。

一、1993 年《俄罗斯联邦共和国宪法》

1993 年《俄罗斯联邦共和国宪法》由序言和本文两编组成。其主要特点如下：

（一）宣布俄罗斯联邦是共和制的民主联邦法治国家

宪法规定,俄罗斯联邦是共和制的民主联邦法治国家(第 1 条)。俄罗斯联邦各族人民是它的主权的拥有者和权力的唯一源泉。人民直接地或者通过国家权力机关和地方自治机关行使自己的权力(第 3 条)。联邦主体由权力平等的各共和国、边疆区、省、联邦直辖市、自治省、自治州组成(共 89 个联邦主体)。宪法依据各主权平等、联邦中央与地方分权的原则对联邦中央与地方的权限和相互关系作出规定。各共和国拥有自己的宪法和法律及语言和国籍。联邦宪法和法律在联邦的全部领土上具有最高效力。联邦国家权力机关与联邦主体国家权力机关之间的争端由联邦宪法法院解决。宪法承认政治多元化和多党制,承认意识形态的多样性。

（二）俄罗斯联邦实行总统制和内阁制相混合的制度

俄罗斯联邦总统是国家元首,被宪法赋予广泛的权力,包括：依法有权决定国家对内对外政策的基本方向,有权任免包括总理在内的国家高级官员,统帅联邦武装力量,在国内国际关系中代表联邦,确定国家杜马的选举以及解散杜马,提出法律草案,签署并颁布法律,发布总统令。总统由具有普遍的、平等的和直接的选举权的俄罗斯公民以无记名投票方式直接选出,任期 4 年。可连选连任一次。联邦的执行权力由以总理为首的联邦政府行使。联邦政府依法拥有独立的地位和广泛的国家管理执行权,但必须依法行政并对总统负责。俄国总理在国家杜马同意后由总统任命。由总理领导的联邦政府担负着全联邦政治、经济、军事、外交和社会等领域的执行和管理重任。

（三）以三权分立与制衡为政治体制的基本原则

宪法规定："在俄罗斯联邦,国家权力的行使建立在立法权、执行权和司法权分立的基础之上。立法与执行和司法权力机关相互独立。"(第10条)。俄罗斯联邦议会是俄罗斯联邦的立法机关。联邦会议分为两院,上议院为联邦委员会,由联邦每个主体各出一名代表权力机关的代表和一名代表执行机关的代表组成。下议院为国家杜马,每4年选举一次。相对而言,杜马的权力更大一点,其职权主要是:通过联邦法律;同意总统对总理的任命;决定对总统的信任问题。联邦委员会有权对国家杜马通过的法律进行审议,但最终取决于国家杜马2/3代表的赞成。宪法规定俄罗斯联邦境内的司法权由宪法法院、最高法院、其他联邦法院、最高仲裁法院和联邦总检察长行使。

(四) 国家实行混合所有制形式的经济制度

依据宪法,国家实行私有制、国家所有制、地方所有制及其他所有制形式混合的经济制度。国家保障统一的经济空间、商品、劳务和财政资金的自由流动,鼓励竞争和自由的经济活动,实行较全面的市场经济。每个人都有自由地利用自己的能力和财产从事企业以及其他不受法律禁止的经济活动的权利。

(五) 规定公民享有广泛的权利和自由

《俄罗斯联邦共和国宪法》接受了西方的人权观念,以48个条文列举了极为广泛的人和公民的权利和自由,涉及政治、经济、文化、司法和诉讼等各方面。宪法规定:"人和他的权利和自由具有至高无上的价值,承认、遵循和维护人和公民的权利与自由是国家的义务。"(第2条)。

二、1994年《俄罗斯联邦民法典》

1994年12月8日俄罗斯联邦国家杜马通过新的《俄罗斯联邦民法典》第一和第二部分,并于1995年和1996年生效。已生效的两部分共4编60章1109条。新民法典第一部分规定的内容依次是:总则;所有权和其他物权;债法的一般原则。第二部分规定的内容为债的各种形式也即债的分则。新民法典的主要特点是:

1. 明确民事主体及其权利能力

民事主体有公民、法人,国有和市政自治组织,前两者属于私法属性的民事主体,后两者属于公法性的民事主体。法典规定民事主体能够享受财产权利和人身非财产权利以及相应的承担财产义务和人身非财产义务。法典宣布公民民事权利能力人人平等。

2. 关于物权

有关所有权概念的表述吸收了1990年《苏联财产所有权法》的规定。法典扩大了所有权权能,确认了私人所有权,并将公民所有权列于首位,增加了公民所有权的内容及他物权的内容。

3. 关于债和契约

法典的规定具体且详密,首次对有价证券作了规定。

4. 法典将企业作为民事权利客体加以规定,以适应企业私有化的需要。企业就其整体或其部分可以作为买卖、抵押、租赁和与产生、变更及终止物权有关的其他法律行为的客体。凡是以商合伙、经营公司等形式建立起来的商业组织都为法人组织。

三、1996年《俄罗斯联邦刑法典》

1996年1月1日,俄罗斯法制史上第四部刑法典即《俄罗斯联邦刑法典》生效。该部新刑法典是独立后的俄罗斯刑事立法改革的成果,标志着俄罗斯刑事立法民主化的一个新阶段。

1996年《俄罗斯联邦刑法典》分为总则和分则,共12编34章360条。总则规定的内容为:刑事法律;犯罪;刑罚;免除刑事责任与免除刑罚;未成年人的刑事责任;医疗性强制措施。分则规定的内容为:侵害人身的犯罪;经济领域的犯罪;危害公共安全和社会秩序的犯罪;反对国家政权的犯罪;军职罪;破坏人类和平和安全的犯罪。新刑法典有以下主要特点:

1. 明确规定刑法典的任务及其目的

刑法典的任务是保护公民的权利和自由,保护所有权,维护社会秩序和公共安全,保护环境,捍卫俄罗斯联邦的宪法制度以防犯罪行为的侵害,保障人类的和平与安全,以及预防犯罪。"适用刑罚的目的是恢复社会公正,以及改造被判刑人和预防实施新的犯罪。"(第43条第2款)

这些表述顺应了俄罗斯社会政治、经济和意识形态的变革,体现了优先保障人的权利与自由的价值观。

2. 明确规定了刑法基本原则

刑法典规定的基本原则包括：法制原则、法律面前人人平等原则、罪过原则、公正原则和人道主义原则。

3. 犯罪及其分类

法律规定的犯罪的特征是：危害社会的行为；刑事违法行为；罪过行为；应受刑罚处罚的行为。依据犯罪行为的性质、罪过的形式和社会危害性的程度，法典将犯罪分为四类：危害不大的犯罪、中等危害程度的犯罪、严重犯罪和特别严重犯罪。① 针对国内国际犯罪的新特点，法典在"共同犯罪"一章中增设"有组织犯罪"。"经济领域的犯罪"是法律条文规定最多的一章。

4. 刑事责任

法典规定，在实施犯罪前年满16岁并具有刑事责任能力的自然人才得承担刑事责任。以犯罪分类为基础，法典详细区分了不同的刑事责任，加重了严重犯罪和特别严重犯罪、累犯、职业犯罪和有组织犯罪的刑事责任，同时对明显不具有潜在威胁性的犯罪人适用更宽缓的感化措施。此外，法典确认了涉及刑事责任的国际条约对国内法的优先地位。

5. 刑罚体系与刑种

法典重新调整了刑罚体系和刑种，在刑罚体系上改变了旧刑法典规定的各刑种的排列顺序，实行由轻到重的排列，共规定刑罚种类13种，依次为：罚金；剥夺担任一定职务或从事某种活动的权利；剥夺专门称号、军衔或荣誉称呼、职衔和国家奖励；强制性工作；劳动改造；限制军职；没收财产；限制自由；拘役；军纪营管束；一定期限的剥夺自由；终身剥夺自由；死刑。上述有关刑罚体系及其排列顺序所发生的重大变更都反映出刑法价值理念的调整。

---

① 轻罪是最高刑罚不超过2年剥夺自由的、危害不大的故意或过失犯罪行为。中等危害程度的犯罪是最高刑罚不超过5年剥夺自由的、属于中等危害程度的故意或过失的犯罪行为。严重犯罪是最高刑罚不超过10年剥夺自由的故意或过失犯罪行为。特别严重犯罪是刑罚超过10年剥夺自由或更重刑罚的、危害严重的故意犯罪，如加重情节的杀人、武装匪绑、各种危害严重的犯罪等。

6. 新刑法典突出的特点是创新性、时代性和个人本位

其理念、原则、内容、结构等都因应社会发展的需求发生了根本性的变化,但也保留了旧刑法典的某些规定。可以说,新刑法典是俄罗斯刑事立法经验的总结,是刑事立法创新性与连续性的统一。

四、司法制度

独立十多年来,俄罗斯联邦共和国一直致力于司法改革以建设一个与市场经济相适应的法制社会国家,并取得了一些显著成果。

（一）司法行政制度

苏联解体后,俄罗斯的司法行政管理机构是联邦司法部。联邦司法部的基本职能是:(1) 协调国家立法,对各种已经联邦杜马一读通过的立法草案进行专业评价,提出专业意见。(2) 负责刑罚执行。联邦司法部接管了原属于内务部的狱政管理工作,设立刑罚执行局以及7个派出机构实施刑罚执行权。但是,有关罪犯的减刑和假释由法院作出裁定。(3) 负责民事裁判的执行。(4) 承担国家登记工作。主要负责对政党、宗教组织、大众传媒、律师、公证机构、土地、住宅、机场、飞机等进行登记。(5) 主管司法鉴定工作。这是司法部的一项传统职能,设有各个层次的司法鉴定中心,为社会提供服务。(6) 对法律工作者进行培训。

（二）法院组织制度

依据《关于法院制度的宪法性法律》(1996年)、《俄罗斯联邦宪法法院法》(1994年)、《俄罗斯联邦仲裁法院法》(1995年)、《俄罗斯联邦军事法院法》(1999年)、《俄罗斯联邦治安法院法》(1998年)和《关于俄罗斯联邦最高法院设置司法行政局的法律》(1998年)的相关规定,俄联邦的司法体系由联邦宪法和联邦宪法性法律确定,不得建立特别法庭。现在的俄罗斯联邦法院系统由联邦宪法法院、联邦普通法院(包括联邦最高法院)、联邦仲裁法院及其他联邦法院组成。

1. 联邦宪法法院

1990年12月,俄罗斯建立了俄罗斯联邦宪法法院,其在俄罗斯国家政治和法律生活中的地位举足轻重。宪法法院由选举产生的

19名法官组成,其目的是确保俄罗斯联邦宪法在全俄罗斯至高无上的法律地位,维持联邦国家的统一性和权威性。宪法法院是通过宪法诉讼活动对宪法的执行进行监督的一个司法审判机关,其基本职权为:解释俄联邦宪法;司法审查权,即审查联邦法律和涉及主体管辖及其关系的地方法律、其他规范性法律文件及俄罗斯已签署但尚未生效的国际条约是否符合联邦宪法;解决国家权力机关及其之间、中央与地方、地方权力机关之间的权限纠纷;处理有关宪法的公民投诉及对具体案件的合宪性审查;对针对俄罗斯联邦总统指控的叛国或因犯有其他重大罪行是否符合有关法定程序作出决定;立法动议权等等。

2. 联邦普通法院

联邦普通法院负责民事、刑事和行政等案件的司法审判工作,是拥有一般司法权的裁决机关,由联邦最高法院、各联邦主体最高法院、各边疆区、州、联邦直辖市、自治州、自治专区、区(市)法院、治安法官以及军事法院组成。联邦最高法院是一切诉讼案件(除宪法诉讼外)的最高级即终审级,并对各级法院行使司法监督权和审判解释权。联邦最高法院法官根据总统提名予以任命。各联邦主体最高法院可作为一审和二审法院。区法院在自己的司法管辖区内可作为一审法院,也是治安法院的上诉审法院。治安法院是依据1998年《俄罗斯联邦治安法官法》设立的基层法院,是民事、刑事和行政案件诉讼的第一审级,其司法管辖范围权限由法律规定,如法定刑不超过2年监禁的刑事案件,申请民事执行案件,有条件的离婚案件,财产分割及家庭纠纷案件,诉讼标的不超过工资500倍的财产纠纷案件,劳动关系纠纷案件以及行政违法案件等。治安法官为独任审,任期5年。在俄罗斯法院系统中,没有独立的行政法院或行政审判庭,有关案件由普通法院统一审理。

3. 联邦仲裁法院

联邦仲裁法院由联邦最高仲裁法院、各联邦主体中共和国的最高仲裁法院、边疆区、州、联邦直辖市、自治州、自治专区仲裁法院组成。实行三级终审制。市(区)不设仲裁法院。各级仲裁法院是用以解决经济争议和审理其管辖范围内的其他案件的司法机关,按

1995年《俄罗斯联邦仲裁程序法》规定的仲裁程序行使审判权。

此外,依据《关于法官地位的法律》(1992年),法官由选举制过渡为任命制和终身制。《俄罗斯联邦法官名誉规范》(1993年)强化了法官伦理道德。2001年12月实行法官退休制,宪法法院法官为70岁,其他法院法官为65岁,且引入惩戒制等。《俄罗斯法官团体法》(2002年)设置法官团体以确保司法权独立和法官自治。2004年8月《俄罗斯联邦法律陪审团法》进一步规范了1991年实行的陪审制度。

(三) 检察制度

新宪法及《俄罗斯联邦检察厅法》(1992年)、《俄罗斯联邦检察法》(1995年)等法律对俄罗斯联邦检察机关的组成、权限、职能、活动以及基本原则作了明确的规定。俄罗斯联邦的检察制度仍坚持苏联的垂直领导和集中统一原则。俄罗斯联邦检察系统由联邦最高检察院、各共和国、边疆区、州、联邦直辖市、自治州、自治专区、区(市)检察院以及军事检察院组成。在职能上,检察机关独立行使司法权,对俄罗斯联邦的一切刑事、民事、行政法的执行以及联邦宪法的遵守,行使监督权,并有权向宪法法院提出对国际条约、联邦法律和其他规范性法律文件的宪法审查。其任务是:保障法律的崇高性、法制的统一和巩固;保护公民的社会、经济、政治和其他权利;保卫俄罗斯联邦及其成员的主权国家的权利。此外,联邦检察机关还具有公诉权、部分刑事案件的侦查权、公益诉讼中代表国家和弱势群体出庭诉讼的权利等。

(四) 诉讼审判原则和制度

自苏联解体至今,俄罗斯联邦对其原来的《苏俄民事诉讼法典》和《苏俄刑事诉讼法典》多次修改并予以沿用,同时加紧制定新的民事诉讼法典和新的刑事诉讼法。这一时期也颁布了一些有关的单行法律,如1997年颁布、生效的《俄罗斯联邦刑事执行法典》、《俄罗斯联邦行政违法法典》(2001年制定、2003年修订)及《俄罗斯联邦新民事诉讼法》(2003年)。这些法律依据新宪法确立了法治国家、公民在法律面前一律平等和人道主义等根本原则。确认的基本审判原则有:审判权统一专属的原则,即俄罗斯联邦的审判权只能由联邦宪法和其他法律规定的各级法院行使;法官独立的原则,即法官独立,只服从法律,法官的司法活动不受任何国家机关、社会团体、政府官员和公民的干预,法官终身制,同时给予经济上的保障;诉讼公开原则;刑事案件不得缺席审理的原则;当事人拥有平等辩论权的原则;陪审员参加审理的原则;无罪推定原则;被告无义务向法庭提供不利于自己的证据的原则;不允许使用违反联邦法律的手段获取证据的原则;禁止刑讯;被告有权要求由陪审团法庭对其案件进行审理的原则。同时确立了刑事执行的具体原则,如刑罚执行的区别原则与个别原则的结合,强制手段的合理运用原则,守法行为的激励原则以及刑罚与改造相结合原则。

　　总之,在法制模式上,俄罗斯并没有采取全盘西化的方式,而是保留了相当多的苏联时期的法律制度。在其法律和司法改革过程中,大量修订原有法律,其制定法体现了对苏联法的继承与新形势下法的发展。其行政诉讼已经从苏联模式转换为一种以保障民权、控制行政权为价值取向的普通司法制度,体现了现代人权和法治精神。对宪法的监督及司法审查由最初的立法机关监督模式转变为宪法法院监督模式,确立了富有特色的有关宪法诉讼和宪法司法化的宪法司法制度。在诉讼审判方面,由原来的职权主义模式渐渐向当事人主义的诉讼模式转化,如确立人权保障、程序公正和诉讼效率的价值理念、确立无罪推定原则和非法证据排除规则、实行论辩式审判方式。在公检法三机关的关系上,强化法院权威,加强检察院的职能,削弱警察权力,如将原来由检察院行使的批捕等强制措施权力划归法院,取消检察院对法院的法律监督和民事抗辩权,将检察机关由监督和控制公民权利的部门转变为保护公民权利的部门;凡是限制人身自由等强制措施必须由法官批准;将原由司法部分管的涉及法院系统的部分司法行政工作交由法院;将原来属于警察的立案权划归检察院,加强检察院对警察侦查权的监督,实行检察一体化原则;将原属于内政部警察的狱政管理交由司法部门。

第四节　俄罗斯联邦法的特点和历史地位

一、俄罗斯联邦法的基本特点

（一）随着几次重大社会转型，俄罗斯法在性质上发生了剧烈变化，呈现出不同的样式

十月革命前的俄罗斯法属于大陆法系范畴，在其形成和发展过程中不同程度地受到了拜占庭教会法、罗马法及19世纪欧洲法典化运动的深刻影响，但同时又带有较浓厚的封建法特色，与德国统一前的普鲁士法极相类似。苏联时期的俄罗斯法属于社会主义法系，是在马克思列宁主义思想指导下由共产党领导和创建的一种全新的政法模式。俄罗斯法在苏联解体后进入了新的历史发展阶段，随着政治体制的民主化和经济体制的市场化，其法律体制也在西方法律理念的影响下进一步走向现代化和法治化。

（二）俄罗斯联邦现行法与苏联法之间存在较强的继承性

苏联解体后的俄罗斯法有着根本性的变化，法的理念、目的、原则及价值取向渐趋现代化，但是，现行法的内容、形式及有关制度却又具有较大的稳定性。这不仅表现在原来生效的苏联时期的法律法规通过修订仍旧维持其法律效力，而且，新的法律法规也是在很大程度上继承和移植苏联法的基础上制定和颁布的。在执法和司法制度上亦然，如俄罗斯联邦的检察权仍旧具有司法权性质，并保留了苏联时期的垂直领导和集中统一原则。如果说经过近二十年的社会转型，一个区别于苏联法，正在完善中的全新的俄罗斯法律体系渐具规模，那么，这一法律体系是在继承、借鉴传统法律文化和制度的基础上加以创新和构筑的。

（三）以制定法为主要法律渊源，并具有明显的国家主义色彩

俄罗斯成文法产生较早，在其形成发展过程中制定法一直是其主要的法律渊源。秉承编纂法典的历史传统，俄罗斯将立法视为最高法律渊源，判例法不被认为是正式渊源。同时，其法律体系和法律制度的创建和发展，主要通过不同历史时期的国家立法进行，大规模

的法典编纂活动持续不断,颁布的法典数量及其立法速度前所未有,这在一定程度上彰显了俄罗斯联邦所谓"社会国家"的性质和较强烈的国家主义色彩。

(四)在宪法和法律保障上,实行议会和司法机关相结合的双重保障制度

为了以法治确保人权,俄罗斯确立了富有特色的有关宪法和法律的保障制度,对宪法和法律的监督及司法审查由最初的立法机关单一监督模式转变为由立法机关和司法机关相结合的双重监督模式。其一,关于议会的宪法和法律监督,即由议会行使监督政府行政权和弹劾总统权,如由联邦议会行使对联邦政府的财政监督权和质询权,由国家杜马行使对联邦政府的组建权、部分人事的任免权及提出不信任案权等。其二,关于司法机关的宪法、法律监督和司法审查,一是设置俄罗斯联邦宪法法院作为负责解释俄联邦宪法和审理宪法诉讼的专门司法机关。对于宪法的解释、规范性法律文件的合宪审查、具体宪法性案件中所适用法律的合宪性审查及国家权力主体或国家行政主体之间的职权纠纷案件等,俄罗斯联邦宪法法院具有专门的终审权。二是由普通法院对行政权行使司法审查权。俄罗斯的普通法院负责审理除由宪法法院和仲裁法院管辖以外的所有案件(包括行政案件),这就意味着在一定程度上普通法院也在对政府的行政活动是否合法行使着司法监督和审查权力。

二、俄罗斯法的历史地位

俄罗斯法在其历史演变进程中,经历了法的封建化时期、苏联法时期及苏联解体后俄罗斯联邦法时期,其法的发展模式对人类法律发展进程的影响难以估量。

(一)苏联时期的俄罗斯法在世界法制史上具有重要政治历史地位

首先,苏联时期的俄罗斯法在特定的历史时期,一度推动和促进过苏联社会生产力的发展和社会的进步。在短短几十年的时间内,苏联时期的俄罗斯法迅速走上社会主义法制化的轨道,不仅保证了国民

经济的顺利恢复和社会主义工业化和农业集体化运动的顺利开展,而且为卫国战争的胜利及一个发达的社会主义国家的建成创造了基本制度基础。其次,苏联时期独特而发达的俄罗斯社会主义法对社会主义国家的法制现代化及有关制度构成重大影响,在世界范围内形成独树一帜的社会主义法系。苏联法制模式、立法经验、司法实践、法学教育及法学理论研究对其他社会主义国家的法制建设和法学产生了深刻影响,以致开创了一个人类法律发展的新时代,成为社会主义法系的一面旗帜。再次,这一法的新模式受制且服务于高度集权的政治经济管理模式,导致立法权对行政权无法实行有效监督、隶属于苏维埃的司法权难以独立、以党代政等现象,这在某种程度上与现代法治和宪政理念相背离,其经验和教训在世界法制史上是极为宝贵的。

(二)苏联解体后处于社会转型时期的俄罗斯法治建设极大地丰富了人类法律文明

近二十年的俄罗斯法为适应其新的经济体制、政治体制及文化体制而进行了实质性改革,在对原有法律不断修订及制定新法的过程中,大量吸收了两大法系主要国家的优秀法律制度和原则,融入了现代世界法律发展的大趋势。同时,为应对社会转型而进行的法律改革以及所建构的新的法律模式表明了对苏联法的继承与对西方法的移植的有机结合。可以说,在现代俄罗斯法的发展进程中,一方面,其民族的、文化的传统所提供的某些制度背景和智力支持再次证实了法律历史文化传统的不可抗拒性。同时,这一复杂过程也表明,法律有其自身发展的一般规律和基本原则精神。在新形势下,俄罗斯法律的发展改革应现实社会需要力求在变动与稳定的平衡中推进,是一种科学的发展和变革,这种法的发展态势极大地丰富了人类法律文明。因此,正确认识俄罗斯法的历史地位对于总结人类社会的法律制度及法律实践的经验和教训是至关重要的。

第十五章 欧洲联盟法

欧洲联盟法是欧洲国家推行经济一体化和政治联盟的产物,它兼具国际法和国内法的某些因素,同时深受西方两大法系传统的共同影响,已经成为一个独具特色的法律体系。

第一节 欧洲联盟法概述

一、欧洲联盟法的形成和发展

欧洲联盟法是以建立欧洲共同体的国际条约为基础,适用于欧洲联盟各成员国的,有关欧洲联盟机构及其职能的条约、立法、判例等各种法律规范的总称,其前身是欧洲共同体法。

(一)欧洲联盟法的形成

欧洲联盟的建立有着深刻的社会历史根源。欧洲联合的思想由来已久,数百年来"泛欧主义"一直是一种重要的社会思潮。在经历了两次世界大战后,饱受战争之苦的欧洲深刻体会到统一的迫切必要性,欧洲联合的思潮达到高潮,欧洲联合的思想和主张付诸于一系列不断深化的实际行动。

1946年,英国首相丘吉尔在苏黎世发表著名演讲,呼吁欧洲各国联合起来建立"合众国",引起强烈反响。1950年,法国外交部长罗贝尔·舒曼代表法国政府提出著名的"舒曼计划",主张把可能引发战争的法德两国的全部煤钢资源置于一个共同的高级机构的管理之下,同时,这一机构也对其他国家敞开大门。根据这一计划,法国、联邦德国、意大利、比利时、荷兰、卢森堡等六国于1951年4月18日在巴黎签署《欧洲煤钢共同体条约》(即《巴黎条约》),1952年条约生效,煤钢共同体正式成立,为欧洲联合奠定了基础。煤钢共同体具有"超国家"的性质,拥有立法、行政和司法职能,它的决定直接适用于各成员国及成员国企业,并通过司法机构予以保障。局部一体化尝试的成功使西欧各国信心倍增,于是开始考虑把共同市场扩大到其他部门,从而为实现欧洲统一的目标开辟了道路。

1957年3月25日,原煤钢共同体六国经过协商在罗马又签订了两个重要的条约,即《建立经济共同体条约》和《建立原子能共同体条约》,合称为《罗马条约》,于1958年1月1日起生效。条约规定,共同体的任务是通过建立共同体市场和逐渐协调成员国的经济政策,促进整个共同体的经济活动的协调发展。1965年4月8日,六国签署《布鲁塞尔条约》规定:将原先分属于煤钢共同体、经济共同体和原子能共同体等三个共同体的重叠的职能机构予以合并。1967年7月1日,随着《布鲁塞尔条约》正式生效,分属三个共同体的主要职能机构合并,并正式统一行使职能,三个共同体总称为"欧洲共同体"。三个共同体条约的签订标志着欧洲共同体法,即欧洲联盟法的正式形成。

欧洲共同体成立以后,不仅在广度和规模上不断扩大,在一体化的深度上也取得重大发展。在关税方面,成员国之间实现了关税同盟,并形成了一个非关税自由贸易区,实现了商品和其他生产要素——人才、资本、服务不受任何阻碍地跨国自由流通;在农业方面,成员国建立共同的农业政策,实行统一的农产品价格管理,协调和指导农业生产;1979年货币体系和货币单位的建立,更是超越了共同体条约的规定,使经济一体化得到进一步深化。随着欧共体作用的不断加强,以建立欧共体统一大市场秩序为宗旨的法律、法规日益增多。

(二) 欧洲联盟法的发展

欧共体成立之初,一体化的范围主要集中于经济领域,随着经济一体化不断取得的突破性成就,成员国在政治一体化方面也逐渐进行各种尝试。事实上,在《罗马条约》签订时,就提出了把共同体建设扩展至经济意义之外的其他领域(尤其是外交政策领域)的目标,但其间充满的错综复杂的矛盾,使得政治一体化经历了诸多挫折和反复。到20世纪70年代,经济一体化的进展以及国际形势的缓和,使政治联盟的条件日趋成熟,欧共体加快了政治联盟的步伐。1970

年10月,欧共体六国外长讨论并通过了《关于政治统一的报告》(又称《达维尼翁报告》),谋求建立政治合作机制,协调欧共体各国的外交政策,以期在重大的国际事务中进行多边协商甚或采取共同立场,但成员国并不承担任何约束性的义务。1986年,欧共体各成员国签署《单一欧洲法令》(1987年生效),以条约的形式把政治合作机制正式纳入欧共体的框架之内,为其提供了法律依据。《单一欧洲法令》为政治一体化打下了基础,推动了欧洲一体化的进程,为欧洲联盟的建立作出法律上的酝酿和准备。

1991年12月,欧共体首脑会议在荷兰的马斯特里赫特通过了《欧洲联盟条约》(亦称《马斯特里赫特条约》)。这一条约对《罗马条约》作出重大修正,为建立经济货币联盟和政治联盟确立了目标与步骤,即在单一市场内部协调各国的货币政策,建立独立的欧共体中央银行,最终以单一的货币取代各成员国的货币,使之成为在欧共体内部自由流通的唯一货币。尤为重要的是《欧洲联盟条约》还进一步规定:建立共同外交政策和共同安全政策,联盟决议采纳的共同立场对各成员国政府有约束力;建立共同的防务政策,建立统一的联盟公民资格,内务和司法领域的合作等。需要指出的是,《欧洲联盟条约》并没有废除、取代原有的建立三个共同体的诸条约,欧洲联盟的诞生也没有终止三个共同体的存在。因此欧洲共同体与欧洲联盟在法律上仍然同时继续存在,但是欧洲共同体并不等于欧洲联盟,只是欧洲联盟的一部分,因此,欧洲共同体法是欧洲联盟法的一个主要组成部分。1993年11月1日《欧洲联盟条约》正式生效,欧洲联盟诞生。原来以经济一体化为主要特色的欧洲共同体实现了历史性转变,成为一个具有经济和政治双重性质的欧洲国家联盟。

1997年10月,欧洲联盟各成员国在荷兰签署《阿姆斯特丹条约》,对《欧洲联盟条约》及成立各大共同体的条约作出修改,主要通过对欧洲联盟已有条约的条文进行修订和增补。《阿姆斯特丹条约》于1999年5月1日正式生效,表明欧洲联盟在深化一体化方面又前进了一步。其后不久,为了迎接欧洲联盟东扩以及应对由此产生的有关欧洲联盟运作的诸多问题,各成员国于2001年2月正式签署《尼斯条约》(于2003年2月1日生效),主要就现行的欧洲联盟决策方式以及欧洲联盟主要机构进行了一系列改革。《阿姆斯特丹条约》和《尼斯条约》都对欧洲联盟在政治方面的合作进行了强化。2004年6月18日,《欧洲联盟宪法条约》草案获得通过,同年欧洲联盟25个成员国签署该项条约。

欧洲联盟经历了由关税同盟到单一市场、由经济一体化到政治一体化的发展历程,成员国由最初的6个发展到现在的27个,对整个世界的经济政治格局的变化和发展发挥着日益重要的作用和影响。欧洲联盟法也随着一体化的进程不断发展和完善,欧共体在成立之初,便在煤钢共同体有关制度及相关条约的基础之上,进行了系统而又大规模的法制建设,形成十分复杂而又特别的独立的法律体系,并不断发展和完善。随着统一化运动的不断深化,欧洲联盟法在原有的欧共体法的基础上,内容不断扩充,效力不断强化,体系愈加完备,它维系着各成员国之间的合作关系,为欧洲联盟各机构的活动提供了可靠的机制保障,并使欧洲联盟在世界上发挥着越来越重要的作用。

二、欧洲联盟法的渊源

欧洲联盟法的渊源与一般法律的渊源有所不同,主要包括以下四种:

(一) 欧洲联盟条约

条约是欧洲联盟法的基本渊源,主要分为建立欧洲联盟的基础条约和欧洲联盟国际协定两大类。

基础条约是成员国为建立欧洲联盟而签订的一系列基本条约,以及对基本条约作出各种修改和补充的法律文件,包括附件与议定书。此类条约规定了欧洲联盟的总目标和总任务,提出了欧洲联盟应当遵循的基本准则,制定了在欧洲联盟范围内应当实行的法律制度和一系列政策,设立了欧洲联盟的机构,规定了各个机构的工作范围和权限。因而,基础条约在欧洲联盟法中占有特别重要的地位,其主要包括:1951年《煤钢共同体条约》(《巴黎条约》),1957年《经济共同体条约》和《原子能共同体条约》,1965年《关于建立共同体单一理事会和单一委员会的条约》(又称《布鲁塞尔条约》),1986年

《单一欧洲法令》,1992年《欧洲联盟条约》(《马斯特里赫特条约》),1997年《阿姆斯特丹条约》以及2003年生效的《尼斯条约》等。

国际协定是指欧洲联盟成员国与非成员国及其他国际组织缔结的条约。这些条约规定了欧洲联盟及其成员国的权利义务,对欧洲联盟及其成员国都具有法律拘束力,自缔结时便纳入欧洲联盟法律秩序并构成欧洲联盟法的渊源。

(二) 欧洲联盟立法

欧洲联盟立法是欧洲联盟立法机构为实施基础条约的目的,根据基础条约的授权,依照法定程序制定的各种不同名称、具有不同性质与效力等级的法律。它是欧洲联盟自主立法的结果,又被称为派生渊源。包括条例、指令、决定,以及建议和意见等。

1. 条例

条例是最重要的欧洲联盟立法形式,它具有普遍的法律效力和全面的约束力,并在各成员国直接适用。条例的普遍适用性是指它适用于欧洲联盟的所有法律主体,所谓全面的约束力是指条例的效力不仅限于它所规定的目标,为实现目标所规定的具体实施办法同样具有拘束力,成员国对正式生效的条例必须全面执行,不得持任何保留或反对态度。条例较多地适用于欧洲联盟内一体化程度较高的领域。

2. 指令

指令是为履行欧洲联盟条约上的义务而作出的,对特定成员国具有拘束力的、命令该成员国通过国内立法手段履行义务的规定。相对于条例而言,指令具有以下三个特点:指令不具有普遍适用性,一般以特定成员国为对象而颁布;指令仅在目标上约束成员国,为达到目标而适用的行动方式则由成员国自行决定;指令须转化为国内法后才能产生法律效力。然而在实践中这些特点并非如此绝对化。指令也经常针对成员国整体颁布,从而对整个欧洲联盟产生效力;在有限的例外情形下,指令也可以被直接适用,并可作为请求权产生的法律依据。指令是统一的欧洲联盟规则同各国具体实践相结合的法律形式。相较于条例,指令是一种较为灵活的立法形式,因此,它逐渐成为欧洲联盟协调各成员国国内立法的主要手段。

3. 决定

决定是针对特定成员国或特定人,以及特定事项颁布的实施一般性法律规则的具体条件和办法。决定对其所指向的对象具有完整的约束力和直接适用的效力。欧洲联盟可以用决定这种立法方式来要求成员国或者法人甚至个人实施作为或不作为,直接为其规定义务,实施某项处罚等。

此外,欧洲联盟立法机构的建议和意见表达了欧洲联盟对某个问题的看法和态度,但是不具有法律效力。

(三) 欧洲联盟一般法律原则

欧洲联盟法的一般原则是一种不成文的法律渊源,主要源于成员国法律秩序中的共同原则、国际法准则以及欧洲联盟体系本身的框架性原则。这些原则含义广泛,适用灵活,是欧洲联盟立法的必要补充。只有在欧洲联盟立法的规定不完备或不一致的情况下,一般法律原则才能适用。从欧洲联盟的法律实践来看,这类一般法律原则主要有:基本权利原则、比例原则、平等无歧视原则、尊重既得权原则、不溯及既往原则等。

(四) 欧洲法院判例

欧洲法院以大陆法系的裁判制度为模式,原则上不承认判例的拘束力,但是法院在适用法律时,通过对相关立法的解释、法的一般原则的适用、国际法或国内法的援用,弥补了欧洲联盟立法的不足。尽管欧洲法院的判例在基础条约中没有得到明确的定位,但它在推动欧洲一体化的进程中发挥了重要的作用。欧洲法院的判例已然成为欧洲联盟法重要的辅助性渊源。

第二节 欧洲联盟法的主要内容

一、欧洲联盟根本法

(一) 欧洲联盟宪法

2000 年 5 月,德国外长费舍尔在洪堡大学进行演讲时,提出制定欧洲联盟宪法的见解,成为欧洲联盟制宪的先声。同年 12 月,尼斯峰会就制宪问题进行了广泛讨论,达成"关于欧洲联盟未来的声明"(即《尼斯条约》第 23 号声明),拟定了分三步走的制宪道路,并划定四个宪法性主题号召各成员国展开讨论。因而,此次尼斯峰会有"欧盟宪法条约的摇篮"之称。2001 年 12 月,欧洲联盟莱肯峰会通过《关于欧洲联盟未来的宣言》(即《莱肯宣言》),并宣布成立欧洲联盟制宪筹备委员会,为欧洲联盟制宪奠定了组织基础。2002 年 2 月 28 日,制宪筹备委员会在布鲁塞尔召开制宪会议,着手宪法的起草工作。至 2003 年 6 月,经过 16 个月的激烈讨论,制宪筹备委员会终于拟定出宪法条约草案。经过曲折的谈判过程,于 2004 年 10 月,欧洲联盟 25 国成员国领导人在罗马签署了《欧洲联盟宪法条约》。根据条约自身规定,条约必须在 2006 年 11 月 1 日之前获得欧洲议会和所有欧洲联盟成员国一致同意才能生效。然而,法国和荷兰 2005 年先后在全民公决中否决了《欧洲联盟宪法条约》,使这部宪法条约陷入困境。

《欧洲联盟宪法条约》的失败并没有使欧洲联盟放弃"制宪"的进程。2007 年 12 月,欧洲联盟各国首脑在里斯本通过并签署《里斯本条约》。该条约并不必须经过全民公决,因而其被否决的风险也大大降低。根据预定计划,条约经各成员国批准后将于 2009 年 1 月生效。《里斯本条约》以《欧洲联盟宪法条约》为基础,被视为《欧洲联盟宪法条约》的简化版。《里斯本条约》中删去了很多具有宪法意义的内容,但仍保留了宪法条约的实质精神。其主要内容涉及以下几方面:

第一,加强欧洲联盟的民主化和透明度。欧洲议会和成员国议会的权力得到增强,在决策中将发挥更大的作用。条约更加清晰地划分欧洲联盟与成员国之间的权力,并且赋予成员国公民在政策制定中一定的参与权。

第二,改进投票规则,提高欧洲联盟机构的效率。将"有效多数表决机制"适用于更多的政策领域。而从 2014 年开始,实行"双重多数表决机制",即有关决议必须得到 55% 以上的成员国和至少 65% 的欧洲联盟人口的同意才能通过。

第三,确认《欧洲联盟基本权利宪章》的法律约束力,强化对公民基本权利的保护,加强成员国之间的合作。

第四,设立欧洲联盟外交和安全政策高级代表一职,全面负责欧洲联盟的对外政策,同时取消现存的相关职务,并赋予欧洲联盟具有能够签署国际条约的"法人"地位。

(二) 欧洲联盟的主要机构

1. 欧洲理事会

欧洲理事会由欧洲联盟成员国首脑在其外交部长陪同下出席,为欧洲联盟确定指导方针和发展方向,对政治合作以及与欧洲联盟共同利益相关的重大事务进行协商并作出决定。欧洲理事会可以针对欧洲联盟中的政策性问题,如经济和货币同盟、地域和社会政策、能源政策及其他各国的对外通商关系等方面的问题,进行讨论和决策。

2. 欧洲联盟理事会

欧洲联盟理事会是欧洲联盟的主要决策机构,又称"部长理事会",简称"理事会"。理事会由各成员国派出的部长级代表组成,一般性议题的会议通常由各成员国的外交部长出席,专门性议题由各成员国的主管部长出席。理事会主席由各成员国轮流担任,为期6个月。欧洲联盟理事会的主要职能是:制定并通过欧洲联盟法律,在很多领域也与欧洲议会共同立法;负责协调各成员国的总体经济政策,并制定欧洲联盟的共同外交和安全政策;有权参与签署和第三国或其他国际组织之间的条约或协议;有权提出年度财政计划,与欧洲议会共同行使预算权。

3. 欧洲联盟委员会

欧洲联盟委员会代表欧洲联盟超国家的利益,独立于成员国和理事会。委员由各成员国政府通过协商一致任命,自2004年起,需获得欧洲议会的批准。委员会委员一经任命,便成为欧洲联盟的专职官员,履行职责时必须对整个欧洲联盟负责,而不受其所属国的影响。

欧洲联盟委员会既是立法机构又是执行机构,同时又具有监督职能。在立法活动的参与方面,委员会享有独自的提案权,理事会作出的所有重要决定均须以委员会的提案为基础;作为欧洲联盟的执行机构,委员会管理和执行欧洲联盟的政策和预算,并负责具体实施和执行理事会作出的政策性决定等;此外,为确保欧洲联盟的条约和立法得到贯彻实施,委员会有权对各成员国及其公民和法人的行为进行监督,对于任何直接违反欧洲联盟法的行为或拒不履行法定义务的情况,委员会有权进行调查、诉诸欧洲法院,或颁布禁令、实施罚款、作出限制并要求成员国司法机关协助强制执行。

4. 欧洲议会

欧洲议会成立于1958年,其前身是欧洲煤钢共同体议会(时称欧洲议员大会),1962年改称"欧洲议会"。在1979之后,欧洲议会议员都由成员国公民直接选举产生,议席的分配尽量平衡大小成员国各自的特殊利益。由于欧洲联盟的不断扩大,欧洲议会的议员人数也随之不断增加,2007年1月1日,欧洲联盟成员国增至27国,议员总数则达785人。欧洲议会议员任期5年,议员可以同时是成员国议会议员,但不得同时担任成员国政府或欧洲联盟其他机构的任何职务。议会设议长1名,副议长14名,均由议员选举产生,任期两年半,可以连选连任。

欧洲议会的主要工作职能包括监督权、参与立法权和咨询权等三个方面。欧洲联盟委员会主席及委员会成员的任命必须经过欧洲议会的表决,委员会向议会负责,议会有权对其提出弹劾议案,从而迫使委员会全体辞职;欧洲议会有权参加其他机构的立法活动,理事会和委员会进行立法活动时,在欧洲联盟基础条约规定的范围内,必须经过征求议会咨询意见的程序。尽管议会的咨询意见没有法律上的约束力,但对委员会的提案仍然具有相当大的影响。

5. 欧洲法院

欧洲法院,全称为欧洲共同体法院,是根据欧洲联盟基础条约设立的独立司法机构,其职责是保证欧洲联盟的法律得到尊重,保证在解释和适用欧洲联盟法律过程中的法律统一。

欧洲法院由27名法官、8名法庭顾问官组成。法官和法庭顾问官由各成员国政府以共同协议任命,每个成员国有权选派一名法官。院长由法院选举产生,院长负责主持法院的审理工作、开庭及审议并领导法院各服务部门。为了保证法官和法庭顾问官的独立性和公正性,法院成员在就职期间,不得担任任何其他政治职务或行政职务,也不得从事任何计酬或不计酬的其他职业。法庭顾问官的职责是"对提交法院的案件,公正无私和完全独立地提出附有理由的结论,以便协助法院完成它的任务。"法庭顾问官既不代表欧洲联盟,也不代表任何成员国,只为公共利益代言。法庭顾问官的工作独立于法官,他们的意见对法官具有重要影响。

欧洲法院的职责是解释和适用欧洲联盟法,凡是涉及欧洲联盟范围内的基础性条约以及与之相关的法律问题,都属欧洲法院的管辖范围。根据欧共体条约,欧洲法院的管辖权主要有4类:

(1) 违反条约之诉。即委员会或一个成员国对另一个成员国违反欧洲联盟法的行为或活动提起诉讼,法院通过判决确认该成员国是否有违反条约之举。这类诉讼通常由欧洲联盟委员会提起,并且在这类纠纷被提交至法院之前,欧洲联盟委员会有一个先行处理的前置程序。

(2) 宣告无效之诉。对于由成员国针对欧洲议会或理事会或者由共同体的一个机构针对另一机构提起的诉讼,欧洲法院拥有排他的管辖权。但是个人提起的宣告无效之诉或其他类似案件,由初审法院管辖审理。在此类诉讼中,如果无效之诉理由充足的话,欧洲法院有权作出相关法律文件无效的宣告。

(3) 不作为之诉。即法院受理有关当事人对欧洲联盟机构的不作为提起的诉讼。这类诉讼只有在有关当事人对欧洲联盟相关机构提出作为要求之后才可以被提起。它的管辖标准与宣告无效之诉类似,分别由欧洲法院和欧洲初审法院管辖。

(4) 先予裁决程序,系指当成员国法院处理欧洲联盟基础条约规定的特定的案件时,请求欧洲法院对相关欧洲联盟法律作出解释或对相关派生性法律的有效性进行审核,而后再根据欧洲法院的先行判决作出该案件判决的体制。先予裁决程序确保了欧洲联盟法律规则在联盟内部的统一适用和解释,并给无权向欧洲法院提起诉讼的公民、法人在欧洲联盟法律上的合法权益提供了间接保障。通过先予裁决,欧洲联盟法律的一些重要原则被确定下来。可以说,先予裁决是欧洲法院不可或缺的一个重要程序。

二、欧洲联盟经贸法律制度

欧洲联盟在实现经济一体化的过程中,逐步制定了适用于各成员国的共同经济贸易政策,对欧洲联盟范围内的经济从整体上进行调节和干预,逐渐丰富了欧洲联盟的经贸法律制度。经贸法律制度是欧洲联盟法律制度的主体和核心,是欧洲联盟法中体系最为庞杂、内容最为丰富的实体法部门。其主要内容包括:

(一)关于欧洲联盟统一市场的法律制度

欧洲联盟统一市场的建设是一个长期而复杂的过程。从1993年欧共体宣布建成统一的内部市场起,至今已有十余年,欧洲联盟统一市场也逐步走向成熟和完善。而在有关统一市场的法律制度中,最根本的就是"四大基本自由"原则,即货物的自由流动、人员的自由流动、服务自由和资本自由。

1. 货物流通自由

是欧洲联盟内部统一市场的第一要素,其主要措施是通过关税同盟的方式,使成员国调整立法,实行统一的对外关税,消除成员国之间在相互商品贸易中的各种障碍,从而实现货物的自由流动。关税同盟涵盖所有的货物贸易,其法律制度主要由两方面构成:对内,在欧洲联盟内部消除关税壁垒,禁止对成员国之间的货物进、出口直接或间接地征收关税;对外,欧洲联盟各成员国在与第三国的贸易关系中实行统一标准的共同关税制度。

2. 人员自由流动

是欧洲联盟建立内部统一市场不可或缺的要素。在《欧洲共同体条约》中就有关于工人自由流动的条款规定,当时引入这一原则是为了向移民者及其家人开放劳动力市场,随着经济一体化的深入,这个原则也逐渐被扩展适用。1992年《欧洲联盟条约》创设了欧洲公民的概念,进一步发展了人员自由流动的权利,其要旨是:凡具有欧洲联盟任一成员国国籍的自然人即具有欧洲联盟公民身份,而欧洲联盟公民享有在所有成员国自由流动、居住和就业的权利。

3. 开业和服务自由

指欧洲联盟成员国国民(包括自然人和法人)设立经营实体的

自由。"服务"的范围为不受有关货物、人员和资本流动自由规定所支配的事项,其通常都以取得报酬为目的。基于服务在欧洲联盟经济活动中所占的比重,服务自由对于欧洲联盟统一市场的形成具有至关重要的作用。为了满足统一市场的需要,通过欧洲法院的判决以及欧洲联盟有关机关的立法,欧洲联盟对开业和服务自由的权利进行不断地阐释和发展,从而使得这一权利在某些方面得到加强。然而即使是这样,相对于不断深入的经济一体化进程,服务自由的程度仍然有待加强。

4. 资本自由

指成员国国民可以在欧洲联盟内部自由转移资金、储蓄和投资,它是欧洲联盟统一市场的核心要素。然而,由于资本的流动往往牵动国家政策中较为敏感的货币政策,因而,相对于货物、人员和服务的自由流通,资本自由化进程的速度较为缓慢。1993年,《欧洲联盟条约》的生效加速了资本自由的发展。该条约规定,禁止对成员国之间以及成员国与第三国之间的资本流通作出限制性措施。当然,对于一些特殊事项,这一禁止性规定可以例外地不被适用,如有关成员国税收、金融监管或涉及国家公共秩序等领域。1999年,欧元的启用十分有力地推动了资本的自由流动,进一步完善了欧洲联盟统一市场的建设。

(二)欧洲联盟竞争法

欧洲联盟的主要任务之一,就是"建立一种保证在共同市场内竞争不遭到破坏的制度"(《欧洲共同体条约》第3条第1款)。为实现欧洲联盟所确定的目标,成员国与欧洲联盟制定的经济政策"应遵循自由竞争的开放性市场经济的原则"。竞争法是欧洲联盟法的重要组成部分,有关规定散见于各类法律规范中,包括欧洲联盟基础条约中涉及竞争规则的条款、欧洲联盟立法机关制定的有关经济竞争的条例、指令、决定等。从实体法的角度,欧洲联盟竞争法主要包括三个方面的内容:

1. 禁止企业间限制竞争的行为

《欧洲经济共同体条约》第85条规定:"一切企业间的协定,企业联合组织的决定与协议行动,凡可能影响成员国间贸易和以阻碍、限制或破坏共同市场内的竞争为其目标或结果者,均应认为是与共同市场相抵触而予以禁止。"此规定适用于所有企业,包括服务性企业和国营企业。根据该条规定,一切由企业间协议而采取的限制性措施,只要其影响成员国间的贸易往来,妨碍公平竞争,都在禁止之列。限制性措施的协议与决定都自动无效,但欧洲联盟委员会有权批准例外的豁免,豁免不仅针对个别的限制性措施,也针对某一类型的限制性措施。在确定是否该豁免某一类型的限制性措施时,欧洲联盟委员会主要考虑三个方面的内容,即市场占有额,市场销售额以及限制性措施的期限。

2. 禁止企业滥用支配性地位

《欧洲经济共同体条约》第 86 条规定:"一个或多个企业滥用其在共同市场内或相当大的一部分共同市场内的支配性地位,凡可能影响成员国间贸易者,应认为是与共同市场相抵触而予以禁止。"从条约内容看,在欧洲联盟共同市场内的支配地位是这一禁止性规定的前提。然而,对于市场支配地位的具体内涵,条约没有作具体解释,但从欧洲法院的判决中可以窥见一斑。在 1979 年相关案件的判决中,法院认为虽然市场份额的重要性在不同市场上有所不同,但是除了例外的情况,一个有着很大的市场份额并且能够在相当长时期拥有这个份额的企业,就是一个拥有市场支配地位的企业。现在,当一个企业占有 40% 以上的市场份额时,法院就倾向于认定该企业在市场上处于支配性地位。当然,市场份额并不是判定市场支配地位的唯一标准,法院在判决时也会考虑其他因素,诸如与竞争者之间差距的大小、筹集资金的优势等方面。

3. 禁止有损竞争的国家援助

《欧洲经济共同体条约》第 92 条规定:"由国家提供或通过国家资源给予的任何形式的援助,以优待某些企业或某种生产来破坏竞争,或威胁破坏竞争而损害成员国之间贸易者,都与共同市场相抵触。"对于国家援助,并不是一味地禁止,出于对成员国社会、经济等方面的考虑,部分国家援助是被允许的,如针对个别消费者的具有社会救助性质的援助,但该援助不得因产品原产地的不同而有任何歧视;对自然灾害或意外事故进行的援助;促进不发达地区经济发展的援助等。

（三）欧洲联盟反倾销法

随着国际贸易的不断扩展和深入，1968年欧洲联盟的第一个反倾销条例获得通过，其后随着欧洲一体化的进程和国际反倾销法的发展又进行了多次修正。1994年"乌拉圭回合"谈判达成的国际反倾销协定，促使欧洲联盟对反倾销条例进行了重大修改，该新的反倾销条例于1995年1月1日起生效，其后又经多次小幅度修正。

现行《欧洲联盟反倾销法》已经形成了以条约规定为基础、以理事会条例为主干的完整体系，针对所有对欧洲联盟出口的国家，适用于所有产品贸易，包括农产品，但不包括服务贸易。欧盟理事会和委员会负责实施反倾销法，受理欧洲联盟内公民、法人以及相关协会对外国商品倾销的指控。其中，委员会主管对反倾销的调查，在完成调查并确认倾销事实和损害存在后，委员会应作出采取相应措施的决议，提交欧洲联盟理事会作最后裁决。对于在调查后确认倾销事实和损害存在的案件，也并不当然征收反倾销税，而是必须考虑征收反倾销税是否符合欧洲联盟的利益。欧洲联盟反倾销法的制定，对于保护欧洲联盟的工业在国际贸易中不受损害，特别是对缺乏竞争力的企业公司的保护，都发挥了重要作用。

（四）欧洲联盟公司法

欧洲联盟公司法由欧洲联盟基础法的有关规定、欧洲联盟有关机构的立法以及欧洲法院的判例组成。从总体上看，欧洲联盟的公司仍然是以各成员国法律为根据设立和活动的。欧洲联盟公司法的主要任务就是协调和统一各成员国不同的公司法，其根本目的是要保证依据任一个成员国国内法成立的公司，其法人资格得到所有欧洲联盟成员国的承认并不受歧视地进行经营活动。在欧洲联盟的公司法中，理事会颁布的有关公司法的指令尤为重要，它在平衡各成员国公司法方面发挥了重要的作用。

三、有关欧洲联盟政治合作的法律与政策

（一）共同外交与安全政策

半个多世纪以来，欧洲联盟在经济领域的一体化取得了令人注

目的成就。随着经济一体化的纵深发展,近十余年来,欧洲联盟也越来越注重政治领域的一体化,尤其注重加强在外交与安全方面的合作。1986年《单一欧洲法令》第一次将外交领域的合作正式写入法案,为欧洲联盟的共同外交政策提供了法律依据。1993年《马斯特里赫特条约》生效,欧洲联盟共同外交与安全政策遂作为欧洲联盟法的重要组成部分被确立下来。此后,《阿姆斯特丹条约》和《尼斯条约》相继对相关条款进行了修订,进一步强化了欧洲联盟的共同外交与安全政策。2007年12月签订的《里斯本条约》更是从运作机制上加强了欧洲联盟在这一政策上的行动力。

目前,欧洲联盟的共同外交与安全政策主要包括以下内容:(1)由欧洲理事会制定共同外交与安全政策的原则和总体指导方针;(2)由欧洲理事会决定共同战略,即针对单个国家制定的在外交与安全方面的政策指导;(3)由部长理事会决定采取联合行动和共同立场,目的是责成成员国在某一对外事务中采取特定立场和行动;(4)建立与第三国常规性的政治对话机制;(5)除了以上四种常规机制,欧洲联盟还有权向那些存在冲突或危机的地区派遣特别代表,积极参与热点地区问题的解决。

(二)共同安全与防务政策

早在20世纪50年代中期,欧洲国家就曾经尝试建立一个欧洲防务共同体,但由于当时诸多因素的影响,这一计划最终宣告失败。此后,直到1992年《马斯特里赫特条约》的签署,共同防务政策才作为欧洲联盟共同安全政策的任务被确立下来。1997年《阿姆斯特丹条约》又为欧洲联盟设定了新的任务,这些任务主要涉及人道主义、救援行动、维持和平以及在危机处理中的军事力量,这为欧洲联盟共同安全与防务政策的发展奠定了基础。而1999年的科索沃战争更使欧洲联盟各国领导人深刻意识到共同防务的重要性,从而加速了欧洲联盟安全与防务政策的继续发展。同年6月,欧洲理事会会议在科隆举行,经过讨论,欧洲联盟各国首脑达成了"关于加强欧洲共同安全与防务政策的声明",并提出建立欧洲联盟政治安全委员会、军事委员会和总参谋部等永久性机构。同年12月,赫尔辛基首脑会议明确了共同安全与防务政策的原则和目标,并对欧洲联盟在这方面的行动能力作了更为具体的规定。2001年《尼斯条约》修订了有关条款,从而使共同安全与防务政策成为一个独立的欧洲联盟项目。2004年7月12日,部长理事会颁布共同行动文件创设了欧洲防务机构,从而提高成员国和理事会在应对危机时的防务能力,并促进共同安全与防务政策的进一步发展。现行的共同安全与防务政策是在共同外交与安全政策的总体框架中运行的。欧洲联盟的共同安全与防务政策的目标是提高欧洲联盟在处理危机和防止国际冲突方面的民事能力和军事能力,而并不是旨在建立一支欧洲联盟军队。

第三节 欧洲联盟法的特点及其历史地位

一、欧洲联盟法的特点

欧洲联盟法是一个独特的法律体系,既有别于国内法,又不同于传统意义上的国际法,多数学者称其为"自成一类"的法律。

首先,欧洲联盟法具有不同于一般国际法的特点,主要体现在其制定方式及适用效力上。从欧洲联盟法的制定来看,欧洲联盟的立法与决策机关有权根据基础条约自主制定具有法律拘束力的条例、指令和决定,有权与非成员国及国际组织缔结条约,而对欧洲联盟立法有重要作用的欧洲联盟委员会和欧洲议会又都独立于各成员国。由此可见,欧洲联盟法的制定具有相当的自主性。从欧洲联盟法的效力来看,它在成员国具有直接效力和优先适用的效力。所谓直接效力,是指欧洲联盟法律在各成员国具有直接适用的效力,成员国以国家力量保障欧洲联盟法的切实实施,成员国公民和法人可以在成员国法院直接援引欧洲联盟法主张权利。欧洲联盟法的优先适用,是指欧洲联盟法的效力优于成员国国内法,即当欧洲联盟法与成员国国内法发生冲突时,应以欧洲联盟法规定为准。欧洲联盟法的直接效力和优先适用性有效地保证了其在欧洲联盟范围内的统一性和稳定性;从欧洲联盟法的执行来看,欧洲联盟设有自己的法院,对共同体事务具有强制管辖权,有权审理由成员国、欧洲联盟机构和个人向欧洲法院提起的诉讼,以此保证欧洲联盟法的统一解释和准确适用。由此可见,欧洲联盟法虽然与一般国际法具有某些相似处,但基于它所具有的上述特性,又与传统意义上的国际法有明显不同。

其次,欧洲联盟法也明显不同于国内法,两者在法律体系、立法机关、立法程序及法律实施等方面都具有明显的区别。在立法方面,虽然欧洲联盟拥有自己的立法机关,但作为主要立法机关的部长理事会是由各国派出的代表组成的,因而,这在一定程度上降低了其法律制定的自主性。在法律实施方面,欧洲联盟的条约、法规,尤其是欧洲联盟机构发布的指令,都需要由各成员国相关机构的具体实施才能得到最终落实。同时,欧洲法院的法官无权将与欧洲联盟法相抵触的成员国国内法直接予以撤销。有关欧洲法院判决的执行程序,由相关成员国的司法机构根据本国的法律程序进行。欧洲联盟相关条约要求成员国采取措施执行欧洲法院的判决,但对违法的成员国又缺乏有效的强制执行的制裁手段。因此,在法律的实施上,欧洲联盟法仍需要成员国国家的法律在一定程度上的填补和紧密合作。

再次,欧洲联盟法在发展过程中促进了大陆法系和英美法系的融合。这不仅体现在欧洲联盟法律体系本身对于成文法和判例法的同时并用,而且还集中体现在它对成员国法律体系的影响上。一方面,欧洲联盟成员国中绝大多数国家属于大陆法系传统,并且欧共体的六个创始国又都是大陆法系国家,因此,大陆法系在相当程度上成为欧洲联盟法律发展的主导力量。但随着欧洲法院日益发挥重要的作用以及英国、爱尔兰加入欧洲联盟,英美法系逐渐对欧洲联盟法律产生重要影响,欧洲联盟法本身就证明了两大法系的交汇;另一方面,鉴于欧洲联盟法律体系本身所具有的双重性以及它在成员国的直接效力和优先适用,各成员国不可避免地受到另一法系的影响。对英美法系的成员国来说,这种主要以大陆法系模式创造出来的法律体系的直接适用,意味着必须调整本国现有的法律制度,大量接受大陆式法律术语和原理。而对大陆法系的成员国来说,欧洲法院判例对其具有的实际上的约束力,使不成文法的因素不断被吸收到本国法律体系中。欧洲联盟法逐渐成为两大法系融合的一个重要推动力。

欧洲联盟法为现代法律制度开创了新的法律模式,它突破了传统的法律分类,既与各国国内法有本质上的差别,又不同于传统国际法,同时它兼具西方国家两大法系的特征,是大陆法系和英美法系相互融合的典范。

二、欧洲联盟法的历史地位

欧洲联盟法作为欧洲一体化的产物,成为欧洲联盟构建和运行的基础。欧洲联盟法不仅就自身的组织、权能和运作形成了较为明晰的规范体系,而且围绕着建立欧洲统一大市场确立了一整套经济贸易法律规则和秩序。当前,欧洲联盟已经发展成为世界上一支和平、稳定、繁荣和强大的政治、经济力量,欧洲联盟法的法制保障作用不可低估。

欧洲联盟法突破了传统法律模式,是兼具国际法和国内法因素的新型法律制度,推动了世界法律体系的创新与发展。欧洲联盟的成功给世界其他国际和区域组织的发展提供了参考,而欧洲联盟法作为一种新型法律体系和法律制度也受到更多的关注和研究,随着欧洲一体化及世界经济一体化程度的进一步提高,欧洲联盟法对世界法律发展的影响将日益突出。

后　记

　　本教材根据全国高等教育法律专业本科教学自学考试的特点，结合长期积累的教学经验，借鉴以往教材的主要成果，在原外国法制史自学考试教材的体例上做了改革，使其更为简洁、明晰；在概念上力求准确；在内容上力求科学、系统，注意吸纳最新研究成果；在篇幅上更注重对近现代法律制度的阐释。

　　本教材主要适用对象为全国高等教育法律专业自学考试本科生。教材的编写者是中国政法大学、中国人民大学、中国人民公安大学多年从事外国法制史教学与研究的资深教师。具体分工如下：

主编：曾尔恕

撰稿人（以姓氏笔画为序）

王云霞：第二章、第八章、第九章

叶秋华：第一章、第四章、第十二章

张彩凤：第三章、第六章、第十四章

崔林林：第十三章、第十五章

曾尔恕：导论、第五章、第七章、第十章、第十一章

编　者

2009 年 2 月

全国高等教育自学考试
法 律 专 业

外国法制史自学考试大纲

(含考核目标)

全国高等教育自学考试指导委员会制定

出版前言

为了适应社会主义现代化建设事业对培养人才的需要,我国在20世纪80年代初建立了高等教育自学考试制度。高等教育自学考试是个人自学、社会助学和国家考试相结合的一种高等教育形式,是我国高等教育体系的重要组成部分。实行高等教育自学考试制度,是落实宪法规定的"鼓励自学成才"的重要措施,是提高中华民族思想道德和科学文化素质的需要,也是培养和选拔人才的一种途径。自学考试应考者通过规定的专业课程考试并经思想品德鉴定达到毕业要求的,可以获得毕业证书,国家承认学历,并按照规定享有与普通高等学校毕业生同等的有关待遇。经过二十多年的发展,高等教育自学考试已成为我国高等教育基本制度之一,为国家培养造就了大批专门人才。

高等教育自学考试是标准参照性考试。为科学、合理地制定高等教育自学考试的考试标准,提高教育质量,全国高等教育自学考试指导委员会(以下简称"全国考委")按照国务院发布的《高等教育自学考试暂行条例》的规定,组织各方面的专家,根据自学考试发展的实际情况,对高等教育自学考试专业设置进行了研究,逐步调整、统一了专业设置标准,并陆续制订了相应的专业考试计划。在此基础上,全国考委各专业委员会按照专业考试计划的要求,从培养和选拔人才的需要出发,组织编写了相应专业的课程自学考试大纲,进一步规定了课程学习和考试的内容与范围,使考试标准更加规范、具体和明确,以利于社会助学和个人自学。

近年来,为更好地贯彻党的十七大和全国考委五届二次会议精神,适应经济社会发展的需要,反映自学考试专业建设和学科内容的发展变化,全国考委各专业委员会按照全国考委的要求,陆续进行了相应专业的课程自学考试大纲的修订或重编工作。全国考委公共政治课专家小组参照全日制普通高等学校相关课程的教学基本要求,结合自学考试法律专业考试工作的实践,组织编写了新的《外国法制史自学考试大纲》,现经教育部批准,颁发施行。

《外国法制史自学考试大纲》是该课程编写教材和自学辅导书的依据,也是个人自学、社会助学和国家考试的依据,各地教育部门、考试机构应认真贯彻执行。

全国高等教育自学考试
指导委员会
2007 年 12 月

Ⅰ 课程性质与设置目的

外国法制史是全国高等教育自学考试法学专业的必考课程。外国法制史以历史唯物主义基本原理为指导,是研究外国法律制度的基本内容、基本特点和发展规律的法学专业基础学科。

设置本课程的目的,是帮助学生从总体上了解各个法律领域法律制度发生发展的基本状况,为深入学习各部门法学奠定坚实的理论基础;帮助学生养成运用历史唯物主义的基本观点分析、认识法律问题的方法和能力;扩大法学知识面,开阔视野,加深对法律的理解;学习和借鉴人类社会创造的法制文明成果,学习世界各国法制建设发展经验,为建设具有中国特色的社会主义法学提供参考;培养学生的自学能力和认识事物的创新能力。

本课程的基本要求是:系统地掌握外国法制史的基本概念、基本知识、基本理论,全面熟悉本课程的基本内容,了解课程涉及的世界上有代表性的法律制度的发展历史、法律文献、法律渊源、法律内容、法律特点、法律的历史地位和影响等。并且能够运用所学知识与理论分析和解释法律制度发展中的现象。

本课程的重点是:法律制度的产生和发展演变、主要内容、法律渊源、基本特点、历史地位及其影响。

学习外国法制史要掌握法律发展史和制度史的基本发展线索,弄清各历史时期法律的沿革关系,从宏观上把握法律发展变化的过程和规律;明确法律发展各个时期的基本特点;注意知识点之间的相互关系,在理解的基础上记忆。

Ⅱ 课程内容与考核目标

第一章 楔形文字法

学习目的与要求

掌握楔形文字法的概念、楔形文字法的产生与发展演变;《汉穆拉比法典》为本章重点,应掌握以《汉穆拉比法典》为代表的楔形文字法的基本内容特点;了解楔形文字法的历史地位。

课程内容

第一节 楔形文字法的产生与发展演变

楔形文字法的概念,楔形文字法的产生与发展演变。

第二节 《汉穆拉比法典》

法典的制定、法典的结构和体系、法典的基本内容和特点。

第三节 楔形文字法的基本特征和历史地位

楔形文字法的基本特征,楔形文字法的历史地位。

考核知识点

楔形文字法的概念、基本特征、历史地位和影响；《汉穆拉比法典》的结构体系、基本内容和特点。

考核要求

（一）楔形文字法的产生与发展演变

1. 识记：楔形文字法的概念、《乌尔纳姆法典》、《苏美尔法典》、《俾拉拉马法典》、《汉穆拉比法典》、《赫梯法典》、《中亚述法典》。

2. 领会：楔形文字法是世界上最古老的成文法。

3. 应用：楔形文字法的沿革。

（二）《汉穆拉比法典》

1. 识记："石柱法"、阿维鲁、穆什凯努、同态复仇、血亲复仇、神明裁判。

2. 领会：《汉穆拉比法典》是楔形文字法代表性法典，既体现奴隶制法律的特征，又保留着原始氏族社会的习惯残余。

3. 应用：从《汉穆拉比法典》结构体系和基本内容观察楔形文字法的特点。

（三）楔形文字法的基本特征和历史地位

1. 识记：本章的基本概念和术语。

2. 领会：楔形文字法是古代东方最具代表性的法律体系之一，对古代西亚地区法律发展具有重要影响。

3. 应用：楔形文字法在人类法制文明发展中的地位和作用。

第二章 古印度法

学习目的与要求

了解古印度法的形成与发展过程;熟悉古印度法的各项主要制度,特别是种姓制度;掌握古印度法的特点及其历史地位。

课程内容

第一节 古印度法的产生和演变

古印度法的产成与发展,古印度法的主要渊源。

第二节 古印度法的基本制度

古印度的种姓制度、所有权制度、债法、婚姻家庭法、继承法、刑法、诉讼制度。

第三节 古印度法的特点和历史地位

古印度法的特点、古印度法的历史地位。

考核知识点

古印度法的主要渊源、种姓制度、债法的主要特点、婚姻家庭法与继承法的主要特点、刑法的主要特点,古印度法的特点和历史地位。

考核要求

(一) 古印度法的产生和演变
1. 识记:吠陀、"法经"、"法典"、《摩奴法典》、"三藏"、"五戒"。
2. 领会:古印度法的发展演变与宗教密不可分。
3. 应用:古印度法具有极强的延续性。

(二) 古印度法的基本制度
1. 识记:种姓制度、"再生人"、"非再生人"、"顺婚"、"逆婚""旃陀罗"。
2. 领会:古印度法的所有权、债法、婚姻家庭法、继承法、刑法的主要特点。
3. 应用:种姓制度及宗教对古印度法各项制度的影响。

(三) 古印度法的特点和历史地位
1. 识记:印度法系。
2. 领会:印度法系的形成及古印度法的历史地位。
3. 应用:从种姓制度和宗教的影响看古印度法的特点。

第三章 古希腊法

学习目的与要求

了解古希腊法的产生和演变;掌握雅典的法律制度,特别是雅典"宪法"及所确立的民主制的形成和发展;认识古希腊法的基本特征及其历史地位。

课程内容

第一节 古希腊法的产生和演变

古希腊法的萌芽时期、古希腊法的形成和发展时期、希腊化法律时期。

第二节 雅典的法律制度

雅典"宪法"、雅典民事法律制度、雅典刑事法律制度、雅典司法制度。

第三节 古希腊法的基本特征及其历史地位

古希腊法的基本特征、古希腊法的历史地位。

考核知识点

古希腊法的概念、希腊化法律、"雅典宪法"、梭伦立法、伯里克利立法、贝壳放逐法、陪审法院、雅典"宪法"的民主性与局限性、古希腊法的基本特征和历史地位。

考核要求

（一）古希腊法的产生和演变
1. 识记：古希腊法、希腊化法律。
2. 领会：古希腊法是古希腊各城邦多种法律的组合。
3. 应用：古希腊法不是一个统一的法律体系的原因。

（二）雅典的法律制度
1. 识记："雅典宪法"、提秀斯改革、《德拉古立法》、梭伦立法、伯里克利立法、民众大会、《贝壳放逐法》、陪审法院、不法申诉制度。
2. 领会：雅典是古希腊各城邦国家中实行奴隶制民主政治的典型。
3. 应用：雅典"宪法"的民主性与局限性。

（三）古希腊法的基本特征及其历史地位
1. 识记："商事法庭"。
2. 领会：古希腊法的基本特征。
3. 应用：古希腊法对世界法律制度的重要影响。

第四章 罗马法

学习目的与要求

本章是本教材古代法律制度的重点。应当了解罗马法的概念、罗马法产生与发展的特点;掌握罗马法的渊源与分类、罗马私法的基本内容;了解罗马法在中世纪的复兴和对后世的影响。

课程内容

第一节 罗马法的产生与发展

罗马法的概念、罗马法的产生、罗马法的历史发展。

第二节 罗马法的渊源和分类

罗马法的渊源、罗马法的分类。

第三节 罗马私法的体系及其基本内容

人法、物法、诉讼法。

第四节 罗马法的基本特征

私法极为发达、立法形式灵活多样、法制建设与法学研究紧密结合、立法技术发达、规模宏大卷帙浩瀚的法律编纂。

第五节 中世纪罗马法的复兴及其对后世的影响

罗马法的复兴、欧陆各国对罗马法的继受、罗马法对近代以来法律发展的影响。

考核知识点

罗马法的概念、罗马法的历史发展及其特点、罗马法的主要渊源和法律分类、罗马私法的基本内容、罗马法的基本特征、罗马法的复兴及其对后世的影响。

考核要求

(一) 罗马法的产生与发展

1. 识记：罗马法的概念、塞尔维乌斯·图利乌斯改革、《十二表法》、市民法、万民法、最高裁判官、《引证法》、优士丁尼法典编纂、《优士丁尼法典》、《法学阶梯》、《优士丁尼学说汇纂》、《新律》、《国法大全》

2. 领会：罗马法的产生、发展及其一般规律。

3. 应用：罗马法形成和发展的基本特点。

(二) 罗马法的渊源和分类

1. 识记：习惯法，民众大会与平民会议法律，元老院决议，告示，敕令，法学家解答与著述，公法与私法，成文法与不成文法，自然法、市民法与万民法，市民法与长官法，人法、物法、诉讼法。

2. 领会：罗马法法律渊源的多样化以及法律分类的发达。

3. 应用：罗马法立法形式的特点及其对罗马法发展的影响；罗马法的分类对后世法律分类的影响。

(三) 罗马私法的体系及其基本内容

1. 识记:(1) 人法:权利能力与行为能力、法律人格、自由权与市民权和家族权、自权人与他权人、团体、有夫权婚姻、无夫权婚姻;(2) 物法:物权、债权、继承权、自物权与他物权、市民法所有权、最高裁判官所有权、外来人所有权、无限制所有权、契约之债、私犯、准私犯、概括继承、有限继承;(3) 诉讼法:公诉、私诉、法定诉讼、程式诉讼、特别诉讼。

2. 领会:罗马法是古代社会最完备最发达的法律体系。

3. 应用:罗马私法发达的主要表现。

(四) 罗马法的基本特征

1. 识记:私法发达、立法形式灵活多样、法学家作用显著、法学研究繁荣、立法技术发达、学理精深、大规模法典编纂、世界性影响。

2. 领会:罗马法是古代最发达最完善的法。

3. 应用:为什么罗马法能够成为古代最发达和完善的法。

(五) 中世纪罗马法的复兴及其对后世的影响

1. 识记:罗马法复兴、注释法学派、评论法学派、人文主义法学派、潘德克顿学派、罗马法的继受。

2. 领会:罗马法复兴的原因和过程。

3. 应用:罗马法对世界法制发展的影响。

第五章 日耳曼法

学习目的与要求

掌握日耳曼法的概念、性质及基本特点,了解日耳曼法的产生和演变,掌握日耳曼法的主要制度,认识日耳曼法的历史地位。

课程内容

第一节 日耳曼法的产生和演变

日耳曼法的概念、日耳曼法的产生和演变。

第二节 日耳曼法的基本制度

适用法律的规则、财产制度、债权制度、婚姻、家庭与继承制度、违法行为、司法制度。

第三节 日耳曼法的基本特点和历史地位

日耳曼法的基本特点、日耳曼法的历史地位。

考核知识点

日耳曼法的概念、日耳曼法的成文化、日耳曼法同罗马法的并存与相互影响、日耳曼法的基本制度、日耳曼法的基本特点和历史地位。

考核要求

（一）日耳曼法的产生和演变

1. 识记：日耳曼法的概念、"蛮族法典"、《撒利克法典》、《西哥特罗马法典》、王室法令。

2. 领会：日耳曼法形成和发展过程中的基本渊源。

3. 应用：日耳曼法同罗马法并存的原因。

（二）日耳曼法的基本制度

1. 识记：马尔克公社土地所有权、"委身制"、"特恩权"、采邑制度、宣布处于法律保护之外、自诉原则、纠问式诉讼。

2. 领会：日耳曼法是早期封建制度形成时期的法律，既表现出封建法律的特征，又保留着原始公社时期习惯的残余。

3. 应用：从日耳曼法的基本制度反映出日耳曼法的基本特点。

（三）日耳曼法的基本特点和历史地位

1. 识记：团体本位、属人主义。

2. 领会：日耳曼法是西欧封建法律的基本构成因素、日耳曼法是西欧近代法律的基本历史渊源。

3. 应用：日耳曼法在西欧法律史上占有重要地位的主要表现。

第六章 教 会 法

学习目的与要求

掌握教会法的概念、性质及基本特点,了解教会法的产生和演变,掌握教会法的主要制度,认识教会法的基本特点和历史地位。

课程内容

第一节 教会法的产生和演变

教会法的产生、教会法的发展。

第二节 教会法的基本渊源

《圣经》、教皇教令集、宗教会议决议、世俗法的某些规范及原则。

第三节 教会法的基本制度

教阶制度、土地与财产制度、契约制度、婚姻家庭与继承制度、刑法制度、诉讼制度。

第四节　教会法的基本特点及其历史地位

教会法的基本特点、教会法的历史地位。

考核知识点

教会法的概念、教会法的产生与演变、教会法的基本渊源、教会法的主要制度、教会法的基本特点与历史地位。

考核要求

（一）教会法的产生和演变
1. 识记：《米兰敕令》、《尼西亚信经》。
2. 领会：教会法是中世纪西欧封建法律的重要组成部分。
3. 应用：结合教会法发展的历史分析阐述中世纪教会法与世俗法之间的关系。

（二）教会法的基本渊源
1. 识记：《圣经》、"摩西五经"、"十诫"、《格拉蒂安教令集》、《教会法大全》、宗教会议决议。
2. 领会：教会法的基本渊源表现出的教会法的宗教性质。
3. 应用：教会法的基本渊源及其特点。

（三）教会法的基本制度
1. 识记：教阶制度、"弃绝罚"、死抵押权、宗教裁判所、纠问式诉讼。
2. 领会：教会法的适用范围超出寺院限制，渗透到世俗各领域。
3. 应用：教会法各种制度的特点及对近现代法律的重要影响。

(四) 教会法的基本特点和历史地位

1. 识记:中世纪三大法律支柱。
2. 领会:教会法是具有完备体系的神权法、封建法。
3. 应用:教会法的基本特点和影响。

第七章　中世纪西欧的城市法和商法

学习目的与要求

了解中世纪西欧的城市法和商法形成的原因；掌握城市法和商法的渊源、基本内容；认识中世纪城市法和商法的特点及其影响。

课程内容

第一节　中世纪西欧的城市法

城市法的形成和发展、城市法的渊源、城市法的基本内容。

第二节　中世纪西欧的商法

商法的形成和发展、商法的渊源、商法的基本内容。

第三节　中世纪西欧城市法和商法的基本特点及其影响

城市法的基本特点及其影响、商法的基本特点及其影响。

考核知识点

城市法的概念、商法的概念、城市法的渊源、商法的渊源、城市法的基本内容、商法的基本内容、城市法和商法的特点及其影响。

考核要求

（一）中世纪西欧的城市法

1. 识记：《萨克森城市管辖法》、城市宪章、行会章程、城市同盟法令、市民权。

2. 领会：在特定的经济、政治背景下形成和发展起来的城市法是中世纪西欧的主要的法律渊源之一。

3. 应用：中世纪西欧的城市法形成的历史原因及城市法的基本内容。

（二）中世纪西欧的商法

1. 识记：共同商法、国家商法、商事与海事判例、"海损弃货损失分担"。

2. 领会：中世纪的商法和海商法实际上是一种习惯法。

3. 应用：中世纪西欧商法是近代资本主义商法的渊源。

（三）中世纪西欧城市法和商法的基本特点及其影响

1. 识记：城市法、商法。

2. 领会：城市法和商法的基本特点。

3. 应用：中世纪西欧城市法和商法对建立近代西方法律制度的影响。

第八章 伊斯兰法

学习目的与要求

通过本章学习,了解伊斯兰法的形成与发展过程,熟悉伊斯兰法的各项主要制度,掌握伊斯兰法的特点及其历史地位。

课程内容

第一节 伊斯兰法的产生和演变

伊斯兰法的概念、伊斯兰法的形成与发展。

第二节 伊斯兰法的基本渊源

《古兰经》、圣训、教法学。

第三节 伊斯兰法的基本内容

穆斯林的基本义务、财产制度、债法、婚姻家庭与继承法、犯罪与刑罚制度、司法制度。

第四节 伊斯兰法的特点和历史地位

伊斯兰法的特点、伊斯兰法的历史地位。

考核知识点

伊斯兰法的概念,《古兰经》、圣训的内容及地位,五功的内容,土地占有形式与宗教财产制度,债法的主要特点,婚姻家庭与继承法的主要内容,犯罪的分类,伊斯兰法的特点和历史地位。

考核要求

（一）伊斯兰法的产生和演变
1. 识记：伊斯兰法的概念。
2. 领会：伊斯兰法在发展的不同阶段呈现出复杂的多样化特征。
3. 应用：伊斯兰法的形成与伊斯兰教、阿拉伯国家的建立相辅相成。

（二）伊斯兰法的基本渊源
1. 识记：《古兰经》、圣训、教法学、"公议"、"类比"。
2. 领会：《古兰经》、圣训、教法学的内容和地位。
3. 应用：圣训、教法学对伊斯兰法发展的意义。

（三）伊斯兰法的基本内容
1. 识记："五功"、经定刑的犯罪、酌定刑的犯罪。
2. 领会：财产制度、债法、婚姻家庭与继承法、刑法的主要内容与特点。
3. 应用：伊斯兰教对伊斯兰法各项主要制度的影响。

（四）伊斯兰法的特点和历史地位
1. 识记：伊斯兰法系。
2. 领会：伊斯兰法系的形成及伊斯兰法的历史地位。
3. 应用：从宗教的影响和伊斯兰法的发展过程看伊斯兰法的特点。

第九章 英 国 法

学习目的与要求

通过本章学习,了解英国法的发展演变过程,熟悉英国各部门法的基本原则和特点,掌握英国法的渊源、英美法系的特点。

课程内容

第一节 英国法的形成与演变

英国封建法律体系的形成,资产阶级革命后英国法的变化,19世纪的法律改革,现代英国法的发展。

第二节 英国法的渊源

普通法、衡平法、制定法、习惯与学说。

第三节 宪 法

宪法的渊源、基本原则和特点。

第四节 财 产 法

财产的分类、地产制和信托制。

第五节 契 约 法

契约法的演变、契约的概念和要素、对价的概念和原则。

第六节 侵权行为法

侵权行为法概述、各种侵权行为、侵权责任原则。

第七节 家庭法和继承法

概述、家庭法、继承法。

第八节 刑 法

刑法概述、犯罪的概念和分类、刑罚。

第九节 司 法 制 度

法院组织、陪审制度和辩护制度。

第十节 英国法的历史地位和英美法系

英国法的影响、英美法系的形成和特点。

考核知识点

普通法的概念、特点和原则,衡平法的概念、特点及其对英国法发展的影响,英国宪法的基本原则和特点,受益制、信托制的概念和联系,对价的概念和原则,侵权行为责任原则的演变,陪审制的运用及其意义,对抗式诉讼与律师的分类,英国法的影响和英美法系的特点。

考核要求

(一) 英国法的形成与演变

1. 识记:普通法、衡平法、制定法的概念。
2. 领会:英国法在形成与发展的不同阶段的特点。
3. 应用:普通法产生的途径,衡平法产生的原因。

(二) 英国法的渊源

1. 识记:遵循先例原则、程序先于权利、令状、委托立法。
2. 领会:普通法、衡平法的特点及其对英国法发展的贡献。
3. 应用:判例法与制定法的关系。

(三) 宪法

1. 识记:宪法性法律、宪法判例、宪法惯例、"议会主权"、"责任内阁制"、柔性宪法、1215年《大宪章》、1628年《权利请愿书》、1679年《人身保护法》、1689年《权利法案》、1701年《王位继承法》、1911年和1949年《议会法》。
2. 领会:议会主权原则、责任内阁制、分权原则、法治原则的含义及其成因。
3. 应用:英国宪法的特点及其对世界宪政的影响。

(四) 财产法

1. 识记:地产权、受益制、信托制的概念。
2. 领会:地产权的分类、受益制的形成、信托关系人的权利义务。
3. 应用:信托制是受益制的发展。

(五) 契约法

1. 识记:契约的概念、对价的概念。
2. 领会:契约的要素、对价的原则。
3. 应用:对价的有无是判断非盖印契约是否存在的关键。

(六) 侵权行为法
1. 识记：侵权行为、过失责任、比较责任、严格责任的概念。
2. 领会：侵权行为法的发展、各种侵权行为的表现。
3. 应用：侵权行为责任原则的发展。

(七) 家庭法与继承法
1. 识记：夫妻一体制、分别财产制的概念。
2. 领会：家庭法、继承法的发展。
3. 应用：家庭法、继承法的发展体现了妇女与子女地位的提高。

(八) 刑法
1. 识记：可起诉罪、可速决罪、既可起诉又可速决罪的概念。
2. 领会：刑罚的分类、死刑的废除。
3. 应用：英国现行的犯罪分类与审判方式密切相关。

(九) 司法制度
1. 识记：对抗制、陪审制、出庭律师、事务律师。
2. 领会：法院组织的划分、律师的分类。
3. 应用：陪审制的发展、运用及其意义。

(十) 英国法的历史地位和英美法系
1. 识记：英美法系的概念。
2. 领会：英国法的影响、英美法系的形成。
3. 应用：英美法系区别于大陆法系的特征。

第十章 美 国 法

学习目的与要求

了解美国法律制度的形成和发展及与英国法之间的历史渊源关系;掌握美国法的基本要内容、美国法的基本特点及其历史地位。

课程内容

第一节 美国法的形成和发展

殖民地时期的美国法、独立战争后的美国法、南北战争后的美国法、现代时期的美国法。

第二节 美国法的渊源

普通法、衡平法、制定法。

第三节 宪 法

联邦宪法的历史渊源、1787年联邦宪法、宪法修正案。

第四节 民 商 法

《统一商法典》、公司法、破产法。

第五节 反托拉斯法

《谢尔曼反托拉斯法》、《克莱顿反托拉斯法》、《联邦贸易委员会法》。

第六节 社会立法

劳工关系法、社会福利法。

第七节 刑法

刑法的渊源、刑法的基本特点。

第八节 司法制度

美国联邦最高法院的司法审查权、法院组织。

第九节 美国法的基本特点及其历史地位

美国法的基本特点、美国法的历史地位。

考核知识点

美国法的形成和发展、美国法的渊源、美国宪法、民商法、反托拉斯法、社会立法、刑法、司法制度、美国法的基本特点及其历史地位。

考核要求

（一）美国法的形成和发展

1. 识记：《英国法释义》、"菲尔德法典"、美国统一州法律全国委员会、《法律重述》、《美国法典》。

2. 领会：美国在继承和发展英国法的基础上，逐渐形成具有美国特色的法律体系和独特的法律内容。

3. 应用：现代时期美国法的变化。

（二）美国法的渊源

1. 识记：普通法、衡平法、制定法、"明示权"。

2. 领会：美国在法律渊源上继承了英国法传统，又进行了适应国情的创新。

3. 应用：美国法的渊源与英国法的渊源的异同。

（三）宪法

1. 识记：《五月花号公约》、《独立宣言》、《邦联条例》、1787年联邦宪法、联邦主义原则、"三权分立"和"制约与平衡"原则、《权利法案》。

2. 领会：联邦主义和分权制衡原则是美国宪法的两大基石。

3. 应用：美国宪法的基本原则对美国法的发展的深刻影响。

（四）民商法

1. 识记：《统一商法典》、《标准公司法》、《联邦破产法》。

2. 领会：《统一商法典》是以成文法改造普通法的成功范例。

3. 应用：现代时期美国联邦和各州在民商法方面的成就。

（五）反托拉斯法

1. 识记：《谢尔曼反托拉斯法》、《克莱顿反托拉斯法》、《联邦贸易委员会法》。

2. 领会：美国反托拉斯法的基本内容。

3. 应用：美国反托拉斯法对维护市场公平竞争的作用。

（六）社会立法

1. 识记：《诺里斯—拉瓜迪亚法》、《国家劳工关系法》、《塔夫脱—哈特莱法》、《社会保障法》。

2. 领会：美国社会立法的基本内容。

3. 应用：美国在 20 世纪 30 年代后制定的社会立法的作用。

（七）刑法

1. 识记：《标准刑法典》、叛国罪、重罪、轻罪。

2. 领会：美国刑法渊源的多样性。

3. 应用：美国刑法的基本特点。

（八）司法制度

1. 识记：司法审查、"马布里诉麦迪逊"案、《司法条例》。

2. 领会："马布里诉麦迪逊"案确立的宪法原则及其影响。

3. 应用：美国联邦最高法院的司法审查权的作用。

（九）美国法的基本特点及其历史地位

1. 识记：本节出现的美国法中的概念。

2. 领会：美国法在接受英国法传统的同时，以深刻的批判精神和创新精神建立了独具特色的法律制度。

3. 应用：美国法与英国法的异同。

第十一章 法 国 法

学习目的与要求

了解法国封建法的形成与发展,重点掌握法国资产阶级法律体系的形成、发展及其特征、《人权宣言》、法国行政法的特点、《法国民法典》的基本内容和特点、大陆法系,掌握法国宪法、行政法、民法、商法、刑法、司法制度的基本内容和特点,掌握法国法的历史地位和影响。

课程内容

第一节 法国法的形成和演变

法国封建制法的形成和发展、大革命时期资产阶级法律制度初建、19世纪初拿破仑全面立法、"六法"颁布后法国法的发展。

第二节 宪 法

《人权宣言》,《1791年宪法》,《1793年宪法》,《1875年宪法》,《1946年宪法》,《1958年宪法》。

第三节 行 政 法

行政法的建立与发展、行政法的法律渊源、行政法的基本特点。

第四节 民　　法

1804年《法国民法典》、《法国民法典》的修订和民法的现代发展。

第五节 商　　法

1807年《法国商法典》、商法的变化。

第六节 刑　　法

1810年《法国刑法典》、刑法典颁布以后法国刑法的发展、1994年《法国刑法典》。

第七节 司 法 制 度

民事诉讼法典、刑事诉讼法典、法院组织。

第八节 法国法的历史地位和大陆法系

法国法的历史地位、大陆法系。

考核知识点

法国法的形成和发展、宪法、行政法、民法、商法、刑法、司法制度、法国法的历史地位和大陆法系。

考核要求

（一）法国法的形成和演变

1. 识记："成文法区"、"习惯法区"、《诺曼底大习惯法》、《巴黎习惯汇编》、"法国六法"。

2. 领会：近代法国法是资产阶级革命胜利的产物，法国近代法的体系是在拿破仑时期确立的。

3. 应用：法国近代法的体系对法国法的发展及西欧大陆各国的法律制度产生的重大影响。

（二）宪法

1. 识记：《人权宣言》、《1791年宪法》、《1793年宪法》、《1875年宪法》、《1946年宪法》、《1958年宪法》、"积极公民"、"消极公民"、"半总统制"、"半议会制"、宪法委员会。

2. 领会：法国是颁布成文宪法较多的国家。宪法形式多样、内容复杂、各具特色，但都确认《人权宣言》及其原则，维护资本主义制度。

3. 应用：处于不同时代颁布的法国宪法具有的特色和意义。

（三）行政法

1. 识记：参政院、行政法院。

2. 领会：法国行政法的发展与行政法院密切相关，具有鲜明特色。

3. 应用：法国行政法的特点。

（四）民法

1. 识记：1804年《法国民法典》。

2. 领会：《法国民法典》贯彻资产阶级民法的基本原则，用法律形式巩固资产阶级革命成果和资本主义社会的经济基础，对许多国家的民法有重要影响。

3. 应用：民法典的基本内容和主要原则及在现代的变化。

（五）商法

1. 识记：1807年《法国商法典》。

2. 领会：1807年《法国商法典》确立了民、商分立的立法模式，对大陆法系各国的商事立法产生重大影响。

3. 应用：现代商法的变化。

（六）刑法

1. 识记：1810年《法国刑法典》、"大逆罪"、"流氓罪"、"乞丐罪"、"违警罪"、1994年《法国刑法典》。

2. 领会：1810年《法国刑法典》贯彻了资产阶级的刑法原则，奠定了资产阶级的刑法体系，对大陆法系许多国家的刑事立法有很大影响。

3. 应用：1994年《法国刑法典》对旧《刑法典》的继承与创新。

（七）司法制度

1. 识记：1806年《法国民事诉讼法典》、1975年《法国民事诉讼法典》、1808年《法国刑事诉讼法典》、1957年《刑事诉讼法典》、行政法院。

2. 领会：拿破仑系列立法过程中制定的法国民事诉讼法典和刑事诉讼法典是法国民事诉讼和刑事诉讼法律发展史上的重大进步，法国在司法体制上是典型的二元主义制度国家。

3. 应用：1806年民事诉讼法典、1808年刑事诉讼法典的特点，法国的法院系统。

（八）法国法的历史地位和大陆法系

1. 识记：大陆法系。

2. 领会：法国法是大陆法系的典型代表，它以其深厚的思想基础、完备的法典化体系结构、独立的行政法、公法与私法的传统分类以及二元主义的司法制度在世界法律史上占有重要地位。

3. 应用：法国法的历史地位和大陆法系的特点。

第十二章 德 国 法

> 学习目的与要求

掌握德国法历史发展演变的特点,特别是在近代和现代法制建设中大起大落的发展变化;掌握德国法各主要法律部门的成果,特别是《德国民法典》的主要内容、特点及其影响;了解德国法在大陆法系以及在世界法律发展中的地位与作用。

> 课程内容

第一节 德国法的形成和发展演变

德国封建法律的形成和演变、德国近现代法律制度的发展与演变。

第二节 宪 法

《德意志帝国宪法》、《魏玛宪法》、纳粹德国的根本法、德意志联邦共和国基本法。

第三节 民 商 法

《德国民法典》和民法的发展、《德国商法典》。

第四节　经济法和社会立法

魏玛共和国时期的经济法和"社会化"立法、法西斯专政时期的经济和社会立法、战后经济法的发展、战后社会立法的发展。

第五节　刑　　法

1871年《德意志帝国刑法典》、法西斯专政时期的刑事立法、二战后德国刑法的发展。

第六节　法院组织与诉讼法

德意志帝国的法院组织和诉讼法、法西斯专政时期的法院组织和诉讼法、战后德国的法院组织和诉讼法。

第七节　德国法的基本特点及其历史地位

德国法的基本特点、德国法的历史地位。

考核知识点

德国法的发展演变、宪法、《德国民法典》和民法的发展、《德国商法典》、经济法和社会立法、刑法、法院组织和诉讼法、德国法的基本特点、德国法的历史地位。

考核要求

（一）德国法的形成和发展演变

1. 识记：《萨克森法典》、《士瓦本法典》、德国对罗马法的继受、潘德克顿法学、《加洛林纳法典》、《普鲁士邦法》、《波茨坦协定》。

2. 领会：德国封建法始终以法律的分散性和法律渊源的多样性为特征；德国近代法制兼具自由资本主义与垄断资本主义的时代特色；德国现代法律制度的重建与发展。

3. 应用：德国近现代法律制度发展演变的过程和基本特点。

（二）宪法

1. 识记：《德意志帝国宪法》、《魏玛宪法》、《消除人民和国家痛苦法》、《德意志联邦共和国基本法》。

2. 领会：德国宪法的发展变化。

3. 应用：《魏玛宪法》的主要特点。

（三）民商法

1. 识记：《德国民法典》、《德国商法典》、《世袭农地法》、《德意志血统及名誉保护法》、《男女平等权利法》。

2. 领会：《德国民法典》具有时代的法律特征和自己的特点。

3. 应用：《德国民法典》的特点与历史地位。

（四）经济法和社会立法

1. 识记：经济法、"社会化"立法、《强制卡特尔法》、《德国经济有机建设法》、社会市场经济、币制改革法、农业立法、国有化法、《反对不正当竞争法》、《社会法典》。

2. 领会：德国经济法和社会立法的产生与发展。

3. 应用：经济法在战后德国社会市场经济发展中的作用。

（五）刑法

1. 识记：《德意志帝国刑法典》、《国社党刑法之觉书》、《德意志联邦共和国刑法典》。

2. 领会：德国刑法的发展变化。

3. 应用：法西斯刑法的主要特征。

(六) 法院组织与诉讼法

1. 识记:《民事诉讼法》(1877 年)、《刑事诉讼法》(1877 年)、盖世太保、《法院组织法》(1975 年)。

2. 领会:德国法院组织法与诉讼法的发展变化。

3. 应用:近代德国司法制度的特征。

(七) 德国法的基本特点及其历史地位

1. 识记:大陆法系、"现代学说汇纂"、萨维尼、"民族固有法"、"德国支派"。

2. 领会:德国法对大陆法系的发展具有重要贡献。

3. 应用:德国法与法国法的比较。

第十三章 日 本 法

学习目的与要求

了解日本法发展演变的历史;掌握日本各主要法典的基本内容和特点;把握日本法律发展演变的一般特点。

课程内容

第一节 日本法的形成和演变

日本古代法律制度的形成和发展、日本近代法律体系的确立、两次世界大战期间日本法律制度的演变;二战以后日本法律制度的发展。

第二节 宪 法

1889年《明治宪法》、1946年日本《宪法》。

第三节 民 商 法

民法、商法。

第四节　经济和社会立法

经济法、社会立法。

第五节　刑　　法

1907年日本刑法典、两次世界大战期间日本刑法的变化、二战后刑法典的修改。

第六节　司法制度

司法组织制度、诉讼制度。

第七节　日本法的基本特点和历史地位

日本法的基本特点、日本法的历史地位。

考核知识点

日本法的历史演变、日本各主要法典的基本内容及其变化、日本法的基本特点和历史地位。

考核要求

（一）日本法的形成和演变

1. 识记：《大宝律令》、《养老律令》、《贞永式目》、《公事方御定书》、"明治维新"、《国家总动员法》、"混合法"。

2. 领会：日本法在各个历史时期借鉴不同国家的先进法律

制度。

3. 应用：日本法发展演变的基本规律。

（二）宪法

1. 识记：明治宪法、二重内阁、1946年宪法。

2. 领会：明治宪法以维护天皇专制体制为核心；1946年宪法的基石是民主、人权和和平。

3. 应用：对比明治宪法和1946年宪法，了解日本宪法的发展。

（三）民商法

1. 识记：旧民法、明治民法典、旧商法、明治商法。

2. 领会：日本民商法在借鉴西方各国民商法的基础上形成并不断发展完善。

3. 应用：日本民商法在借鉴国外先进法律制度的同时，保留了一些本国的习惯传统。

（四）经济和社会立法

1. 识记：《禁止垄断法》、经济刑法、"劳动三法"、"福利六法"。

2. 领会：日本经济和社会立法形成于明治时期，完善于二战以后。

3. 应用：日本发达的经济法律体系为日本战后经济的腾飞提供了法律保障。

（五）刑法

1. 识记：旧刑法、新刑法、1922年《少年法》。

2. 领会：日本刑法具有大陆法系刑法典的基本特点，辅之以大量的单行刑事法规。

3. 应用：日本刑法在各个历史时期具有鲜明的时代特征。

（六）司法制度

1. 识记：1890年《法院构成法》和《行政裁判法》、1947年《法院法》和《检察厅法》、"法曹三者"、1880年《治罪法》、《民事调停法》。

2. 领会：日本司法制度的形成受到大陆法系的影响，继而又借鉴英美法获得进一步完善。

3. 应用：司法制度的完善对于日本法发展的重要意义。

(七) 日本法的历史地位和影响
1. 识记:"混合法"。
2. 领会:日本法的基本特点和历史地位。
3. 应用:日本法律移植的经验总结。

第十四章 俄罗斯法

学习目的与要求

了解十月革命前俄罗斯法的形成、发展及其特点;掌握苏联时期社会主义法律制度的形成、发展及其特点,苏联法律体系及其变革,现代俄罗斯联邦法律制度的改革及其特点;认识俄罗斯法的基本特点和历史地位。

课程内容

第一节 十月革命前的俄罗斯法律制度

俄罗斯封建制法的形成和确立、俄罗斯封建制法的发展、资本主义性质的立法改革。

第二节 苏联法律制度

苏联的立法概况、苏联宪法制度、苏联民法制度、苏联刑法制度、苏联司法制度。

第三节 苏联解体后的俄罗斯联邦法律制度

1993年《俄罗斯联邦共和国宪法》、1994年《俄罗斯联邦民法典》、1996年《俄罗斯联邦刑法典》、司法制度。

第四节 俄罗斯联邦法的特点和历史地位

俄罗斯联邦法的基本特点、俄罗斯法的历史地位。

考核知识点

俄罗斯封建制法的形成和确立、苏联社会主义法律制度的创建和发展变化、苏联宪法制度的演变及其特点、现代俄罗斯联邦法律制度的改革、俄罗斯法的特点和历史地位。

考核要求

（一）十月革命前的俄罗斯法律制度
1. 识记：《罗斯真理》、《俄罗斯帝国法律全书》。
2. 领会：十月革命前的俄罗斯法基本属于大陆法系。
3. 应用：十月革命前的俄罗斯法的特点。

（二）苏联的法律制度
1. 识记：1918 年《苏俄宪法》、1924 年《苏联宪法》、1936 年《苏联宪法》、1977 年《苏联宪法》、1961 年《苏联和各加盟共和国民事立法纲要》、1964 年《苏俄民法典》、1922 年《苏俄刑法典》、1960 年《苏俄刑法典》、十月革命后发布的关于法院第一、二、三号法令。
2. 领会：苏联法的形成、发展及其特点；苏联宪法制度的演变及其特点。
3. 应用：苏联宪法是如何发展和演变的。

（三）苏联解体后的俄罗斯联邦法律制度
1. 识记：1993 年《俄罗斯联邦共和国宪法》、1994 年《俄罗斯联邦民法典》、1996 年《俄罗斯联邦刑法典》。
2. 领会：俄罗斯联邦法律制度的改革。

3. 应用:苏联解体后,俄罗斯联邦法律制度较之苏联时期法律制度的不同。

(四) 俄罗斯联邦法的特点和历史地位

1. 识记:社会主义法系、议会和司法机关相结合的双重保障制度。

2. 领会:俄罗斯法的基本特点。

3. 应用:俄罗斯法的影响。

第十五章　欧洲联盟法

学习目的与要求

了解欧洲联盟法的主要内容;掌握欧洲联盟法的概念和基本特点;把握欧洲联盟法形成发展的基本线索。

课程内容

第一节　欧洲联盟法概述

欧洲联盟法的形成和发展、欧洲联盟法的渊源。

第二节　欧洲联盟法的主要内容

欧洲联盟根本法、欧洲联盟经贸法律制度、有关欧洲联盟政治合作的法律与政策。

第三节　欧洲联盟法的特点及其历史地位

欧洲联盟法的特点、欧洲联盟法的历史地位。

考核知识点

欧洲联盟法的概念、欧洲联盟法的主要渊源、欧洲联盟法的主要内容、欧洲联盟法的特点和历史地位。

考核要求

（一）欧洲联盟法概述

1. 识记：欧洲联盟法、《欧洲联盟条约》、欧洲联盟立法、条例、指令、决定。

2. 领会：欧洲联盟法律发展演变的基本线索。

3. 应用：欧洲联盟法形成和发展的历史基础和前景展望。

（二）欧洲联盟法的主要内容

1. 识记：欧洲联盟宪法、欧洲联盟理事会、欧洲联盟委员会、欧洲议会、欧洲法院。

2. 领会：欧洲联盟各机构的主要职能。

3. 应用：欧洲联盟与一般国际法、国内法的明显不同。

（三）欧洲联盟法的特点及其历史地位

1. 识记：欧洲联盟法的直接适用、优先适用。

2. 领会：欧洲联盟法的特点。

3. 应用：欧洲联盟法对世界法律发展的重要意义。

Ⅲ 有关说明与实施要求

(一)"课程内容与考核目标"中有关提法的说明

1. 大纲与教材的关系:课程自学考试大纲是根据自学考试计划的要求,结合自学考试的特点确定的,是考生进行学习与考核的依据;教材是考生学习掌握外国法制史知识的基本内容与范围,教材的内容是大纲所规定的课程知识和内容的扩展与发挥。考生在学习时应当将大纲与教材结合起来。

2. 对考核目标的说明:

(1) 本课程要求考生学习与掌握的知识点内容,都作为考核内容。

(2) 对三个能力层次概念的解释:

识记:要求考生理解本课程中有关名词、概念、法律文献、法律原则等的含义,并能准确表述。

领会:要求考生在识记的基础上,能够全面掌握本课程的基本内容,包括法律制度的产生和演变、法律渊源、法律制度的基本内容和特点、历史地位和影响。

应用:要求考生在识记与领会的基础上,能够运用本课程中的基本内容解释法律制度发生及变化的原因、表现形式、特点;分析法律制度的内容并对其作出科学的说明;对法律制度进行比较,阐明它们之间的联系与差别。

(二)学习教材

学习教材:《外国法制史》,全国高等教育自学考试指导委员会组编,曾尔恕主编,北京大学出版社2009年版。

(三) 自学方法指导

1. 外国法制史课程的范围广、内容多，要求考生具备世界史知识和主要部门法的基本知识。考生应在全面系统学习的基础上，从整体上掌握外国法制史的有关基本概念、基本知识、基本内容。在系统学习、全面理解的基础上，把握本课程的重点与难点。

2. 掌握法律发展史和制度史的基本发展线索，弄清各历史时期法律的沿革关系，从宏观上把握法律发展变化的过程和规律。

3. 不同国家和不同时期的法律制度都有其特点，掌握不同国家法律制度的基本特点以及法律发展各时期的不同特点，就可以避免发生概念不清、内容混淆的情况。

4. 法制史不是应用学科，但它是基础学科，通过法制史的学习可以加深对法律的理解，培养运用历史唯物主义的基本观点分析、认识法律问题的方法和能力，因此，考生要力求在理解各知识点之间的相互关系的基础上记忆和掌握基本内容。

(四) 对社会助学的要求

1. 社会助学单位应当以本大纲规定的考核知识点与考核要求为根据，认真研究指定教材内容，全面掌握本课程的体系、内容与要求。要明确本课程的特点，对自学考生进行切实有效的辅导。

2. 社会助学单位应当妥善处理课程的重点问题与一般知识的关系，应当在指导考生系统学习、全面理解教材内容的基础上再突出重点、难点。

3. 社会助学单位应当注重引导考生提高分析和解决问题的能力。

(五) 关于命题考试的若干规定

1. 本课程考试采取闭卷考试的方法。考试时间为150分钟。考试时必须携带准考证、身份证以及考试所需的书写工具。

2. 本大纲各章所规定的基本要求、知识点以及知识点下的知识细目都属于考核内容。

3. 本课程在试卷中对不同能力层次要求的分数比例大体为：识记占 20%，领会占 30%，应用占 50%。

4. 试题的难易程度大体分为易、较易、较难、难四个等级，每份试卷中，不同难度试题的分数比例一般为 2∶3∶3∶2。

5. 课程考试命题的主要题型有：单项选择题、多项选择题、名词解释、简答题、论述题。

Ⅳ 题型举例

一、单项选择题(在每个小题列出的四个备选项目中只有一个是符合题目要求的,请将其代码填写在题后的括号内。错选、多选或未选均无分。)

1. 下列关于"万民法"的说法正确的是(　　)。
   A. 万民法是罗马国家固有的法律
   B. 《十二表法》属于万民法
   C. 万民法是罗马最高裁判官在审判实践中形成的一套法律,专门处理罗马人与外来人以及外来人与外来人之间所发生的民事案件
   D. 万民法是内事最高裁判官通过审判实践和颁布"告示"形成的一套法律

2. 下列哪一项法律制度不是美国首创的?(　　)
   A. 制定了世界上第一部资产阶级成文宪法
   B. 首创了违宪审查制度
   C. 确立"遵循先例"原则
   D. 制定了世界上第一部现代意义的反垄断法

二、多项选择题(在每小题列出的五个备选项目中,至少有两个是符合题目要求的,请将其代码填写在题后的括号内。错选、多选、少选或未选均无分)

1. 1789年《人权宣言》提出资产阶级人权理论,宣布人权是"天赋的"、"神圣不可侵犯的",其中第2条规定:"一切政治结合的目的都在于保存自然的、不可消灭的人权",这些权利包括(　　)。
   A. 自由权　　　　　　B. 财产权
   C. 安全权　　　　　　D. 反抗压迫权
   E. 主权

2. 关于美国法的形成,下列说法中正确的有(　　)。

A. 美国最初作为英国的殖民地,从一开始就全盘接受了英国的普通法、衡平法和制定法
B. 18世纪以后,英国普通法文献和知识在北美被广泛传播,特别是布莱克斯东的《英国法释义》在费城出版,对美国法产生了深远影响
C. 继成文宪法制定后,19世纪美国掀起改革法律、编纂法典的强大运动
D. 1830年美国法学家肯特的《美国法释义》的问世以及各种美国法专著的出现,标志着美国法对英国法批判地吸收并走上独立发展的道路
E. 现代时期,美国政府的行政命令越来越成为重要的法律形式

三、名词解释

1. 蛮族法典
2. 菲尔德法典

四、简答题

1. 1871年《德意志帝国刑法典》有哪些基本特点?
2. 1946年日本宪法的基本特点是什么?

五、论述题

1. 试述罗马法复兴的经过。
2. 试述现代时期法国民法原则的发展变化。

V 后 记

《外国法制史自学考试大纲》根据全国高等教育专业本科教学自学考试的特点,从课程设置与设置目的、课程内容与考核目标、有关说明与实施要求、题型举例四个方面进行编写。

北京大学的由嵘教授,中国政法大学的皮继增教授、陈丽君教授参加了大纲审稿会,为本大纲的修改定稿提出了宝贵意见。在此表示衷心感谢!

全国高等教育自学考试指导委员会
法学类专业委员会
2009 年 2 月